Management

21世纪高等院校经济管理类规划教材
2013年陕西高等学校优秀教材二等奖

管理学

——原理与实务（第2版）

□ 李海峰 张莹 主编
□ 黄詹媛 杨维霞 副主编

人民邮电出版社
北京

图书在版编目（CIP）数据

管理学 : 原理与实务 / 李海峰, 张莹 主编. -- 2版. -- 北京 : 人民邮电出版社, 2014.7（2017.8重印）
21世纪高等院校经济管理类规划教材
ISBN 978-7-115-35395-5

Ⅰ. ①管… Ⅱ. ①李… ②张… Ⅲ. ①管理学－高等学校－教材 Ⅳ. ①C93

中国版本图书馆CIP数据核字(2014)第105739号

内 容 提 要

本书针对应用型本科经管类专业特点编写而成，主要介绍管理的概念与性质、管理理论的演进、计划、决策、战略管理、组织、领导、激励、沟通、控制，以及管理伦理与社会责任等内容。全书体系完整、思路清晰、重点突出，同时特别注重基本原理、基本知识在本土化案例中的应用。

本书形式活泼，广泛采用案例导入，正文穿插补充知识及课堂互动栏目，每章提供小结和练习题，以求读者深入掌握管理学基本原理与基本知识。

为方便教师授课和读者学习，本书提供教学（学习）资源包，主要包括课件、教案、实训说明、案例集、习题集等，作者建有课程教学博客。

本书既可作为本科经管类专业的教材，也可作为管理学爱好者的读物。

◆ 主　　编　李海峰　张　莹
副 主 编　黄詹媛　杨维霞
责任编辑　万国清
责任印制　彭志环　杨林杰
◆ 人民邮电出版社出版发行　　北京市丰台区成寿寺路 11 号
邮编　100164　　电子邮件　315@ptpress.com.cn
网址　http://www.ptpress.com.cn
北京中新伟业印刷有限公司印刷
◆ 开本：787×1092　1/16
印张：17.75　　2014 年 7 月第 2 版
字数：434 千字　　2017 年 8 月北京第 4 次印刷

定价：39.90 元

读者服务热线：(010)81055256　印装质量热线：(010)81055316
反盗版热线：(010)81055315
广告经营许可证：京东工商广登字 20170147 号

第 2 版前言

2010 年 7 月，本书第 1 版出版后编辑不时传来“喜报”，选用学校持续增加，教材受到普遍欢迎，经统计，在 3 年中竟有百余所学校选用，用书院校层次横跨中职、高职、本科，零售数量也很可观，2013 年 9 月本书荣获“2013 年陕西省普通高校优秀教材二等奖”。意外之事接踵而至，当初未曾设想！那时仰望周三多、罗宾斯等大家的著作，痛苦于应用型本科授课之艰难，虽自感多年的教学有些许心得，但资历浅薄，从未想过出版教材，只是在我的老朋友万国清编辑的多次鼓励下才下了决心。

面对所谓的“成功”，回想本书的创作过程，总想说上两句，或许对各位同行的教学和教材创作有所帮助，对各位读者的学习有所裨益。

（1）人生需经验，教材靠积累。2003 年前，我在企业从事了 5 年的生产、质量和行政管理工作，2003 年进入高校讲授高职“管理学”，2005 年为本科生讲授“管理学”，并开始思考同一课程在高职和本科两种教育类型上的区别。1 年后，初步形成了本科《管理学》讲义。在接下来的 3 年里，和几位同事一起研讨大纲、修改讲义，于 2008 年年底形成了教材初稿，20 个月后，也就是 2010 年 7 月教材正式出版。出版后，编辑又督促利用每一次重印机会对教材更新勘误，使教材的品质有所提升。

（2）唯有用心，方出精品。教材的基础是教学，课堂上句句费心、教材中字字见功，要想做好，唯有用心。不计讲义的准备过程，本书仅成稿后的反复修改就长达 20 个月，其中的辛苦回想起来已变成乐趣。当时，我给自己制订的原则是“不能说服自己之处，绝不敷衍了事”，于是，编写团队反复推敲教材的每一句话、用讲课的方式组织每一段语言。教材出版后编辑曾私下组织“纠错有奖”活动，最终“纠”出编校意义上的错误数量仅为个位数，此结果令人欣慰。

（3）教学手段多样化，教材形式立体化。为达到教学效果的最大化，需要不断试验各种教学方法、运用多种教育技术。课堂上案例、体验式培训的运用，课外习题、思考实践项目的安排都需要反复的斟酌实践，还要随教学条件的变化随时调整。教材也一样，它首先应该能吸引学生阅读，其次还要作为教学的蓝本。但一本教科书既不可能解决所有的问题，也不可能包括所有的知识点，为了提高教学效果有一些内容还不能写在书上，如一些体验式培训的具体内容则不能让读者事先看到。为方便读者学习和用书老师授课，教材出版时我分享了自己所用的授课素材（电子教案、教学 PPT、教学体会、实训说明、习题集、案例集、补充阅读），并将本人博客（http://seahighl.blog.163.com）作为教学经验交流平台，虽然尚不能称第 1 版教材及其配套材料为“完整教学/学习解决方案”，但我们已经将之列为未来的目标。

第 1 版的“小成功”使我备感压力，我知道本书除了需要更新外还有完善的余地，尚难承受各位教师和读者的厚爱，也难和各位前辈的著作相提并论，销售越多压力越大。为了把本书改得更好一点，从 2011 年起就和编辑一起收集用书老师的意见，2012 年形成了较完善的修订方案。

2013 年年初动笔修改，至今又过去了 1 年时间。我们希望本版教材比第 1 版更加完善，对授课老师更有帮助，对学子学习更有益处！

根据编写团队的教学实践和各位用书老师的意见、建议，本次修订，并未改变教材的主要内容、结构和风格，主要是更新了部分教学案例、修订了部分习题、完善了课外实践项目、充实了教材配套资料。

本次修订，编写团队分工如下：李海峰、张莹任主编，黄詹媛、杨维霞任副主编，其中第一、第二、第八章由张莹修订，第三、第四、第五章由杨维霞修订，第六、第七章由黄詹媛修订，第九、第十章由李海峰修订，第十一章由李丽琴修订，第十二章由王霞修订。

本想一一感谢为本书修订提出宝贵意见的同行，但名单过长且有遗漏，不再一一列举，在此一并谢过！

望诸位同仁和读者对本版教材继续批评指正！有大家的支持，将来本书才有可能修订得更好！

李海峰

2014 年 3 月

第 1 版前言

应用型本科有自己的特殊之处，那就是理论上强于高职高专，实践上强于普通本科，本书在内容取舍和编写方式着重突出这一需求。

与大多数教材不同，本书由既有企业管理工作经历，又有学术型本科、应用型本科及高职高专 3 种类型教学经历的教师担任主编，能够在保证本科教学内容体系完整性的同时体现培养目标的实践性要求。

本书凝结了作者多年的企业管理工作及研究成果，并经多轮教学实践检验，具有以下特色。

1. 在内容取舍上，一般原理与实践应用并举，体现学科性和应用性的结合

首先，本书结构紧凑，体系完整。在内容的取舍上，严格按照《中华人民共和国高等教育法》对本科生毕业的要求，做到理论体系完整、内容全面。全书分为 12 章，比较全面地概括了管理学的主要内容。

其次，本书捕捉前沿，突出应用。书中尽可能吸纳近年来管理领域发展起来的新理论、新方法，以引导学生捕捉本学科的前沿理论，同时，结合应用型本科对职业能力的要求，坚持实用性、针对性的原则，大多选取本土化案例，重点突出基本理论的实际应用，将实际管理工作中经常用到的基本思想、基本原理和基本方法讲透。

2. 在形式上，案例导入，活泼生动，思路流畅，可读性强

在形式上，打破大多数教材一章一个案例的局限，大部分节设置案例导入，提出问题、引入知识点，同时在正文中独具匠心地设计了“知识点”、“示例”、“补充说明”等栏目来增加信息量，图文并茂，思路清晰、行文流畅、大大提高了本书的生动性、启发性与可读性。

为了方便学生学习，在每节后或节内恰当的地方针对节前的导入案例设置了“本节导入案例解析”栏目。此栏目的设置只为引导学生学习，并非标准答案，读者还可根据所学知识进行更深入的分析，以加深所学知识的理解和掌握。

3. 在结构上，重点突出，注重知识的巩固

本书每章开篇指明了“学习目标”，这样不仅告诉读者在学习完本章后应掌握哪些要点，还指明了这些要点应掌握到什么程度，非常有助于读者在学习时将注意力集中在主要问题上。与此对应的每章结尾的“本章小结”旨在提醒读者从本章中学到了什么，它是一个围绕学习目标的简短总结。开篇的“学习目标”，结尾的“本章小结”，一前一后，将每一章的重点勾勒得一览无遗。

与此同时，本书在每一章的结尾都安排有练习题和课外思考实践题，它需要读者综合运用所学的管理学知识、在课堂的讨论或联系实际，甚至进行一定的实践之后才能回答。其目的就是希望通过讨论和实践，加深读者对所学知识的理解。完成这些习题，表明读者不仅理解了本章的内容，还能够运用它们去解决问题。

4. 在理念上，注重联系实际进行讨论和思维方式的训练

本书还在部分章节中，尝试性地增加了一些课堂训练及体验式培训内容，如头脑风暴、

动机练习、单向交流和双向交流、对指示的不服从与服从、聆听训练、人际沟通训练等。这些课内实训环节，突出思维方式的训练，既能活跃课堂气氛，增强授课效果，又有助于读者在教师的指导下对管理职能有进一步的理解，甚至会对如何做人、如何做事有新的启迪。教材中课堂训练及体验式培训的安排基于作者多年的教学实践，为了不影响学生阅读，其主体内容放在教学资料包中的教案和课件内，用书教师可根据授课情况灵活运用。

"人人都是被管理者"、"人人都是管理者"、"人人都可成才"是贯穿本书的理念。从这一理念出发，我们在教学内容和练习题中有意将管理学的知识与大学生的学习与生活相结合，以提高他们对学习管理学这门课的重要性的认识，使之自觉地从日常的学习、生活中培养自己的管理意识和能力。而对于刚刚接触管理学的读者，可完全不必担心自己的知识背景，编者深入浅出、通俗易懂的笔触足以使你在读完本书后顿感学到了一些有用的管理知识。

本教材建议学时为 64 ~ 72 课时。为方便教师教学，本书配有内容丰富的教学资料包（包括精致的电子课件、教案、教学体会、实训说明、案例集及案例分析、习题集及参考答案），索取方式参见本书末页。

为方便读者学习，本书提供的补充阅读资料可在人民邮电出版社教学与服务资源网（http://www.ptpedu.com.cn）或作者教学博客（http://seahighl.blog.163.com）直接下载。

由于编者水平有限，不当之处在所难免，敬请广大读者不吝指教，欢迎发电子邮件至电子邮箱 llhhff0791@sina.com 与编者进行交流。

编　者

2009 年 12 月

目录

第一章

管理与管理者

学习目标

学习本章，你应该能够清楚地知道：

- 管理的概念。
- 管理者要履行的管理职能和扮演的角色。
- 在履行职能和扮演角色的过程中，管理者应具备的素质和技能。

第一节　管理的内涵与性质

案例导入

七个和尚分粥

有七个和尚曾经住在一起，每天分一大碗粥。要命的是，粥每天都是不够的。一开始，他们抓阄决定谁来分粥，每天轮一个。于是几乎每周下来，他们只有一天是饱的，就是自己分粥的那一天。

后来他们开始推选出一个道德高尚的人出来分粥。强权就会产生腐败，大家开始挖空心思去讨好他，贿赂他，搞得整个小团体乌烟瘴气。

然后大家开始组成三人的分粥委员会及四人的评选委员会，互相攻击扯皮下来，粥吃到嘴里全是凉的。

直到现在，那七个和尚还在为吃粥的事情头疼不已。

请问：为什么会这样？各位读者有什么好的办法帮助这七个和尚吗？

自从有了人类就有了管理。原始人在狩猎时，往往由一群人来捕杀一头猎物。这是由于他们认识到单个人没有这种能力，只有众多人同时从事这一活动，才能既保护自己，又能捕杀猎物。在这种情况下，需要大家配合行动，一些人举火把，一些人抛掷石块，还有一些人拿着木棒……组织这种相互配合的活动实际上就是管理，尽管当时他们还没有创造出“管理”这个词。

在公元前5000年左右，古代埃及人建造了世界奇迹——胡夫金字塔。据资料显示，胡夫金字塔共耗用上万斤重的大石料230多万块，动用了10万人力，费时20年才得以建成。完成这项巨大的工程是非常艰难的，其中包含了大量的组织管理工作，比如，组织人力进行计划与设计，在没有先进工具的情况下，组织搬运、人力的合理分工等。

现代社会，大到国家治理、国民经济的发展、国家大政方针的制定，中到城市规划建设，小企业的兴办运营、项目施工，甚至家庭、个人的生活安排，都离不开“管理”这种活动。

什么是管理呢？

一、管理的概念

要回答什么是管理，首先要分析一下组织的活动。

不难发现，当人们组成一个组织之后，组织中的活动基本上可以分为两类：作业活动与管理活动。作业活动是直接服务于组织目标的业务活动，如工厂车间的生产活动、学校的教学活动、医院的诊治活动等。组织是直接通过作业活动来完成组织目标的。然而，并非所有的作业活动都能按照组织目标的要求来进行，如果作业活动与组织目标的要求相差甚大，那么组织目标则无法实现，组织就将不复存在。因此，为了保证作业活动有序地朝着组织目标进行，还需要进行专门的计划、组织、领导、控制等活动，这就是管理活动。

那么，什么是管理呢？关于这个问题，实际上至今仍未得到公认和统一的答案，长期以来，许多中外学者从不同的角度出发，对管理做出了不同的解释。①

综合国内外学者的观点，我们给管理下了一个较通俗的定义：管理，就是管理者在特定的环境下，为了有效地实现一定的目标，对其所能支配的各种资源进行的计划、组织、领导和控制等一系列活动的过程。简单地讲，管理就是计划、组织、领导和控制这一系列

① 关于中外学者对管理的定义，读者可参阅本书补充阅读资料。

活动的过程。

对于这个过程，我们可以这样来理解。

（1）管理的对象（或客体）是完成活动所必需的各种资源，如人、财、物、信息、时间等。其中，人是最重要的资源，是管理的主要对象，所有的资源与活动都是以人为中心的。管理，最重要的是对人的管理。

（2）管理的目的是为了有效地实现组织的目标。所有的管理行为，都是为实现目标服务的。世界上不存在无目标的管理，也不可能实现无目标的管理。有效，指的是一切活动既要有效率，还要有效果。效率是管理的极其重要的组成部分，它是指输入与输出的关系。管理就是要使资源成本最小化。然而，仅仅有效率是不够的，管理还必须使活动实现预定的目标，即追求活动的效果。在管理活动中，效果与效率同等重要。

（3）管理的主体是管理者。配置资源、组织活动、推动整个系统运行、促进目标实现等所有这些管理行为都要靠管理者去实施。管理者是整个管理系统的驾驭者，是发挥系统功能、实现系统目标最关键的力量。作为管理的主体，管理者既可以表现为单个管理者，又可以表现为管理者群体及其所构成的管理机构。

（4）在不同的环境，不能采用同样的管理方法。管理环境是指管理活动实施过程中的各种内外部条件和因素的总和。管理行为依一定的环境而存在，并受到管理环境的影响。管理环境变了，管理的方法也应该随之改变。

（5）在管理的定义中，计划、组织、领导和控制是核心。这是因为实现目标的手段是计划、组织、领导和控制。也就是说，要实现管理目标，就必须实施计划、组织、领导和控制等管理行为与过程。因此，计划、组织、领导和控制是一切管理者在管理实践中都要履行的管理职能。

实际上，尽管人们至今对管理还没有一个统一的定义，但管理却是伴随着人类社会活动的产生而产生，又伴随着人类社会活动的发展而发展的。作为一种社会活动，它是在协作劳动过程中产生的一种社会性职能，是协作劳动的客观的、内在的、本质的要求。而且，随着生产力的发展、生产社会化程度的提高、企业规模的扩大，资源配置越来越复杂，生产各环节的相互依赖性越来越强，对管理的要求还会更高。

二、管理的职能

管理的职能就是管理者为了有效地管理所必须具备的功能，或者说管理者怎样进行管理，它包括管理者的基本职责和实施这些职责的程序或过程。

关于管理应该具有多少种职能，目前管理学界普遍接受的观点是管理职能包括计划、组织、领导和控制[①]。也就是说，任何管理者，为了实现目标、实施有效管理，都要履行计划、组织、领导和控制的职能。

1. 计划

通常认为，计划是管理的首要职能，是“制订目标并确定为达成这些目标所必需的行动”，

① 管理的基本职能，自问题提出之始至今仍众说纷纭，有四种说、五种说、六种说、七种说，甚至也有两种或一种的说法，最常见的是计划、组织、领导、控制四种说法。另外，在四大职能基础上增加“创新”形成五大职能的说法受到不少国内学者的认同。本书对此不作详细研讨，仍采用被普遍认同的管理四大基本职能说。

是管理者为实现组织目标对工作所进行的筹划活动。

任何管理者都有计划职能，而且，要想将工作做好，无论大事还是小事都不可能缺少事先的筹划。

2. 组织

制订出切实可行的计划后，就要组织必要的人力和资源去执行既定的计划，也就是要进行组织。组织职能是“确定所要完成的任务、由谁来完成任务以及如何协调这些任务的过程”，是为了有效地实现计划所确定的目标而在组织中进行部门划分、权力分配和工作协调的过程。

合理、高效的组织结构是实施管理、实现目标的组织保证，因此，不同层次、不同类型的管理者总是或多或少地承担不同性质的组织职能。

3. 领导

每个组织都由人力资源和其他资源有机结合而成，人是组织活动中唯一具有能动性的因素。管理的领导职能就是“激励和引导组织成员以使他们为实现组织目标做贡献”。

凡是有下级的管理者都要履行领导职能，不同层次、不同类型的管理者领导职能的内容及侧重点各不相同。只有通过卓有成效的领导，组织的目标才有可能实现。

4. 控制

在实现目标和计划的过程中，总会出现意想不到的事情，使得实践活动偏离原来的计划或目标。为了保证事情按照既定的计划进行，保证既定目标的实现，就必须对实际工作进行监控、比较和纠正，使实际与目标保持一致，这就是控制。

> **补充说明**
>
> 控制的诀窍是在一切顺利的时候，根本不必行动，但在不正常时，就应该尽早察觉，尽快采取应对行动。

工作失去控制就要偏离目标，没有控制就很难保证目标的实现，因此，控制是管理者必不可少的职能。当然，不同层次、不同类型的管理者控制的重点内容和控制方式是不同的。

管理的四个职能各有自己独特的表现形式。计划职能通过计划的制订表现出来，组织职能通过组织结构的设计和人员的配备表现出来，领导职能通过领导者与被领导者之间的关系表现出来，控制职能通过偏差的识别和纠正表现出来。

> **课堂训练**
>
> 请回答以下活动体现了管理的什么职能？
>
> - 学校组织人力于开学初对食堂卫生进行大检查，及时发现并解决存在的卫生问题。（　　）
> - 公司领导班子共议“五年规划”。（　　）
> - 公司制订从总经理到基层员工全部岗位的岗位职责。（　　）
> - 公司总经理在大会上鼓励新聘员工要“爱岗敬业”。（　　）

但是，管理的四个职能之间不是孤立的，而是相互联系的，管理正是通过计划、组织、领导和控制这四个基本过程来展开和实施的。为了做好组织的各项工作，管理者首先要根据组织内外部环境条件，确立组织目标并制订出相应的行动方案。目标明确之后，就要组织力量去完成，进行组织工作。由于目标的完成有赖于组织成员的共同努力，为了充分调动组织成员的积极性，在目标确定、计划落实下去以后，管理者还要加强领导工作。在设立目标、形成计划、建立组织、培训和激励员工以后，各种偏差仍有可能出现，为纠正偏差，确保各项工作的顺利进行，管理者还必须对整个活动过程进行控制。管理就是这样一个不断循环的过程，如图 1.1 所示。

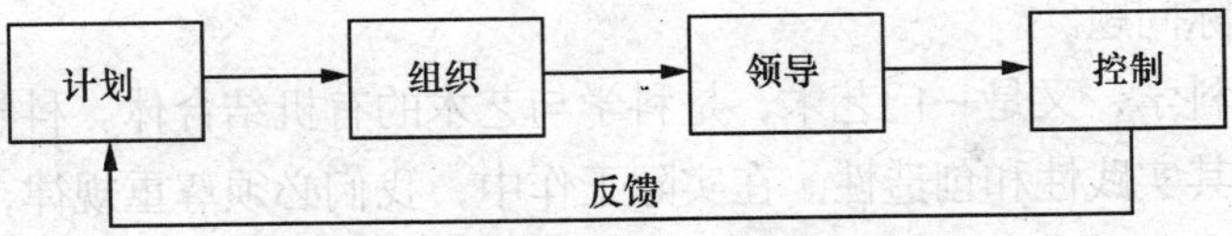

图 1.1　管理基本过程示意图

三、管理的性质

（一）管理的两重性

管理的两重性是指管理所具有的合理组织生产力的自然属性和为一定的生产关系服务的社会属性。

1. 自然属性

管理的自然属性也称管理的生产力属性或一般性。在管理过程中，为有效实现目标，要对人、财、物等资源进行合理配置，以实现生产力的科学组织。这种组织生产力的管理功能，是由生产力引起的，反映了人与自然的关系，故称为管理的自然属性。它只由生产力决定，与生产关系、社会制度无关。在历史的发展过程中，不随社会形态的变化而变化，具有历史长期性。

管理的自然属性要求管理工作要适应现代化的客观要求，按社会化大生产的客观规律来合理组织生产力，采用科学的方法，不断提高管理的现代化水平。管理的自然属性告诉我们，不同的社会、不同的组织之间的管理工作，相互之间可以借鉴，因此，认识管理的自然属性，有助于我们及时吸收和借鉴先进的管理经验和管理知识。

2. 社会属性

管理的社会属性也称管理的生产关系属性或管理的特殊属性。在管理过程中，为维护生产资料所有者的利益，需要调整人们之间的利益分配，协调人与人之间的关系，体现生产资料所有者指挥劳动、监督劳动的意志，因此，管理又有同生产关系、社会制度相联系的社会属性。

管理的社会属性告诉我们，任何一种管理方法、管理技术和管理手段的出现，总是带有时代的烙印，其有效性往往同生产力水平及社会历史背景相适应。实践证明，一个普遍适用于古今中外的管理模式是不存在的。因此，在学习和运用某些管理理论、原理、技术和手段的时候，必须结合本国、本部门、本单位的实际情况，因地制宜，才能取得预期的效果。

（二）管理的科学性和艺术性

管理的科学性是指它以反映管理客观规律的管理理论和方法为指导，有一套分析问题、解决问题的科学的方法论。承认管理的科学性意味着人们可以发现、探索、总结并遵循客观规律，可以学习并在管理实践中应用管理原理与方法，用管理理论来指导、规范管理行为。如果不承认管理的科学性，不按规律办事，违反管理的原理与原则，随心所欲地进行管理，必然会受到规律的惩罚，从而导致失败。

所谓管理的艺术性，就是强调管理活动除了要掌握一定的理论和方法外，还要掌握和灵活运用这些知识和技能的技巧和诀窍。承认管理的艺术性，意味着管理者在实际工作中，面对千变万化的管理对象，必须因人、因事、因时、因地，灵活多变地、创造性地运用管理技术与方法，解决实际问题。

管理既是一门科学，又是一门艺术，是科学与艺术的有机结合体。科学性强调其客观规律性，艺术性强调其实践性和创造性。在实际工作中，我们必须尊重规律，在规律的指导下发挥主观能动性，在实践中发挥管理的功能，促进目标的实现。

第二节　管理者的类型及其角色

案例导入

李莉是某市有名的女强人，典型的职业女性，今年46岁，担任某宾馆的总经理已经10年了，在此期间，她曾四次被评为全省“三八红旗手”，多次被评为省级劳动模范。该宾馆为商务和旅游旅行者提供高质量的旅馆服务，现在该宾馆拥有150名员工，四个部门，每年上缴国家利税2 000多万元。

李莉信奉“业精于勤”这四个字。3月12日这一天，她早上5:00起床，穿衣，洗脸，化妆，吃饭。5:30上路，16分钟后到办公室。坐下后开始浏览桌上的报纸，今天的日程已经安排好了：6:00准时召开高层领导班子碰头会；上午视察第三分部；下午写一篇10分钟的演讲稿，以便在明天的旅游业协会上致辞。

5:58，高层领导班子碰头会时间。会议的议题是由运营副总经理汇报全面质量管理计划的进展情况，讨论年度资金预算情况，解决第二分部春节期间由于供热系统出现问题而引起的顾客投诉等。李莉对会议的内容和结果基本满意，因为大家发言踊跃，对备选的解决方案准备得都很充分。会议用了1小时20分钟。

7:30，公司雷打不动的早操、早歌时间，“一日之计在于晨”，李莉认为这是企业文化的一项重要内容，早操锻炼身体，早歌凝聚人心。10年来，她基本上就是利用这个时间和这种形式激励员工，使每位员工一天都有好心情和奋斗力。她也以身作则，带领大家不断向前进步。

7:50，李莉登上了前往第三分部的汽车。虽然总部有一个计算机决策支持系统，可以帮助她根据各分部的入住率、客户投诉次数和其他的服务质量指标来评估业绩，并在问题出现时做出快速的反应，但她仍然坚持每月一次的实地考察。她说：“走动管理至少有三个好处，一是可以直接获得计算机不能提供的、更可靠的信息，有时这些信息非常重要；二是可以激励员工，振奋人心；三是可以拉近与顾客的距离，使我更加准确地知道他们想要什么样的服务。”

8:40，到达目的地，她走访了每一位员工及一些顾客，与他们进行了亲切的交谈，对于他们提供的一些问题，她都记录在笔记本上，以备改进。后来又看了每一处地方，如餐厅、客房、游艺厅等。

11:30，视察结束，简单的工作午餐后，她于13:00回到办公室。沏上咖啡，铺开稿纸，准备写讲稿。

13:30，秘书进来告诉她说装饰公司的胡经理来了。李莉想公司是胡经理的老客户，以前胡经理对公司非常优惠，装修质量也不错，但最近装饰材料价格上涨，公司若按以前的报价，胡经理肯定不会承揽即将进行的总部翻新工程。翻新工程不大不小，领导班子决定预算为30万元，假如胡经理不同意这个价格，公司将在全市公开招标，她知道胡经理也不想失去老客户。

15:00，送走胡经理后，李莉的注意力又回到了讲稿上。

16:00，讲稿完成。

李莉喜欢像今天这样紧张而有序的日子，她觉得这样才过得充实、有意义。每当总结一天的情况，进而看到公司在一天天地发展壮大，李莉浑身的疲惫就会烟消云散，取而代之的是全身的兴奋和喜悦之情。

李莉是不是管理者？管理者需要具备哪些特点？李莉在一天的活动中是怎样体现她的管理者身份的？

一、组织中人员类型及管理者类型

要弄清楚管理者如何履行自己的职能，首先要分析一下组织中的人员。

与组织中的作业活动和管理活动相对应，组织中的人也可以分为两类：操作者和管理者。

1. 操作者

操作者指的是那些直接从事某项工作或任务，不具有监督他人工作职责的人，即具体的工作人员，如学校讲台上的教师、汽车装配线上的工人、保险公司的保险推销员、医院的医生等。他们只要干好自己的工作就可以，不需要对别人的工作负责。

2. 管理者

管理者指的是组织中那些指挥别人活动或对他人的工作负有责任的人，即从事管理活动的人，如车间主任、部门经理、公司总经理等。这些人在组织中有下级，他们的工作拥有一个共同的特征：都是通过别人来实现组织的目标，并使组织的活动得以更有效地完成。

补充说明

有些人在组织中的地位很高，但是他们不指挥别人，没有自己的下级，这些人就不能称为管理者，比如企业的法律顾问、管理咨询专家。有些人地位并不高，如车间工头，但他们的确是地地道道的管理者，他们有下级，并且要为其下级的工作成果负责。

相比较，操作者只对自己的工作负责，而管理者还要为他的下属的工作成果负责。

课堂训练

蒋华是某新华书店邮购部经理。该邮购部每天要处理大量的邮购业务，在一般情况下，登记订单、按单备货、发送货物等都是由部门中的业务人员承担的。但在前一段时间里，接连发生了多起 A 要的书发给了 B，B 要的书却发给了 A 之类的事，引起了顾客极大的不满。今天又有一大批书要发送，蒋华不想让这种事情再次发生。请思考他应该亲自核对这批书，还是仍由业务员们来处理？

3. 管理者的类型

在一个组织中，管理者一般划分为基层管理者、中层管理者和高层管理者，如图 1.2 所示。

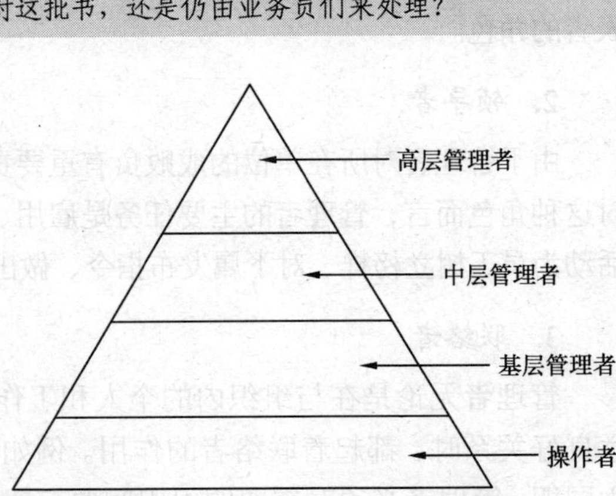

图 1.2　组织人员分类示意图

基层管理者直接接触操作者，如工厂里的班组长、车间主任；学校里的教研室主任、学生科科长；餐饮服务行业的领班。中层管理者常常拥有项目经理、地区经理、系主任、部门经理等头衔。高层管理者的头衔通常有首席执行官（chief executive officer，CEO）、总经理、校长、厂长等。

有两点必须注意，一是有时管理者也从事具体的作业活动。例如，系主任既要指挥其他老师的工作，也可能承担一部分教学工作；车间主任既要指挥工人的工作，自己也要参与车间的活动；业务经理既要指挥其他业务员，也要承担一部分业务工作。

二是尽管任何组织的管理者，无论层次高低，都要履行计划、组织、领导、控制这四大职能，但是，不同组织、不同管理层次、不同管理类型的管理者，在具体履行管理职能时，又存在着很大的差异。例如，高层管理者由于侧重于宏观管理，因此较为关注计划和组织职能，而基层管理者则因具体业务的需要，可能更重视领导和控制职能。即使对同一管理职能，不同层次的管理者关注的重点也不同。例如，对计划职能，高层管理者更重视长远、指导性的战略计划；而基层管理者则只安排短期、具体的作业计划。

二、管理者的角色

管理者合格与否很大程度上取决于四大职能的履行情况。为了有效地履行这些职能，管理者必须明确自己要扮演的角色。也就是说，管理者通过扮演不同的角色来履行管理职能。那么管理者的角色有哪些呢？

根据亨利·明茨伯格的一项被广泛引用的研究，管理者分别在人际关系、信息、决策等三个方面扮演着十种角色。

（一）人际关系角色

明茨伯格所确定的第一类管理者角色是人际关系角色，人际关系角色直接产生于管理者的正式权力基础，管理者在处理与组织成员和其他利益相关者的关系时，他们就在扮演人际关系角色。管理者所扮演的三种人际关系角色是挂名首脑（或代表者）角色、领导者角色和联络者角色。

1. 挂名首脑

作为所在单位的“头头”，管理者必须行使一些具有礼仪性质的职责，履行法律、社会性例行义务。例如，作为公司的代表出现在社区的聚会上或参加各种社会活动、迎接来访者、宴请重要客户、签署文件、主持公司庆典等。在这些场合，管理者行使着挂名首脑或者说代表者的角色。

2. 领导者

由于管理者对所在单位的成败负有重要责任，他们必须在工作小组内扮演领导者角色。对这种角色而言，管理者的主要任务是雇用、培训、激励和惩戒员工。例如，带头参加集体活动为员工树立榜样、对下属发布指令、做出人事决定等。

3. 联络者

管理者无论是在与组织内的个人和工作小组一起工作时，还是在与外部利益相关者建立良好关系时，都起着联络者的作用。例如，协调不同部门管理者的工作、与其他组织建立同盟。管理者必须对重要的组织问题有敏锐的洞察力，从而能够在组织内外建立关系和网络。

（二）信息角色

明茨伯格所确定的第二类管理者角色是信息角色，指所有管理者在某种程度上都要从外部的组织或机构接受和收集信息。在信息角色中，管理者既是所在单位的信息传递中心，也是组织内其他工作小组的信息传递渠道，管理者负责确保和其一起工作的人员具有足够的信息，从而能够顺利地完成工作。管理者所扮演的信息角色包括三种，即监听者、传播者和发言人。

1. 监听者

管理者首先必须扮演的一种信息角色是监听者角色，也就是寻求和获取特定的信息，了解组织和环境的变化。作为监听者，管理者要持续关注组织内外环境的变化以获取对组织有用的信息。例如，通过阅读报刊、与他人谈话、个人关系网、考察或与下属接触等方式获取信息。根据这些信息，管理者可以识别组织面临的潜在机会和威胁，从而有利于做出正确的决策。

2. 传播者

传播者就是管理者把自己作为信息监听者所获取的信息分配出去：把外部的信息传播给组织内部成员，把内部信息从一位下属传播给另一位下属。例如，举行碰头会、电子邮件传达信息。作为传播者，管理者把重要信息传递给组织成员，但他们有时也会隐藏特定的信息，更重要的是，管理者必须保证员工掌握必要的信息，以便切实有效地完成工作。

3. 发言人

管理者所扮演的第三种信息角色是发言人。管理者必须把信息传递给单位或组织以外的个人，也就是向外界发布本部门公开的信息情报。例如，通过工作报告向董事和股东说明组织的财务状况和战略方向，通过新闻发布会、演讲向消费者说明组织在切实履行社会义务等。

（三）决策角色

管理者也起着决策者的作用。管理者扮演决策角色与其所从事的战略规划、资源分配等工作密切相关。在决策角色中，管理者处理信息并得出结论。如果信息不用于组织的决策，这种信息就丧失其应有的价值。管理者负责做出组织决策，让组织成员按照既定的路线行事，并分配资源以保证组织计划的实施。管理者扮演着四种决策角色，即企业家、混乱驾驭者、资源分配者和谈判者。

1. 企业家

管理者所扮演的第一种决策角色是企业家。在前述的监听者角色中，管理者密切关注组织内外环境的变化和事态的发展，以便发现机会。作为企业家，管理者要利用发现的机会，如开发新产品、提供新服务、发明新工艺等。作为企业家，管理者还要不断提出新思路、新方法来改进组织绩效，如制订战略、检查决议执行情况等。

2. 混乱驾驭者

管理者所扮演的第二种决策角色是混乱驾驭者（或干扰对付者）。一个组织不管被管理得多好，在运行的过程中，总会遇到或多或少的冲突或问题。管理者必须善于处理冲突或解决那些未预料到的问题，如平息客户的怒气、调解员工之间的争端、处理突发事件等。

3. 资源分配者

作为资源分配者，管理者决定组织资源用于哪些项目。尽管我们一想到资源，就会想到财力资源或设备，但其他类型的重要资源（如人、信息、时间、权力等）也被分配给项目。例如，对管理者的时间来说，当管理者选择把时间花在这个项目而不是那个项目上时，他实际上是在分配一种资源。除了时间以外，信息也是一种重要资源，管理者是否在信息获取上为他人提供便利，通常决定着项目的成败。

4. 谈判者

管理者所扮演的第四种决策角色是谈判者。对所有层次管理工作的研究表明，管理者把大量的时间花费在谈判上。管理者的谈判对象包括员工、供应商、客户和其他工作小组。无论是何种工作小组，管理者都进行必要的谈判工作，以确保小组朝着组织目标迈进，谈判内容包括，与上级讨价还价、与下级谈工作条件和目标、与供应商谈价格、与合作伙伴谈合作条件和收益分配等。

本节导入案例解析

李莉在一天的活动中通过扮演以下角色来履行管理职能。

- 5:46 到办公室后开始浏览桌上的报纸——监听者角色。
- 6:00 召开高层领导班子碰头会——传播者角色。
- 7:30 参加公司雷打不动的早操、早歌——领导者角色。
- 7:50 登上前往第三分部的汽车，进行实地考察，获取信息、激励员工、拉近与顾客的距离——监听者角色、领导者角色和联络者角色。
- 13:00 准备讲稿——发言人角色。
- 13:30 接见某装饰公司的胡经理——挂名首脑、谈判者角色。

第三节 管理者必备的基本技能

案例导入

学工商企业管理专业的小郭大学毕业后就到某机电公司工作，公司给他安排的工作是液压装配车间主任助理，负责车间的质检和监督工作。由于对液压装配所知甚少，在管理上也没有实际经验，所以他感到几乎每天都手忙脚乱。可是他非常认真好学，一方面，仔细参阅部门所订的工作手册，并努力向书本、向工人师傅们学习有关的技术知识；另一方面，车间主任也对他主动指点，使他逐渐摆脱困境，胜任了工作。经过半年多的努力，小郭已有能力独担液压装配的车间主任工作。可是，当时公司并没有提升他为车间主任，而是在他工作刚满8个月的时候直接提拔为装备部经理，负责包括液压装配在内的四个装配车间的领导工作。

小郭当车间主任助理时，主要关心的是每天的作业管理，技术性很强；而当装配部经理时，他发现不能只关心当天的装配工作状况，还得做出此后数周乃至数月的规划，还要完成许多报告和参加许多会议，协调处理四个装配车间之间的关系。已经没有多少时间去从事他过去喜欢的技术工作。当上装配部经理后不久，小郭发现，仅仅靠个人的力量是不够的，因为车间的工艺设备经常更新，于是，他开始把一些工作交给助手去做，教他们如何去完成，这样自己可以腾出更多的时间用于规划工作和帮助下属把工作做得更好，让自己有更多的时间去参加会议、批准报告和完成自己的工作报告。

两年后，公司决定任命小郭为总裁助理，这是一个高级的职务。他知道，职位的提升，意味着对自己的能力提出了更高的要求，他不禁担忧起来，自己的未来究竟会如何？

导入案例告诉我们，管理者在履行管理职能、扮演管理角色的过程中，只有具备相应的素质与技能才能胜任工作并得到提升。

小郭职务的变化对其管理技能的要求发生了怎样的变化？也就是说，管理者必须具备哪些素质[1]与技能呢？

美国学者罗伯特·卡茨指出，无论是哪一层次的管理者，都必须具备三项基本技能，即技术技能、人际技能和概念技能。

> **补充说明**
>
> 管理者的基本技能是指管理者把各种管理知识和业务知识用于实践中所表现出来的能力。

一、技术技能

技术技能又称业务技能，是指运用所管理的专业领域中具体的知识、工具或技巧的能力。例如，会计人员做账、查账的本领，中医号脉的能力，记者采访与撰稿的能力，营销人员市场研究和销售的技能，文秘处理文档资料的本领等。

作为一名管理者，虽然不用亲自去从事每一项作业活动，但是这并不等于不需要了解下属在做什么。也就是说，作为管理者，不一定成为某个专业领域的专家，但必须懂行。很难想象一个不懂财务会计的财务主管如何管理、指导下属工作——下属做假账欺骗他都不知道。因此，管理人员必须掌握此领域内最主要、最基本的知识。

> **示例**
>
> 有一个木匠，拥有一把锐利的斧头与惊人的体力，一天可以砍下 20 棵以上的树，但慢慢地，他工作时间越来越长，所砍的树却越来越少。他的朋友不忍心他日夜不停地砍树，建议他："把斧头磨锋利一些再继续砍树吧！"他说："我哪有时间磨斧头，我正忙着砍树呢！"
>
> 这个故事告诉我们：没有结果的努力总是白费工夫和力气，休息是为了走更远的路。花点时间把斧头磨锋利，正如花点时间来学习新的技能一样，那是绝对值得的。

二、人际技能

人际技能又称人际关系技能，是指成功地与别人打交道并与别人进行沟通与合作的能力。具体表现为能很好地处理和协调组织内外的人际关系，与他人进行有效的沟通并能时常激励别人，使之具有工作积极性与创造性。

人际技能可能是一个管理者最为重要的技能。前面我们讲过，管理者就是要通过别人的活动来更有效地完成组织的共同目标，如果什么事情管理者都是自己来完成，那就不需要什么人际技能了。而组织中每一个人都有自己的头脑、需要、动机、个性、态度、价值观，如

① 关于管理者应该具备的素质，可参阅本书配套学习资料中的"补充阅读资料"文件夹内文档。

何保证他们都乐意听从管理者的召唤和指挥，这的确是一门艺术。中国有句老话叫做“朋友多了路好走”，虽然管理者不需要和组织中的每一个人都交朋友，但最起码得能赢得别人的尊重和理解。

补充说明

弗雷德·卢桑斯（Fred Luthans）曾经考察研究了450多位管理者，总结了他们的日常活动，发现成功的管理者用在人际沟通、人力资源管理和人际交往上的时间占其工作时间的81%，这项研究结果给我们的启示就是人际技能的重要性。你想成功吗？没有处理人际关系的能力那就太难了。一名管理者由其工作的性质决定了他要和他的上级、下级、本部门的同事、其他部门，甚至是组织外部的形形色色的人打交道，没有一点人际技能恐怕做不好。

三、概念技能

概念技能是指管理者观察、理解和处理各种全局性的复杂关系时的抽象思维能力，也就是从宏观上对事物的抽象分析、判断、洞察、概括能力。

具备较高概念技能的管理者能够迅速地从纷繁复杂的动态局势中抓住问题的关键和实质，并能迅速地采取果断措施解决问题。具备概念技能的管理者还会将组织视为一个整体，了解组织内部各部门如何相互作用，了解组织与环境如何互动，了解自己所属部门在整个组织的分工协作体系中处于什么样的地位，而不是单纯地从部门的角度去考虑问题。

补充说明

除了正文所述这些技能外，对于管理者，尤其是高层管理者还应发展一些属于自己的管理哲学，如肚量大一点、眼光远一点、心胸开阔一点、尊重多一点等。

四、管理层次与管理技能的关系

无论哪个层次的管理者，都必须同时具备人际技能、技术技能和概念技能。这是因为任何一个管理者，都必须与人打交道，必须善于调动别人的积极性来实现组织目标，因此必须具备与人打交道的能力——人际技能；同时，作为管理者，还必须熟悉其所管理的业务，否则无法指导、监督别人，也就是说他还必须具备一定的业务能力——技术技能；当然，作为一个管理者，还必须站在比较高的高度看待问题，从而指导局内的其他人，所以还必须具备宏观把握全局的能力——概念技能。

然而，不同层次的管理者，虽然在本质上讲他们从事的工作都是管理工作，但是由于他们所处的具体层次、职位不同，其工作的重点也就不同，因此，对技能的要求也就有所不同（见图1.3）。

1. 对于高层管理者，概念技能尤为重要

高层管理者作为整个组织的舵手，其任务主要是确定组织的发展战略，他们处理的信息多来源于组织外部，他们要更多地考虑组织与外部环境之间的关系，并从宏观上把握整个组织的协调运行，这些都要求高层管理者必须具备很强的概念技能。

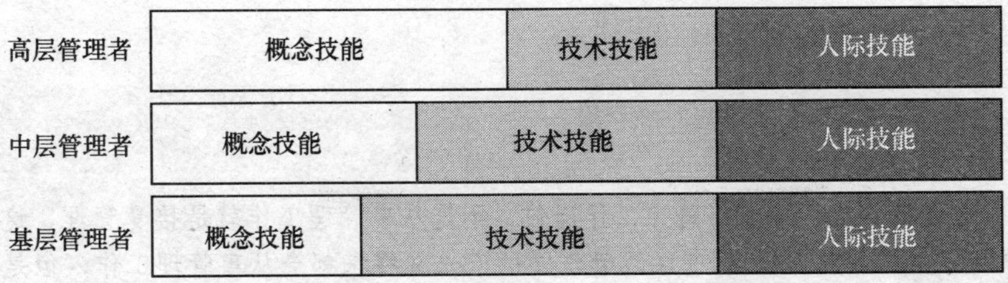

图 1.3　各种层次的管理者所需要的管理技能比例示意图

2. 对于中层管理者，三种技能要求比较平均

因为中层管理者处在一个承上启下的位置，他们既要面对高层管理者，又要面对基层管理者；他们所处理的信息既有组织内部的，又有组织外部的；他们既是高层管理者的下属，又是基层管理者的上级，这就决定了他们既要具备概念技能，又要具备技术技能。

3. 对于基层管理者，技术技能最重要

基层管理者由于工作在第一线，他们和组织的作业活动人员接触最紧密，他们的工作直接面向操作者，这就要求他们精通业务，否则就无法对作业人员的工作予以指导和监督。另外，由于他们的工作对象以及信息来源主要来自组织内部，其面临的工作具有例常性，大部分可以按照事先制订好的程序、规则来解决，这就决定了概念技能对他们来讲相对不是那么重要。

4. 对于所有管理者，人际技能都很重要

如图 1.3 所示，大家可能发现了，不论哪个层次的管理者对人际技能的掌握都是一样重要的。这是因为，作为管理者，他们都要通过别人的努力来完成组织的任务，他们都要获得别人的支持。这一点对不同层次的管理者来讲是共同的。

本节导入案例解析

小郭从车间主任助理到总裁助理，对所需技能的要求是如此变化的：

小郭担任车间主任助理时，是基层管理者，因此，最重要的管理技能应该是技术技能——车间的质检和监督工作能力。为了获得这一技能，一方面他仔细参阅部门制订的工作手册，并努力向书本、工人师傅们学习有关的技术知识；另一方面，车间主任也对他主动指点，使他逐渐摆脱困境，胜任了工作。

小郭担任装配部经理成为中层管理者，所需的管理技能与过去相比，概念技能显得比以前重要了，而且，人际技能和技术技能也必不可少（对于中层管理者，三种技能的要求比较均匀，但与基层管理者相比，技术技能要求有所下降，概念技能的要求则有所提高）。为了适应这些变化，他开始把一些工作交给助手去做，教他们如何完成，这样可以腾出更多的时间用于规划工作和帮助下属把工作做得更好，以有更多的时间参加会议，批准报告和完成自己向上级的工作报告。

总裁助理是高层管理者，因此，概念技能最重要，人际技能也必不可少，这些技能对小郭的要求必然比以前高了许多，因此，小郭只有补上这些技能才能使公司取得更好的绩效。

补充说明

作为一个在校学生，毕业后踏上工作岗位，不是从事管理工作就是接受管理，这一现象表明学习管理知识是必要的。虽然所有学过管理学的人未必将来都会从事管理工作，但是不论怎样，学了管理学将对今后的工作和生活会有所帮助。缺乏对管理原理和方法的深刻领会，要在管理上获得成功，是难免要落空的。即使不当管理人员，在一个组织中工作，管理知识能使你对你上司的行为和工作方式有一个更深层的了解，并对组织的内部工作有更多的了解。这就是如今许多高校都把管理学作为通识教育必修课程之一的原因。当然，如果是经济管理类专业的学生，管理学则是一门专业基础课，是学习专业课程的前提和基础。

必须指出的是，学习管理一定不能局限于课本和课堂，因为管理的艺术性决定了管理必须通过实践才能取得成效。因此，我们必须不断地将课堂中学到的管理原理应用于实际，或是带着实际问题来学习管理原理与知识。

本章小结

1. 管理就是管理者在特定的环境下，为了有效地实现一定的目标，对其所能支配的各种资源进行计划、组织、领导和控制等一系列活动的过程。管理的基本职能有四项，即计划、组织、领导和控制。

2. 管理具有自然属性和社会属性的两重性，它是科学性和艺术性的有机结合体。

3. 管理者分别在人际关系、信息、决策三个方面扮演着十种角色。其中，人际关系角色包括挂名首脑、领导者和联络者，信息角色包括监听者、传播者和发言人，决策角色包括企业家、混乱驾驭者、资源分配者和谈判者。

4. 管理者要履行好管理职能，在具备一定素质的同时，还应具备三种基本技能，即技术技能、人际技能和概念技能。对基层管理者来说，技术技能最重要；对高层管理者来说，概念技能最重要；人际技能对所有层次的管理者同等重要。

本章练习题

一、单选题

1. 当人们组成一个组织之后，组织中的活动基本上就可分为（　　）。

A. 计划和控制　　B. 计划和组织　　C. 领导管理　　D. 作业和管理

2. 通常认为，管理首要的职能是（　　）职能。

A. 计划　　B. 组织　　C. 领导　　D. 控制

3. 员工因公出差，必须先由直接主管签字，再由财务主管签字后方能到财务报账，这属于管理的（　　）职能。

A. 计划　　B. 组织　　C. 控制　　D. 领导

4. “凡事预则立，不预则废”，这反映了管理的（　　）职能。

A. 计划　　B. 领导　　C. 组织　　D. 控制

5. “找到要做的事情”，指的是管理的（　　）职能。

A. 计划　　B. 领导　　C. 组织　　D. 控制

6. “确保事情按要求进行”，指的是管理的（　　）职能。

A. 计划　　B. 领导　　C. 组织　　D. 控制

7. “管理并不能为管理者提供解决一切问题的标准答案，它要求管理者以管理理论和基本方法为基础，结合实际，具体情况具体分析，以求得问题的解决，实现组织的目标”。这句话表明（　　）。

A. 管理应注重科学　　B. 管理具有二重性

C. 管理的科学性和艺术性互相排斥　　D. 管理既是一门科学又是一门艺术

8. 张宏是某大型企业集团的总裁助理，年富力强，在助理岗位上工作得十分出色。他最近被任命为集团销售公司总经理，从而由一名参谋人员变成了独立的部门负责人。下面是张宏最近参与的几项活动，其中（　　）与他的管理职能无关。

A. 向下属传达他对销售工作目标的认识

B. 与某用户谈判以期达成一项长期销售协议

C. 召集各地分公司经理讨论和协调销售计划的落实情况

D. 召集公司有关部门的职能人员开联谊会，鼓励他们要克服困难，携手共进

9. 管理人员与一般工作人员的根本区别在于，（　　）。

A. 需要与他人配合完成组织目标

B. 需要从事具体的文件签发审阅工作

C. 需要对自己的工作成果负责

D. 需要协调他人努力实现组织目标

10. 管理者是指（　　）。

A. 组织的所有者　　B. 董事会成员

C. 从事管理活动的人　　D. 组织的员工

11. 管理对象是指（　　）。

A. 组织中的人员　　B. 组织中的人、财、物

C. 组织中的技术　　D. 实现组织目标所必需的各种资源

12. 下列说法正确的有（　　）。

A. 只有企业才需要管理　　B. 任何类型的组织都需要管理

C. 宗教团体不需要管理　　D. 个体企业不需要管理

13. 管理者应具备的最基本的技能中，对基层管理者尤为重要的是（　　）。

A. 技术技能　　B. 人际技能　　C. 概念技能　　D. 业务技能

14. 财务部经理审查财务报表的能力属于（　　）。

A. 技术技能　　B. 人际技能　　C. 概念技能　　D. 分析技能

15. 对管理者来讲，成功地与他人打交道并与他人进行沟通合作的能力是（　　）。

A. 技术技能　　B. 人际技能　　C. 概念技能　　D. 分析技能

16. 美国管理学家彼得·德鲁克说过，如果你理解管理理论，但不具备管理技术和管理工具的运用能力，那么你还不是一个有效的管理者；反过来，如果你具备这个能力，而不掌握管理理论，那么

充其量你只是一个技术员。这句话说明（　　）。

A. 有效的管理者应该是既掌握管理理论，又具备管理技巧与管理工具的运用能力

B. 是否掌握管理理论，对管理者无足轻重

C. 如果理解管理理论，就能成为一名有效的管理者

D. 有效的管理者应该注重管理技术与工具的运用能力，而不必注重管理理论

二、多选题

1. 以下对管理的描述，正确的有（　　）。

A. 管理的目的是管好人　　B. 管理的目的是实现组织的目标

C. 管理的对象主要是人　　D. 管理的对象不仅仅是人

2. 管理的二重性是指管理的（　　）。

A. 科学性　　B. 自然属性　　C. 艺术性　　D. 社会属性

3. 管理的四大职能中，基层管理者较为关注的是（　　）职能。

A. 计划　　B. 组织　　C. 领导　　D. 控制

4. 李总的半天：早上 7:30 进入办公室，开始浏览当天的报纸；8:00 参加公司雷打不动的早操、早歌；8:30 召开高层领导碰头会；9:30 前往高新区管委会商谈一项合作项目；12: 00 谈判结束。李总在这半天时间里主要扮演的管理者角色有（　　）。

A. 监听者　　B. 传播者　　C. 领导者　　D. 谈判者

5. 管理者应具备的最基本的三种技能是（　　）。

A. 技术技能　　B. 人际技能　　C. 概念技能　　D. 领导技能

三、问答题

1. 什么是管理？谈谈你对管理的内涵和职能的理解。

2. 谈谈你对管理二重性的理解，并简述生活中该如何把握管理的二重性。

课外思考实践题

1. 结合自身情况说明，作为一名大学生，你已经具备了哪些管理者的素质和技能？还存在哪些欠缺？应如何予以提高？

2. 谈谈你对学习管理知识重要性的认识。

3. 访问一位管理者，了解他的职位以及胜任该职务所必需的管理技能。

4. 查阅资料，分别找出一个成功企业和一个失败企业的案例，比较两个企业在管理上的区别。

第二章

管理理论的演进

学习目标

学习本章，你应该能够清楚地知道：

- 泰勒的科学管理理论与梅奥的人际关系学说的主要内容。
- 经济人假设、社会人假设的主要观点与“X-Y”理论对人性的基本假设。
- 系统管理理论与权变管理理论的主要观点。
- 知识管理、人本管理和危机管理理论的基本要义。

Management

第一节　古典管理理论

案例导入

联合包裹服务公司（UPS）是世界上效率最高的公司之一。为了实现他们的宗旨——“在邮运业中办理最快捷的运送”，管理当局系统地培训员工，使他们以尽可能高的效率从事工作。让我们以送货司机的工作为例，介绍一下UPS公司的管理风格。

联合包裹服务公司工业工程师们对每一位司机的行使路线都进行了时间研究，并对每种送货、暂停和取货时间都设立了标准。这些工程师们记录了红灯、通行、按门铃、穿过院子、上楼梯、中间休息喝咖啡的时间，甚至上厕所的时间，将这些数据输入计算机中，从而给出每一位司机每一天的详细时间标准。

为了完成每天取送130件包裹的目标，司机们必须严格遵循工程师设定的程序。当他们接近发送站时，他们松开安全带、按喇叭、关发动机、拉起紧急制动、把变速器推到一档上，为送货完毕的启动做好准备，这一系列动作严丝合缝。然后，司机从驾驶室出来，右臂夹着文件夹，左手拿着包裹，右手拿着车钥匙。他们看一眼包裹上的地址把它记在脑子里，然后以每秒约1米的速度快步走到顾客的门前，先敲一下门以免浪费时间找门铃。送货完毕后，他们在回到卡车上的路途中完成登记工作。

实际上，联合包裹服务公司为获得最佳效率所采用的程序并不是联合包裹服务公司管理当局创造的，他们运用的是科学管理的成果。科学管理的兴起距今已有百年，但是，正如联合包裹服务公司所证实的，这些程序今天仍然有效。

科学管理的成果有哪些？通过接下来的学习你将找到答案。

一、泰勒的科学管理理论

弗雷德里克·温斯洛·泰勒（Frederick Winslow Taylor，1856—1915）在1911年发表了《科学管理原理》一书，奠定了科学管理的理论基础，标志着科学管理理论的正式形成。泰勒[①]也因此被西方管理学界称为“科学管理之父”。

（一）科学管理理论的主要内容

泰勒的科学管理理论主要是从企业生产现场的管理工作入手，研究用科学的方法提高生产效率，主要内容包括以下六个方面。

1. 工作定额

针对工人的“磨洋工”行为，泰勒认为，应该用科学的工作方法取代经验工作方法。所谓经验工作方法，就是每个人采用什么操作方法、使用什么工具等，都根据个人的经验来决定。所谓科学工作方法，是指每个人采用什么操作方法、使用什么工具等，都根据试验和研究来决定。

泰勒提出，要用科学的观测、分析方法对工人劳动过程中的操作方法、使用的工具、劳动和休息的时间，以及机器设备的安排和作业环境的布置等进行分析，消除各种不合理的因素，将最好的因素结合起来，从中归纳出完成每项工作的标准时间，从而得出每个工人每天

① 关于泰勒其人，请参阅本书补充阅读资料。

必须完成的最低工作量，即“合理的日工作量”。这就是所谓的工作定额原理。

补充说明

在泰勒受雇于伯利恒钢铁公司期间，进行了著名的“搬运生铁块试验”和“铁锹试验”。

1. 搬运生铁块试验得出工作定额原理

这一试验是在这家公司的五座高炉的产品搬运班组大约75名工人中进行的。他们把92磅重的生铁搬运30米的距离装到铁路货车上，每人每天平均搬运12.5吨，日工资1.15美元。泰勒找了一名工人进行了试验，试验搬运的姿势、行走的速度、手放的位置对搬运量的影响，以及休息多长时间为好。经过分析确定了装运铁块的最佳方法，并得出57%的时间用于休息，这样能使每个工人日搬运量达到47～48吨，同时使得工人的日工资提高到1.85美元。

2. 铁锹试验是工具标准化的典型事例

当时公司的铲运工人拿着自家的铁锹上班，这些铁锹各式各样，大小不一。堆料场中有铁矿石、煤粉、焦炭等，每个工人的日工作量为16吨。泰勒经过观察发现，由于物料的密度不一样，每铁锹的重量也不一样。如果是铁矿石，一铁锹有38磅；如果是煤粉，一铁锹只有3.5磅。那么，一铁锹到底负载多少才合适呢？经过反复试验，最后确定一铁锹21.5磅对工人是最适合的。根据试验的结果，泰勒针对不同的物料设计不同形状和规格的铁锹。以后，工人上班时都不用自带铁锹，而是根据物料情况从公司领取特制的标准铁锹，工作效率大大提高。这一研究的结果是非常杰出的，堆料场的劳动力从400～600人减少为140人，平均每人每天的工作量从16吨提高到59吨，每个工人的日工资从1.15美元提高到1.88美元。

2. 标准化

“合理的日工作量”是建立在标准化的前提之下的，因为工人的合理的日工作量是按照在标准化的作业环境之中，使用标准的工具、机器和材料，掌握标准的操作方法制订出来的，如果不合乎这些标准，工人就无法完成日工作量。因此，就必须把这些标准做出明确的规定，使一切制度化、规范化、科学化，一切都要按照标准进行。这就是所谓的标准化原理。

3. 合理用人

泰勒认为，要完成工作定额，提高生产效率，除了执行标准化之外，还必须合理用人，也就是根据工人的能力把他们分配到相应的工作岗位上（即工作与能力相适应原理），为工作挑选“第一流的工人”。所谓第一流的工人，不是指各方面条件最好的工人，而是指能力最适合做这项工作而且愿意去做这项工作的工人。

所以泰勒主张根据工人的能力把他们分配到相应的工作岗位上，并按照标准的操作方法对工人进行培训，教会他们科学的工作方法，使其能力与工作相配合，激励他们尽最大的努力来工作。

示例

善用人才之长的波特夫人

美国的专家波特夫人曾请一位心理学家和一位社会学家对其部下的心理特点进行分析。社会学家的结论是：你的部下可分为两类，一类是线性思考的人——直来直去，领导叫干什么就干什么；另一类是系统思考的人——能够全面看问题，能很快抓住问题的要害，决定自己的行动。心理学家的结论是：你手下有两种人，一种是热情的人，另一种是爱挑毛病的人。波特夫人据此综合分析，做出如下人事安排。

- 线性思考且有热情的人——当技术培训教师，他一定乐意教书。
- 线性思考又爱挑毛病的人——当警察，他一定爱管闲事。
- 系统思考且有热情的人——当党领导、顾问，他一定高瞻远瞩又埋头苦干。
- 系统思考又爱挑毛病的人——请他当工头，谁干得怎样，他一目了然。

4. 有差别的计件工资制

泰勒认为，工人“磨洋工”的一个重要原因是报酬制度不合理。为了鼓励工人努力工作，完成定额，泰勒提出要在科学制订劳动定额的前提下，采用“有差别的计件工资制”这一新的刺激性付酬制度。

补充说明

工资制的两种基本形式是计时工资制和计件工资制。计时工资就是按照员工的劳动时间来支付的工资，如月工资、日工资、小时工资等；计件工资是依据员工所完成的作业量（如产品数量）以及质量而支付的工资。

所谓有差别的计件工资制，就是按照工人完成定额的程度采取不同的工资率——不同的单位产品的工资。对那些用较短的时间完成工作、质量又高的工人按较高的工资率付酬；对那些用时长、质量差的工人按低的工资率计算收入，以此来激励工人努力工作。

泰勒认为，要根据工人的实际工作表现和工作量而不是根据工作类别来支付工资。不管是什么职位，只要完成工作量就能拿到正常的报酬。这样，既能克服“磨洋工”现象，又有利于提高工人的劳动积极性。

5. 计划职能和执行职能相分离

为了提高劳动生产率，泰勒主张将计划职能与执行职能分开，即专业分工。

泰勒的计划职能实质上就是管理职能，由管理当局（或管理者）建立专门的计划部门来履行计划职能，专门进行时间和动作研究；制订科学的定额和标准化的操作方法及工具；拟订计划并发布指令。执行职能则是工人的劳动职能，由所有的工人和部分工长承担，按计划进行生产。

同时，管理人员也要进行专业分工，每个管理者只承担一两种管理职能。例如，泰勒提出一种“职能工长制”，即将管理工作予以细分，一个工长只承担一项管理职能，每个工长在其业务范围内有权监督和指导工人的工作。

6. 例外原则

泰勒还认为，在规模较大的企业，高层管理者还必须运用“例外原则”，即高层管理者应把例行的一般日常事务授权给下级管理者去处理，自己只保留对例外事项或重要事项的决策权和监督权。“例外原则”对于帮助经理人员摆脱日常具体事务，以集中精力对重大问题进行决策监督是必要而有利的。

（二）对科学管理理论的主要评价

泰勒的科学管理理论的贡献主要有以下几点。

（1）泰勒的科学管理理论冲破了西方一百多年沿袭下来的传统的经验管理方法，在历史上第一次使管理从经验上升为科学。科学管理理论的精髓是用精确的调查研究和科学知识代替个人的判断、意见和经验。

（2）泰勒的科学管理理论的核心是寻求最佳工作方法，追求最高效率。他和他的同事创造和发展的一系列有助于提高生产效率的技术和方法，如时间与动作研究技术、有差别的计件工资制等，不仅使当时的生产效率提高了两三倍，极大地推动了生产的发展，而且成为近代合理组织生产的基础。

（3）泰勒的科学管理理论认为，要精心选人、用人并加以培训，让他们能够做最适宜和最有效率的工作；强调管理人员提前精心制订计划的重要性以及管理人员有责任通过制订科学的工作制度帮助工人提高效率；专业分工、适当授权……这些观点现在看来不但没有过时，而且对现代企业管理仍然具有非常直接的指导意义。

补充说明

企业管理的六项基础工作如下。

- 标准化工作——产品标准、方法标准、安全与环保标准、管理标准。
- 定额工作——劳动定额、物资消耗定额、资金占用定额、费用控制定额、成本定额。
- 计量工作——计量技术、计量管理。
- 信息化工作——内部信息、外部信息。
- 规章制度——采购、生产、技术、销售、财务、人事等。
- 职工教育——业务培训、思想政治教育。

泰勒的科学管理理论也有一定的局限性，主要体现在以下方面。

（1）泰勒把工人看成是会说话的工具，只能按照管理人员的决定、指示、命令进行劳动。他曾说：“现在我们需要最佳的搬运铁块工人，最好他蠢得和冷漠得像公牛一样。这样他才会受到有智慧的人的训练”。

（2）泰勒的科学管理理论只重视技术因素，而忽视了人群社会因素。“标准作业方法”、“标准作业时间”、“合理日工作量”都是以身强体壮、技术最熟练的工人进行最紧张的劳动时所测定的时间为基础的，是大多数工人无法忍受和坚持的。

（3）由于泰勒的自身条件、背景以及所处的社会条件的限制，不可避免地会影响到其进行“科学管理”研究的方法、效率思路等，使其对管理的研究仅解决了个别具体工作的作业效率问题，没有关注解决企业作为一个整体如何经营和管理的问题，即对管理较高层次的研究相对较少，理论深度也显得不足。要解决这一问题，就需要进入下一个理论——一般管理理论的学习。

本节导入案例解析

（1）“联合包裹服务公司管理当局系统培训他们的员工”，是为了能够“合理用人，为工作挑选‘第一流的工人’”。

（2）“联合包裹服务公司工业工程师们对每一位司机的行使路线都进行了时间研究，并对每种送货、暂停和取货时间都设立了标准。这些工程师们记录了红灯、通行、按门铃、穿过院子、上楼梯、中间休息喝咖啡的时间，甚至上厕所的时间，将这些数据输入计算机中，从而给出每一位司机每一天中的详细时间标准。”这实际上是在应用“标准化原理”。

（3）“为了完成每天取送 130 件包裹的目标”，说明联合包裹服务公司规定了司机的“工作定额”。

（4）“联合包裹服务公司工业工程师们对每一位司机的行使路线都进行了时间研究，并对每种送货、暂停和取货时间都设立了标准。”“司机们必须严格遵循工程师设定的程序”，体现了计划职能与执行职能相分离——工程师制定标准，司机执行标准。

二、法约尔的一般管理理论

亨利·法约尔（Henri Fayol，1841—1925），法国人，1860 年从圣埃蒂安国立矿业学院毕业后便被康门塔里-富尔香堡采矿冶金公司聘为采矿工程师，他很快就显露出非凡的管理才能，先后担任矿井经理、公司总经理职务。由于他的悉心经营，公司虽经变迁，但一直是法国经济实力较强的企业，他自己也一直担任着高级管理职务。法约尔博览群书，知识渊博，除了对大企业的管理有亲身的实践和研究，还在法国的邮政机关、烟草部门做过调查研究，曾担任法国陆军大学和海军学校的管理学教授。因此，他的管理理论虽以企业为研究对象，但涉及行政机关、军队、宗教等团体的管理问题，具有管理的普遍性。

1916 年，法约尔出版了他的代表作《工业管理与一般管理》，此书提出了他的一般管理理论，也成为经典管理文献之一。

（一）一般管理理论的主要内容

与科学管理理论不同，法约尔的一般管理理论以组织的整体利益为研究对象，主要内容体现在以下四个方面。

1. 企业的经营活动

通过对企业经营活动的长期观察和总结，法约尔提出，所有的工业企业的经营都包括技术、商业、财务、安全、会计及管理六大类基本活动。其中，技术活动是指生产、制造和加工等；商业活动是指购买、销售和交换等；财务活动是指资本（资金）的筹集、运用和控制等；安全活动是指财产（设备、商品）和人员的保护等；会计活动是指盘存、资产负债表、成本和统计等；管理活动即计划、组织、指挥、协调和控制。

这六种职能活动是企业组织中各级管理人员都或多或少具有的，只不过由于职位高低和企业规模大小的不同而各有侧重。

2. 管理要素

法约尔认为，经营和管理是两个不同的概念，管理只是经营的一部分，在六大经营职能中，管理活动居于核心地位。在对管理活动进行详细分析的基础上，法约尔提出，“所谓管理，就是计划、组织、指挥、协调和控制”。在这五大管理要素中，法约尔把计划和组织作为着重点。

补充说明

法约尔提出的管理五要素

计划是管理的首要职能，是指预测未来并制订行动方案，可简述为目标和经营规划的制订。

组织是物力和人力的组织问题，可简述成为完成已确定的目标而进行的各种资源的有效配置和组合。

指挥是为了使组织行动起来所必要的，可简述为通过有艺术的领导使组织全体成员都充分地发挥作用。

协调即让企业成员工作团结一致，和谐配合，以便使工作顺利进行。

控制是指核定工作的进行是不是与既定的计划、发出的指示以及确定的原则相符合，以便加以纠正和避免重犯。即保证企业中进行的一切活动符合所制订的计划和所下达的命令。

3. 14条管理原则

法约尔根据对企业管理实践的总结，在《工业管理与一般管理》一书中首次提出了企业管理的如下原则。

（1）劳动分工。劳动分工即劳动的专门化，这样可以减少浪费，增加产出和便于培训工作。法约尔同泰勒一样，也认为劳动分工不仅限于技术工作，也可适用于管理活动。

（2）权力和责任相称。权力是“下达命令的权力和强使别人服从的职权”。权力和责任是相称的，两者有一种必然的联系。要行使权力就必须承担责任，要某人对其工作结果负责就应该给予他确保事情成功的应有权力。不能出现有权无责和有责无权的情况。

（3）纪律严明。纪律就是组织的规则、规矩，是企业领导者同下属人员之间在言行举止（如服从、勤勉、积极、尊敬）等方面所达成的一种协议。组织内所有成员都必须根据协议控制自己在组织内的行为。

（4）统一命令。从下级对上级的角度来讲，一个雇员不管采取什么行动，应该只接受一个上级的命令并向这个上级汇报自己的工作，就像任何人都不能为两个主人效劳一样，双重的命令对权力、纪律和稳定都是一种威胁。

（5）统一领导。从上级对下级的角度来讲，凡是从事同种工作或具有相同目标的活动只能由同一个管理者按一个统一的计划来加以领导。一个组织或一个部门不管有多少个“副职”，它也只能有一个“正职”。

（6）个人利益服从整体利益。集体的目标必须包含成员个人的目标，但个人和小集体的利益不能超越组织的整体利益。为保证这一点，管理人员必须做出良好的榜样，与员工建立合理的协议并经常进行监督。

（7）报酬。报酬制度应当公平合理，对工作成绩和工作效率优秀者给予奖励，但奖励应该有一个限度。制订报酬制度应考虑三个条件，即待遇公平、奖励成绩优良者、奖励不应超过合理界限。

补充说明

法约尔认为，任何优良的报酬制度都无法取代优良的管理。在现实生活中，我们经常能发现这样的案例：工资再高，但如果内部管理不善，即使吸引了人才进来也无法真正留住人才，反而会被一些暂时找不到工作的人利用——假装进来，在拿着高工资的同时继续寻找另一份工作，一旦找到就离开这家高薪低效的单位。

（8）适当的集权和分权。任何增加下级作用的重要性的行动都是分权，任何减少这种作用的行动则是集权。集权或分权的多与少本身并不能说明管理的好与坏，究竟是分权多还是集权多要依据不同组织的具体情况而定。

（9）等级制度。从最高权力机构到最底层管理人员，其间有着不同的等级，即权力等级。上级对直接下级进行指挥，下级接受直接上级的领导。这种等级链表明等级的顺序和信息传递的途径。

补充说明

为了保证命令统一，不能轻易违背等级链，请示要逐级进行，指令也要逐级下达。有时这样做会延误信息，为此，法约尔设计了一种“跳板”便于同级之间的横向沟通。但在横向沟通前要征求各自上级的意见，并且事后要向各自上级汇报，从而维护了统一指挥的原则。

（10）秩序。人员、物料等应在合适的时间安排在合适的职位或合适的地方，保证一切工作都能按部就班地进行。

（11）平等。平等是“善意与公道”的结合，管理人员应以平等的态度对待下属。主管人员对下属仁慈、公正，就能使下属对上级表现出热心和忠诚。

（12）人员稳定。法约尔主张人员稳定，尤其管理人员不要频繁更换。

（13）主动性（首创精神）。鼓励员工在一切工作中充满热情和发挥干劲。

（14）团结精神。鼓励员工在组织内紧密团结和发扬集体精神。“分裂敌人以削弱其力量是聪明的，但是分裂自己的队伍则是反对公司的一大罪状”。

补充说明

法约尔强调，为了适应变化的需要，在运用管理原则时要有灵活性。原则是灵活的，而且能够适用于每一种需要，问题是要知道如何利用它们，这却是一项困难的艺术，它要求具有智慧、富有经验，处事必须果断、均衡。

4. 管理者的素质

法约尔认为，所有的管理人员都应具备如下品质和能力：①身体条件，健康、精力充沛、谈吐清晰；②智力条件，具有理解与学习的能力、判断能力，思想活跃，有适应能力；③精神条件，有干劲、坚定，愿意承担责任，主动、忠诚、刚毅、有尊严。④全面教育，对不属于职责范围内的事情有一般的了解；⑤特别的知识，技术活动、商业活动、财务活动、管理活动、会计活动等所特有的知识等；⑥经验，从本职工作中获得的知识。

（二）对一般管理理论的评价

1. 一般管理理论的贡献

法约尔对管理理论的突出贡献主要体现在他对管理职能和管理原则的归纳上，从而把管理科学提升到一个新的高度，使管理科学不仅在工商业界受到重视，而且对其他领域也产生了重要的影响。

法约尔关于管理职能的划分和分析为管理科学提供了一套科学的理论框架。后人根据这种框架，建立了管理学并把它引入课堂。

2. 一般管理理论的局限性

法约尔一般管理理论的主要不足之处是他的管理原则缺乏弹性，以至于有时管理者无法完全遵守。以统一指挥原则为例，法约尔认为，不论什么工作，一个下属只能接受一个唯一上级的命令。然而，当某一层次的管理人员制订决策时，他就要考虑来自各个专业部门的意见或指示，但这是统一指挥原则所不允许的。

同时，法约尔只是提出了管理的原则和要素，并没有告诉管理者如何使任何一个大型组织都可以更为系统地发挥作用，要解决这个问题，就需进入下一个理论——行政组织理论的学习。

三、韦伯的行政组织理论

马克思·韦伯（Max Weber，1864—1920），出生于德国一个有着广泛的社会和政治关系的富裕家庭。韦伯时期，德国正处于从旧的、以家族为基础的企业制度向大规模的资本主义企业制度过渡时期，新兴的资本主义企业制度急需一种效率高的管理体系。韦伯感受到了为大型组织和大规模企业建立合理基础的需要，在找寻答案的过程中提出了理想的行政组织体系理论（即官僚集权理论）。

由于韦伯是最早提出一套较完整的行政组织体系理论的学者，因此，被称为“组织理论之父”，他的代表作是《社会组织与经济组织理论》。其管理思想主要体现在权力的种类和理想的行政组织体系的要素两方面。

1. 权力的种类

韦伯认为组织中的权力有三种纯粹的形式。

（1）合理—合法的权力，是以组织内部各级领导职位所具有的正式权力为依据的。这是正式任命的职务所具有的权力，如正式任命的人事部经理就具有其工作说明书中所规定的所有权力。

（2）传统的权力，是以传统的不可侵犯的信念以及执行这种权力的人的地位的正统性为依据的。这是由于先例和惯例所形成的，如年长者就可以责问年轻人，教授理所当然就是专家等。

（3）超凡的权力，是以对个人的特殊的、神圣英雄主义或模范品德的崇拜为依据的。例如，大家都佩服一个人，这个人说的话就很管用，在大家眼里，这个人就具有超凡的权力；对英雄的敬意、明星效应等也说明英雄和明星具有超凡的权力。

韦伯强调，组织必须以合理—合法的权力作为行政组织体系的基础。

> **补充说明**
>
> 行政性组织是指一种强调组织观念、超越人事因素、严格按行政手续办事的组织体制和形式。说它“理想”，并不意味着是最有利、最合乎需要，而只是作为理论分析的一种标准模式。

2. 理想的行政组织体系要素

韦伯认为理想的行政组织体系具有如下特点。

（1）明确的分工。把组织内所有工作分解，有明确的分工，明确规定每一个职位的权力和责任。

（2）权力体系。各种职位按权力等级组织起来，下级人员要服从上一级人员的指挥和领导。

（3）人员考评和教育。组织中人员要根据职务的要求，通过教育培训，考核合格后任命。

（4）职业管理人员。管理人员有固定的薪金和明文规定的晋升制度，是一种职业管理人员，而不是组织的所有者。

（5）遵守规则和纪律。组织中包括管理人员在内的所有成员必须严格遵守组织的规则和纪律，避免感情用事、滥用职权，减少摩擦和冲突，确保职权的正确使用。

（6）组织成员之间的关系。组织成员之间的关系以理性准则为指导，不受个人情感的影响。组织内部的关系是这样，组织与外界的关系也是这样，不能任意解雇组织中的人员，应鼓励大家忠于组织。

3. 对行政组织体系理论的评价

韦伯强调组织的运转要有一套连续性的规章制度，降低人的随机、主观、偏见对整个组织运转的影响，适合于工业革命以来的大型企业组织的管理需要。韦伯的理论是对泰勒、法约尔理论的一种补充，对后来的管理学家产生了很大的影响。

但是韦伯的管理思想过分强调组织原则和恪守规章制度，从而抑制创造力、革新精神和冒险精神。同时他还忽视了成员的情感方面的需求，忽视了在正式组织中存在着非正式组织，决策时只考虑规章和程序，不利于调动成员的积极性。

补充说明

管理学上通常把在19世纪末至20世纪三四十年代产生与发展的管理理论称为古典管理理论。以泰勒为主的科学管理理论、法约尔的一般管理理论、韦伯的行政组织理论为代表的古典管理理论完成了使管理从经验上升为科学的转变，在一定程度上极大地提高了生产效率。但是，从某种程度上讲，古典管理理论以机械的观点来看待组织和工作，没有看到组织与外部的联系，是一种“封闭系统”的管理时代；虽然也承认个人的作用，但强调的是对个人行为的控制和规范，认为人与机器没有多大差别。所以，当生产效率提高到一定程度之后，古典管理理论便遇到了瓶颈。

第二节 行为科学理论

泰勒、法约尔、韦伯等人开创的古典管理理论，极大地提升了生产效率，工人的物质待遇也得到了一定程度的提高。然而，当生产效率提高到一定程度之后，就出现了无论物质条件如何改变，生产效率仍停滞不前的怪象！这一怪象引起了管理学界的重视。另一些学者从心理学、社会学等角度对人的行为以及产生这些行为的原因进行分析研究，由此形成了行为科学理论。

案例导入

某市拥有4000多名职工的第三棉纺厂王厂长办事果断，敢罚敢管。他刚刚接管这个厂时，这个厂劳动纪律涣散，生产秩序混乱，连年亏损。他上任伊始狠抓劳动纪律，重奖重罚，初见成效。上半年超额15%完成生产经营任务。下半年他胆子更大了，进一步使用奖惩权：对工作满意的当场开奖，有时奖金高达500元；工人稍有失误，即被扣除当月奖金，有时还扣工资。结果对他不满的人越来越多。为了发泄不满情绪，有的工人上班磨洋工，个别工人还偷拿工厂的原材料和成品出去卖。王厂长十分恼火，一次处分了31名工人，但处分布告一夜之间被撕光。工人们说："处罚工人的布告贴得比法院门前处罚犯人的布告还多！"结果300多名干部、工人向上级主管部门递交了联名请愿书，要求罢免王厂长。工厂年终时亏损由去年的250万元增加到420万元。在工人们的压力下，上级主管部门免去了王厂长的职务，调入一个姓李的新厂长接替。

李厂长进厂后首先到车间跟班劳动，征求车间干部和普通工人的意见。工人们说："谁不希望把三棉搞上去啊，但厂长应信任我们，不要把我们当犯人一样对待！这样狠罚工人，比资本家还资本家！"干部们说："职工收入低，困难很多，领导应关心他们的疾苦，把严格管理与感情激励相结合。"李厂长召开厂长书记办公会，随后又召开职代会，宣布自己的施政方针——"严格管理加微笑管理。在三棉让工人坐前排，让三棉充满爱。"他说到做到。在严格执行规章制度的同时，每天早晨上班时他和其他厂领导在门口迎接全厂职工，下班后进行家庭访问，了解各层职工的困难和要求。工厂规定：坐班车，干部自带板凳，把座位让给一线工人；分房子，一线工人加两分；分煤气罐的标准，工人10年工龄，干部12年工龄。中秋节时，组织单身职工赏月晚会；每个单身宿舍都装上了吊扇；春节时，又召开退休工人座谈会。与此同时，在全厂开展了"爱党、爱国、爱人民、爱劳动、爱公物"的五爱竞赛。党员带头，群策群力，不仅大大提高了劳动生产率，而且私拿公物的现象大为减少，年终不仅还清了欠款，而且赢利680万元。职工收入大幅度提高，劳动积极性更加高涨。干群之间、职工之间形成了和谐、融洽、宽厚、团结的气氛。有一日厂里停电，中班停产。下午2:15提前供电，工厂来不及通知，工人们自动来厂上班，有些不当班的工人也来了，不到半小时全厂5万多纱锭全部转动起来。

工厂搞气流纺纱生产线，缺100万元资金，工人们自动集资，有的职工为此卖掉了高档电器。结果第二年利税突破千万元大关，达到历史最高水平。李厂长把这种工作方法概括为"以爱为核心的第一要素工作法"。

两个厂长对待员工的态度明显不同，我们该如何看待这两个厂长的不同呢？学习完本节的知识，你将会有一个清晰的认识。

一、梅奥的人际关系学说

乔治·埃尔顿·梅奥（George Elton Mayo，1880—1949）是行为科学的早期代表人物，美国人，曾在哈佛大学任教，从事哲学、医学和心理学方面的研究。1927 年，梅奥应邀参加并指导在芝加哥西方电气公司霍桑工厂进行有关科学管理的试验，即被认为是对行为科学理论做出最重要贡献的"霍桑试验"①，该项试验研究工作环境、物质条件与劳动生产率的关系。

（一）人际关系学说的主要内容

经过霍桑试验，梅奥取得了一系列重要成果，经过总结，发表了代表作《工业文明中人的问题》和《工业文明中的社会问题》，提出了人际关系学说的一系列思想。

① 关于霍桑试验，请参阅本书补充阅读资料。

1. 关于生产中人的看法——人是“社会人”

泰勒的科学管理主要通过提高工作报酬来鼓励工人提高生产效率，把工人视作只为追求经济利益的“经济人”。

补充说明

亚当·斯密提出的“经济人”观点认为，人的本性是懒惰的、自私的，人们在经济行为中，追求的完全是私人利益。因此，在管理中主张用金钱来刺激工人的积极性，同时对消极怠工者采取严厉的惩罚措施。

梅奥则认为企业中的人首先是“社会人”，人们从事工作并不是仅仅追求金钱收入，还有社会心理等方面的需求，即他们还追求友情、安全感、归属感和受人尊重等，因此，管理者不能只从技术和物质条件着眼，而必须先从社会、心理方面来激励员工提高生产效率。

2. 关于对领导问题的看法——新的领导能力在于提高工人的满意度

泰勒认为生产效率主要取决于工作方法、条件和工资制度等，因此只要采用恰当的工资制度、改善工作条件、制订科学的工作方法就能提高生产效率。

梅奥则认为，在决定劳动生产率的诸因素中，置于首位的因素是工人社会心理的满意度，生产条件、工资报酬只是第二位。工人社会心理的满意度直接决定了工人的士气和干劲。工人的满意度越高，其士气就越高，从而生产效率就越高。换句话说，生产效率主要取决于职工的工作态度和人们的相互关系。而高的满意度来源于工人个人需求的有效满足，个人需求不仅包括物质需求，还包括精神需求。因此，新的领导能力在于提高工人的满意度。

3. 关于对组织的看法——重视“非正式组织”的存在和作用

古典管理理论强调的是效率、行为规范、等级制度，只注意到管理中的正式组织，忽视了人们由于情感的需要而形成的“非正式组织”。

梅奥认为企业中不仅存在“正式组织”，而且还存在着人们在共同劳动中由于共同的社会感情、爱好、业余活动而形成的“非正式组织”。“非正式组织”的存在对组织既有利，又有弊，两者相互依存，对生产率的提高有很大影响。管理人员要想实施有效的管理，就应该重视“非正式组织”的存在和作用。（关于“非正式组织”，我们将在第七章第二节讲解。）

（二）对人际关系学说的评价

梅奥的人际关系学说为管理思想的发展开辟了新的领域，标志着人们从早期科学管理思想单纯重视对组织形式及方法的研究，开始转向对人的因素在组织中的作用的研究。人际关系学说的主要贡献在于：注重人的因素，关注人的社会、心理需求，改变了人与机器没有差别的观点。但也存在一定的局限性：过分强调“非正式组织”的作用；过多强调情感的作用；过分否定经济报酬、物质条件的影响。

补充说明

在梅奥等人研究的基础上，一些学者从心理学、社会学等角度对人的行为以及产生这些行为的原因进行了分析研究，由此形成行为科学理论，又称组织行为理论。他们的研究主要集中在四个领域：人的需要、动机和激励问题；“人性”问题；企业中“非正式组织”及群体行为理论；领导行为理论。尽管学者们各自独立地进行研究，但都提出了一个共同的主题：管理中最重要的因素是人，因此要研究人、尊重人、关心人，满足人的需要以调动人的积极性，并创造一种能使组织成员充分发挥能力的工作环境。

二、麦格雷戈的“X-Y”理论

X 理论与 Y 理论的提出者是美国人道格拉斯·麦格雷戈（Douglas M. McGregor，1906—1964）。麦格雷戈认为，人的本性与人的行为是决定管理者行为模式的最重要的因素，管理者基于他们关于人的本性的假定，按照不同的方式对人进行组织、领导、控制与激励。

（一）X 理论

X 理论所代表的是“关于指挥与控制的传统观念”，其假定如下：① 人一般生来厌恶工作，只要有可能就想逃避工作；② 人一般愿意受人指挥，希望逃避责任，把安全感看得重于一切；③ 大多数人工作是为了满足基本需要，没有什么进取心，只有金钱和地位才能鼓励他们工作；④ 由于厌恶工作是人的本性，因此，对大多数人必须采用惩罚、强迫、威胁等强制措施迫使他们努力工作。

麦格雷戈认为，在现代工业的实践过程中，这种 X 假定是非常普遍的。

（二）Y 理论

尽管麦格雷戈确实注意到了由强性 X（差不多就是科学管理法）向软性 X（人际关系法）的转变，但他认为这种转变在假定对人性的假设方面并没有发生根本的变化。由此，他提出了作为“与人力资源管理相关的最为现代的新理论起点”的 Y 理论。Y 理论有如下假设。

（1）一般人并非天生不喜欢工作。工作中所耗费的体力与脑力实质上与娱乐或休息时所耗费的体力与脑力是一样的，如果工作环境好，工作就像游戏一样自然。

（2）正常情况下，人是愿意承担责任的。逃避责任、丧失进取心、强调安全感，通常是后天经验的结果，并非人的天性。

（3）大多数人胸怀大志，有自我满足和自我实现的需求，能发挥自己的聪明才智来实现组织的目标并以此作为个人最大的报酬。

（4）外界控制与惩罚并不是使人努力工作的唯一手段，人们在执行任务中能够自我指导和自我控制。

麦格雷戈在旧的人际关系观念与新的人本主义之间起到了一种桥梁作用。麦格雷戈的基本信念是：组织中的和谐是可以做到的，但并不是靠硬性或软性的手段，而是靠改变对人性的假设，要相信他们是可以信任的，能够自我激励、自我控制，具有将自己的个人目标与组织目标结合起来的能力。

三、超 Y 理论

在麦格雷戈提出 X 理论和 Y 理论之后，杰伊 · 洛尔施（Jay W.Lorsch）和约翰 · 莫尔斯（John J.Morse）等人对这两种理论做了实验。发现在实际情况中，X 理论和 Y 理论都有优势和劣势。在此基础上，洛尔施等人于 1970 年发表《超 Y 理论》一文，核心观点有以下两点。

（1）不同的情况应采用不同的管理方式。管理方式要由组织性质、工作内容和性质、成员素质等因素来决定。一般情况下要按组织与成员对管理方式的不同要求，有针对性地选择适合于他们愿望的方式进行管理，以获得最理想的管理效果。没有适合任何组织、任何时间、任何个人的统一的管理方式。

（2）不同的人对管理方式的要求不同。由于人的需要不同，能力各异，对不同的管理方式会有不同的反应。有人希望有正规化的组织与规章制度来要求自己的工作，而不愿意参与问题的决策去承担责任，这种人欢迎以 X 理论指导管理工作；有的人需要更多的自治责任和发挥个人创造性的机会，这种人欢迎以 Y 理论为指导的管理方式。

可以说超 Y 理论具有对人性认识的权变观。

本节导入案例解析

管理者对员工采取什么样的管理方式，往往取决于管理者信奉什么样的人性假设。

信奉 X 理论的管理者认为员工必须严加管理，往往会采用“胡萝卜加大棒”的管理方式——以经济报酬作诱饵，以惩罚、威胁来控制员工；而信奉 Y 理论的管理者就可能会采取参与式管理——启发、信任、激励员工。

信奉“经济人”假设的管理者往往会把金钱作为刺激员工的唯一手段；而信奉“社会人”假设的管理者则可能会提倡情感激励，注重人际关系。

导入案例中的李厂长与王厂长对待员工的态度的不同，在一定意义上就是他们所信奉的人性假设不同：李厂长所持的是“Y 理论”和“社会人”假设，而王厂长信奉的则是“X 理论”和“经济人”假设。

第三节　现代管理理论

现代管理思想起源于第二次世界大战，20 世纪 60 年代以后有了更迅速的发展。这一时期，科学技术得到迅猛的发展，随着科技成果的广泛采用，企业生产过程的自动化、连续化以及生产社会化程度空前提高。企业规模的扩大、市场竞争的激烈、市场环境的变化多端都对企业管理提出了更高的要求，先前的管理理论已不能有效地指导企业在新形势下的管理，许多研究人员就企业如何在变化的环境中经营进行了多方面的研究，在此基础上形成了一系列不同的理论观点和流派，从而推动了管理思想的新发展。其中的一些管理学派对管理科学的发展有着重大的影响。

案例导入

李华、黄克、乔丰、陈立四人都是某企业的管理人员。李华和乔丰负责产品销售，黄克和陈立负责生产。他们刚参加过为期5天的培训班学习，在培训班里主要学习了权变管理理论、系统管理理论和一些有关激励职工的方法等内容。他们对所学的理论有不同的看法，正在展开激烈的争论。

乔丰说："我认为对于我们这样的公司，系统管理理论是很有用的。例如，如果生产工人偷工减料或做手脚，如果原材料价格上涨，就会影响到我们的产品销售。在目前的这种经济环境中，一个公司会受到环境的巨大影响。"

陈立插话说："我不认为我们有采用系统管理理论的必要。如果每个东西都是一个系统，而所有的系统都能对某一个系统产生影响的话，我们又怎能预见这些影响呢？所以，我认为，权变管理理论更适合我们。"

李华对他们这样的讨论表示了不同的看法，他说："对系统管理理论我还没有好好考虑。但是，我认为权变管理理论对我们是很有用的。虽然我们以前经常采用权变管理，但却没有意识到自己是在应用权变管理理论。例如，我们每天都在用权变管理理论应对不同的顾客。为了适应形式，我们每天都在改变销售方式和风格，许多销售人员都是这样做的。"

黄克显得有些激动地说："我不懂这些理论是什么东西。但是，关于系统管理理论和权变管理理论的问题，我同意陈立的观点。教授们都把自己的理论吹得天花乱坠，他们的理论听起来很好，但是，这些理论却无助于我们的管理实际。我认为，泰勒在很久以前就对激励问题有了正确的论述，要激励员工，就要根据他们的工作及时支付给他们报酬。如果工人什么也没有做，就不用支付任何报酬。你们和我一样清楚，人们只是为了钱而工作，钞票就是最好的激励。"

李华、黄克、乔丰、陈立的观点有什么不同？

一、系统管理理论

补充说明

系统由若干个相互联系、相互作用的部分组成，是在一定环境中具有特定功能的有机整体。一切事物都以系统的形式存在。

系统管理理论侧重于用系统的观念来考察组织结构和管理的基本职能，这个理论的代表人物是美国管理学者卡斯特（F.E.Kast）、罗森茨韦克（J.E.Rosenzweig）和约翰逊（R.A.Johnson）。系统管理理论的主要观点是：组织是一个以人为主体、由许多子系统构成的开放的大系统，并且是社会大系统的一个分系统，强调"组织要不断地从外部环境获取资源以适应环境的变化"，管理必须建立在系统的基础上。

补充说明

企业作为一个系统，一方面包括了物的生产和为了进行物的生产所需要的技术手段，另一方面包括了经营管理部门、服务部门、信息部门等所采用的各种管理方法。前者可以称为"硬件"，后者可以称为"软件"，两者结合构成了企业系统。系统具体可分为六个要素，即人、财、物（资）、设备、信息和任务。

系统管理理论告诉我们，在管理实践中，管理者要从组织的整体利益出发，运用联系的观点，把管理对象视为一个有机整体，研究组织内部各部分以及组织与外部环境之间的关系，并不断从外部环境获取资源（如人、财、物、信息、时间等）以适应环境的变化。

运用系统观点来考察管理的基本职能，可以提高组织的整体效率，使管理人员不至于只重视某些与自己有关的特殊职能而忽略了大目标，也不至于忽视自己在组织中的地位和作用，提高了管理人员对管理所涉及的各种相关因素的把握和分析能力。

补充说明

一个企业在研究技术、生产、质量、人事、销售、财务等各个部门的工作时，应该根据系统管理思想把内部因素和外部环境结合起来进行全面分析，研究各个部门之间的相互促进和相互制约关系，以求各个部门的工作能保证整个企业获得最优的效果。

二、权变管理理论

权变管理理论是于 20 世纪 70 年代开始形成和发展起来的，其代表人物是美国管理学家卢桑斯（Fred. Luthans）以及英国学者琼·伍德沃德（Joan Woodward）。

名家观点

一位有资格的管理者总是能够——明确外界的各种限制因素，并对此采取相应的管理方法和技术，从而对一个社会的经济发展大显身手。

——哈罗德·孔茨（Harold Koontz），西里尔·奥唐奈（Cyril O'Donnell）

权变管理理论认为：环境变量与管理变量（指管理者在管理中所选择和采用的管理观念和技术）之间存在着函数关系，即权变关系；一般情况下，环境是自变量，管理观念和技术是因变量。因此，管理者要适应不断变化的环境，要根据组织的实际情况来选择与之相适应的管理原理、方法和技术。

权变管理理论告诉我们：世界上没有一成不变的、普遍适用的、“最佳的”管理理论和方法，管理者要根据组织所处的内外环境的变化随机应变，针对不同情况寻找不同的方案和方法。

三、决策理论

决策理论是在系统理论的基础上，吸收了行为科学、运筹学和计算机科学等研究成果而发展起来的。主要代表人物是美国人西蒙（Herbert Simon），其代表作为《管理决策新科学》。西蒙因其在决策理论、决策应用等方面做出的开创性研究，获得 1978 年诺贝尔经济学奖。决策理论认为，管理的实质是决策，决策贯穿于管理的全过程，决定了整个管理活动的成败。如果决策失误，组织的资源再丰富、技术再先进，也是无济于事的。（关于决策，我们将在第四章重点讲解）

四、管理科学理论

管理科学理论是在第二次世界大战中产生和发展起来的。当时，英国通过数学家建立的资源最优分配模型，有效地解决了如何以有限的皇家空军力量来抵抗庞大的德国空军的问题。这种成效在战后引起了企业界的关注，其典型的特征就是将管理问题数量化，并借助电子计算机使管理过程模型化，促进了科学管理理论的发展。

五、管理过程理论

管理过程理论是在法约尔管理思想的基础上发展起来的，主要研究管理的过程和职能，其代表人物是美国的哈罗德·孔茨。该理论的基本观点如下：① 管理是一个过程，即一个让别人同自己一起去实现既定目标的过程；② 管理过程的职能有五个，即计划、组织、人事、领导和控制；③ 管理职能具有普遍性，即各级管理人员都执行着管理职能，但侧重点则因管理级别的不同而异；④ 管理应具有灵活性，要因地制宜、灵活应用。

本节导入案例解析

四个人观点的不同体现在以下几方面。

（1）李华认为权变管理理论对他们的公司是很有用的，但对系统管理理论还没有好好考虑。

（2）黄克认为权变管理理论、系统管理理论都只是听起来很好，但无助于实际，并认为“人们只是为了钱而工作，钞票就是最好的激励。”认同以“X 理论”和“经济人”假设为基础的泰勒的观点。

（3）乔丰的观点是系统管理理论对他们的公司很有用。

（4）陈立认为权变管理理论更适合他们的公司。

第四节　管理思想的新发展

案例导入

综合媒体报道2011年2月21日，阿里巴巴的一则公告同时引出“欺诈门”和“高管引咎辞职”两个爆炸性事件。公告称，在过去的两年里，2326名阿里巴巴网站的会员“中国供应商”涉嫌欺诈国际买家，并有近100名阿里巴巴员工合谋其中。为此CEO卫哲、COO李旭辉引咎辞职，集团CPO邓康明降级另用，淘宝网CEO陆兆禧将接替卫哲兼任阿里巴巴CEO。随后阿里巴巴非执行董事蔡崇信透露，公司在评估了那些遭到欺诈用户的索赔风险后，已拿出170万美元对2249名来自全球的受害者进行赔偿。

自曝欺诈门事件之后，阿里巴巴的股价大幅下挫，一周内公司市值下降了10亿美元左右，在香港股票交易市场的股价大跌9.4%。受此事件的影响，当时有三位分析师将其股票评级从“买入”级下调至“持有”级，三星证券香港公司的互联网研究业务分析师保罗·吴甚至将阿里巴巴的股票评级维持为“卖出”级，他表示：“欺诈门事件将会损害阿里巴巴公司的声誉，并将打击其吸引全球买家的能力。”

3月15日在自曝家丑清楚涉嫌欺诈的中国供应商之后，阿里巴巴在3·15当日呼吁更多买家通过合法手段追击这些幕后真凶，将维权进行到底，阿里巴巴将竭力帮助买家维护自身权益和中国制造的品牌形象。

在此之前，2010年3月16日阿里巴巴宣布设立10亿诚信保障金，建中国首个“小企业商业信用体系”。

你对阿里巴巴这样自曝家丑的危机公关的做法认同吗？

21 世纪是知识经济的时代，知识经济是以知识为基础的经济，是建立在知识和信息的生产、分配和使用之上的经济，这是一种创新型、以人为本的经济。在这个时代，我们到底该如何创新？如何以人为本呢？

一、知识管理

补充说明

经济合作与发展组织（OECD）的专家们把当代人类全部知识分为四类：一是知道“是什么”的知识，是关于事实和现象的知识；二是知道“为什么”的知识，是指自然原理和规律方面的知识；三是知道“怎么做”的知识，是指做某些事情的技能和能力；四是知道“是谁”的知识，涉及谁知道和谁知道如何做某些事情的信息，是关于人力资源方面的知识。一、二类知识可称为归类知识，能够通过读书、听讲、查阅文献而获得；三、四类知识属于沉默知识，主要靠实践取得。

（一）知识管理的含义与特征

知识管理的基本含义就在于通过知识共享，运用集体智慧提高对环境的应变能力和创新能力。根本目的就是通过显性知识和隐性知识的共享而创造新的知识。

知识管理不仅着眼于获得显性知识，更着眼于获得隐性知识，因为显性知识易于整理和进行计算机存储，而隐性知识则难以掌握，它集中存储在员工的脑海里，是员工的个人经验。

补充说明

显性知识是指记录于一定物质载体上的知识，看得见，摸得着。

隐性知识是指存储在人们大脑的经历、经验、技巧、体会、感悟等尚未公开的秘密知识，看不见、摸不着，只可意会不可言传，难以掌握。

知识管理不是一门技术，而是一种全新的管理思想，它既继承了人本管理思想的精髓，又结合知识经济这一新的经济形态的特点予以创新，从而具有不同于以往管理的独特之处。

（1）重视对员工的精神激励。这种精神激励不同于以往的只给予赞赏、表扬或荣誉式的精神激励，而是赋予被管理层更大的权力和责任，使他们意识到自己也是管理层的一员，进而发挥自己的自觉性、能动性和首创性，充分挖掘自己的潜能，以实现其自身的人生价值。

名家观点

一个组织，其组织文化越符合民族的文化，它就越能扎根久存。

——彼得·德鲁克

（2）重视知识的共享和创新。知识经济条件下企业之间的竞争，取决于企业的整体创新能力，即运用集体智慧提高应变能力和创新能力，增强企业的竞争力。因此，知识管理要求管理者重视成员之间知识的共享，把集体知识共享和创新，发挥集体智慧。

（3）对知识和人才高度重视。在知识经济时代，知识将成为经济社会发展的首要资源，成为真正的资本和首要的财富。而离开了人才，知识的作用将无从发挥。因此，重视知识就必须重视人才。

（4）重视领导方式的转型。知识管理需要有新的领导方式，让每个成员都有参与领导的机会，领导层要不断进行学习，扩展成员的能力。

（二）知识管理的内容

知识管理理论的主要内容有以下几点。

（1）组织内部知识的交流和共享。只有在交流中知识才能得到发展，也只有通过共享和交流，才可能产生新的知识。

（2）驱动以创新为目的的知识生产。在知识经济时代的市场竞争中，知识是竞争力之源。企业要想立于不败之地，就必须拥有比别人领先一步的产品、技术或管理优势，而这种优势必然是来源于企业以创新为目的的知识生产。

（3）支持从外部获取知识，并提高消化吸收知识的能力。知识资源是创新的源泉，因此企业要不断创新，就必须积累和扩大企业的知识资源。而这种知识积累又不能仅靠企业自身知识的生产，因为这是有限的，而必须注重从外部获取相应的知识，并消化吸收，成为企业自己的知识资源。

（4）将知识资源融入企业产品或服务以及生产过程和管理过程。知识管理的直接目的是企业创新，使企业赢得持久竞争力。而企业的创新是为了将企业的知识资源转化为新产品、新工艺、新的组织管理方式等。因此，创新离不开知识资源与企业产品或服务以及生产过程和管理过程的融合。

二、人本管理

随着知识经济的到来，人在管理中的作用越来越重要，这样就产生了与之相适应的以人为本的管理思想。

补充说明

“南风”法则也称为“温暖”法则，源于法国作家拉封丹写的一则寓言：北风和南风比威力，看谁能把行人身上的大衣脱掉。北风首先来一个冷风凛冽寒冷刺骨，结果行人把大衣裹得紧紧的，南风则徐徐吹动，顿时风和日丽，行人因为觉得春意上身，始而解开纽扣，继而脱掉大衣，南风获得了胜利。这则寓言形象地说明了一个道理：温暖胜于严寒，领导者在管理中运用“南风”法则，就是要尊重和关心下属，以下属为本，多点人情味，使下属真正感觉到领导者给予的温暖，从而去掉包袱，激发工作的积极性。

1. 人本管理的主要内容

人本管理就是以人为本的管理，即把人视为组织最重要的资源，通过激励、调动和发挥员工的积极性和创造性，引导员工去实现预定的目标。其目的就是运用一切可以运用的手段，发挥和应用好组织中最特殊的要素——人的作用。

人本管理认为，企业是以人为主体组成的，企业存在的价值是为了人；企业靠人开展生产经营活动，企业竞争的活力和发展的潜力来自人；企业为满足人的需要而生产，企业管理的核心是满足人。因此，以人为本，以人为核心，是一切管理活动的出发点和落脚点。

2. 人本管理的主要原则

人本管理的主要原则有以下几项。

（1）人力资源开发原则。人本管理认为，使人性得到最完美的发展是现代管理的核心。只有对组织成员进行培养和激励，充分发挥员工的潜能，不断提高员工的素质，才能提高组织的绩效。

（2）人际关系建设原则。和谐的人际关系促进生产效率的提高，因此培养组织中人与人之间和睦亲善、相互信任的关系，能避免成员之间不团结、内讧等事件的发生，使成员之间的合作更为有效，以共同完成组织的共同目标。

（3）民主管理原则。民主管理有利于增强组织成员对组织的自豪感、归属感以及应有的责任感，有利于创造一个和谐的气氛，激发组织成员的工作热情，其目的在于通过激励组织成员不同程度地参与管理，唤起每个成员的集体意识和为集体努力工作的愿望，以达到组织的目标。因此，在满足员工基本物质需要的前提下，让员工有更多的机会参与管理，是提高管理效果的关键。

（4）服务第一原则。服务于人是管理的根本目的。管理者既要为用户服务，也要为员工服务。只有努力为用户服务，满足用户的需求，企业才能赢得市场，增加利润。也只有为员工服务，才能调动员工的积极性和创造性。同时，管理者还应该坚持为下一道工序服务和为利益相关者服务的宗旨。下一道工序就是用户，为用户服务能增加合作、提高效率；为利益相关者服务能赢得社会效益。

三、危机管理

进入 21 世纪，世界范围内出现了一系列重大危机，如“9·11”事件、SARS（学名重症急性呼吸综合征，最初误称为“非典”）暴发、“禽流感”以及印度洋海啸等。越来越多的人认识到，加强重大危机应对工作势在必行。“应急预案”从一个生僻词逐渐变成了流行语。在我国，重大、特大事故时有发生，公共卫生事件开始成为严重威胁……如何应对这些危机呢？

补充说明

危机是一种对组织基本目标的实现构成威胁，要求组织必须在极短的时间内做出关键性决策和进行紧急回应的突发事件。危机的含义强调：第一，危机是对组织构成重大威胁的事件，妨碍组织基本目标的实现；第二，危机是一种突发性事件，往往出乎组织的预料，突如其来；第三，危机给予组织决策和回应的时间很短，对组织的管理能力提出了很强的时间性要求。

1. 危机管理的含义

危机管理是指个人或组织为防范危机、预测危机、规避危机、化解危机、渡过危机、摆脱危机、减轻危机损害，或有意识地利用危机等所采取的管理行为的总称。危机管理既包括危机爆发前的管理，也包括危机爆发后的管理。危机管理的目的在于减少乃至消除危机可能带来的危害。

早期的危机管理主要局限于军事和外交领域。20 世纪 80 年代以来，随着企业竞争环境不确定性的增加，西方管理学界才将危机管理理论扩展到研究经济及企业管理问题。

2. 危机管理的主要原则

危机管理的主要原则有以下几项。

（1）预防第一原则。危机管理不只是处理和解决业已发生的危机，而应从事前做起，从机制上避免危机的发生，在危机的诱因还没有演变成危机之前就将其熄灭。

（2）公众利益至上原则。在危机处理过程中，应将公众利益置于首位，以企业长远发展作为危机管理的出发点。要想取得长远利益，组织在处理危机时就应该更多地关注各利益相关者的利益，而不是只顾及组织的短期利益。危机处理人员若能以公众利益代言人的身份出现，则为处理和解决整个危机打下了良好的基础。

（3）全局利益优先原则。组织在处理危机的过程中，局部利益要服从全局利益。有时危机可能由局部产生，但其影响则是全局的，因此必须从全局的角度考虑问题，关键时刻要敢于拿出"壮士断腕"的气概。

（4）主动面对原则。当危机发生时，组织应承担第一消息来源的职责，主动配合媒体的采访和公众的提问，掌握对外发布信息的主动权。否则，很容易造成媒体传播失真误导或公众产生误解，陷入被动。

（5）快速反应原则。危机是一种突发性事件，所以要求危机处理必须迅速、有效，以便有效地避免各种谣言的出现，防止危机的扩大化，加快重塑组织形象的进程。

（6）统一对外原则。在危机处理过程中，组织必须指定专人负责，进行对外联系与沟通，一个声音对外，以确保宣传口径一致，不出现矛盾或差异。否则，容易引起外界的怀疑。

（7）真诚坦率原则。当危机发生后，媒体和社会公众关注和最不能容忍的事情并非危机本身，而是组织千方百计隐瞒事实真相或故意说谎。所以危机出现后，组织应尽快公布事实真相，向公众提供真实的信息，有诚意地通过大众媒介广泛宣传，承担责任，消除误解，有利于控制危机局面。如果一味地为组织辩解，就容易使公众产生不信任感，不利于危机的处理。

本节导入案例解析

通过事件的后续发展，我们可以看出马云这种自曝家丑的危机管理的做法是正确的。

（1）2011年3月14日，浙江省工商局局长郑宇民在召开"2011中国诚信网络大会"上称赞阿里巴巴马云为诚信壮士断腕，是"挥泪斩马谡"，并呼吁马云同业们以此为戒致力于网络诚信。

（2）巨人集团总裁史玉柱表示，"深感阿里巴巴真正敢于承担责任，阿里巴巴的成功绝非偶然。如此重大人事变动，设想下如果换我坐在马云椅子上，说不准会缺乏魄力而破坏公司规则。"

（3）中泽嘉盟投资有限公司董事长、UT斯达康创始人吴鹰也表示，"我认为不必去计较真相如何，为这个理由发出这个信号就是一个有影响有社会责任的公司应该做的事，应该为之叫好，鼓励！"

在这样一片赞誉声中，一位行业人士对《时代周报》记者表示了不解："阿里巴巴涉嫌欺诈客户的事情，被阿里公关搞成这样，明显变成了好事。"

3. 危机管理过程

危机管理是一个全过程的时间序列过程，包括事前管理、事中管理与事后管理。危机管理过程可分为危机预防和危机处理两个过程。危机预防包括危机爆发前组织所有的努力，包括危机意识的培养、危机管理计划的制订与培训、危机预警系统的建立、危机预控等。危机处理包括危机的事中管理与事后管理。事中管理包括建立危机处理机构、表明危机处理的诚恳态度、开展危机调查评估、制订危机处理方案、实施危机处理方案等；事后管理包括对危机处理结果进行评估与总结，做好危机处理的善后工作等。

本章小结

中国的传统管理思想更关注“人”，更注意“系统性”。从西方管理学理论的发展来看，大体上经历了由微观到宏观、由对事到对人的升华过程。当然不能简单评论哪个理论好或不好，道法天、天法自然，合适的才是最好的。信息技术的普及给传统的管理理论带来了新挑战，未来管理学理论必然会有新发展，好的管理者应该关注环境的变化，认真从传统管理理论及新的管理理论中寻找更合适的解决办法。

1. “科学管理之父”——泰勒的科学管理理论是从企业生产现场的管理工作入手，主要内容包括工作定额、标准化、合理用人、有差别的计件工资制、计划职能和执行职能相分离和例外原则。

2. 梅奥通过“霍桑试验”提出了人际关系学说的一系列思想：人是“社会人”、生产效率主要取决于职工的工作态度和人们的相互关系；重视“非正式组织”的存在和作用。

3. 美国人麦格雷戈提出了“X-Y”理论。

4. 系统管理理论的主要观点是：组织是一个以人为主体、由许多子系统构成的开放的大系统，并且是社会大系统的一个分系统，强调“组织要不断从外部环境获取资源以适应环境的变化”，管理必须建立在系统的基础上。

5. 权变管理理论认为：世界上没有一成不变的、普遍适用的、“最佳的”管理理论和方法，管理者要根据组织所处的内外环境的变化而随机应变，针对不同情况寻找不同的方案和方法。

6. 知识管理的基本要义就在于通过知识共享，运用集体智慧提高对环境的应变能力和创新能力。根本目的是创造新的知识。

7. 人本管理就是以人为本的管理，即把人视为组织最重要的资源，通过激励、调动和发挥员工的积极性和创造性，引导员工去实现预定的目标。在组织中进行“人本管理”必须坚持人力资源开发原则、人际关系建设原则、民主管理原则和服务第一原则。

8. 危机管理是指为防范危机、预测危机、规避危机、化解危机、渡过危机、摆脱危机、减轻危机损害，或有意识地利用危机等所采取的管理行为的总称。

本章练习题

一、单选题

1. 被管理学界称为“科学管理之父”的管理学家是（　　）。

A. 泰勒　　B. 法约尔　　C. 韦伯　　D. 梅奥

2. 标志着科学管理理论正式形成的著作是（　　）。

A.《科学管理原理》　　B.《工业管理和一般管理》

C.《社会组织与经济组织理论》　　D.《工业文明中的人的问题》

3. 被称为“组织理论之父”的学者是（　　）。

A. 泰勒　　B. 法约尔　　C. 韦伯　　D. 梅奥

4. 一个科学管理的代言人，在管理工作中最有可能会放弃以下（　　）管理行为。

A. 合适的岗位寻求合适的劳动者　　B. 分解工作流程，专业化分工

C. 采取有效的精神奖励措施　　D. 通过经验进而标准化管理手段

5. 法约尔认为，企业的技术、商业、安全、财务、会计、管理六项职能的总体运动构成了（　　）。

A. 经营　　B. 管理　　C. 生产　　D. 销售

6. 韦伯认为，理想的行政组织的权力基础是（　　）。

A. 合理—合法的权力　　B. 个人崇拜的权力　　C. 传统的权力　　D. 超凡的权力

7. 法约尔的统一命令原则认为（　　）。

A. 一个下属可以接受多个上级的命令　　B. 上级统一意见后再下达命令

C. 整个组织只能由一个高级领导指挥　　D. 一个下属只能接受一个上级的命令

8. 认为“人一般生来就厌恶工作”是（　　）的观点。

A. Z 理论　　B. 超 Y 理论　　C. Y 理论　　D. X 理论

9. 认为“人们在执行任务时能够自我控制和自我指导”是（　　）的观点。

A. Z 理论　　B. 超 Y 理论　　C. Y 理论　　D. X 理论

10. 根据麦格雷戈的理论，有人希望有正规化的组织与规章条例来要求自己的工作，而不愿参与问题的决策，这种人欢迎以（　　）指导管理工作。

A. X 理论　　B. Y 理论　　C. 超 Y 理论　　D. Z 理论

11. 认为“管理就是决策”的管理学家是（　　）。

A. 泰勒　　B. 法约尔　　C. 西蒙　　D. 孔茨

12. 认为在现实中不存在一成不变、普遍适用的管理方法，管理应随机应变的是（　　）。

A. 系统管理理论　　B. 权变管理理论　　C. 决策理论　　D. 数理理论

13. 认为“组织是一个以人为主体、由许多子系统构成的开放的大系统，并且是社会大系统的一个分系统”，强调“组织要不断从外部环境获取资源以适应环境的变化”的是（　　）。

A. 系统管理理论　　B. 权变管理理论　　C. 决策理论　　D. 科学管理理论

14. 以下（　　）管理理论的研究对象是管理的过程和职能。

A. 决策理论学派　　B. 管理过程学派　　C. 系统管理学派　　D. 人际关系学说

15. 知识管理的根本目的是（　　）。

A. 获得显性知识　　B. 隐性知识的外显化　　C. 创造新的知识　　D. 知识的共享

16. 梅奥的人际关系学说认为工人是（　　）。

A. 经济人　　B. 社会人　　C. 自我实现人　　D. 复杂人

17. 泰罗的科学管理理论的中心是（　　）。

A. 挑选和培养一流的工人　　B. 推广标准化工作

C. 提高劳动生产率　　D. 实行职能工长制

18. 最早对管理的具体职能加以概括和系统论述的学者是（　　）

A. 泰罗　　B. 法约尔　　C. 孔茨　　D. 韦伯

19. 以下哪一项不是泰罗科学管理理论的主要内容（　　）。

A. 谋求最高的工作效率

B. 以科学方法替代旧式的经验管理

C. 要求管理人员和工人在精神上和思想上进行一场彻底的变革，强调建立一种责任观念

D. 将管理活动划分为计划、组织、指挥、控制、协调五大职能

二、多选题

1. 以下属于泰勒的科学管理理论的主要内容的有（　　）。

A. 工作定额与标准化　　B. 合理用人

C. 有差别的计件工资制　　D. 专业分工与例外原则

2. 梅奥通过“霍桑实验”得出的一系列有关人际关系学说的主要观点有（　　）。

A. 企业中的人首先是“经济人”

B. 企业中的人首先是“社会人”

C. 生产效率主要取决于员工的工作态度和人们的相互关系

D. 企业中存在非正式组织，要重视它们的存在

3. “社会人”假设认为（　　）。

A. 人的本性是懒惰的　　B. 人并非是单纯追求金钱收入

C. 人的行为的目的在于追求利益最大化　　D. 满足社会心理需要是主要的

4. 泰勒的科学管理理论建立的人性论基础是（　　）。

A. 经济人假设　　B. 社会人假设　　C. Y 理论　　D. X 理论

5. 以下属于人本管理应该坚持的原则有（　　）。

A. 培养组织中人与人之间和睦亲善的关系　　B. 对组织成员进行培养和激励

C. 使组织成员不同程度地参与管理　　D. 将员工置于组织利益之上

三、名词解释

1. 经济人；　2. 社会人；　3. 例外原则

四、问答题

1. 现实生活中，有的企业通过严厉的制度管理员工，提高了生产效率；有的企业通过实施人性化的管理措施笼络了员工的心，同样提高了生产效率。这两者看起来是矛盾的，你如何理解？

2. 简述泰勒的科学管理理论的主要内容并谈谈其对管理实践的启示。

3. 简述梅奥的人际关系学说的主要内容并谈谈其对管理实践的启示。

4. 简述麦格雷戈的“X-Y”理论对人性的基本假设并谈谈如何在管理实践中应用。

课外思考实践题

（可参阅本书补充阅读资料或通过网络查询更丰富参考资料以完成以下题目）

1. 比较古典管理学派的三位杰出代表人物的管理思想，他们的管理思想过时了没有？在当今的管理实践中应当如何应用？

2. 关于行为科学理论，你认为它在现实生活中对我们有哪些指导意义？

3. 查阅资料，比较一下“X-Y 理论”与古代中国“性本恶”、“性本善”学说。你能举出它们在现实生活中应用的实例吗？

第三章

计划工作

学习目标

学习本章，你应该能够清楚地知道：

- 计划工作的含义与基本程序。
- 滚动计划法和网络计划技术的基本思想。
- 目标管理的基本思想和基本步骤。

Management

第一节　计划工作的内涵

案例导入

A公司是一家以铸造产品的生产及销售为主营业务的企业，公司的销售有淡、旺季之分，由于受我国春节习俗的影响，相关行业在春节前后均减少固定资产的投资，因而春节前后公司的订单相对比较少，也就是经营淡季。在这个时期，虽然订单量大幅减少，但不加班仍然完不成月初既定的生产计划，更让人费解的是还出现了部分产品供货严重延误的情况。特别是到了月底的时候，哪个客户催得急，就先生产哪个客户订单，造成许多客户都抱怨没有按期供货。

通过调查，发现生产计划工作存在很多问题。比如，一些客户到了月底才将下月订单提供给公司，导致生产计划制作出来时，当月时间已经过去一周了；当一些客户在月度中间追加部分订单时，公司就调整其他客户产品的生产，紧急生产这些追加的订单，从而导致计划的执行率较低。从内部而言，该生产的没有生产完；从外部而言，由于没有计划地进行生产调整，打乱了原有的生产计划，无法保证某些客户的按期供货，造成客户的不满，甚至有的客户转向别家生产，给公司带来了一定的损失。

都说计划很重要，可为什么A公司有计划却出现了问题？到底该如何认识计划？

一、计划的概念与内容

“计划”一词人所共知、司空见惯，它有两种不同的含义。

一是把“计划”视为动词或动名词，即动态的计划概念，反映一项工作，这是计划作为管理职能之一的原本之意，即计划工作，它有广义和狭义之分。广义的计划是制订计划、执行计划和检查计划执行情况三个紧密衔接的工作过程，就是把管理活动纳入一个全面计划的过程中。狭义的计划就是制订计划，即通过科学的预测，权衡客观的需要和主观的可能，提出组织在未来一定时期内要达到的目标以及实现目标的途径和方法。（如不做特殊说明，本书中所讲的计划工作或计划职能通常都是指狭义的计划工作。）

> **名家观点**
>
> 计划是一座桥梁，它把我们所处的此岸和要去的彼岸连接起来，以克服这一天堑。
>
> ——哈罗德·孔茨

二是把“计划”单纯视为名词，即静态的计划概念。此时，计划将不再是指上述过程或工作的本身，而是指上述过程的最终结果，即指最后选择的方案，也就是通常所说的计划书。其内容常用5W1H来表示。

（1）做什么（what）。即预先明确所要进行的活动的具体内容和要求。

（2）为什么要做（why）。即明确计划的原因、宗旨和目标，并对可行性进行论证，对宗旨认识得越清楚，就越有助于人们在计划中发挥主动性和创造性。

（3）谁去做（who）。即明确所要进行的活动由哪个主管部门负责，由哪些人员去实施。

（4）什么时候做（when）。规定计划中各项工作的开始时间和完成进度，以便进行有效的控制和对各种资源进行协调和平衡。

（5）在什么地方做（where）。规定计划实施的地点和场所，了解计划实施的环境条件和限制，以便合理地安排计划实施的空间、组织和布局。

（6）怎么做（how）。制订实现计划所要采取的措施、方式、方法以及相应的政策和规则。

不难看出，动态的计划是一个过程，一个由一系列工作构成的活动过程，而静态的计划则是这一过程的结果。动态计划是产生静态计划的原因，静态计划是动态计划的结果。

二、计划的特点

计划的特点主要体现为六个方面，即目的性、首位性、普遍性、效率性、创造性和时效性。

1. 目的性

这是因为计划可以给出方向，减少未来变化的冲击并设立标准以便于控制。目的性体现在以下几个方面。

（1）计划是一种协调过程，它给管理者和非管理者指明方向，当所有人明确目标后，可协调他们的活动，使他们团结协作。

（2）计划促使管理者预测未来，考虑变化因素的冲击，制订相应的对策，可以降低不确定性。

（3）计划设定的目标和标准便于进行控制。通过计划设立目标，在实际管理过程中可以将实际成绩与目标进行比较，及时发现偏差和问题，采取必要的校正和调整措施。

2. 首位性

这是指计划相对于其他管理职能处于首位。首位性表现在两个方面：一方面是指计划职能在时间顺序上处在计划、组织、领导、控制四大管理职能的始发位置——任何事情在开始之前都需要做计划；另一方面是指计划职能对整个管理活动过程及其结果施加影响具有首要的意义。例如，一项投资计划报告，当得出结果不合算时，就不必要进行随后的组织等工作了。所以，计划职能通常被称为管理的首要职能。

3. 普遍性

虽然计划的特点和范围随管理层次的不同而有所不同，但它是所有管理者的一个共同职能，只不过是粗细、时间范围等不同而已。比如学校要制订招生计划，教师要制订教学计划，学生也要制订学习计划。

4. 效率性

计划工作的任务不仅是要确保实现目标，而且要从众多方案中选择最优的，以求资源的合理利用和提高效率。效率性主要体现在三个方面：一是有效地实现组织与外部环境的协调，最大限度地减少由于这方面不协调给组织带来损失的可能性；二是有效地实现组织内部的协调，提高投入产出比；三是有效地实现组织总体目标与组织成员个人目标的协调。

从另一个角度来讲，没有计划的活动总是容易引发许多无用功，带来不必要的损失。因此，制订一份科学的计划就意味着工作完成了一半。

补充说明

巴菲特定律：在其他人都投资了的地方去投资，你是不会发财的。

点评：善于走自己的路，才渴望走别人没走过的路。所以干什么事情要敢于创新。

5. 创造性

计划工作总是针对需要解决的新问题和可能发生的新变化、新机会做出决定，因而它是一个创造性的管理过程。正如新产品的成功在于创新一样，计划的成功相当程度上也依赖于创新。

6. 时效性

任何计划工作都有计划期的限制。超过计划的期限，计划就没有任何意义。因此，计划的时效性主要表现在两个方面：一是指计划工作必须在计划期开始之前完成计划的制订工作；二是指任何计划必须慎重选择计划期的起止时间。

三、计划的重要性

计划工作的重要性指的是为什么要制订计划或者说制订计划的目的，或是计划的作用。

1. 计划是管理者指挥的依据

管理者在制订计划之后工作并没有结束，他们还要根据计划进行指挥。管理者只有根据计划所安排的目标、方法去指挥，才能促使组织中全体人员的活动方向趋于一致，以保证达到计划所设定的目标。

示例

国家要根据五年计划安排基本建设各项目的投资，学校要根据制订的招生计划进行招生，企业要根据年度计划安排各月的生产任务等。管理者正是基于计划来进行有效的指挥。

2. 计划是降低风险、掌握主动的手段

未来的情况是变化的。计划是预期这种变化并且设法消除变化对组织造成不良影响或是抓住变化带来的机遇的一种有效的手段。通过计划工作，进行科学的预测，可以把将来的风险降到最低程度，可以最大限度地抓住机遇。

3. 计划是减少浪费、提高效益的方法

计划工作的一项重要任务就是要使未来的组织活动均衡发展。预先对此进行认真的研究，能够消除不必要的活动所带来的浪费，能够避免在今后的活动中由于缺乏依据而进行轻率判断所造成的损失。此外，由于有了计划，组织中各成员的努力将合成一种组织效应，这将大大提高工作效率从而带来经济效益。

4. 计划是管理者进行控制的标准

计划工作所建立起来的目标和一些指标为控制工作提供了标准。控制的所有标准几乎都源于计划。没有这些目标和计划，控制工作就无从着手。

四、对计划工作的认识

对计划工作的作用，我们应该有一个正确的认识。首先，正式的计划工作是和组织的较高利润、较高的资产回报以及其他正面的财务成果相联系的；其次，高质量的计划工作和对计划适当贯彻执行将导致更高的组织绩效。但是，在实践过程中仍有不少人对计划工作有许多误解，有必要对此进行澄清。

1. 计划不是策划未来

人类是无法预言和控制未来的，管理者能做的就是立足现在、预测未来，而后确定为了实现将来的目标现在所采取的行动。

补充说明

计划工作有一个很重要的原理——限定因素原理，即在计划工作中，越是能够了解和找到对达到所要求目标起限制性和决定性作用的因素，就越能准确、客观地选择可行的方案。限定因素是指妨碍目标得以实现的因素。在其他因素不变的情况下，抓住这些因素，就能实现期望的目标。

2. 计划不是做未来的决策

计划工作包含决策，但不是做未来的决策，而是为了实现未来的目标现在就做出决策，即为了未来现在就做决策。

3. 计划并不能消除变化

有道是“计划赶不上变化”，因为计划不能够消除变化，无论管理者如何计划，变化总是要发生的。但是，不能因计划不能消除变化就不做计划，相反，管理者制订计划的目的之一就在于预测变化并制订有效的应变措施，尽可能降低或消除变化可能带来的不利影响或抓住变化带来的机遇。如果不预测、不防范，灾难来临就会带来巨大的损失，机会来到时却坐失良机。

补充说明

任何一项计划都是对完成某项工作所做出的许诺，许诺越大，所需的时间越长，实现目标的可能性就越小，这就是计划工作的许诺原理。而计划工作为将来承诺得越多，主管人员定期地检查现状和预期前景以及为保证所要达到的目标而重新制订计划就越重要，这是改变航道原理。计划制订出来后，计划工作者就要管理计划，促使计划的实施，必要时可根据当时的实际情况做必要的检查和修订。

4. 计划并不减少灵活性

从传统意义上来说，计划意味着承诺，一旦制订出来，就不能修改，所以计划就成为一种约束。实际上，计划应该是一种持续进行的活动。推理明确、构想清晰、白纸黑字地写出来的正式计划比存在于头脑中的模糊的假设更容易修改。再者，在制订计划的过程中也可以人为地增加其灵活性。因此，计划照样具有灵活性。

补充说明

管理人员是管计划的，而不是被计划管住的。所以，计划有没有灵活性不在于计划本身，而在于制订和执行计划的人。

计划工作中体现的灵活性越大，则由于未来意外事件引起损失的危险性就越小。因此制订的计划要有灵活性，即留有余地，这就是计划工作的灵活性原理。在承担的任务重、目标期限长的情况下，灵活性便显示出它的作用。在国外，现在也多强调实行所谓的“弹性计划”，即能适应变化的计划。

灵活性原理与改变航道原理不同，灵活性原理是使计划本身具有适应性，而改变航道原理是使计划执行过程具有应变能力。

5. 准确的计划并不浪费管理者的时间

“磨刀不误砍柴工”。如果没有计划，管理者就会因盲目而做一些无用功，浪费时间和资源。反过来，计划虽然会占用管理者一定的时间，但并不因此说计划会浪费管理者的时间。

一般而言，不准确的计划可能体现在实现的最终结果与计划的要求不一致上，但最终结果只是计划的目的之一，过程本身就很有价值，即使最终结果没有完全达到预期的目标，计划迫使管理者认真思考要干什么和怎么去干，搞清楚这两个问题本身就很有价值。因此，凡是认真执行计划的管理者将会有明确的方向和目标，就不会事到临头草率判断，将会使因偏离方向而引起的损失减到最小，这就是计划过程本身的意义。如果没有计划，管理者就会因盲目而做一些无用功，浪费时间和资源。

本节导入案例解析

A 公司出现的问题说明了计划在企业管理中的重要性，如果没有计划，该公司的生产还不知会出现什么问题。

案例告诉我们:

（1）计划是管理者进行指挥的依据，有了计划就应该严格执行计划。但是，由于计划是一个连续的过程，计划的制订不仅要立足现在，还要充分考虑未来的变化。因此，严格执行计划不等于计划被制订出来后就不能修改，相反，应该根据订单的变化灵活地调整计划。该公司的问题就在于月初计划时没有将执行过程中可能会遇到的一些变化（如追加订单）考虑进去，缺少灵活性，结果导致一出现追加订单就紧急调整生产，打乱原有计划的现象。

（2）该公司可以采取以下做法：月初根据上月欠货情况、当月订单情况及下月订单情况，制订当月（4周）的生产计划，并将计划明确到每一周、每一天，第一周完全按照月计划组织生产，到了第一周末根据本周接到的客户的追加订单情况，对以后两周的订单进行调整。当天的生产作业计划下发到各工段、班组，第二天对前一天的作业计划完成情况进行确认，没有完成的说明原因，并于当天想方设法补齐，甚至可以考虑延长工作时间。到了第 2 周末，再对以后两周的计划进行调整，调整追加订单的客户的相应产品的交货期，以此类推，月末也不需要忙几天才能制订生产计划，或许只要几个小时就可以完成。

第二节　计划的类型与层次体系

案例导入

宏大公司的总经理顾军一直在想着两件事。一是年终已到，应抽个时间开个会议，好好总结一年来的工作。今年外部环境发生了很大的变化，尽管公司想方设法拓展市场，但困难重重，好在公司经营比较灵活，苦苦挣扎，这一年总算摇摇晃晃地走过来了，现在是该好好总结，看看问题到底出在哪里。二是该好好谋划明年该怎么办。更远的该想想以后5年怎么干，乃至于以后10年怎么干。上个月顾军从事务堆里抽出身来，到某大学去听了两次关于现代企业管理的讲座，教授的精彩演讲对他触动很大。公司成立至今，转眼已有10多个年头了。10多年来，公司取得过很大的成就，靠运气、靠机遇，当然也靠大家的努力。细细想来，公司的管理全靠经验，特别是靠顾军自己的经验，遇事都由顾军拍板，从来没有公司通盘的目标与计划，因而常常是干到哪里是哪里。可现在公司已发展到有几千万资产，300多员工，再这样下去可不行了。顾军每想到这些，晚上都睡不着觉，到底该怎样制订公司的目标与计划呢？

宏大公司是一家民营企业，改革开放为宏大公司的建立和发展创造了条件。一晃10多年过去了，当初贩运水泥起家的顾氏三兄弟，今天已是拥有几千万资产的公司老板了。公司现有一家贸易分公司、一家建筑装饰公司和一家房地产公司，员工300多人。老大顾军当公司总经理，老二、老三做副总经理，并兼任下属公司的经理。顾军爱人的叔叔任财务主管，顾军表舅的大儿子任销售主管。总之，公司的主要职位都是家族里面的人担任，顾军具有绝对权威。

虽然在A市顾氏三兄弟的宏大公司现在已是大名鼎鼎，但顾军心里明白，公司这几年日子也不太好过，特别是今年，建筑公司的任务还可以，但由于成本上升，因而创利已不能与前几年相比了，只能说是维持，略有盈余。况且建筑市场的竞争日益加剧，公司的前景难以预料。摆在顾军面前的困难很多，但机会也不少，新的一年到底该干些什么？怎么干？以后的5年、10年又该如何干？这些问题一直盘旋在顾军的脑海中。

新的一年到底该干些什么？怎么干？以后的 5 年、10 年又该如何干？实际上就是宏大公司的短、中、长期计划问题，那么宏大公司该不该制订这些计划呢？

一、计划的类型

计划是对未来行动的安排。从不同的角度，计划可以有不同的种类划分，如表 3.1 所示。

表 3.1　计划分类表

项　目	按组织层次分类	按时间跨度分类	按明确程度分类	按程序化程度分类	按综合性程度分类
高层管理者	高层管理计划	长期计划	指导性计划	非程序性计划	战略计划
中层管理者	中层管理计划	中期计划	指导性与具体性计划	程序性与非程序性计划	生产经营计划
基层管理者	基层管理计划	短期计划	具体性计划	程序性计划	作业计划

（一）按组织层次分类

计划按组织层次一般分为高层管理计划、中层管理计划和基层管理计划。高层管理计划着眼于组织整体的、长远的安排与定位；中层管理计划着眼于组织内部各个组成部分的定位和相互关系的确定；基层管理计划则着眼于每一个岗位、每一个人员、每一段时间的具体工作的安排和协调。

一般而言，高层管理者制订出高层管理计划，中层管理者根据高层管理计划制订出中层管理计划，基层管理者再根据中层管理计划制订出基层管理计划。

（二）按时间跨度分类

财务人员习惯于将投资回收期分为短期、中期和长期。管理人员也采用同样的术语描述计划，即短期（short-term）计划、中期计划和长期计划（long-term）。短期计划一般在 1 年之内，长期计划一般在 5 年以上，两者之间则为中期计划。

短期计划具体地规定了组织的各个部门在目前到未来的各个较短的时间阶段，特别是最近的时段内，应该从事何种活动，从事该种活动应达到何种要求，因而为该组织成员在近期的行动提供了依据。

长期计划描述了组织在较长时间的发展方向和方针，规定了组织的各个部门在较长时间内从事某种活动应达到的目标和要求，绘制了组织长期发展的蓝图。

当然，计划期的长短只是一个相对的概念，具体可根据情况灵活变动。如一个航天项目的短期计划就需要几年，而计算机市场销售的短期计划可能只有几个月甚至几个星期。

本节导入案例解析

案例中的企业应该制订短、中、长期计划，就是因为每个计划都对企业的发展有各自不同的作用。

（三）按明确程度分类

计划按明确程度可分为具体计划和指导性计划。具体计划指具有明确目标的计划，不存在模棱两可；而指导性计划只规定一些一般的方针和行动原则，给予行动者较大的自由处置权，它指出重点但不把管理者限定在具体的目标或特定的行动方案上。

例如，一个增加利润的具体计划可能规定未来 6 个月销售额要增加 6%，成本要降低 4%；而指导性计划则可能只规定未来 6 个月利润要增加 5%～10%。显然，指导性计划具有内在的灵活性，而具体计划相对更易于执行、考核和控制，但是缺乏灵活性。

补充说明

一般来讲，越高层，计划越应该具有指导性，而越基层，计划越应该具体；对于风险较小、可预见性比较明显的工作，应该以具体性计划为主，而风险较大、可预见性较小的工作，则应以指导性计划为主；对于自觉性较强、素质较高的员工，一般以指导性计划为主，而理解能力较弱、自觉性较差的员工，则具体性计划优于指导性计划；企业建立初期一般用具体性计划比较多，当企业发展到一定阶段，各项规章制度都很完善的时候则多用指导性计划。

（四）按程序化程度分类

计划按程序化程度可分为程序性计划和非程序性计划。程序性计划是对经常重复出现的例行公事所做的计划；非程序性计划是对不经常出现的非例行活动所做的计划。

西蒙把组织的活动分为两类。一类活动是例行活动，指一些重复出现的工作，如订货、材料的出入库等。有关这类活动的计划是经常反复的，而且具有一定的规律，因此可以建立一定的程序，每当出现这类工作或问题时，就利用一定的程序来解决，而不需要重新研究，这就是程序性计划。例如，许多物流公司都建立了应对客户投诉、采购、仓储、客户服务等工作基本流程，每当遇到类似的情况，工作人员只要按照规定的程序一步一步去做就行了。另一类活动是非例行活动，不重复出现，例如，突发事件、临时性事件，处理这些问题没有一成不变的方法和程序，因为这些事情或问题要么在以前未曾发生，要么因为不确定性因素太多难以用一套固定的方法去解决，因而需要用个别的方法加以处理，解决这类问题的计划就是非程序性计划。

（五）按综合性程度分类

就企业而言，计划按综合性程度通常分为战略计划、生产经营计划和作业计划三种基本类型。

1. 战略计划

战略计划也称战略规划，决定的是企业在未来较长时间内的工作目标和发展计划，是企业最重要的一种计划，一般是由企业的高层管理人员制订（关于战略，我们将在第五章讲解）。

2. 生产经营计划

生产经营计划（也称管理计划）是企业各部门在战略计划的指导下，根据企业的经营目标、方针、政策等制订的计划，其特点是整体性和系统性，一般包括利润计划、销售计划、生产计划、成本计划、物资供应计划等。另外，生产经营计划一般以年度计划为主。

3. 作业计划

作业计划（也称业务计划）是企业生产经营计划的实施计划，是企业的短期计划。其特点是具体明确，一般由基层管理人员或企业负责计划工作的职能人员制订，指标具体，任务明确。

生产经营计划和作业计划通常被称为战术性计划，是在战略计划指导下制订的，也就是落实战略计划的计划。

二、计划的层次体系

哈罗德·孔茨和海因茨·韦里克（Heinz Weihrich）从抽象到具体，把计划分为一种层次体系：目的或使命、目标、战略、政策、程序、规则、方案以及预算（如图 3.1 所示）。孔茨和韦里克的分类对于我们理解计划及其计划工作是有裨益的。下面简要分析各种形式的计划。

1. 目的或使命

目的或使命即宗旨，它指明一定的组织机构在社会上应起的作用、所处的地位。它决定组织的性质，决定此组织区别于彼组织的标志，表明组织是干什么的，应该干什么。各种有组织的活动，如果要使它有意义，至少应该有自己的目的或使命。如大学的使命是教书育人和科学研究，医院的使命是治病救人，法院的使命是解释和执行法律，企业的目的是生产、分配商品和提供服务。

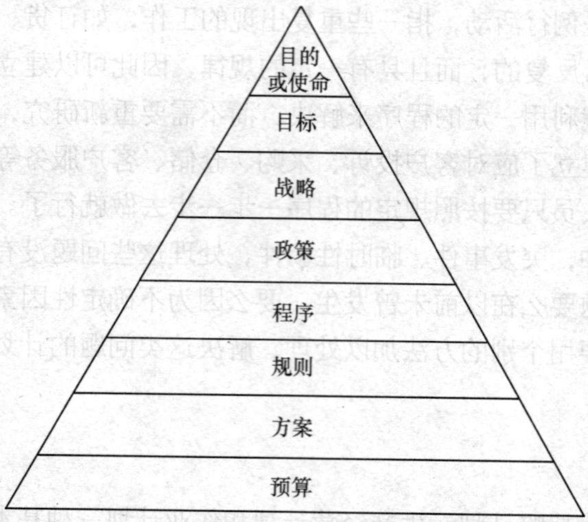

图 3.1　计划层次体系

2. 目标

组织的目的或使命往往太抽象、太原则化了，它需要进一步细化为组织在一定时期的目标和各部门的目标（在一定时期内要达到的具体成果）。组织的使命支配着组织各个时期的目标和各部门的目标，而且组织各个时期的目标和各部门的目标是围绕组织存在的使命所制订的，并为完成组织使命而努力的。虽然教书育人和科学研究是一所大学的使命，但一所大学在完成自己的使命时会具体化为不同时期的目标和各院系的目标，如最近三年培养了多少人才、发表了多少篇论文等。

示例

一个博士在田间漫步，看见一位老农在插秧，秧苗插得非常整齐。博士觉得老农很不简单，上前问到："老大爷，您怎么插得这样齐？"老农递过一把秧苗说："你插插试试。"博士接过秧苗，脱鞋挽起裤腿下田插秧。他插了一会儿，发现自己插得乱七八糟，于是他问老农："为什么我插不直呢？"老农说："你应该盯住前面的一个目标去插。"对呀，我怎么没想到呢？博士就在前方寻找目标，看到了一头水牛，心里想，水牛目标大，就盯着它吧。他又插了一会儿，发现自己插得有进步但是还是不直， 歪歪扭扭，他再问老农："为什么我还插不直呢？"老农笑着说："水牛总在动，你盯着它当然要插得曲里拐弯了，你应该盯住一个确定的目标。"博士猛醒，盯着前方的一棵树去插，果然秧苗插得很直了。

点评：人不能没有目标，也不能总去变换目标，必须明确一个不轻易变更的奋斗目标，这是取得成功的基本保证。

3. 战略

战略是为了达到组织总目标而采取的行动和利用资源的总计划，主要指明奋斗方向和资源分配的优先次序，是思想的指南。其目的是通过一系列的主要目标和政策去决定和传达一个组织期望自己成为什么样的组织的情景。

4. 政策

政策是指导或沟通决策思想的全面的陈述书或理解书，是考虑问题的指南。但不是所有的政策都是陈述书，政策也常常会从主管人员的行动中含蓄地反映出来。例如，主管人员处理某问题的习惯方式往往会被下属作为处理该类问题的模式，这也许是一种含蓄的、潜在的政策。

5. 程序

程序是制订处理未来活动的一种必要方法的计划。它详细列出必须完成某类活动的方式，并按照时间顺序对必要的活动进行排列。程序与战略不同，它是行动的指南，而非思想指南。

程序与政策不同，它没有给行动者自由处理的权力。处于理论研究的考虑，我们可以把政策与程序区分开来，但在实践工作中，程序往往表现为组织的政策。例如，一家制造企业的处理订单程序、财务部门批准给客户信用的程序、会计部门记载往来业务的程序等，都表现为企业的政策。组织中每个部门都有程序，并且在基层，程序更加具体化，数量更多。

6. 规则

规则没有酌情处理的余地。它详细、明确地阐明必须行动或无需行动，其本质是一种管理决策。规则通常是最简单形式的计划。

补充说明

规则不同于程序。其一，规则指导行动但不说明时间顺序；其二，可以把程序看成是一系列的规则，但是一条规则可能是也可能不是程序的组成部分。例如，“禁止吸烟”是一条规则，但和程序没有任何联系；而一个规定为顾客服务的程序可能表现为一些规则，如在接到顾客需要服务的信息后30分钟内必须给予答复。

规则也不同于政策。政策的目的是指导行动，并给执行人员留有酌情处理的余地；而规则虽然也起指导的作用，但是在运用规则时，执行人员没有自行处理之权。

必须注意的是，就其性质而言，规则和程序旨在约束思想，因此，只有在不需要组织成员使用自行处理权时，才使用规则和程序。

7. 方案

方案是一个综合性的计划，它包括目标、政策、程序、规则、任务分配、要采取的步骤、要使用的预算以及为完成既定行动方针所需的其他因素。一项方案可能很大，也可能很小。通常情况下，一个主要方案可能需要很多的支持计划。在主计划进行之前，必须把这些支持计划制订出来，并付诸实施。

8. 预算

预算是一份用数字表示预期结果的报表，即数字化的计划。预算通常是为计划服务的，其本身也是一项计划。

第三节　计划工作的程序与组织实施

案例导入

有个同学举手问老师：“老师，我的目标是想在一年内赚100万!请问我应该如何计划我的目标呢?”

老师便问他：“你相不相信你能达成?”他说：“我相信!”老师又问：“那你知不知到要通过哪个行业来达成?”他说：“我现在从事保险行业。”老师接着又问他：“你认为保险业能不能帮你达成这个目标?”他说：“只要我努力，就一定能达成。”

“我们来看看，你要为自己的目标做出多大的努力，假设100万的佣金大概要做300万的业绩。一年300万业绩。一个月25万业绩。每一天8 300元业绩。”老师说。“每一天8 300元业绩。大概要拜访多少客户?”

老师接着问他，“大概要拜访50个客户。”“那么一天要拜访50个客户，一个月要拜访1 500个客户；一年呢?就需要拜访18 000个客户。”

这时老师又问他：“请问你现在有没有18 000个A类客户?”他说没有。“如果没有的话，就要靠陌生拜访。你平均一个人要谈上多长时间呢?”他说：“至少20分钟。”老实说：“每个人要谈20分钟，一天要谈50个人，也就是说你每天至少要花16个小时在与客户交谈上，还不算路途时间。请问你能不能做到?”他说：“不能。老师，我懂了。这个目标不是凭空想象的，是需要凭着一个能达成的计划而定的。”

通过这个案例你对目标的制订有什么新的认识呢？

一、计划工作的程序

程序的实质是对所要进行的活动规定时间顺序。计划本身是一种重复的例行性工作，制订计划都要经过如图 3.2 所示的步骤。

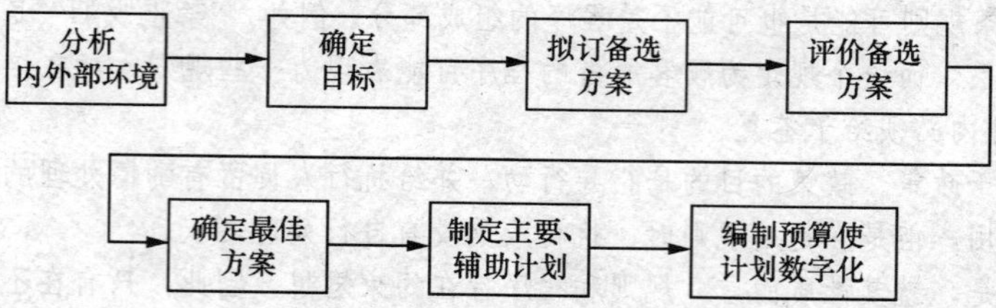

图 3.2　计划步骤示意图

（1）分析内外部环境。分析内外部环境就是分析外部环境带来的机会、威胁以及组织内部的优势、劣势。环境具有不确定性，只有分析内外部环境，才能认清形势，做出正确的计划。因此，计划的第一步就是要分析内外部环境，从而对未来进行预测。（关于内外部环境分析，我们将在第五章详细讨论。）

（2）确定目标。具体来说，就是根据分析内外部环境的结果，为整个组织、为其所属的下级单位确定活动的目标，指明前进的方向。因此，确定的目标必须说明预期的成果、工作的重点和主要任务。我们将在后面对如何确立目标进行讨论。

> **补充说明**
>
> 为便于指导、检验自己的工作，一般设定目标时尽量具体化、数字化和明确化。

（3）拟订备选方案。拟订备选方案即寻找能够实现目标的途径与方法。要实现确定的目标，就必须探索和考察可供选择的行动方案。这一阶段要集思广益，不怕备选方案多。

（4）评价备选方案。“条条大路通罗马”、“殊途同归”都描述了实现某一目标的途径是多条的。因此，要对这些途径进行评价，对各种备选方案进行考察并明确各自的优缺点后，按预先设定的目标来权衡各种因素，确定哪种方案能够提供最佳机会，以最低的成本实现最大的利润。

（5）确定最佳方案。根据对备选方案的评价，根据满意原则确定最佳方案。这是做出决策的一个步骤，即选出组织将采取的行动方针。选择时应考虑两个方面：一是将可行性、满意性、可能性完美结合方案；二是投入产出比率最高的方案。此外，还可以多选一个或几个以备用方案。

上述第（3）～（5）步属于决策过程，我们将在第四章进行详细讨论。

（6）制订主要、辅助计划。制订主要计划就是将所选择的方案用文字形式正式表达出来，作为管理文件。计划要清楚地确定和描述 5W1H 的内容。辅助计划是指由主要计划所派生出来的计划，即对主要计划起支持性作用的计划。几乎所有的主要计划都需要辅助计划的支持和帮助，完成辅助计划是实现主要计划的基础。

示例

一家公司年初制订了“年销售额比上一年度增长 15%”的销售计划，与这一计划相关的还应该有原料采购计划、生产计划、销售人员培训计划和促销计划等。

再如，某公司决定拓展一项新业务，势必派生出招聘和培训新人员、资金筹集、广告宣传等计划。

（7）编制预算使计划数字化。预算是一种以数字表示预期收支结果的报告书。编制预算，一方面是为了使计划的指标体系更加明确，另一方面是使企业更加容易对计划的执行情况进行控制，定性的计划往往在可比性、可控性和进行奖惩方面比较困难，而定量的计划具有更为硬性的约束。

综上所述，计划工作就是在对内外部环境分析的基础上，确定未来应达到的组织目标，并将组织目标具体化为行动方案。

二、滚动计划法

在管理实践中，由于环境的不断变化，在计划的执行过程中现实情况和预想情况往往会有较大的出入，这就需要定期对计划做出必要的修正。滚动计划法正是一种可以定期修正未来计划，以保证其弹性和适应性的计划方法。

滚动计划法是按照“近细远粗”的原则制订一定时期内的计划，然后根据近期计划的执行情况和环境变化，调整和修订未来的远期计划，并逐期向后移动，由此把中期、短期计划和长期计划结合起来的一种计划方法。其基本特点是编制灵活，可以适应环境的变化。图 3.3 是一个 5 年期的滚动计划编制方法。

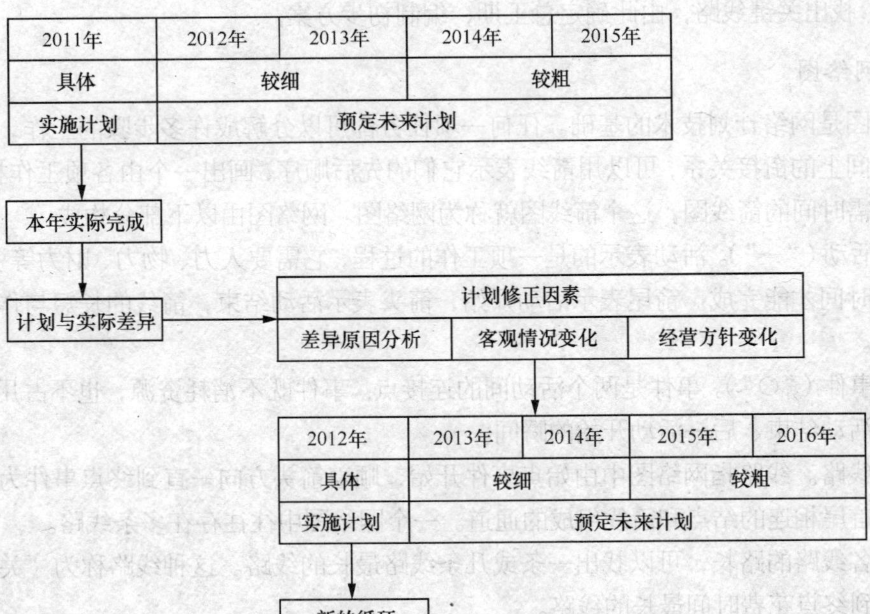

图 3.3　滚动计划编制方法

编制滚动计划时，应考虑影响计划的各种因素（计划修正因素），对计划进行调整和修订。这些因素统称为计划修正因素，主要有以下三点。

（1）计划与实际的差异。即将计划的执行结果与原定的计划进行对比分析，找出两者的差距，分析出现差距的原因，以此作为调整计划的依据。

（2）客观条件的变化。这种客观条件包括企业的内部条件和企业的外部环境。

（3）企业经营方针的调整。企业的经营方针是企业制订计划最根本的依据，是企业生产经营活动的行动纲领，因此，企业经营方针必然会影响企业计划的制订。

三、网络计划技术

网络计划技术即计划评审技术（program evaluation and review technique，PERT），起源于 20 世纪 50 年代的美国。1958 年，美国海军武器计划处采用了计划评审技术，协调 3 000 多个承包商和研究机构以及几万种复杂的活动，使北极星潜艇系统开发工程的工期由原计划的 10 年缩短为 8 年。1961 年，美国国防部和国家航空署规定，凡承制军用品必须使用计划评审技术制订计划。从那时起，网络计划技术就开始在组织管理活动中被广泛地应用。

1. 网络计划技术的基本原理与程序

网络计划技术的基本原理是把一项工作或项目分解为各种作业活动，然后根据作业顺序进行排列，通过网络图对整个工作或项目进行统筹规划和控制，以便用最少的人力、财力、物力资源，以最快的速度完成工作。

网络计划技术的基本程序主要包括以下五项：① 确定达到目标所需进行的活动；② 将整个工程项目分解为各种独立的作业活动，形成网络事件；③ 确定这些作业活动的先后顺序以及各自消耗的时间，据此编制网络图；④ 估计完成每道作业活动所需的时间，并标在箭线下方；⑤ 找出关键线路，由此确定总工期，编制初步方案。

2. 网络图

网络图是网络计划技术的基础。任何一项任务都可以分解成许多步骤的工作，根据这些工作在时间上的衔接关系，可以用箭线表示它们的先后顺序，画出一个由各项工作相互联系，并注明所需时间的箭线图，这个箭线图就称为网络图。网络图由以下部分构成。

（1）活动（“→”）。活动表示的是一项工作的过程，它需要人力、物力、财力等资源参加，经过一段时间才能完成。箭尾表示活动开始，箭头表示活动结束，箭线的长短与作业时间的长短无关。

（2）事件（“○”）。事件是两个活动间的连接点。事件既不消耗资源，也不占用时间，只表示前一活动结束、后一活动开始的瞬间。

（3）线路。线路指网络图中由始点事件开始，顺着箭头方向一直到终点事件为止，中间由一系列首尾相连的结点和箭线组成的通道。一个网络图中往往存在多条线路。

比较各线路的路长，可以找出一条或几条线路最长的线路。这种线路称为“关键线路”，即从始点到终点花费时间最长的线路。

关键线路上的活动称为关键活动。关键线路的路长决定了整个计划任务所需的时间。关键活动完工时间提前或推迟都直接影响着整个计划任务能否按时完工。

确定关键线路和关键活动，据此合理地安排各种资源，对各种活动进行进度控制，是利用网络计划技术的主要目的。因此，网络计划技术的突出特点在于使管理工作条理分明，容易抓住重点，进行管理控制。这是一种适用于组织活动的进度管理，特别适用于大型工程项目的生产进度安排，以达到合理安排一切可以动用的人力、财力和物力的一种计划编制、评价和审核的方法。

3. 网络图的绘制

网络图的绘制，要遵循以下主要原则。

（1）网络图中，每一项活动只能用一条箭线表示。一般而言，将作业活动的名称或代号标注在箭线的上方，将该项活动的作业时间（用数字表示）标注在箭线的下方。

（2）箭线的首尾都必须有结点。结点一般要编号，以便于识别与计算。

（3）网络图中不允许出现循环线路。

（4）网络图中只应有一个始点事件和一个终点事件。

表 3.2 所示为某印刷品的印装过程明细。

表 3.2　某印刷品印装过程明细

作业代号	作业名称	作业时间/天	紧后作业	作业代号	作业名称	作业时间/天	紧后作业
A	正文印刷	4	C	F	套贴	5	G
B	封面、插图印刷	5	D,E	G	配、订、包、切	5	—
C	折页、压页	5	F,H	H	精装书芯加工	7	I
D	封面、插图干燥裁切	8	F,H	I	上精装封面、压书	4	—
E	制精装封面	5	I				

根据网络图绘制原则，对表 3.2 所示的某印刷品印装计划项目绘制网络图，得到图 3.4。

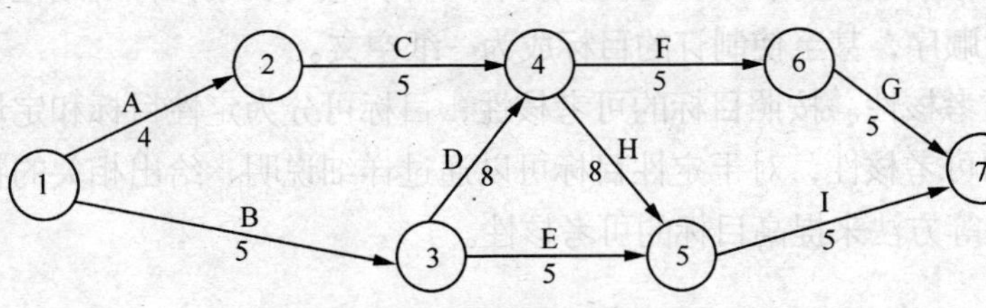

图 3.4　某印刷品印装项目网络图

在该网络图中，①为始点事件结点，⑦为终点事件结点；从始点①连续不断地走到终点⑦的线路有如下五条。

线路一：①→②→④→⑥→⑦

线路二：①→②→④→⑤→⑦

线路三：①→③→④→⑥→⑦

线路四：①→③→④→⑤→⑦

线路五：①→③→⑤→⑦

比较各线路的路长，五条线路中，可以确定线路四即“①→③→④→⑤→⑦”为关键线路，总工期为24天。

四、目标管理

目标是一个组织努力奋斗争取达到所希望的未来的状况，目标为所有的管理决策指明了方向，并且作为标准可用来衡量实际的绩效。正因为如此，目标成为计划的基础。

补充说明

有效目标的“SMART原则”：specific——具体的、明确的；measurable——可以量化考核的；achievable——能够实现的；result-oriented——注重结果的；time-limited——有时间期限的。

（一）目标的性质

进行目标管理必须了解目标的性质和全貌，目标具有以下性质。

（1）目标的细分性。组织对各级主管下达的任务必须化为目标，并通过这些细分的目标对下级进行领导。

（2）目标的层次性。目标是分层次、分等级的。总体来说，目标分为以下三个层次：第一层次是环境对组织的要求，即社会环境强加给组织的目标；第二层次是组织作为自身生存或发展的目标；第三层次是组织成员的目标。三个层次的目标有时候是相互矛盾的，这就要求组织很好地进行协调。

（3）目标的多元性。一个组织同时有好几个目标，目标的多元性表现为各种形式，如数量与质量、投入和产出、积累和消费等。

（4）目标的时间性。新目标都是有时间跨度的，且分为短期、中期和长期目标，同时要求不同时期目标之间的相互协调。如忽视短期目标长期化，就可能使短期目标无助于、阻碍长期目标的实现，甚至以放弃长期目标为代价；同样，忽略长期目标短期化，就无法确定长期目标实现的先后顺序，甚至使制订的目标成为一纸空文。

（5）目标的可考核性。按照目标的可考核性，目标可分为定性目标和定量目标。定量目标显然具有明显的可考核性，对于定性目标可以通过详细说明、给出相关的特征、规定完成日期、采用评分法等方法来提高目标的可考核性。

示例

目标应该数量化、标准化

许多企业都规定要实行微笑服务，对待客户要热情。那到底怎样才是热情，怎样才是微笑服务？没有明确标准，也不好给员工评分。沃尔玛规定微笑服务的标准就是——“3米之内，露出你的8颗牙”。

解放军检查驻军与当地军民关系的一个标准就是“缸满院净”，要求步调一致的标准就是“每分钟116步，每步75厘米”。

本节导入案例解析

目标是计划的出发点和归宿，所以在制订目标时，一定要分析客观条件和主观能力，使目标具有可实现性，目标不合理的计划是盲目的、不切实际的计划。目标制订之后，还要找到实现目标的具体途径和方法，否则，再科学合理的目标也无法实现。

（二）目标的作用

目标的作用可以简单概括为以下几个方面。

（1）方向指引作用。目标使组织成员知道努力的方向和各自的任务，以便于据此安排好各项活动。

（2）激励作用。组织应使成员认识到目标既是客观的需要，同时又是他们自己的追求。激励作用表现为两个方面：一是只有明确了目标，而且该目标对成员具有吸引力时，才能调动他们的积极性，并创造出最佳成绩；二是个人只有实现了目标，才会产生成就感和满足感，并实现自己的个人目标。

示例

《西游记》中白龙马有目标地走了十年成了菩萨——终成正果；而他的兄弟毛驴无目的地围着磨房走了十年，终究还是个毛驴——目标的重要性。

补充说明

目标不能过高，高不可攀的目标，会使人失去信心；目标不能过低，不需要努力就能实现的目标，会使人产生惰性，没有动力。过高、过低的目标都不具备激励作用。

具有激励作用的目标应该是经过一定的努力就能实现的目标，而且是实现后能给人一种成就感，很想再继续往更高层次努力的目标。

（3）凝聚作用。当目标能够充分体现组织成员的共同利益，每一个分目标都明确地指向总目标时，就会产生巨大的凝聚作用。大家既有明确分工，又围绕目标密切合作，从而使员工迸发出奉献精神和创造力。

（4）考核作用。是否达到目标是考核管理人员和员工绩效的客观标准，这样才能避免以往下级投上级所好或者说管理者主观决策的管理误区。只有数量化，即标准化的目标才便于理解、便于执行、便于检查、便于考核，从而便于管理。

（三）目标管理的基本思想

目标管理（management by objectives，MBO）是被誉为“现代管理学之父”、“当代管理思想大师”的彼得·德鲁克（Peter Drucker，又译杜拉克）于1954年首先提出来的，现已被世界各国广泛应用。

目标管理是以目标作为管理手段的一种管理方式。其基本思想是：让组织内各层次、各部门、各单位的管理人员以及每个工作人员都根据总目标的需要，自己制订或者主动承担各自的工作任务，并在实现目标的过程中进行“自我控制”。

目标管理的实质就是：以目标作为各项管理活动的指南；以目标来形成组织的向心力和综合力；以目标来激励和调动广大组织成员的积极性；以目标的实现程度来评价每个单位和个人的工作优劣和贡献大小。

（四）目标管理的基本步骤

一般来说，目标管理需要通过以下几步完成。

1. 明确目标

明确目标指的是从上至下，由下往上，民主参与制订组织总目标、部门的分目标以及个人的具体目标。

> **名家观点**
>
> 并不是有了工作才有目标，相反，而是有了目标才能确定每个人的工作，所以，管理者必须通过目标对下级进行管理。
>
> ——彼得·德鲁克

首先，要制订组织的整体目标和战略。这类目标一般由最高管理者负责制订，但也必须吸收一些中、基层管理人员和职工参加，为此要向员工详细说明组织所处的环境和所面临的问题、总目标的内容、实现的可能性、实现后对组织的意义等，并充分听取广大员工的意见，逐步形成共识。

其次，在经营单位和部门之间分配主要的目标，制订出各部门的分目标。最高管理者把以总目标为核心的目标体系中的分目标分别落实到下属的各单位和各部门，分解以后的目标体系必须与组织结构相吻合，使每一项目标都落到实处。

再次，部门的所有成员参与制订自己的具体目标。各部门的成员结合自己特长和爱好，根据组织总体目标、部门目标制订出自己的个人目标，个人目标应符合自身实际和组织的整体目标。

> **示例**
>
> **猎杀骆驼**
>
> 有一位父亲带着三个孩子，到沙漠猎杀骆驼。
>
> 当他们到了目的地时，父亲问老大："你看到了什么？"
>
> 老大回答："我看到了猎枪，还有骆驼，还有一望无际的沙漠。"父亲摇摇头说："不对。"
>
> 父亲以同样的问题问老二。老二回答说："我看见了爸爸、大哥、弟弟、猎枪，还有沙漠。"父亲又摇摇头说："不对。"
>
> 父亲又以同样的问题问老三。老三回答："我只看到了骆驼。"父亲高兴地说："你答对了。"
>
> **点评**：制订目标而能产生效果，秘决就是"明确"二字，成功的目标，必须是明确的。进一步说，目标要具体化，要量化。

2. 执行目标

执行目标指的是上下级共同商定实现目标的行动计划并付诸实施。

第一，管理者与下级共同商定实现目标的行动计划。各个分目标制订以后，还必须从系统总体的角度进行协调，以免遗漏、重复或冲突，并让员工广泛参与制订出实现目标的行动方针和计划，给予各单位、各部门相应的权利。

第二，实施行动计划。目标确定以后，组织各单位、部门以及每个员工都要紧紧围绕所制订的目标、肩负的责任、被授予的权利和权限，为实现目标而采取有效的措施，寻找有效的工作途径。

3. 检查目标

检查目标即定期或不定期地检查目标实施的进展情况，以便及时发现问题，调整计划进度和管理策略，从而更有效地完成目标任务。

在目标实施的过程中，一般来说主要靠员工自己管理和自我控制，但是组织也必须定期地检查各项任务的完成情况，以便及时发现问题，调整计划进度和管理策略，从而更有效地完成目标任务。

4. 实行奖惩

实行奖惩也就是根据目标的完成情况进行总结，为实现更长远的目标打下基础。

一个周期之后，组织必须与有关下级逐个检查目标任务的完成情况，并与原定目标进行比较。完成好的，充分肯定成绩，并根据完成情况进行相应的报酬和奖励；未完成的要分析原因，对非人为原因造成的延迟，一般不要采取惩罚措施，重点在于总结经验教训，为组织实现更长远的目标服务。

补充说明

目标必须让全体员工都清楚地知道，而且要成为全体员工所共有的目标，并落实到每一个员工的行动中。如果企业有企业的目标，每个人只管每个人的目标，则这些人组合到一起是很难为实现企业的目标而共同努力的。

三位建筑工人在回答“你在做什么？”一位说“我在卖力为我儿子赚学费”，一位说“我在为成为最棒的建筑师积累经验”，还有一位说“我在盖这个城市最好的大厦”。可以发现，只有第三位的目标和企业的目标是一致的，因此也只有他才能真正服务、服从于这个企业。而其他两位，很容易就会出现背离企业的行为，比如，另一家公司给出更高的工资或职位时而离开岗位。

不排除个人有自己的目标，但个人目标必须服从、服务于组织的整体目标，任何一个国家的任何一个组织都是这样要求的。

（五）目标管理的优缺点

如同其他管理技术，目标管理也有其优缺点，一般来说，其优点表现在以下几方面。

（1）有助于提高管理水平。目标管理促使主管人员考虑更多的问题：用什么方法来实现总体目标，为此需要什么样的人员，需要什么样的资源和给予什么样的帮助；同时，还需要有一套明确的、具体的分目标。

（2）有利于提高组织的协同效应。明确的、一致的、系统化的目标体系有利于动态地把组织中的各种力量集中在总目标的实现上。

（3）有助于暴露组织机构中的缺陷。目标管理可以使主管人员把组织的作用和结构搞清楚，从而尽可能地把主要目标所要取得的成果落实到对实现目标负有责任的岗位上。

（4）有利于提高组织的应变能力。各级管理人员有了自主权限，能够对他所面临的各种变化灵活地采取各种措施，从而增强了组织在基层的应变能力。

（5）有利于发挥组织成员的主动性和创造性。目标管理的最大优点在于它使得组织成员能够控制自己的成就。通过参与制订目标、承诺目标，会激发起组织成员想方设法地克服各种困难的热情，激发他们的成就感、价值感和责任感。

（6）有利于更有效的控制。控制就是测定工作，就是采取措施以纠正计划在实施中出现的偏差，以保证任务的完成。管理控制的主要问题之一就是懂得如何监督，一套可考核的目标就是管理人员了解如何进行监督的最好指导。

与优点相对应，目标管理也有其缺点，主要体现在以下几个方面。

（1）适当的目标不易确定。不能忽视真正可考核的目标是很难确定的，特别是有些定性目标难于定量化。例如，行政人员的工作量就难以量化，对人员的工作态度、敬业精神也难以量化。

（2）目标一般是短期性的。由于长期的、准确的并且能够量化的目标很难确定，因此，几乎所有实行目标管理的组织所确定的目标都是短期的，很少超过 1 年，短期目标容易导致组织采取以牺牲长期所得为代价的、得不偿失的短视行为。

（3）组织整体缺乏灵活性。目标管理要取得成效，就必须保持目标的明确性和肯定性，但是计划面对的是不确定的未来，需要保持组织整体上的灵活性，这与目标管理的要求是相矛盾的。

（4）强调上下协商会影响工作效率。由于可考核的目标难以确定，整体与个体的利益难以一致，同级主管的目标难以平衡等诸多原因，往往使得上下协调需要漫长的过程，从而影响工作效率。

虽然目标管理还有一些问题，但一旦被主管人员所认识，并在此基础上灵活应用，那么目标管理在现代管理过程中将起到很大的作用。

当然，在实际推行目标管理时，除了掌握具体的方法外，还要特别注意把握工作的性质，分析其分解和量化的可能；提高员工的职业道德水平，培养合作精神，建立、健全各项规章制度，改进领导作风和工作方法，使目标管理的推行建立在一定的思想基础和科学管理基础之上；要逐步推行，长期坚持，不断完善，从而使目标管理发挥预期的作用。

示例

某年，北京一家著名的房地产企业由于工期要求很紧，制订了力度非常大的奖罚激励制度，公司从上到下实行层层目标管理，要求必须按时完工。所有人在强大的压力下，日夜加班，总算按时完成了这栋大楼的建设，成了公司成功目标管理的典范。

好景不长，半年后该楼房一侧地基下沉了 30 厘米，楼体出现了大量裂缝，经技术鉴定是施工单位没有按施工要求施工。事实上，在目标管理的期限内，他们根本不可能用常规施工方法完成地基的施工，再加上冬季施工，所以问题很快就暴露出来了。这栋楼成了这个创业老板挥之不去的一块心病，购买了这栋楼房屋的住户，心里更不是滋味，他们以各种方式表达愤怒——公司负责这栋楼的一个副总的衬衣被撕了 3 件。

这个房地产公司目标管理的失败说明了以牺牲质量和公司长期利益为代价的目标管理是没有意义的，数字目标往往不能反映公司最主要的东西，而且很难制订合理、准确的目标，如果制订的目标超过了系统的能力，就要强制人们实现该目标，这时，就会出现戴明所说的："人们在无法实现目标时，就会有'移山'的精神，就会出现'亩产万斤的良田'"。

本章小结

1. 计划工作就是通过科学的预测，权衡客观的需要和主观的可能，提出组织在未来一定时期内要达到的目标以及实现目标的途径和方法。其基本程序包括分析内外部环境、确定目标、拟订备选方案、评价备选方案、确定最佳方案、制订主要、辅助计划、编制预算使计划数字化。

2. 一份完整的计划书，主要内容应该包括 5W1H。

3. 常见的计划编制方法有滚动计划法和网络计划技术。滚动计划法是按照“近细远粗”的原则把中期、短期计划和长期计划结合起来的一种计划方法。网络计划技术是一种特别适用于大型工程项目的生产进度安排，以达到合理安排一切可以动用的人力、财力和物力的一种计划编制、评价和审核的计划方法。

4. 目标管理是以目标作为管理手段的一种管理方式。其基本思想是：让组织内各层次、各部门、各单位的管理人员以及每个工作人员都根据总目标的需要，自己制订或者主动承担各自的工作任务，并在实现目标的过程中进行“自我控制”。其基本步骤可简单地归纳为明确目标、执行目标、检查目标和实行奖惩。

本章练习题

一、单选题

1. 狭义的计划工作是指（　　）。

A. 制订计划　　B. 执行计划　　C. 检查计划执行情况　　D. 预测

2. 以下对计划工作描述不正确的是（　　）。

A. 计划工作是为实现组织目标服务的

B. 计划工作具有普遍性和效率性

C. 计划工作是管理活动的基础

D. 由于环境的不确定性，所以计划再周详也是多余的

3. “虽然计划的特点和范围随管理层次不同而有所不同，但它是所有管理者的一个共同职能”说的是计划的（　　）特点。

A. 首位性　　B. 普遍性　　C. 效率性　　D. 创新性

4. “计划工作总是针对需要解决的新问题和可能发生的新变化、新机会做出决定”说的是计划的（　　）特点。

A. 首位性　　B. 普遍性　　C. 效率性　　D. 创新性

5. 下列各种说法中，错误的是（　　）。

A. 计划工作普遍存在　　B. 计划工作居首要地位

C. 计划是一种无意识形态　　D. 计划工作要讲究效率

6. 在计划工作中，制订“弹性计划”是运用计划工作的（　　）。

A. 灵活性原理　　B. 许诺原理　　C. 限定因素原理　　D. 改变航道原理

7. 以下也被称为数字化的计划的是（　　）。

A. 政策　　B. 目标　　C. 策划　　D. 预算

8. 战略性计划一般由（　　）负责制订。

A. 操作者　　B. 高层管理人员　　C. 中层管理人员　　D. 基层管理人员

9. 某营销计划中规定，2010 年的销售额要比上年增加 5%～10%，则该计划属于（　　）。

A. 战略性计划　　B. 具体性计划　　C. 指导性计划　　D. 长期计划

10. 决定一个组织的性质，决定此组织区别于彼组织的标志是（　　）。

A. 战略　　B. 使命　　C. 规划　　D. 政策

11. 以下对目标管理的描述，不正确的是（　　）。

A. 提出者是管理大师彼得·德鲁克

B. 把目标作为管理的对象

C. 把目标作为管理的手段

D. 建立在“Y 理论”的人性假设基础之上

12. 某企业运用原有技术优势，开发了一种固定资产投资极大的新产品，投产后很畅销。几家竞争对手看到了该产品的巨大潜力，也跃跃欲试。这时，有人从资料中发现该产品完全可以通过其他途径加以合成，而投资成本仅为原来的 1/5，该企业顿时陷入了手忙脚乱的境地。分析该计划工作过程，问题可能出在（　　）。

A. 分析内外部环境　　B. 提出目标

C. 拟定主要、辅助计划　　D. 备选方案的拟定、评价和选择

13. 下列不属于目标管理优点的是（　　）。

A. 有利于提高管理水平

B. 有利于调动人的积极性、责任心

C. 有利于长期目标的实现

D. 有利于暴露组织结构中的缺陷

14. 某建筑企业在制订计划和推行目标管理中提出：“质量上台阶，管理上水平，效益创一流，大干 50 天，元旦把礼献”的计划目标，你对此的评价是（　　）。

A. 提法正确，鼓舞人心　　B. 目标设定太高，且表述不清

C. 目标无法最终考核　　D. 目标未落实到人

二、多选题

1. 以下对计划的认识，正确的有（　　）。

A. 计划不等于策划未来

B. 计划的灵活性不在于计划本身，而在于制订计划的人

C. 不管环境如何变化，计划都是必要的

D. 计划会浪费管理者一定的时间

2. 在实行目标管理的过程中，目标的作用主要体现在它具有（　　）。

A. 方向性和激励性　　B. 层次性和多元性

C. 凝聚性和考核性　　D. 细分性和时间性

3. 以下说法正确的有（　　）。

A. 滚动计划法的原则是“近细远粗”

B. 滚动计划法主要用于长期计划的制订

C. 网络计划技术主要用于短期计划的制订

D. 网络计划技术特别适用于大型工程项目的生产进度安排

4. 以下对目标管理的描述，正确的有（　　）。

A. 既注重结果也重视过程

B. 把目标作为管理的对象

C. 把目标作为管理的手段

D. 目标管理是一种参与的、民主的、自我控制的管理制度

5. 下列说法正确的有（　　）。

A. 非程序性计划一般由组织的高层管理者来制订

B. 一个完整的目标，不一定要有明确的时间限制

C. 关键路线是网络图中费时最少的路线

D. 计划通过预计变化来降低不确定性

6. 一般而言，高层管理计划还属于（　　）。

A. 战略计划　　B. 长期计划　　C. 战术计划　　D. 指导性计划

三、问答题

1. 既然“计划不如变化”，那为什么还要进行计划？

2. 什么是计划工作？简述计划工作的基本程序。

3. 简述滚动计划法的基本思想和网络计划技术的基本原理。

4. 简述目标管理的基本思想和基本步骤。

课外思考实践题

1. 按九个同学为单位组成一家快餐公司，再按三个人一个小组成立三个小组，其中，一组为销售部，二组为采购部，三组为财会部。公司的目标是利润最大化，通过各种途径，分别制订三个部门的目标和实现目标的方法，然后对这些目标和实现目标的方法进行讨论，形成一套比较完整可行的计划。

2. 假设你是一个中等规模的房地产销售代理公司的最高管理者，你将如何运用目标管理对管理者和销售代表进行管理？

第四章

决　　策

学习目标

学习本章，你应该能够清楚地知道：

- 决策的内涵及其基本程序。
- 决策的基本方法。
- 决策的依据和前提。

第一节　决策的内涵

案例导入

斯隆[①]在通用公司的一次高层会议上说："各位，对于此问题我认为我们已经完全达成共识了"。在座大大小小的头目一致举手赞同。斯隆接着说："那就先散会吧，此问题下次再讨论"。

为什么达成一致的决策还要继续讨论呢，对于管理者来说什么才是真正有效的决策？

一、决策的概念

所谓决策，是指为今后的行动确定目标，并从多种可以相互替代的方案中选择一个合理或满意方案的分析、判断过程。

补充说明

西蒙认为，决策、管理和规划是一回事。他把决策、管理和规划这三个词经常交替使用。他说，全部决策就是管理过程，管理就是如何决策的过程。规划过程也是决策过程。无论问题大小，如一个社会规划问题，或一个产品规划问题，都是决策问题。一个企业，除了工人以外，从经理到工长都面临着决策问题。

从这一概念中，可以看出决策的四个基本特点。

（1）目标性。即决策必须有明确的目标。决策是理性行动的基础，行动是决策的延续，目标选择不准和无目标的决策都是盲目的行动，很难正确。

（2）选择性。即决策必须有两个或两个以上可供选择的可行方案，如果只存在一个方案，就不存在决策。所谓可行方案，指的是能够实现预定目标、各种影响因素均能进行定性和定量的比较、在现行的技术经济条件下能顺利实施的方案。

（3）满意性。即选择方案遵循的原则是"满意"或"合理"。由于决策者在认识能力和时间、经营、信息来源、未来状况等方面的限制，不能要求最理想的状态，因而决策的准则只能是"令人满意的"或"足够满意化"。

补充说明

不同的人，受价值观、对风险的态度、环境、工作经历、伦理道德观等因素的影响，其满意的标准不同。这些因素即为影响决策的因素。

决策论认为，组织是决策者个人所组成的系统，因此，强调不仅要注意在决策中应用科学方法，而且要重视心理因素、人际关系等社会因素在决策中的作用，要充分考虑人的经验及智能。

（4）科学性。即决策要通过科学的分析、评价进行选优。一般来说，每一个行动方案都

① 艾尔弗雷德·斯隆（Alfred Pritchard Sloan, Jr.，1875—1966），1923年就任通用汽车公司总裁，之后短短3年便让濒临破产的通用汽车反败为胜，更为企业组织管理立下世纪典范，担任总裁23年，与通用电气的杰克·韦尔奇并称二十世纪最伟大首席执行官（CEO）。

会存在利弊和优缺点，必须通过科学的、全面的、综合的分析和判断，才能在多种可行方案中选择一个较为理想的合理方案。

补充说明

从决策的发展历程来看，决策经历了由小生产方式下的经验决策到社会化大生产条件下的科学决策的转变。

经验决策是凭借决策者个人的经验、知识、才干及其直观判断所进行的决断。决策者的决策行为只以个人的方式出现，也只体现了以个人经验为基础的主观能力。它具有重复性、表面性和局限性的特点。

科学决策是建立在严密的理论分析和科学的基础之上，遵守严格的程序和方法。

决策的目的在于组织未来的发展更符合决策者的意愿和要求，决策正确与否关系到组织和事业的兴衰存亡。随着社会经济和科学技术的发展，决策已成为一门科学，掌握决策技术是经营管理人员必须具备的能力。

二、决策的类型

根据不同的角度对决策过程进行分类，有助于决策者把握各类决策的特点，根据决策问题的特征，按不同的决策种类，采用不同的方法，进行有效的决策。决策的分类如表 4.1 所示。

表 4.1 决策的分类

管理者的类型	决策类型	按决策活动的层次划分	按决策活动的规范性划分	按决策活动结果的确定性划分	按决策的风格划分
高层管理者	高层决策	战略决策	非程序性决策	不确定性与风险性决策	个人决策
中层管理者	中层决策	管理决策	程序性与非程序决策	确定性与风险性决策	群体与个人决策
基层管理者	基层决策	作业决策	程序性决策	确定性决策	群体决策

1. 按决策活动的层次划分

按决策活动的层次，可将决策活动分为战略决策、管理决策和作业决策。

战略决策侧重于资本过程，是所有决策问题中最重要的，通常包括确定组织目标方针、组织机构的调整、产品的更新换代、重大的技术改造等涉及组织全局的长期性、方向性的决策。

管理决策侧重于价值过程，属于执行战略决策过程中的全局性的具体决策，旨在实现组织内外部之间和组织内部各环节活动的高度协调和资源的合理利用，以提高经济效益和管理效能。

作业决策侧重于劳动过程，属于日常工作中常规性、局部性的决策，作用范围小。

2. 按决策活动的规范性划分

按决策活动的规范性，可将决策活动分为程序性决策和非程序性决策。

程序性决策是对日常的、反复发生的例行问题（已有处理经验）采用例行程序所做的决策。对于经常发生的需要决策的问题，往往可以制订一个例行程序，凡遇到这一类问题，就按照既定程序进行决策。

示例

有个故事是这么讲的，慈禧太后吃完饭的时候，如果太监走过来说："老佛爷，您用完了吗？""啪"一个耳光就打上去，"你还用问吗？"统统按 SOP!（standard operation procedure，即标准作业程序，就是将某一事件的标准操作步骤和要求以统一的格式描述出来，用来指导和规范日常的工作）

慈禧太后的筷子如果是直着摆，表示还要继续吃，如果横着往前推，表示吃完了。就这么一个记号，大太监一看到就会出去，把左手拿起来，中指和食指合并，这就叫上水——太后吃完饭要上水的。水上去，一个银盆，中间漂着 6 片莲花。太后一漱完口，大太监又出去了，上茶。早上喝龙井，中午碧螺春，晚上普洱，分得非常清楚。太后中午喝什么茶，问都不用问。茶盖如果是虚掩着的表示还要继续喝。掀起来，斜靠在旁边，表示喝完了。大太监一看又出去了，上烟！太后吃完了要抽水烟袋的，上烟的时候要从她右边绕过去，跪在点烟的方向，给她点火。这一切都是静悄悄的，没有任何声音。

故事告诉我们：程序化的东西，不需要任何请示，按事先规定的规则去做就可以了。

非程序性决策是对偶发的、新颖的、性质和结构不明的、不重复出现的或具有重大影响的例外问题（无先例可循）所做的决策。当问题的涉及面广，又是新发生的，或者问题极为重要而复杂，没有例行程序可以遵循，就要进行特殊处理，对这类问题的决策就是非程序性决策。企业高层决策中非程序性决策居多。

3. **按决策活动结果的确定性划分**

按决策活动结果的确定性，可将决策活动分为确定性决策、风险性决策和不确定性决策。

补充说明

在管理工作中，约有 80%的决策属于程序化决策。如果没有这些程序化决策，就意味着公司制度没有规范，一切的事情没有把它做得制度化，于是我们会像消防队一样，天天忙着救火。

确定性决策是指事先可以肯定唯一结果的决策。确定性决策的方法比较简单和直观，因为每一种方案的结果都是已知的，决策者可以做出理想而精确的决策，这并不是做大多数决策的情况，它比实际更理想化，在此不作介绍。

风险性决策是指未来情况不完全确定，但是能够确知各种后果以及各种后果出现概率的决策，即事先可以用概率把握的多种结果的决策。风险性决策更为常见和实际，这种估计结果的能力来源于个人经验或是对第二手资料的分析，决策者应有指导他估计不同方案概率的历史或调研数据，否则只能采用主观概率。

不确定性决策是指无法把握其后果的多少和概率的决策，这种情况下的选择，主要取决于决策者的经验与态度。

4. **按决策的风格划分**

按决策的风格，可将决策活动分为个人决策和群体决策。

个人决策是指由某一个最高领导人或决策者做出决定的一种决策形式。个人决策的特点是决策迅速、责任明确。个人决策主要用于处理常规的管理问题以及信息较为准确、简单的决策问题。只要信息无误，决策效果较好，决策效率较高，取得的经济效益就会相当显著，而且能够充分发挥最高领导人或决策人的个人主观能动性。但是这类决策往往受领导个人本身的性格、学识、能力、经验，魄力等制约，所以具有局限性。

群体决策是指由两个或两个以上的人组成的决策群体做出最后的决定。群体决策是相对于个人决策而言的，它包含两种含义：一种是通过会议集体讨论，充分发挥领导集团的智慧，集思广益，进行决策；另一种是通过领导机构与下属机构相结合，也称领导与群众相结合，对一些重大的决策课题进行充分的分析、研究、论证，然后做出决策。

示例

通用公司的“全民决策”管理制度

杰克·韦尔奇接任美国通用电气公司的总裁后，认为公司管得太多，领导得太少，“工人们对自己的工作比老板清楚得多，经理们最好不要横加干涉”。为此，他实行了“全民决策”制度，使那些平时没有机会互相交流的职工、中层管理人员都能出席决策讨论会。“全民决策”的开展，打击了公司中官僚主义的弊端，减少了繁琐的程序。实行了“全民决策”，使公司在经济不景气的情况下取得巨大进展。他本人被誉为全美最优秀的企业家之一。

本节导入案例解析

案例告诉我们，团队中的每个人都有自己不同的看法，决策者不能独裁；没有不同看法的决策，是风险极大的赌博；不同看法能激发团队的想象力。在实际决策中为什么没有反对意见呢，最大的原因在于习惯。

小到家庭、圈子，大到企业、国家，不知不觉中大家会习惯于听一个人的。刚开始大家还有不同的想法和担心，成功的次数多了，发现这个人想得比大多数人周详，实际结果也比大多数人预期的还好。慢慢养成习惯，决策的时候大家也懒得思考，这个人也懒得征求大家的意见了。一人决策，全票通过。如果决策一如既往地正确，那确实简单高效。就怕决策一旦错误，变成脱缰野马，难以控制了。

没有反对，没有决策。看似僵化，有形式主义的嫌疑，但在实践中有很强的可操作性。

第二节 决策的原则与基本程序

案例导入

地点是饭店经营的首要因素，餐饮连锁经营也是如此。连锁店的正确选址，不仅是其成功的先决条件，也是实现连锁经营标准化、简单化、专业化的前提条件和基础。因此，肯德基对快餐店选址是非常重视的，选址决策一般是两级审批制，通过两个委员会的同意，一个是地方公司，另一个是总部。选址成功率几乎百分之百，是肯德基的核心竞争力之一。

肯德基选址按以下几步骤进行。

（一）商圈的划分与选择

1. 划分商圈

肯德基计划进入某个城市，会先通过有关部门或专业调查公司收集这个地区的资料。有些资料是免费的，有些资料需要花钱去买，把资料收集齐了，就开始规划商圈。

商圈规划采取的是记分的方法。例如，这个地区有一个大型商场，商场营业额在1 000万元折算1分，

5 000万元折算5分，有一条公交线路加多少分，有一条地铁线路加多少分。这些分值标准是多年平均下来的一个较准确的经验值。

通过打分把商圈分成好几大类，以北京为例，有市级商业型（西单、王府井等），区级商业型，定点（目标）消费型，还有社区型、社区商务两用型、旅游型，等等。

2. 选择商圈

即确定目前重点在哪个商圈开店，主要目标是哪些。在商圈选择的标准上，一方面要考虑餐馆自身的市场定位，另一方面要考虑商圈的稳定度和成熟度。餐馆的市场定位不同，吸引的顾客群不一样，商圈的选择也就不同。

例如，马兰拉面和肯德基的市场定位不同，顾客群不一样，是两个"相交"的圆，有人吃肯德基也吃马兰拉面，有人可能从来不吃肯德基专吃马兰拉面，也有反之。马兰拉面的选址也当然与肯德基不同。

而肯德基与麦当劳市场定位相似，顾客群基本上重合，所以在商圈选择方面也是一样的。可以看到，有些地方同一条街的两边，一边是麦当劳另一边是肯德基。

商圈的成熟度和稳定度也非常重要。比如规划局说某条路要开，在什么地方设立地址，将来这里有可能成为成熟商圈，但肯德基一定要等到商圈成熟稳定后才进入，例如，一家店三年以后效益可能会很好，但对现今没有协助，肯德基当然不冒这种险，投入一家店要花费好几百万，一定是比较稳健的原则，保证开一家成功一家。

（二）聚客点的测算与选择

1. 要确定这个商圈内最主要的聚客点在哪。

例如，北京西单是很成熟的商圈，但不可能西单任何位置都是聚客点，肯定有最主要的聚集客人的位置。肯德基开店的原则是：努力争取在最聚客的地方和其附近开店。

古语说"一步差三市"。开店地址差一步就有可能差三成的买卖。这跟人流动线（人流活动的线路）有关，可能有人走到这，该拐弯，则这个地方就是客人到不了的地方，差不了一个小胡同，但生意差很多。这些在选址时都要考虑进去。

人流动线是怎么样的，在这个区域里，人从地铁出来后是往哪个方向走等，这些都派人去掐表，去测量，有一套完整的数据之后才能据此确定地址。

比如，在店门前人流量的测定，是在计划开店的地点掐表记录经过的人流，测算单位时间内多少人经过该位置。除了该位置所在人行道上的人流外，还要测算马路中间的和马路对面 的人流量。马路中间的只算骑自行车的，开车的不算。是否算马路对面的人流量要看马路宽度，路较窄就算，路宽超过一定标准，一般就是隔离带，顾客就不可能再过来消费，就不算对面的人流量。

肯德基选址人员将采集的人流数据输入专用的计算机软件，就可以测算出，在此地投资额不能超过多少，超过多少这家店就不能开。

2. 选址时一定要考虑人流的主要动线会不会被竞争对手截住。

人们现在对品牌的忠诚度还没到就吃肯德基看见麦当劳就烦的情况。只要你在我跟前，我今儿挺累的，干嘛非多走一百米去吃别的，我先进你这儿了。除非这里边人特别多，找不着座了我才往前挪挪。

但人流是有一个主要动线的，如果竞争对手的聚客点比肯德基更好那就有影响。如果是两个一样，就无所谓。例如北京北太平庄十字路口有一家肯德基店，如果往西 一百米，竞争业者再开一家西式快餐店就不妥当了，因为主要客流是从东边过来的，再在那边开，大量客流就被肯德基截住了，开店效益就不会好。

3. 聚客点选择影响商圈选择

聚客点的选择也影响到商圈的选择。因为一个商圈有没有主要聚客点是这个商圈成熟度的重要标志。比如北京某新兴的居民小区，居民非常多，人口素质也很高，但据调查显示，找不到该小区哪里是主要聚客点，这时就不能去开店，当什么时候这个社区成熟了或比 较成熟了，知道其中某个地方确实是主要聚客点才开。

为了规划好商圈，肯德基开发部门投入了巨大的努力。以北京肯德基公司而言，其开发部人员常年跑遍北京各个角落，对这个每年建筑和道路变化极大，当地人都易迷路的地方了如指掌。经常发生这种情况，北京肯德基公司接到某顾客电话，建议肯德基在他所在地方设点，开发人员一听地址就能随口说出当地的商业环境特征，是否适合开店。

为什么一个决策会如此复杂？决策过程到底要考虑哪些影响因素，必须要遵循哪些原则和程序？

一、决策的基本原则

欲使决策相对科学、合理，则应遵循以下几个基本原则。

（1）目标性原则。决策目标是确定方案是否可行的依据。确定目标既是决策的内容，又是决策的前提。没有目标，决策就失去了方向。因此，决策的目标性原则就是目标必须明确、具体，并且便于衡量。

示例

确定目标时要避免布里丹选择

在哲学史上，有一头著名的驴子，名字叫做“布里丹的驴子”，这头驴和别的驴不同，它喜欢思考，布里丹的驴子肚子饿得咕咕叫，于是它到处寻找吃的东西。很幸运，它很快发现左边和右边都有一堆草可吃。于是它到了左边那堆草边，到了左边以后发现没有右边那堆草的数量多，所以饿着肚子跑到右边去吃。到了右边以后又发现没有左边那堆草的颜色青。想想，还是回到左边去吧。就这样，一会儿考虑数量，一会儿考虑质量，一会儿分析颜色，一会儿分析新鲜度，犹犹豫豫，来来回回，这只可怜的驴子，最后却饿死在途中。选择的标准很多，但必须明确自己到底想要什么，也就是目标一定要明确。布里丹的驴子的选择就是没有排序，乱选，不知道自己究竟要什么。

（2）系统性原则。应用系统理论进行决策，是决策问题遵从的原则之一。组织是社会大系统中的一个子系统，组织内部条件要服从和适应外部环境的情况和要求，组织的决策也必须从社会整体利益出发，树立系统思想和全局观念，统筹兼顾、综合平衡。

（3）经济性原则。经济效益是营利性组织一切生产经营活动的核心，就算是非营利性组织，也存在节约和增效的问题。因此，组织在进行决策的过程中，在保证国家利益、社会利益的前提下，应以经济效益为主要依据。

示例

众所周知，如今安装监控摄像头已经不是新鲜事，但当年上海却因为这个东西引起了一场争论。

2004 年 8 月各大媒体争相转载一篇新闻报道：2010 年前，上海市区将安装 20 多万个监控摄像头，全面建立起“社会防控体系”。这一消息引发上海市民议论纷纷——上海有必要装这么多摄像头吗？会不会侵犯广大市民的隐私权？为了威慑极少数犯罪分子，就得让广大市民走在马路上浑身不自在吗？

任何一项决策产生前，有关部门都要评估它所需要的成本以及可以得到的收益，在安装摄像头这项决策上，可能的收益是提高治安防控能力、打击犯罪能力，有利于维护上海的国际大都市形象。而付出的成本除了安装费外，还有可能涉及公民的隐私权问题。在这个问题上，如何在这两者之间取得平衡点是解决问题的关键所在。

（4）可行性原则。决策必须建立在实际需要和可能的基础上，从实际出发，分析主客观条件是否具备，所采取的措施是否可行，并且要充分顾及社会、政治、道德等因素。

（5）创新性原则。一个组织只有不断注入新的经营策略、新的产品、新的经营方式，才能适应市场经济的发展、变化的需要。决策者要积极进取，勇于开拓，富有创新精神。

（6）科学性原则。决策是一项科学性很强的工作。决策者必须以科学的理论做指导并运用科学的方法，按规律办事，力求决策结果科学、准确、合理、可行。

（7）群众性原则。群众是智慧的源泉，又是决策目标实现的基础，决策所涉及的问题往往需要多方面的知识和经验。因此，必须依靠广大群众，集思广益。

（8）政策性原则。组织的经营决策必须贯彻执行党和国家的路线、方针和政策，遵循国家法律、法规及各项制度。

二、决策的基本程序

决策是一个提出问题、分析问题和解决问题的系统分析过程，要达到有效的决策目的，必须遵循科学的决策程序，如图 4.1 所示。

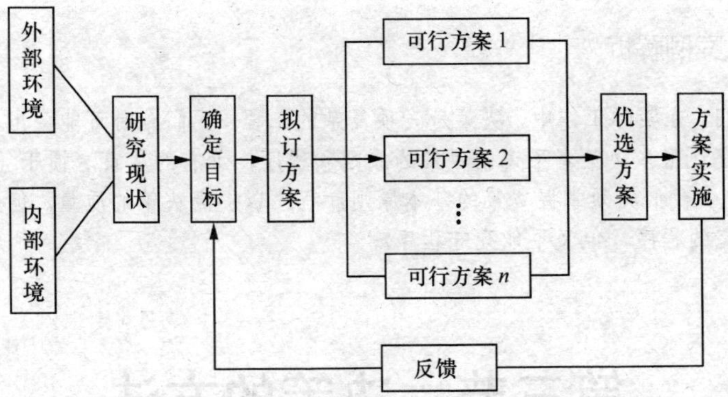

图 4.1　决策程序示意图

（1）研究现状、发现问题。发现问题是决策的起点。决策是为了解决一定问题而制订的，研究现状的目的是为了找出现状与期望状态之间的差距，这种差距的大小及其根源是组织诊断和进行相应决策的原因和目的所在。在这一阶段，追查问题的根源，正确界定要解决的主要问题是以后各步骤科学、有效的基础。

（2）确定决策目标。确定目标是决策的前提。这一阶段的目的在于澄清解决问题的最终目的，明确应达成的目的，并对目标的优先顺序进行排序，从而减少以后决策过程中不必要的麻烦。决策目标是由上一阶段明确的有待解决的问题决定的，在决定过程中，必须把要解决问题的性质、结构、症结及其原因分析清楚，才能有针对性地确定出合理的决策目标。

（3）寻求可行方案。在诊断出问题的根由并澄清解决此问题的真正目标后，应寻求所有可能用来解决此问题的对策及有关的限制因素。在寻求可行方案时，必须充分发扬民主、集思广益、群策群力，尽可能多地提出各种可行方案。

（4）方案的评价和选择。首先要对每一个方案进行可行性论证。论证时，首先要注意突出技术上的先进性、操作上的可能性以及经济上的合理性；其次在论证的基础上进行综合评价；再次，从众多方案中选取一个最优的方案。方案的选择主要与决策者的价值观念、决策所面对的不确定性和决策者所掌握的决策方法有关。

示例

选择时要避免霍布森选择

霍布森是一个英国人，300年前就出名了，他是从事马匹生意的，他说，买我的马、租我的马，随你的便，价格都便宜。霍布森的马圈大大的、马匹多多的，然而马圈只有一个小门，高头大马出不去，能出来的都是瘦马、癞马、小马，来买马的左挑右选，不是瘦的，就是癞的。因为只能在门口选，这个空间就小。后来管理学家西蒙把这种现象定义为霍布森选择。霍布森选择是一个小选择、是一个有限范围的选择，不是充分选择，这种选择就是假选择。所以我们决策时一定要制订尽可能多的方案，这样才可能找到“最佳”方案。

（5）决策的实施和反馈。做出了决策，并不等于决策过程的结束，更重要的是决策方案的实施。而且，要判断一项经营决策正确与否，只有通过实施结果才能做出正确的判断。因此，在决策执行过程中建立信息反馈系统，及时地将实施结果与规划目标进行分析比较，如有差异，查明原因，采取必要的措施进行调整，从而保证决策目标的实现。

本节导入案例解析

案例告诉我们，在实际工作中，决策是一项复杂的工程。我们有时可能会出现各种决策失误，究其原因，可以发现很多决策者不遵循决策的原则和程序，如有的决策者惯于凭主观想象和“拍脑瓜”决策。因此，我们必须掌握决策的基本原则和程序以提高决策的质量。但是必须说明一点：决策过程具有一定的程序，但又不能死守程序。

第三节　决策的方法

案例导入

某家具公司是由王某和李某于5年前在×市南郊创建的。该公司目前在家具行业中已小有名气，他们制作特色座椅，通过各种销售渠道和少数几个大批发商进行销售。

王某正在考虑的一个计划是打入办公家具市场，但是自己拿不定主意，办公家具市场需求量虽然确实比较大，但据调查在A市北郊有一家同等规模的公司在这一市场上非常成功，并且有很广的销路，所以他如果进入这个市场便存在着销路差的可能性。也有一种可能是最初几年销路很好，但几年后可能保持旺销，也可能需求量减少。

李某也知道计划的事情，但他们还没有在一起谈整个打算。李某对这一计划的结果没有把握。某天在吃午餐时，李某对王某说：“我们要当心，事先没有完全考虑清楚各种牵连关系时，不要陷得太深”。王某把自己的资料说给李某：“建一座大厂，服务期限是10年，投资总额大约3 000万元，如果需求量旺盛可以有很大的市场占有率，并会使得每年获得1 000万元的收益；但如果需求量小的话，公司会亏损200万元；建一座小厂，假设服务期限也同样是10年，投资总额只需要1 400万元。在销路好的时候获得400万元的收益；但如果销路不好时获得的收益为300万元；还有一种方案是先建小厂，若试销3年需求量很大再将工厂扩大，追加投资2 000万元，服务期限是7年，每年获利950万元。这样看上去较为稳妥的方案也存在某些问题，首先对同样的生产规模来说，两次投资的总和要大于一次投资；其次由于没有能及时占领市场，会给竞争对手以可乘之机，最终可能会失去一部分的收益。而通过调查，以后知道新产品销路好的可能为0.7，销路不好的可能是0.3”。

如果你是李某，听了自己合作伙伴的一番话，将如何决策这一问题？

一、定量决策方法

定量决策方法，也就是把与决策有关的变量与变量之间、变量与目标之间的关系，用数学方法表示，然后通过数学计算求得所需数据，以便决策者从中选优的一种决策方法。定量决策方法通常被称为决策的“硬技术”。常用的定量决策方法有以下几种。

（一）风险性决策方法

1. 损益期望值法

损就是亏损，益就是赢利。损益期望值就是企业（或某个投资项目）赢利或者亏损的数额。损益亦称财务成果、企业的利润或亏损。在一定时期内，企业各项收入抵补各项支出后的差额，就是经营的最终成果。收入超过支出，就是纯益（正数表示）；反之，则是纯损（负数表示）。

损益期望值是指某一行动方案在各种自然状态下所可能期望得到的平均损益值，通常用符号 E 表示，它等于每一自然状态概率与相应的损益值的乘积之和。其计算的基本公式为

$$E(A_i)=\sum_{j=1}^{m}V_{ij}\cdot P_j$$

式中，A_i 为第 i 个方案；$E(A_i)$ 为 A_i 方案的损益期望值；V_{ij} 为 A_i 方案在第 j 种自然状态下的损益值；P_j 为第 j 种自然状态出现的概率；m 为自然状态种数。该公式的意思为每个备选方案的损益期望值等于它在不同自然状态下的损益值与概率乘积的和。

损益期望值法即计算出每个行动方案的损益期望值，然后比较大小，根据“损益期望值最大规则”选择满意的方案。

【例 4.1】 有一项引进的工程项目，某保险公司为此需要决定是否开办一个新的险种。经调查研究发现，如果开办而不出险，则每年收益 5 万元；但如果开办并出现责任事故，则将给保险公司带来 100 万元的损失（包括调研费）；如果不开办，则不管是否出险，保险公司每年都要付出调研费 5 000 元。根据过去不完全的统计资料，预测承保后不出险的概率为 0.96，出险的概率为 0.04。在这种情况下，保险公司对工程项目是否承保？

分析：保险公司可选择的方案有两种——开办新险种和不开办新险种；不管哪种方案，结果都能知道是两种中的一种：出险（出现责任事故）和不出险（不出现责任事故），但究竟出现哪一结果无法事先确定。虽无法确定到底是哪一种结果，但每一种结果发生的概率（可能性）是知道的。因此属于风险型决策，可以采用损益期望值法解题。

表 4.2 各方案在不同状态下的损益期望值 （单位：元）

自然状态		不出险	出险
概率（P）		0.96	0.04
方案	承保（A_1）	50 000	−1 000 000
	不承保（A_2）	−5 000	−5 000

解：根据题中条件，可列出表 4.2。

计算各方案的损益期望值：

承保方案（A_1）的期望值 $E(A_1)$=0.96×50 000+0.04×(−1 000 000)=8 000（元）

不承保方案（A_1）的期望值 $E(A_2)$=0.96×(−5 000)+0.04×(−5 000)=−5 000（元）

选择方案：因为承保方案的期望值（8 000 元）大于不承保方案的期望值（−5 000 元），所以选择承保方案为最优方案，即开办该险种。

本节导入案例解析

该家具公司目前要决策的问题就是以什么样的方式进入办公家具市场。该公司通过调查，提出了三种可供选择的方案：建大厂，建小厂，先建小厂再建大厂。不管哪种方案，结果都能知道是两种中的一种：销路好和销路不好，但究竟出现哪一种结果无法事先确定。虽然无法确定到底是哪一种结果，但每一种结果发生的概率（可能性）是知道的，因此属于风险型决策，可以采用损益期望值法解题。

建大厂的效益：[0.7×1 000+0.3×(−200)]×10−3 000=3 400（万元）

建小厂的效益：[0.7×400+0.3×300]×10−1 400=2 300（万元）

先建小厂再扩建的效益：[0.7×400×3+0.7×(950×7−2 000)+0.3×300×10]−1 400=3 595（万元）

因此，应该选第三种方案：先建小厂再建大厂。

2. 决策树法

对于复杂的风险型决策，除了采用损益期望值法外，还经常采用决策树法。决策树法是以方块和圆圈为结点，并由直线连接而成的一种树状结构。一般来说，每个可行方案又可能有多种状态，因此，图像由左向右，由简到繁，形成一个树状结构。决策过程由右向左，逐步后退，根据末端的损益值和状态的概率值计算出同一方案不同状态下的期望值，然后根据其大小决定决策，标出被舍弃方案的对应分支，最后决策结点留下一条分支，即为满意方案（期望值最大的方案）。

【例 4.2】 某企业计划生产某种产品，现提出三种生产方案，根据有关资料，已知未来市场面临三种状态，每个方案在各种状态下的损益期望值见表 4.3，请用决策树法做出决策，选出满意的方案。

解： 根据表格画出决策树，如图 4.2 所示。计算出各状态点的损益期望值，并标到各状态点上。

表 4.3 各方案在不同状态下的损益期望值

（单位：万元）

备选方案	各种自然状态下的损益期望值		
	销路好 P=0.5	一般 P=0.3	销路差 P=0.2
大批生产（A_1）	30	10	−15
中批生产（A_2）	20	6	2
小批生产（A_3）	15	4	4

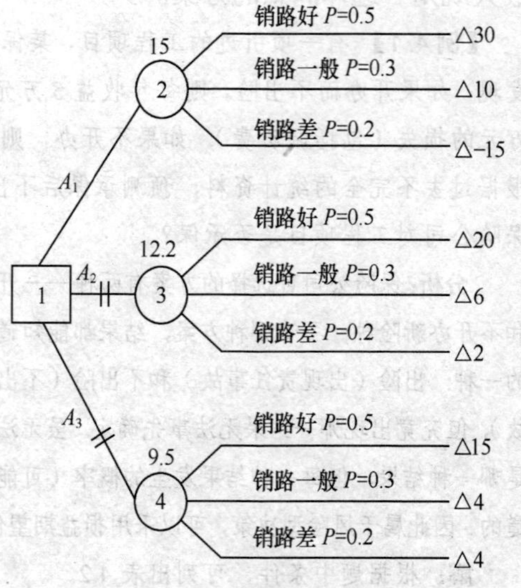

图 4.2 决策树示意图

状态点 2: $E(A_1)=30\times0.5+10\times0.3+(-15)\times0.2=15$（万元）

状态点 3: $E(A_2)=20\times0.5+6\times0.3+2\times0.2=12.2$（万元）

状态点 4: $E(A_3)=15\times0.5+4\times0.3+4\times0.2=9.5$（万元）

比较各状态点的期望值大小，剪去较小的两个方案枝。经过比较，决策剪去 2、3 方案，大批生产（A_1）方案为满意方案。

决策树中，方块（□）表示决策（结）点，由决策点引出的一级树枝叫做方案枝，它表示该项决策中可供选择的几种备选方案，分别用带有编号的圆形（○）状态（结）点如②、③、④等来表示，各状态点上可标出对应方案的损益期望值；由圆形结点进一步向右引出的枝条称为方案的状态枝（或概率枝），每一状态出现的概率可标在每条直线的上方，直线的右端的三角（△）称为效果（结）点，可标出该状态下方案执行所带来的损益期望值。

以上两种定量决策方法适用于风险型决策，接下来介绍适用于不确定性决策的定量方法。

（二）不确定性决策方法

1. 乐观法

乐观法也称最大决策法、大中取大法。即当决策者面临情况不明的决策时，以争取最好结果的乐观态度来选择决策方案。决策时，首先计算各方案在不同自然状态下的收益，并找出各方案所带来的最大损益值，然后从中选出损益值最大的方案作为满意方案。

【例 4.3】 某百货公司准备购进一批电视机，根据未来需求情况和过去的销售经验，当未来出现高需求时能卖 100 台，一般需求时能卖 50 台，低需求时能卖 10 台，因而提出三种方案，进货 100 台、50 台和 10 台，其损益值见表 4.4。但该商场并不知道未来电视机市场需求到底是哪一种情况，也不知道其发生的概率，在这种情况下，如何决策？

表 4.4　损益值　（单位：元）

方案	高需求	一般需求	低需求
方案一：进货 100 台	50 000	20 000	−25 000
方案二：进货 50 台	25 000	25 000	−5 000
方案三：进货 10 台	5 000	5 000	5 000

解： 先求出各方案带来的最大损益值。

$$\text{Max I}=\text{Max}\{50\,000, 20\,000, -25\,000\}=50\,000$$

$$\text{Max II}=\text{Max}\{25\,000, 25\,000, -5\,000\}=25\,000$$

$$\text{Max III}=\text{Max}\{5\,000, 5\,000, 5\,000\}=5\,000$$

然后从三个最大损益值中求取最大值：

$$\text{Max}\{\text{I, II, III}\}=\text{Max}\{50\,000, 25\,000, 5\,000\}=50\,000$$

50 000 对应的方案为进货 100 台。

2. 悲观法

悲观法亦称保守决策法、小中取大法，即决策者面临着各种状态发生的概率不清时，首先分析各种最坏的可能结果，然后从中选择最好的，以此对应的方案作为决策方案。决策时先找出各方案的最小损益值，再从中选取最大值对应的方案作为比较满意的方案。

【例 4.4】 题干同例 4.3，这次需先求出每个方案带来的最小损益值，然后从最小值中选择最大值。

$$\text{Maxmin}=\text{Max}\{-25\,000, -5\,000, 5\,000\}=5\,000$$

对应的方案为采购 10 台。

3. 最小后悔值法

最小后悔值法也称最小机会损失决策法。后悔值是指在各种自然状态下的最大收益值与每个决策方案对应收益值之差。

后悔值=该自然状态下的最大收益值−该方案在该状态下的收益值

后悔值法就是先计算出各方案的最大后悔值，然后从中选出最小值，这个最小值对应的方案即为入选方案。决策时，首先找出各状态下的最大损益期望值；然后计算各状态下不同方案的后悔值；接着找出每一方案所对应的最大后悔值；最后从结果中找出最小值，对应方案为满意方案。

【例 4.5】 题干同例 4.3。首先找出各状态下最大损益期望值并计算各状态下各方案的后悔值。

高需求状态下的最大期望值为 50 000，因此，方案一、二、三在高需求状态下的后悔值分别为 50 000−50 000、50 000−25 000、50 000−5 000。

一般需求下的最大期望值为 25 000，因此，方案一、二、三在一般需求状态下的后悔值分别为 25 000−20 000、25 000−25 000、25 000−5 000。

低需求下的最大期望值为 5 000，因此，方案一、二、三在低需求状态下的后悔值分别为 5 000− (−25 000)、5 000−(−5 000)、5 000−5 000。

表 4.5 后悔值表 （单位：元）

方案	高需求	一般需求	低需求
方案一：进货 100 台	0	5 000	30 000
方案二：进货 50 台	25 000	0	10 000
方案三：进货 10 台	45 000	20 000	0

把损益值表换算成表 4.5 所示的后悔值表。然后找出每一方案所对应的最大后悔值并从中找出最小值，对应方案为满意方案：

$$\text{Minmax}\{\text{I}, \text{II}, \text{III}\}$$
$$=\text{Min}\{30\,000, 25\,000, 45\,000\}=25\,000$$

对应的方案为进货 50 台。

（三）确定性决策方法

1. 量本利分析法

所谓量本利分析法，就是根据销售量、成本和利润三者之间的相互依赖关系，对企业的盈亏平衡点和赢利情况的变化进行分析的一种方法，又称盈亏分析法。在盈亏分析中，将企业的“总成本”按照性质分为“固定成本”和“变动成本”（或“可变成本”）。所谓固定成本，是指不随销售量变化的那部分成本，如折旧费、设备大修理费、办公费、新产品研制费等。变动成本则是指随销售量变化而变化的那部分成本，如原材料、工时费、燃料和动力费等。

利用量本利分析法进行决策的关键是找出企业不盈不亏的产量（即保本产量），此时总收入等于总成本，因此又称保本分析法。

【例 4.6】 一个体户买了一台复印机，假设它的固定成本为每年 1 万元，单位变动成本即每复印一张纸（如墨粉、电费、纸张、人工费等）为 0.15 元，对外每张复印费为 0.30 元，那么每年最少复印多少张才能保本？

分析： 这是一个典型的确定性决策，因为保本张数肯定是一个唯一值。

解： 假设为 X 张，根据盈亏分析保本点的特性，得到

$$0.3X=10\,000+0.15X$$

或

$$X=10\,000/(0.30-0.15)$$

得

$$X=66\,667\text{（张）}$$

因此，一年至少复印 66 667 张才能保本。

2. 线性规划法

所谓线性规划法，就是指在满足一组已知约束条件的情况下，如何使决策目标最优，即求目标函数的最大值或最小值问题。

【例 4.7】 某企业生产 A、B 两种产品，已知生产单位 A 产品需用钢材 9 千克、水泥 4 千克、劳动力 3 个，净产值 700 元；生产单位 B 产品需用钢材 4 千克、水泥 5 千克、劳动力 10 个，净产值 1 200 元。该企业有钢材 360 千克、水泥 200 千克、劳动力 300 个，问 A、B 各生产多少个能使企业净产值最大？

解： 假设 A 产品的产量为 X_1，B 产品的产量为 X_2，则有如下约束条件。

$$9X_1+4X_2\leqslant 360$$

$$4X_1+5X_2\leqslant 200$$

$$3X_1+10X_2\leqslant 300$$

$$X_1,\ X_2\geqslant 0$$

目标函数为

$$\text{Max}f(X_1 X_2)=700X_1+1\,200X_2$$

求解得到：$X_1=20$，$X_2=24$，最大净产值为 42 800 元，即安排生产 20 个 A 产品、24 个 B 产品，企业获得的净产值最大。

二、定性决策方法

与定量决策方法相对应，还有一种类型的决策方法——定性决策方法。定性决策方法也称决策的"软技术"，是依靠专家的知识、经验、智慧，运用社会学、心理学、组织行为学的理论，对决策问题做出科学的判断。所以定性决策是一种主观决策。在此简要介绍三种常用的定性决策方法——德尔菲法、头脑风暴法和四分图法。

1. 德尔菲法

德尔菲法由美国兰德公司在 20 世纪 40 年代提出，其宗旨是就某一问题征集有关专家的意见，做出决策，又称专家预测法、专家调查法。一般采用不记名投寄的方式征询专家意见，并进行统计归纳做出决策的方法。一般过程如下。

（1）拟订调查表、选择专家。即由调查人员提出各种要调查和决策的问题，发给有关专家填写。

（2）通信调查。专家们根据调查表所列的问题，背对背地提出自己的意见。

（3）整理反馈。由调查人员汇集整理各专家的意见，并把整理的分析结果反馈给各专家，并由专家填写后再寄回。

（4）结果处理。对每一次的结果都要运用科学的方法进行整理、统计、分析，经过多次反复，直至得到令人满意的结果为止。（典型的德尔菲法共进行四个循环）

德尔菲法能充分发挥专家作用。背对背的形式可以排除心理影响，而且，带有反馈地进行意见测试，使各种意见相互启迪，从而做出正确的决策。但是这种方法比较烦琐，所需的时间和成本都比较高。

2. 头脑风暴法

头脑风暴法又称集思广益法、畅谈会法，原是美国创造学奠基人奥斯本于1939年提出的一种培养创造性思维、激发创造力的方法。一般是针对需要决策的问题，召集有关人员，在一种无拘无束的环境下敞开思想、畅所欲言、集思广益，在相互启发中发表意见，从而进行决策的一种方法。其要点如下。

（1）强调思路宽广、无拘无束，鼓励多提意见，意见越多越受欢迎。

（2）将每个点子都记录在大家能看到的地方，一是供大家参考，相互启发；二是留待以后整理和分析。

（3）鼓励结合他人的想法提出新的构想。

（4）不允许私下交谈，但允许有人经协商后联合提出某个设想。

（5）与会者不分职位高低，在意见面前一律平等，不允许以集体或权威意见的方式影响他人提意见。

（6）不允许在点子汇集阶段对别人的意见进行结论性评价和反驳，甚至最荒唐的想法也不允许受到嘲笑。

体验式培训——头脑风暴法

以自己最近遇到的困难为题目，邀请同学或好友试着按头脑风暴法的要点给你出主意想办法。

体验式培训详见教学资源包中的教案和课件。

头脑风暴法集中了各种人的各种意见和想法，比较全面地考虑事物的各种可能性，但参加人数有限，不可能广泛征集意见，而且多数人的意见往往对少数人造成压力，即使真理掌握在少数人手里，也可能会不由自主地服从多数人。另外，集体有时也容易被个别权威人士的意见所左右。

3. 四分图法

四分图法是美国心理学家迈尔提出的一种决策方法。该方法将组织中需要决策事情分为四类（见图4.3），并针对不同的事情提

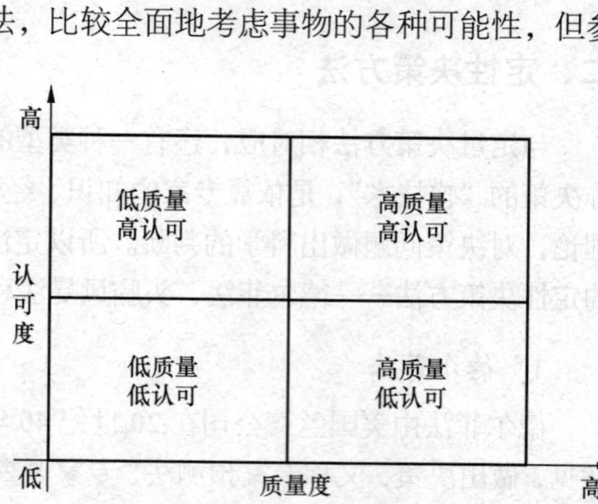

图4.3 四分图法示意图

出不同的决策方法。

图 4.3 中，“质量度”指的是与组织利益的相关程度。例如，对组织生存至关重要的事情（如产品、服务质量）即为高质量的事情。“认可度”指的是与员工利益的相关程度。例如，与员工切身利益紧密相关的工资改革等事情就属于高认可度的事情。

（1）高质量低认可的事情——对组织生存至关重要但普通员工不会去关心的事情。如原材料采购，由于原材料的质量对产品质量至关重要，从哪家供货商采购和普通员工关系不大，员工不会去关心也没有参与这种决策的愿望和要求，但一旦没做好，员工又会闹意见。因此，这类事情应由管理层来决策。

（2）低质量高认可的事情——与员工的个人利益关系很大，员工的参与热情很高，但对企业的发展没什么影响的事情。如公司新购入的一批计算机分给哪个部门、谁用新办公设备等，这些事情对企业的发展没什么影响，但是大家很关心，因为谁都想用新的，如果领导决定给 A、B，那么其他人可能会私下议论。因此，这类事情就应该发挥民主，让基层管理者参与决策，达到尽可能的认可度。高层管理者管得过多、过细，不但得不到员工的认可，而且会浪费自己的精力。

（3）低质量低认可的事情——与企业的发展没有直接关系，与员工的切身利益也不密切相关的事情。比如，年终是发米还是发油，国庆节长假是组织去华山还是去黄山，这些事情对企业的发展来讲没什么影响，发什么或去哪里对员工的利益也没什么伤害（只是一个偏好问题），这类问题领导者就没必要插手了（以免让人说三道四），交给工会组织随机决策。如当众抛硬币、抓阄，这样，抓中的一方很高兴，没抓中的一方也不会埋怨别人，只能怨自己运气不好。

（4）高质量高认可的事情——与企业未来的绩效、前景以及员工个人的发展都有着密切关系，员工也很关心的事情。如企业改制，人事、工资奖励制度改革等事情，稍有不慎，企业的发展就受影响，员工的利益也会受影响。对于这类事情，既要有民主参与，最后又要由管理层做出决策，即民主集中制。但不能所有的事情都依靠民主集中制，一是可能降低效率，二是员工一般只会从自身利益的角度考虑问题，不利于管理者做出决策。

四分图法给我们的启示就是：对于不影响企业发展大局的事情，尽可能少决策，从而节约精力。对于事关企业发展大局的事情，管理者必须亲自决策（或聘请专家），有时发扬民主只是为了给自己多点选择。

第四节　决策的依据与前提

案例导入

新厂长的决策

某工具厂从2000年以来一直经营生产A产品，虽然产品品种单一，但是市场销路一直很好。后来由于经济政策的暂时调整及客观条件的变化，A产品完全滞销，企业职工连续半年只能拿50%的工资，更谈不上奖金了，企业职工怨声载道，积极性受到了极大的影响。

新厂长上任后，决心一年改变工厂的面貌。他发现该厂与其他部门合作的环保产品B是成功的，于是决定下马A产品，改产B产品。一年过去，企业总算没有亏损，但工厂日子仍然不十分好过。

后来市场形势发生了巨大的变化。原来的A产品市场脱销，用户纷纷来函来电希望该厂能尽快恢复A产品的生产。与此同时，B产品销路不好。在这种情况下，厂长又回过头来抓A产品，但一时又无法搞上去，无论数量和质量都不能恢复到原来的水平。为此，集团公司领导对该厂厂长很不满意，甚至认为改产是错误的决策。厂长感到很委屈，总是想不通。

为什么会这样，新厂长的决策有错误吗？

一、决策的依据

决策离不开信息，并不是说管理者不要不计成本地收集各方面的信息。管理者在决定收集什么样的信息、收集多少信息以及从何处收集信息等问题时，要进行成本—收益分析。只有在收集的信息所带来的收益超过因此而付出的成本时，才应该收集信息。所以我们说，适量的信息是决策的依据：信息量过大对组织而言可能不经济，而信息量过少则使管理者无从决策或导致决策达不到应有的效果。

补充说明

信息和数据是两个既有密切联系又有重要区别的概念。数据是记录客观事物的性质、形态和数量特征的抽象符号。数据不能直接为管理者所用，因为其确切含义往往不明显。信息是由数据生成，是数据经过加工处理后得到的，信息被用来反映客观事物的规律，从而为管理工作提供依据。

决策所依据的信息不仅包括组织面临的外部环境信息，还应包括自身条件信息，只有综合内外部环境信息才能做出正确的决策。

示例

有一家著名的消费品制造厂。就在几个月前，销售部主任判定：通过加强促销宣传，有可能从主要竞争对手中夺到15%的市场份额。于是，决定给予能够赢得更多生意的促销员以额外奖金，对于能够争得新订货的批发商，则给予更多的鼓励。

在实行这种促销活动的3个月里，公司接到的订货增加了12.5%，这证明销售部主任的判断是正确的。可是，不幸的是，在促销活动开始以前，公司生产这些产品的能力就已经饱和了，再无潜力可挖。为了应付新的订货，公司将不得不增加550万元的投资来提高生产能力。但是，公司目前既无资金，也无场地，无法进行扩大生产，怎么会这样呢？

不难发现，销售部主任仅凭对外部环境信息的把握做出的决策是不正确的，管理者必须综合外部环境和内部条件两方面的信息才能做出正确的决策。

二、决策的前提

适量的信息是决策的依据。信息又从何而来呢？它来自于调查和预测①。

（一）市场调查

所谓市场调查，就是根据组织所面临的市场问题，运用科学的方法，有针对性地收集有

① 本处只是简要介绍，详细内容参见“市场调查与预测”课程教材。

关市场信息，为研究市场规律、预测市场未来变化趋势、进行经营决策提供依据。

1. 市场调查的内容

市场调查的内容主要有以下四个方面。

（1）顾客调查。主要是对现有用户的购买人数、购买力、购买动机及欲望、购买水平、消费结构及趋势等方面的调查以及对潜在顾客的调查。潜在顾客是未开发的市场，是与竞争者争夺的重点，因此必须做深入的调查。

（2）产品调查。产品调查是对产品投放市场后，用户对产品的功能、效用、质量、外观、包装、价格、备件、服务、广告宣传等方面的反映和意见的调查，同时还包括对竞争产品、新产品、新技术等方面的调查。

（3）销售调查。销售调查是对销售活动进行全面的审查，包括销售量、销售范围、分销渠道、促销活动等方面的调查。当然，还应包括对竞争对手销售情况的调查，以便进行优劣势比较。

（4）政府行为调查。政府的法令与政策对于组织的经营有着重要的作用。因此，应了解政府政策和控制方式的变动对市场的影响，以便对市场进行综合分析。

总而言之，组织所处的外部环境和具备的内部条件在一定程度上都是市场调查的对象，只是组织应根据不同的需要有所选择罢了。例如，技术部门和生产部门调查的重点可能是新技术、新产品的开发情况；管理部门调查的重点可能在政府行为上，而营销人员调查的重点可能是在销售和顾客方面。

2. 市场调查的步骤

市场调查是一项复杂而又细致的工作，必须按预定目标，有组织、有计划、有步骤地进行，其基本步骤如图 4.4 所示。

图 4.4　市场调查的基本步骤

（1）确定调查问题与重点。即提出并界定市场调查所要解决的问题和重点。调查的问题要根据组织当前要解决的各类现实问题来确定。首先，要调查的问题既不可过于宽泛，也不宜过于狭窄，要有明确的界定并充分考虑调查结果的实效性。其次，在确定问题的基础上，进一步确定调查的重点。

（2）制订调查计划。调查计划的主要内容有以下方面：调查项目与目的；资料来源——第二手资料、第一手资料；调查方法——观察法、访问法、问卷法、实验法；调查工具——调查表、仪器；调查范围——市场范围、收集资料的范围、抽样的范围；接触方法——电话、邮寄、面谈；调查人员、调查进度和费用预算；要求达到的结果。

补充说明

调查表和仪器是获取第一手资料的主要工具。观察、访问、问卷和实验是获取第二手资料的主要方法。

第 1 步和第 2 步属于准备工作，一定要注意集思广益、细致充分，做好充分的准备，否则调查结果就不会很理想。

（3）收集调查资料。在制订调查计划之后，就由调研人员按照计划进行资料的实际收集工作。调查人员的水平直接影响调查结果的正确性，因此，要做好调查人员的选择、训练和管理工作。

（4）资料的整理与分析。资料的整理与分析是对收集的资料进行审查、整理、分类、比较及全面分析。审查的重点是资料的可靠性，整理是检查资料的完整性，分类是为了便于使用和管理资料，比较分析是将实际调查的资料与组织的现状进行比较，从中发现组织的优势和劣势、市场的机会和威胁。整理资料一定要客观、实事求是，同时还要保存好原始资料，以备后用。如果发现资料不够充分或是可靠性不足，就应该分析是调查计划的问题还是实际调查工作中的失误，如果是前者，那就必须重新制订调查计划，如果是后者，那就重新进行调查。

（5）提出调查报告。调查报告是市场调查结果的文字记录，是提供决策的重要文件。其主要内容有本次调查的主要目的，调查所用的方法，对调查资料的分析和结果，根据调查结论提出的建议，调查报告的附件（如统计图表、参考资料、典型资料等）。

3. 市场调查的方法

市场调查的方法主要有观察法、访问法、试验法和问卷调查法。

（1）观察法。观察法就是调查者不直接向当事人提出问题，而是通过观察事件的发生经过或是使用仪器记录。其优点是能比较客观地收集资料，调查结果比较切合实际，缺点是容易受到调查人员素质的局限性影响。

（2）访问法。访问法也称面谈法，就是调查人员按照预先准备好的调查提纲或调查表，通过口头、电话或书面问卷方式，向被调查者了解情况、收集资料。既可以采用个别面谈（一对一），也可以采用集体面谈（一对多、多对一、多对多），电话询问，邮件访问等多种方式进行。其优点是被访问者回答问题直接、明确，便于围绕问题收集资料；缺点是访问者工作量大，有时会因为访问方法不当而不能取得真实、全面的资料。因此，对访问者的沟通技巧、公关礼仪知识有一定的要求。

（3）试验法。试验法即从影响调查问题的许多因素中选出一两个关键因素，将其置于一定的条件下或一定范围内进行小规模试验，然后对试验结果进行分析，研究其利弊并确定是否值得大规模推广。产品试销、试用是试验调查的常用方式。试验法的优点是获取的资料真实可靠，缺点是试验市场不好选定，而且花费一定的时间和费用。

（4）问卷调查法。通过发放事先设计好的问卷进行调查（调查之前要确定是全面调查还是抽样调查、抽样方法以及抽样范围），然后用数理统计原理对结果加以计算和分析。

（二）市场预测

一般说来，调查只能了解现在和近期的情况，如果想了解未来，就需要在调查的基础上，借助于对过去和现在已知情况的探讨，预料、估计、分析、判断和推测未来的情况，即预测。

1. **市场预测的内容**

市场预测就是借助历史统计资料和市场调查，运用科学的预测技术，对未来一定时期内市场需求状况及其发展变化趋势进行预算、分析和推断的一种活动。预测的内容主要包括组织所在地区社会商品购买力水平及发展趋势的预测、组织所提供的产品或服务的需求预测、产品寿命周期及新产品市场前景预测、销售前景预测、经济效益预测、科技发展趋势预测、政府政策预测和其他相关因素的预测。

2. **市场预测的方法**

预测方法包括定性和定量两类，我们在此只讲两种常见的定性预测方法。

（1）个人判断法。个人判断法是由组织内部相关人员或其他有关专家凭个人的直觉经验，对市场情况进行分析判断，提出预测结果的一种方法。这种方法受预测者个人的知识面、经验水平、社会地位等因素的影响。

（2）专家座谈法。专家座谈法是聘请有关方面的专家，通过座谈讨论，互相启发、集思广益、取长补短，从而得出预测结论。这种方法容易被权威所干扰，假如有权威存在，与会者可能不能畅所欲言，专家也不便公开修改个人意见，容易出现“从众”现象，结果可能是多数人的错误意见被采纳，而少数人的正确意见被忽视或压抑；另外，专家召集困难，费用较高。

另外，前面所讲的德尔菲法亦是一种非常重要的预测方法。

本章小结

1. 决策是指为今后的行动确定目标，并从多种可以相互替代的方案中选择一个合理的或满意的方案的分析、判断过程。

2. 为了做出科学、合理的决策，在进行决策时应遵循目标性、系统性、经济性、可行性、创新性、科学性、群众性和政策性等原则。

3. 决策的基本程序包括研究现状、确定目标、寻求可行方案、方案评价、方案实施和反馈等几个环节。

4. 常用的定量决策方法有损益期望值法、决策树法、乐观法、悲观法、最小后悔值法、量本利分析法等。头脑风暴法和德尔菲法是目前流行的两种定性决策方法。

5. 适量的信息是决策的依据，而信息则来自于调查与预测。

本章练习题

一、单选题

1. 面对未来可能呈现的多种状态，决策者虽无法事先确定究竟呈现何种状态，但可判断各种状态出现的概率，并用概率来把握多种结果，这种决策属于（　　）。

A. 确定性决策　　B. 风险性决策　　C. 不确定性决策　　D. 非程序性决策

2. 决策是工作和日常生活中经常进行的活动，但人们对其含义的理解不尽相同，以下理解较为完整的是（　　）。

A. 出主意　　B. 拿主意　　C. 先出主意再拿主意　　D. 先拿主意再出主意

3. 在管理决策中，许多人认为只要选取满意方案即可，无须刻意追求最优方案。对于这种观点，下面最有说服力的解释是（　　）。

A. 现实中不存在所谓的最优方案，所以选中的方案都是满意方案

B. 现实决策中常常由于时间太紧而来不及寻找最优方案

C. 由于管理者对于什么是最优方案无法达成共识，只有退而求其次

D. 可以追求最优方案，但常常会由于代价太高而最终得不偿失

4. 瑞士1969年研制出世界上第一只石英电子手表，但商界的领袖们认为，石英表没有发展前途，于是没给予重视。而日本人则不同，他们认为石英表大有可为，遂投入资本和技术生产出大批产品，结果日本的石英技术誉满全球。在20世纪70年代后五年就挤垮了100多家瑞士手表厂。这个例子说明了（　　）。

A. 决策对企业发展影响至关重要　　B. 技术比管理更能给企业带来竞争力

C. 技术要发挥作用离不开资本的投入　　D. 技术要发挥作用离不开社会环境条件

5. 你正面临着是否购买某种奖券的决策，并且知道每张奖券的售价以及该期共发行奖券的总数、奖项和相应的奖金额。在这样的情况下，该决策的类型是什么？加入何种信息以后该决策将变成一个风险性决策？（　　）

A. 确定性决策；各类奖券的数量　　B. 风险性决策；不需要加其他信息

C. 不确定性决策；各类奖券的数量　　D. 不确定性决策；可能购买该奖券的人数

6. 对经常重复出现的问题进行的决策称为（　　）。

A. 程序性决策　　B. 非程序性决策　　C. 高层决策　　D. 战略决策

7. 以下说法正确的是（　　）。

A. 决策本质上是一个系统的过程，而不是"瞬间"的决定

B. 只要按科学的决策程序进行决策，就能做出正确的判断

C. 决策就是要选择一个最好的方案去实现组织的目标

D. 决策的正确与否在很大程度上决定了组织的兴衰存亡，所以决策只能成功不能失败

8. 采用匿名方式，书面征询意见，多次循环反馈，最终获得收集的决策或预测方法，被称为（　　）。

A. 经理人员决策法　　B. 集思广益法　　C. 德尔菲法　　D. 头脑风暴法

9. 在进行不确定性决策的时候，乐观法的做法通常可描述为（　　）。

A. 大中取大　　B. 小中取大　　C. 小中取小　　D. 大中取小

10. 将对解决某一问题有兴趣的人集合在一起，在完全不受限制的条件下敞开思路，畅所欲言来进行决策的方法，被称为（　　）。

A. 经理人员决策法　　B. 滚动调查法　　C. 德尔菲法　　D. 头脑风暴法

11. 某企业生产某种产品，固定成本为160 000元，单位变动成本为10 000元，每台售价为12 000元，试计算该产品的盈亏平衡点是（　　）。

A. 14 台　　B. 12.5 台　　C. 7.3 台　　D. 80 台

12. 不确定型决策和风险型决策的主要区别在于（　　）。

A. 风险的大小　　B. 可控程度　　C. 能否确定客观概率　　D. 环境的稳定性

13. 决策的依据是（　　）。

A. 信息　　B. 市场调查　　C. 市场预测　　D. 内外部环境

14. 企业在制订战略决策时，应考虑的因素错综复杂，其重点是解决企业中重大的、长远的、影响面广的问题，需要借助的信息主要包括（　　）。

A. 企业当前的经营信息

B. 企业内部的信息

C. 企业外部环境信息和对未来变化趋势的预测分析

D. 以上都属于

15. 市场调查首先要解决的问题是（　　）。

A. 确定调查方法　　B. 选定调查对象　　C. 明确调查目的　　D. 解决调查费用

16. 市场预测的程序是（　　）。

A. 明确目的、收集资料、分析、预测　　B. 收集资料、明确目的、分析、预测

C. 分析、明确目的、收集资料、预测　　D. 明确目的、收集资料、预测、分析

二、多选题

1. 决策的特点是（　　）。

A. 目标性　　B. 选择性　　C. 满意性　　D. 科学性

2. 一般来说，越是组织的下层主管人员所做出的决策越倾向于（　　）决策。

A. 战略型　　B. 战术型　　C. 风险型　　D. 确定型

3. 决策的影响因素有（　　）。

A. 环境　　B. 过去的决策

C. 决策者的风险态度　　D. 组织成员对组织变化所持的态度

4. 下列说法正确的有（　　）。

A. 决策是预测的前提　　B. 西蒙认为，管理就是决策

C. 决策就是做决定　　D. 正确的决策离不开科学的预测

5. 头脑风暴法实施的要点有（　　）。

A. 鼓励多提意见，意见越多越受欢迎　　B. 可以私下交谈

C. 可以补充和完善已有的建议　　D. 可以对别人的建议进行评价和反驳

三、问答题

1. 什么是决策？决策的基本程序是什么？

2. 简要分析预测和决策的区别与联系。

课外思考实践题

1. 以“如何建设我们的班级”为主题，应用头脑风暴法召开一次主题班会，然后分析生活中应用头脑风暴法有哪些优缺点，在运用过程中要注意哪些问题。

2. 有一家4层楼的百货商店，在安装了两部电梯以后仍听到顾客，特别是女顾客的抱怨，说等电梯的时间太长。老板不想再减少铺面来增加自动扶梯或电梯。请你为该商店设计至少 3 种创造性的解决方案。（方案越多越好，不一定很成熟，哪怕就一个点子、一句话都行，只要能把问题说清楚即可）

第五章

战 略 管 理

学习目标

学习本章，你应该能够清楚地知道：

- 战略及战略管理的内涵。
- SWOT 分析法。
- 企业战略的层次与类型。
- 战略管理的基本过程。

第一节 战略及战略管理的内涵

案例导入

“我们的目标是要作为业界的第一或者第二，这是我们的战略”。这是战略吗？

“我们的战略就是合并，我们的战略就是成立合资企业，或者说我们的战略是外包。”这是战略吗？

有些人把战略看成是任何重要的东西。如果技术重要，他们把技术作为战略；如果营销重要，他们就把营销作为战略。这是战略吗？

还有些人把战略看成是远景，看成是描述公司的未来。这是战略吗？

到底什么是战略？如何正确认识战略与战略管理？

一、战略的概念与特征

1. “战略”的概念

“战略”一词，我国自古就有，它起源于兵法，最早使用于战争领域，原指将帅的智谋，后来指军事力量的运用，意指有关战争全局的筹划，常用于行军打仗、攻城掠地、经邦治国、管理社会等方面的宏观安排。

西方的“战略”（strategy）一词也起源于古代的战争，意为军事将领、地方行政长官，后来演变成军事术语，指军事将领指挥军队作战的谋略。

补充说明

《辞海》中也将“战略”定义为军事名词，意为对战争全局的筹划和指导。它依据敌对双方军事、政治、经济、地理等因素，照顾战争全局的各武装力量的建设，国防工程设施，军事装备与军需物资的生产、储备，战略动员，基本作战方向的确定，战区的划分，作战方针和作战指导原则的制订等。

尽管自古就有，但“战略”一词与企业经营联系在一起并得到广泛应用的时间并不长。目前，企业战略问题已经成为实现和引导企业潜力、实现企业目标、决定企业竞争成败的关键与核心。

补充说明

20 世纪 70 年代末，我国一些经济学家开始将“战略”一词引入经济学。1982 年，党的十二大在论述我国社会主义现代化时，正式使用了“战略”一词，并明确提出我国到 20 世纪末的战略目标、战略方针、战略重点和一系列战略措施。20 世纪 80 年代初，在全国及各省市相继召开了各种类型的企业经营战略研讨会，这时企业管理者才把注意力放在企业经营战略上，随即在全国范围内掀起了一股“战略热”，各大中型企业也都在研究和制订自己的经营发展战略，其范围之广，人数之多，不仅在我国是空前的，在世界上也是罕见的。2005 年出版的企业战略译著《蓝海战略》在国内再次掀起了一股战略新浪潮。

现代管理学认为，所谓战略，指的是组织在市场经济，在竞争激烈的环境中，在总结历史经验、调查现状、预测未来的基础上，为求得组织生存和长期稳定发展，对组织发展目标以及实现目标的途径和方法所做出的带有全局性、长远性、纲领性的总体谋划。

补充说明

战略——特指军事战略，筹划和指导战事全局的方略；泛指对全局性、高层次的重大问题的筹划与指导，如经济发展战略、国防战略等。

战术——进行战斗的方法，包括战斗基本原则、战斗指挥、协同动作、战斗行动的方法和各种保障措施等内容。

——《中国人民解放军军语》

毛泽东同志深刻地论述了中国革命战争的战略问题，指出“战略问题就是研究战争全局的规律性的东西”，“凡属带有要照顾各方面和各阶段的性质的，都是战争的全局。研究带有全局性的战争指导规律，是战略学的任务”[①]。“战略上藐视敌人，战术上重视敌人”[②]。

2. 明茨伯格的 5P 战略定义

明茨伯格提出组织战略是由五种规范的定义阐述的，这五个定义从不同角度对战略进行了阐述，有助于我们进一步理解战略的概念。

（1）战略是一种计划（plan）。战略是一种有意识、有预计、有组织的行动程序，是解决一个组织如何从现在的状态达到将来位置的问题。

根据这个定义，战略具有两个本质特点：一是前导性，战略是在组织发生经营活动之前制订的，战略先于行动；二是主观性，战略是有意识、有目的地制订的计划。

（2）战略是一种计谋（ploy）。战略不仅仅是行动之前的计划，还可以在特定的环境下成为行动过程中的手段和策略，是一种在竞争博弈中威胁和战胜竞争对手的工具。简单地说，就是要不战而屈人之兵。

示例

当得知竞争对手想要扩大生产能力时，企业便提出自己的战略是扩大厂房面积和生产能力。由于该企业资金雄厚、产品质量优异，竞争对手自知无力竞争，便会放弃扩大生产能力的设想。然而，一旦对手放弃了原计划，企业却并不一定要将扩大能力的战略付诸实施。因此，这种战略只能称为一种威胁竞争对手的计谋。

（3）战略是一种模式（pattern）。战略可以体现为一系列的具体行动和现实结果，而不仅仅是行动前的计划或行动中的（补充）手段。即：无论组织是否事先制订了战略，只要有具体的经营行为，就有事实上的战略。

① 出自 1936 年 12 月毛泽东同志在红军大学所做的《中国革命战争的战略问题》演说。

② 1936 年 12 月《中国革命战争的战略问题》、1948 年 1 月 18 日《关于目前党的政策中的几个重要问题》等均有相关论述，这些论述后来被概括为“战略上藐视敌人，战术上重视敌人”的口号，成为毛泽东战略和策略思想的集中表达。

补充说明

战略表现为计划、计谋、模式，分别是从行动前、行动中、行动后来讲的。

战略是一种计划，是说它可以表现为行动前的谋划；战略是一种计谋，是说它可以表现为行动过程中的策略；战略是一种模式，是说它还可以表现为一系列具体的行动和结果。

（4）战略是一种定位（position）。战略是确定一个组织在其所处环境中的位置，对企业而言就是确定自己在市场中的位置，并据此正确配置资源，形成可持续的竞争优势。战略的定位观认为，一个事物是否属于战略，取决于它所处的时间和状态，今天的战术问题可能成为明天的战略问题。

（5）战略是一种观念（perspective）。战略表达了组织对客观世界固有的认知方式，体现了组织对环境的价值取向和组织成员对客观世界固有的看法，进而反映了组织战略决策者的价值观念。

3. 战略的特征

从上述战略的定义可以看出，战略具有以下主要特征。

（1）全局性。全局性是战略最根本的特征。在现代市场经济条件下，组织战略的全局性特征不仅表现在组织自身的全局上，而且表现在组织战略要与国家乃至世界的经济、技术、社会发展战略相协调，与国家发展的总目标相适应。否则，组织的战略就不会取得成功。

（2）长远性。组织战略着眼于长期生存和长远发展的思考，确立了远景目标，并谋划了实现远景目标的发展轨迹及宏观管理的措施和对策。同时，围绕远景目标，组织战略必须经历一个持续、长远的奋斗过程，除了根据市场变化进行必要的调整，制订的战略通常不能朝夕令改，要有长效的稳定性。

补充说明

战略学家波特曾经提出一个“十年以上周期”的时间概念，认为只有持续时间超过十年的战略，才是真正的战略。

（3）纲领性。战略不是仅仅规划5年或10年的一系列数字，也不是对过去或未来预算中的数字进行合理的解释，而是透过表象研究实质性的问题，解决组织中的主要矛盾，界定组织的经营方向、远景目标，明确组织的经营方针和行动指南，并筹划实现目标的发展轨迹及指导性的措施、对策，对组织的经营管理活动起着导向作用。

（4）竞争性。竞争是市场经济不可回避的现实，也正是因为有了竞争才确立了“战略”在经营管理中的主导地位。面对竞争，组织战略需要进行外部环境分析，明确自身的资源优势，通过设计适宜的经营模式，形成经营特色，增强组织的对抗性和战斗力，推动组织长远健康地发展。

补充说明

企业战略的着眼点不是市场上的竞争对手，企业经营的目的不是为了把某个对手打败，而是为了赢得客户。这就使得企业战略的着眼点和军事战略完全不同。

二、战略管理的内涵与基本过程

（一）战略管理的内涵

战略管理是组织的高层管理人员为了组织长期的生存和发展，在充分分析组织内外部环境的基础上，确定和选择达到目标的有效战略，并将战略付诸实施、评价和控制的一个动态管理过程。战略管理具有以下特点。

1. 战略管理是对组织整体的管理

组织的战略管理是以组织的全局为对象，根据组织总体发展的需要来进行的，它管理的是组织的总体活动，追求的是组织的总体效果。

> **补充说明**
>
> 战略和战略管理区别：战略指的是组织的“谋划或方案”，而战略管理则是指对战略的一种“管理”，即对组织的“谋划或方案”的制订、实施和控制。

2. 战略管理的主体是组织的高层管理人员

由于战略决策涉及一个组织活动的各个方面，虽然它也需要组织的上下层管理者和全体员工的参与和支持，但组织的高层管理人员介入战略决策是非常重要的。这不仅是由于他们能够统观组织全局，了解组织的全面情况，更重要的是他们具有对战略实施所需资源进行分配的权力。

3. 战略管理是全过程管理

战略管理不仅涉及战略的制订和规划，还包含着将制订的战略付诸实施的管理，因此是一个全过程的管理。

4. 战略管理是动态管理，从时间上来说具有长远性

战略管理需要根据组织内外部环境的变化以及战略执行结果的反馈信息等重复进行，因此是一种不间断的、循环往复的、发展的动态管理过程。

战略管理中的战略决策是对组织未来较长时期内如何生存和发展等进行的统筹规划。从这一点来说，战略管理也是面向未来的管理，战略决策要以经理人员所期望或预测将要发生的情况为基础。在迅速变化和竞争的环境中，组织要取得成功，必须对未来的变化采取预案，这就需要组织做出长期性的战略计划。

5. 战略管理需要考虑组织外部环境中的诸多因素

现代组织都存在于一个开放的系统中，它们影响着这些因素，但更通常地是受这些不能由组织自身控制的因素所影响。因此在未来竞争的环境中，组织要使自己占据有利地位并取得竞争优势，就必须考虑与其相关的因素，以使组织的行为适应不断变化中的外部力量，只有这样，组织才能够继续生存下去。

（二）战略管理的基本过程

战略管理是一个全过程管理，其基本过程如图 5.1 所示。

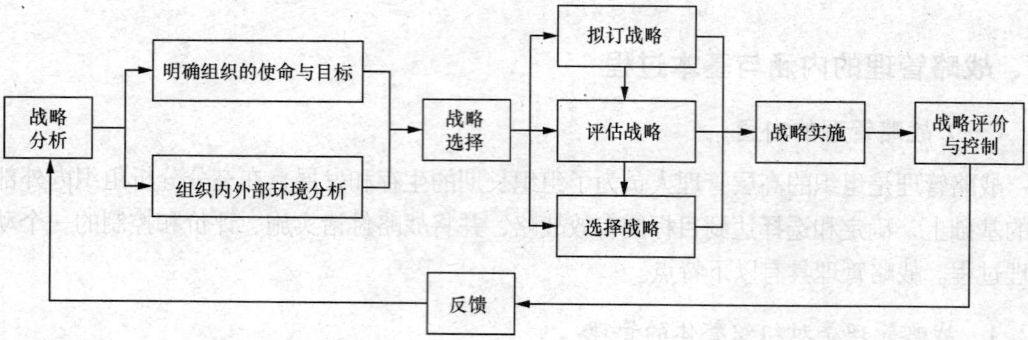

图 5.1　战略管理的过程

1. 战略分析阶段

战略分析就是了解组织所处的环境和相对竞争地位，并确定在战略选择步骤中的具体影响因素。它包括两个主要方面。

（1）明确组织的使命与目标，它们是组织战略制订和评估的依据。在战略分析阶段，明确组织的使命与目标需要完成两个主要工作：①确定业务领域。为了确定公司的使命，管理人员必须首先确定组织的业务领域。这样，才能够确定组织将为公众创造何种价值。② 建立主要目标。在业务领域确定之后，管理人员必须建立一套组织的主要经营目标。这些目标的建立，能够使组织具有方向感和使命感。

（2）组织内外部环境分析。确定了使命和主要目标之后，就需要分析影响组织目前和今后发展的关键因素，准确地把握环境的变化和发展趋势及其对组织的重要影响，因为这决定着组织目标能否实现。（本章第二节将重点讲解战略环境分析）

> **补充说明**
>
> 战略分析阶段明确了“组织目前状况”，战略选择阶段所要回答的问题是“组织走向何处”。

2. 战略选择阶段

战略选择就是在内外部环境分析的基础上战略的拟订、评估和选择。（关于备选战略的类型，将在本章第三节讲解）

最终的战略选择可以考虑以下几种途径。

（1）根据组织目标选择战略。组织目标是组织使命的具体体现，因而，要选择对实现组织目标最有利的战略方案。

（2）聘请外部机构，即聘请外部咨询专家进行战略选择工作。利用专家们广博和丰富的经验，或许可以提供较客观的看法。

（3）提交上级管理部门审批。对于中下层机构的战略方案，提交给上级管理部门，能够使最终选择方案更加符合组织整体战略目标。

3. 战略实施阶段

企业在明晰了自己的战略目标后，就必须专注于如何将其落实、转化为实际的行为并确保实现。战略实施是为实现企业战略目标而对战略规划的执行，也就是将战略转化为行动。

4. 战略评价与控制阶段

战略评价就是通过战略实施的结果来审视和检验战略的科学性和有效性。战略控制就是在战略实施的过程中，把它与预定的战略目标与绩效标准相比较，使企业战略的实施更好地

与企业当前所处的内外部环境、企业目标协调一致，从而确保战略目标的实现。（关于战略评价和控制将在第十一章中讲解）

三、战略管理的重要性

战略管理的重要性主要体现在以下几个方面。

一是，有利于增强适应性。由于战略管理将组织的成长和发展纳入了变化的环境之中，管理工作要以未来的环境变化趋势作为决策的基础，这就使管理者重视对经营环境的研究，正确地确定组织的发展方向，选择组织合适的经营领域或产品—市场领域，从而能更好地把握外部环境所提供的机会，增强组织经营活动对外部环境的适应性，从而使二者达成最佳的结合。

二是，突出了战略在管理实践中的指导作用。由于战略管理不只是停留在战略分析及战略制订阶段，而是将战略的实施作为其管理的一部分，这就使组织的战略在日常生产经营活动中，根据环境的变化对战略不断地评价和修改，使组织战略得到不断完善，也使战略管理本身得到不断完善。这种循环往复的过程，更加突出了战略在管理实践中的指导作用。

三是，有利于资源的合理配置。由于战略管理把规划的战略付诸实施，而战略的实施又与控制结合在一起，这就把近期目标（或作业性目标）与长远目标（战略性目标）结合了起来，把总体战略目标与局部的战术目标统一了起来，从而可以调动各级管理人员参与战略管理的积极性，有利于充分利用组织的各种资源并提高协同效果。

四是，有利于增强创新意识。由于战略管理不只是计划“我们正走向何处”，而且也计划如何淘汰陈旧过时的东西，以“计划是否继续有效”为指导重视战略的评价与更新，这就使管理者能不断地在新的起点上对外界环境和组织战略进行连续性探索，增强创新意识。

本节导入案例解析

“成为业界的第一或者第二”，不是战略，而是将要达到的目标。

“合并、成立合资企业、外包”，这也不是战略，而是要采取的行动，是具体的做法。

“如果技术重要，就把技术作为战略；如果营销重要，就把营销作为战略”，这样做是没有意义的。战略必须是一个总体定位，表明了这个企业要在市场上所占据的这个位置，包含着企业所做的方方面面，而不能只有单独的营销战略或者技术战略。

“把战略看成是远景，看成是描述公司的未来”，这也不是战略，仅仅是一种愿望的表达，还需要进一步的描述。

第二节　战略环境分析

案例导入

体操王子李宁在汉城奥运会失利之后，没有停止挑战自我的奋斗，于1990年5月成立李宁公司，成为中国最早迎战外资品牌的国产运动服装企业。2008年，李宁以手握祥云火炬在鸟巢飞翔的方式，更是宣告中国的第一体育品牌"非我莫属"。李宁遇到前所未有的发展契机，借助消费者被激发起来的体育热情和商业赞助、广告营销以及之后的港股上市，赢得了充足的资本，企业发展势头蒸蒸日上。2008年年初的一个傍晚，北京798天下盐餐厅的一间包房内，正举办一场李宁当时阵容最为庞大、规格最高的设计师聚会，这些人均为李宁各个设计领域的主设计师，堪称公司的无价之宝。张志勇在席间重新讲述了李宁的战略，谈话"令人心潮澎湃"，觥筹交错之间，一些人甚至湿润了眼睛。2009年运动品牌李宁的收入规模超过运动用品巨头阿迪达斯，跃居中国体育用品市场第二名，与行业龙头耐克的差距也在逐渐缩小。2010年6月30日，李宁宣布改变LOGO，打出"李宁，90后"的定位。战略的调整让人感觉李宁公司要大干一场。

然而4年之后的2012年，李宁品牌却面临内忧外患。一线市场久攻不下，作为安身立命之本的二线市场反遭多个竞争对手蚕食，从一些细节表象也能看出，李宁曾经看似不可动摇的国内市场地位，正在悄然发生变化。2011年到2012年，从央视转播NBA情况来看，匹克、乔丹等品牌日渐成熟；2012年伦敦奥运会上，361度风头强劲；一线城市连锁门店方面，安踏异军突起。2012年6月底，李宁公司常规店、旗舰店、工厂及折扣店的店铺数量共为6024间，较去年底净减少410间。2012年的"一次性调整应收款"出现了上市8年来的首次大幅亏损——19.79亿元。无疑为所有李宁的投资者敲了一个振聋发聩的警钟，这一数据被众多分析师评价为"历来最差业绩"。2012年7月，李宁回归并上任总裁一职。2013年8月12日，李宁公司公布财报，上半年公司收入29.06亿元，同比下降24.6%，并出现1.84亿元的净亏损。

面对外部环境的变化，李宁应采取哪些战略调整来扭转目前的局面？

一、外部环境分析

（一）外部环境分析的内容

外部环境中各类因素的变化，既可能为组织的生存和发展提供机会，也可能为组织经营造成了某种不利的威胁。因此，分析外部环境，就是要找出外部环境给组织带来的机遇和挑战或威胁。外部环境主要包括宏观环境、中观环境和微观环境三个方面。

1. 宏观环境

宏观环境指的是对组织产生影响的政治、经济、法律、技术、社会、文化等因素的集合。这些因素主要通过微观环境向组织施加影响。

（1）政治环境——政党、政府的方针、政策、社会政治气氛。

（2）法律环境——与组织相关的社会法制系统及运行状态。组织既要受法律的保护，又要接受法律的限制，在法律规定的范围内开展活动。

（3）经济环境——社会的经济发展水平、政府的经济政策、居民消费水平和结构等。社会的经济发展水平、政府的经济政策往往是企业发展的风向标，居民消费水平和结构影响着企业的生产水平和结构。

（4）科技环境——社会科技水平、科技力量、国家科技体制和政策等。社会科技发展水平制约着组织的技术发展水平。

（5）社会环境——人口的流动性、人口结构和变化趋势、社会阶层结构、人们的生活及工作方式等。社会环境的变化影响着社会对产品与服务的需求变化，因此，必然改变着组织的战略与决策。

（6）文化环境——社会历史背景、意识形态、宗教信仰、语言、文学艺术、人们的价值观、风俗习惯等。

补充说明

进行宏观环境分析，主要目的是为了认清外部宏观环境的形势，从而确定对组织经营管理有哪些方面的影响，并采取相应的措施来制订自身发展的策略。

2. 中观环境

中观环境是介于宏观与微观之间，与二者都有密切联系的客观环境。包括与组织所在行业的行业环境、组织所在的地理环境以及与组织经营有关的部门和机构。

（1）行业环境——行业在整个社会经济结构中所处的地位以及行业自身的特点，行业规模、结构，行业在其生命周期所处的阶段（见图 5.2），都对组织的战略决策的制订具有非常重要的意义。例如，如果整个行业都不景气，那么处于这个行业的企业也很难有多大的前途。

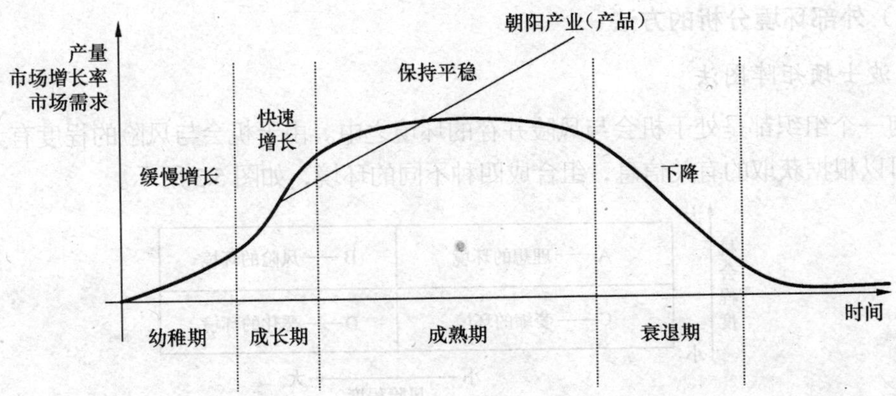

图 5.2　行业（产品）生命周期发展阶段

（2）地理环境——组织所处的地理位置不同，在政策、自然、资源等方面就具有很大的差别。

（3）与组织经营有关的部门和机构——包括国家政权机关、指导与协调部门、投资和新闻单位、信息咨询机构、相关社会团体等。它们是微观环境的管理者、监督者、支持者和限制者，一般采用政策、法令、制度、计划、财政、税收、信贷等经济手段或舆论宣传进行直接和间接控制。

3. 微观环境

微观环境是与组织生产经营活动直接发生关系的客观环境，主要包括直接与市场有关的各种因素，所以又称市场环境。微观环境主要包括顾客、供应者、竞争者和同盟者。

（1）顾客——组织提供的产品或服务的购买者，包括终端用户和中间经销商。顾客需求的内容、趋势及特点，顾客的规模结构、消费心理、习俗及层次等影响着企业营销策略的制订，中间商的数量、规模分布以及其销售特定产品的比率等也影响着企业营销策略的制订。同时，顾客也需要挖掘和创造。

（2）供应者——组织维持正常的生产经营活动的各种要素（人、财、物、信息、技术等）的来源单位。供应者提供要素的质量、数量和速度、价格在一定程度上制约着组织的经营成本和质量。

（3）竞争者——与本组织争夺销售市场和资源的对手。竞争者的数量、规模、分布、实力等对本组织是一个严重的威胁。一般与对手规模、实力相差不大时，容易导致价格战；二者如果规模相差较大时，竞争往往不在产品价格上体现，而在其他方面体现出来。

补充说明

从争夺市场来看，竞争者就是那些提供相同或功能相似的产品（含替代品）的单位；从争夺资源来看，竞争者除了上述单位之外，还包括使用相同资源的单位。

（4）同盟者——与本组织具有利害共同性或具有优劣势及利益互补性的组织。同盟者有全面同盟者（全面合作）与局部同盟者（某时、某事、某方面的合作），有直接同盟者与间接同盟者，有现实同盟者与潜在同盟者，有长期同盟者与短期同盟者等；今天的同盟者可能成为明天的竞争者，昨天的竞争对手可能变为明天的同盟者。因此，组织必须慎重分析各种类型的同盟者的状况、发展趋势及特点。

（二）外部环境分析的方法

1. 波士顿矩阵图法

任何一个组织都是处于机会与风险并存的环境之中。由于机会与风险的程度有大有小，这样就可以根据获取的有关信息，组合成四种不同的环境，如图 5.3 所示。

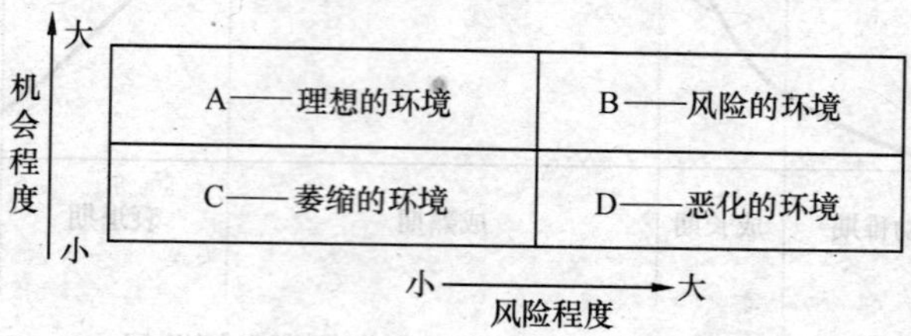

图 5.3　组织所处环境

（1）A 区属于理想的环境，机会大，风险小。面对这种环境，组织应不失时机地积极发展，开拓经营。

（2）B 区属于风险的环境，机会大，风险也大。面对这种环境，组织应在周密调查预测的基础上，努力捕捉经营机会，慎重做出经营决策。

（3）C 区属于萎缩的环境，机会小，风险也小。面对这种环境，组织应在搞好维持性经营的同时，通过开发新产品和开拓新市场等途经，积极寻求新的经营机会。

（4）D 区属于恶化的环境，机会小，风险大。面对这种环境，组织应该迅速摆脱困境，尽快开拓新的经营途径。

2. 行业竞争结构分析法

迈克尔·波特（Michael Porter）于 20 世纪 80 年代初提出了行业竞争结构分析法，这种分析方法属于外部环境分析中的微观环境分析，它通过确认五种力量（见图 5.4）并评价这五种力量对行业竞争结构的影响。

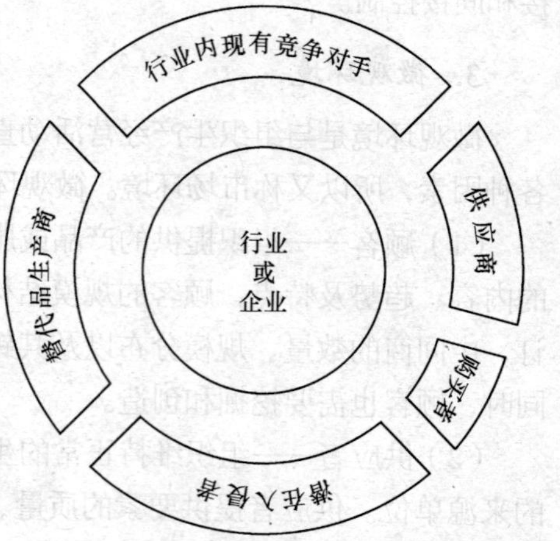

图 5.4　行业竞争的构成

（1）行业内现有竞争对手。行业内现有竞争对手有哪些？主要竞争对手有哪些？这些竞争对手尤其是主要竞争对手的基本情况及其发展动向如何？对本组织的威胁有哪些？这些信息是组织制订进攻或防守战略的关键。

补充说明

企业与竞争对手的竞争已经逐步变为了竞合（合作竞争）。例如，早在几十年前，美国的福特汽车公司、德国的大众汽车公司、日本的日产汽车公司，他们一度都视对方为竞争对手。曾几何时，福特与大众已经联手在南美洲合作生产小轿车，日产公司也与福特公司联合在美国生产汽车。

（2）供应商。供应商主要通过其讨价还价能力，也就是提高投入要素价格与降低单位价值质量的能力，来影响行业中现有企业的赢利能力与产品竞争力。

（3）购买者。购买者主要通过其讨价还价能力，也就是压价与要求提供较高的产品或服务质量的能力，来影响行业中现有企业的赢利能力。

（4）潜在入侵者。潜在入侵者进入行业，变成显在的竞争者，在给行业带来新生产能力、新资源的同时，也可能会与现有企业发生原材料与市场份额的竞争，最终导致行业中现有企业赢利水平降低，甚至还有可能危及现有企业的生存。

（5）替代品生产商。两个处于同行业或不同行业中的企业，可能会由于所生产的产品或提供的服务具有相同的功能或使用价值，从而产生竞争行为。

补充说明

迈克尔·波特模型是建立在以下三个假定基础之上的：制订战略者可以了解整个行业的信息；同行业之间只有竞争关系，没有合作关系；行业的规模是固定的，因此，只有通过夺取对手的份额来占有更大的资源和市场。

然而，现实中第一点是难于做到的，后两点也并非如此。比如现实中企业之间存在多种合作关系，不一定是你死我活的竞争关系，企业之间往往不是通过吃掉对手而是与对手共同做大行业的蛋糕来获取更大的资源和市场。

因此，不能将这一模型生搬硬套用于实践操作。这一方法的作用在于可以帮助管理者分辨各种竞争压力，评估竞争强度，把握行业的总体竞争结构，最终制订出成功的竞争战略。

二、内部条件分析

进行组织内部条件分析，既要认清组织自身的优势和劣势到底有哪些，还要查清造成劣势的原因。

1. 组织内部一般情况分析

组织内部一般情况分析通常着重于以下几个方面。

（1）人员素质分析。主要是分析人员的思想道德素质、文化知识素质、专业技术素质、智能素质和身体素质，能否与岗位工作的要求相适应。

（2）管理素质分析。分析组织管理水平是高还是低；各级管理者的管理知识、管理技能、管理技术是强还是弱；组织是靠科学管理还是靠经验管理。

（3）技术素质分析。分析企业设备水平，各种工艺设备、测试仪器和计量仪器水平，技术人员和技术工人的能力结构是高还是低，机器设备的役龄结构和工艺结构是否合理。

> 补充说明
>
> 人员、管理、技术三种素质构成组织的基本素质。

（4）发展情况分析。分析组织总体发展水平，看其是处于上升期，还是处于稳定期或是已进入衰退期。

（5）营销情况分析。分析企业产品的市场分布情况、市场份额、产品销售的渠道长短宽窄情况，产品定价和顾客对价格的接受情况，以及销售服务情况和顾客的评价。图 5.5 为 BCG（Boston Consulting Group，波士顿咨询集团）矩阵图，其中百分比是较为合理的产品结构比例。

（6）生产条件分析。分析企业生产过程组织和劳动组织是否适应市场的需要，能力结构与市场需求是否相适应；生产计划、现场管理水平是高还是低。

（7）财务、成本和经济效益分析。对进行生产经营活动所投入的资本（金）和负债资本的运行情况、物资消耗和劳动消耗情况，即制造成本和期间成本（营销费用、管理费用等）情况以及所带来的销售收入、增加值和赢利情况进行分析。

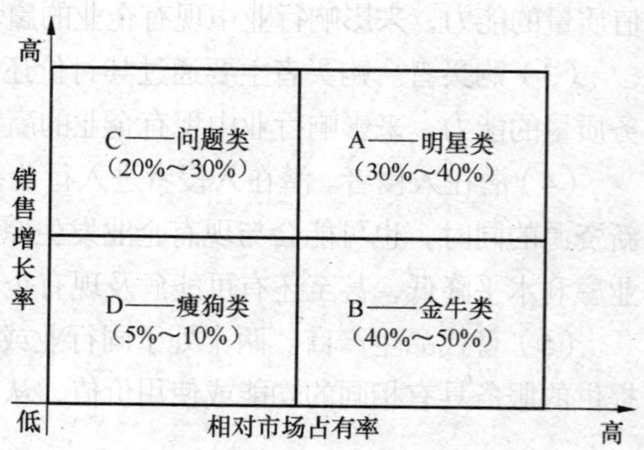

图 5.5　BCG 矩阵图

（8）组织资源分析。对组织的人、财、物、技术、信息及管理等资源的保证程度进行分析。

（9）组织结构分析。分析组织的管理组织结构是否合理，是否适应企业战略及环境变化的要求。

2. 组织经营实力分析

组织经营实力分析一般从以下几个方面着手。

（1）产品竞争能力分析。分析产品的品种、质量、成本、价格、信誉、商标、包装等，是否不断满足顾客的需要，是否比竞争对手高出一筹。

（2）技术开发能力。分析企业对新技术、新产品开发的难易程度，能否“以新取胜”。

（3）生产能力分析。分析企业能否适时生产出适销对路的产品，能否及时调整自己的生产结构。

（4）市场营销能力分析。分析企业选择销售渠道的能力和自销能力，能否根据市场变化调整营销方案，保证市场占有率。

（5）产品获利能力。分析企业的利润率。

以上五种能力通常被概括为企业活力。

三、企业内外部环境的综合分析法——SWOT 分析法

SWOT 分析法是由旧金山大学的管理学教授于 20 世纪 80 年代初提出来的。SWOT 中的四个英文字母分别代表优势（strength）、劣势（weakness）、机会（opportunity）和威胁（threat）。

所谓 SWOT 分析法，就是对企业自身存在的优势、劣势以及外部环境带来的机会、威胁进行综合分析，据此构思、评价和选择企业战略方案的一种战略分析方法。进行 SWOT 分析，通常可按以下步骤进行。

1. 分析环境因素，获取信息

通过调查获取机会与威胁、优势与劣势等信息资料。即运用各种调查研究方法，分析企业所处的各种外部环境和内部条件。

外部环境包括机会因素和威胁因素，它们是外部环境对企业的发展有直接影响的有利和不利因素。内部条件包括优势和劣势，它们是企业在其发展中自身存在的积极和消极因素。

（1）优势是组织的内部因素。具体包括有利的竞争态势、充足的财政来源、良好的企业形象、技术力量、规模经济、产品质量、市场份额、成本优势、广告攻势等。

（2）劣势也是组织的内部因素。具体包括设备老化、管理混乱、缺少关键技术、研究开发落后、资金短缺、经营不善、产品积压、竞争力差等。

（3）机会是组织的外部因素。具体包括新产品、新市场、新需求、外国市场壁垒解除、竞争对手失误等。

（4）威胁也是组织的外部因素。具体包括新的竞争对手、替代产品增多、市场紧缩、行业政策变化、经济衰退、客户偏好改变、突发事件等。

2. 整理信息，构造 SWOT 分析表

将外部环境与内部条件归类列表，按重要程度将各因素罗列出来（见表 5.1）。在此过程中，将那些对组织发展有直接的、重要的、大量的、迫切的、久远的影响因素优先排列出来，而将那些间接的、次要的、少许的、不急的、短暂的影响因素排列在后面。

表 5.1　×××洗衣机厂 SWOT 分析

	威胁	机会
外部环境	城市中洗衣机滞销 钢材价格上涨 40% 新增洗衣机厂家两家	郊区农民购买洗衣机者渐多 政府准备对进口洗衣机的数量加以限制 本厂 X 型号洗衣机有出口可能
	优势	劣势
内部条件	技术力量雄厚 产品质量稳步提高 管理基础工作较好 与协作企业和金融界有长期合作经验	设备陈旧 一线工人知识结构偏低 生产场地紧张 资金不足 销售渠道不能适应出口产品的需要

3. 分析信息，制订战略方案

通过对 SWOT 分析表进行分析，制订出适合组织发展的战略方案。在完成环境因素分析和 SWOT 分析表的构建后，便可以将表内列举的各种环境因素相互匹配起来加以组合，进行分析，从而构思出一系列企业未来发展的战略方案。

（1）如何发挥优势来减少劣势，或如何防止劣势会削弱优势。

（2）如何利用机会减少威胁。

（3）如何发挥优势来利用机会。

（4）如何利用机会来减少劣势，或如何防止劣势妨碍利用机会。

（5）如何利用优势来减少威胁或，或如何防止威胁削弱优势。

（6）如何克服劣势避开威胁，或如何防止威胁加大劣势。

这种反复对照提问可以刺激分析者的思考，有利于将各个因素组合起来，形成战略方案。

本节导入案例解析

编者认为，李宁公司首先应该明确自身定位，注重调整自身产品结构，增强产品特性。目前国产体育品牌面临着国内国际两个市场的双重压力，一方面，众多国内体育品牌“同室操戈”，竞争激烈；另一方面，诸如耐克、阿迪达斯等国际运动品牌正通过低价策略，进军二、三线市场，给国产体育品牌造成巨大的压力。因此，李宁应找准品牌定位，理清发展思路，调整产品结构，通过提供具有个性化的产品来打响自己的品牌。

其次，李宁需要转变粗犷的发展模式，提升赢利能力。应放弃当前密集开店、数量取胜的粗犷发展模式；细分产品线，通过渠道、营销、服务等多种措施，提升单店赢利能力，真正做到既大又强。

最后，李宁应当结合当下的电子商务特点，改进营销方式。在网络和新媒体迅猛发展的当下，应该注重对电子商务的有效利用，多渠道整合经营。电子商务可以减轻营销链上的投入，降低服装最终的交付成本，从而形成价格上的优势。

第三节　组织战略的层次与类型

案例导入

在中国的家电产业里，格力集团[①]是一个很有特色的企业。第一，该公司从其成立之日（1991年）起，就将空调作为主要经营业务，而且限于家用空调；第二，与其他空调生产企业相比该公司进入空调时间较晚；第三，家电产业的许多公司出于分散风险、迅速扩张等动因，纷纷开展多元化经营，但格力集团仍然坚持专业化经营。

1. 格力选择了专业化经营战略

专业化是格力集团最突出的经营特色，也是格力集团实现技术创新、抢占市场制高点的关键。格力集团坚持专业化经营战略的主要依据是空调市场具有广阔的发展前景。在中国，电视机、洗衣机、冰箱等家用电器于20世纪80年代已进入普及各个家庭，但空调市场的发育却受到各种因素的制约，相对滞后。到了90年代，空调行业开始了成长时期，市场需求出现了迅速增长的势头。据有关资料，1985年我国居民对空调的需求仅为8万余台，1995年城镇居民的空调需求量增加，达到270万台。2013年上半年我国家用空调销量6497.23万台，同比增长3.64%。根据Sino Market Insight发布的中国冰箱压缩机行业报告显示，中国2016年空调需求量将达1.24亿台。

2. 格力专业化经营战略方式

格力集团的专业化经营战略主要通过密集型增长战略加以实施。

（1）市场开发战略。格力在成立之初，由于自己实力较弱，所采取的是“农村包围城市”战略，集中开发“春兰”、“华宝”等著名企业影响较弱的地区，在皖、浙、赣、湘、桂、豫、冀等省树立品牌形象，建立巩固的市场阵地。在实施这一战略的过程中，所运用的主要策略是重点经营专卖店，通

① 部分内容摘自格力集团官方网站（http://www.gree.com.cn/）中的“企业介绍”。

过良好的售后服务保证顾客的利益。20世纪90年代中期，格力的市场开发重心有所变化，即在巩固原有市场的基础上，进一步向国内影响较大的城市，如北京、广州、南京等地发展，同时逐步进入海外市场。2001年后格力空调加大拓展国际市场力度，向国际化企业发展。

（2）产品开发战略。格力产品开发的最大特点是一切以市场为导向，适应市场需要，同时又根据未来发展潮流创造市场。在适应市场需求方面，格力“思消费者之所思”，先后开发出“空调王”——制冷效果最好的空调、“冷静王”——噪声最低的空调、三匹窗机——最便宜的空调。截至2013年年底，格力空调在国内外拥有技术专利9 000多项，其中发明专利2 500多项。仅2011年拥有专利1 480多项，平均每天4项专利问世。并且，取得了1赫兹变频技术、高效直流变频离心机组、R290环保冷媒空调等8项“国际领先”创新成果。在创造市场方面，格力开发出：灯箱柜式空调——适用于酒吧饭店广告兼制冷；家用灯箱柜机——适用于三室一厅的家庭之用；三匹壁挂机、分体吊顶式空调、分体式天井空调等，适用于黄金地段的商店之用。这些产品的开发，各有自己的特色和目标市场，又形成了较为完整的产品系列，充分显示出专业化经营战略的优势。

（3）市场渗透战略。格力市场渗透的主要方式如下：①在生产规模扩大、产品成本降低的基础上，降低售价，扩大市场份额。②广告宣传。格力的广告主题侧重于信誉与品牌，“好空调、格力造”，以实实在在的质量与服务来赢得顾客。③建立以专卖店和机电安装公司为主的销售渠道，形成销售、安装、维修的一条龙服务活动，并与经销商互惠互利，长期合作。④科学管理，严格保证产品的质量，使之在市场选择中得到顾客的信任。

格力的战略是成功的，因此它能在空调行业中后来者居上，仅四五年时间（1995年）市场占有率便成为国内第一，在2005年市场占有率成为世界第一，截至2013年仍旧保持第一的位置。格力空调先后中标2008年“北京奥运媒体村”、2010年南非“世界杯”主场馆及多个配套工程、2010年广州亚运会14个比赛场馆、2014年俄罗斯索契冬奥会配套工程等国际知名空调招标项目，在国际舞台上赢得了广泛的知名度和影响力，引领“中国制造”走向“中国创造”。

如何看待格力集团的专业化发展战略？格力为什么要走专业化发展战略？这是一个战略选择的问题。

目前，习惯上将组织战略分为三个层次：公司层战略、事业层战略和职能层战略。三个层次的战略都是企业战略管理的重要组成部分，但侧重点和影响的范围有所不同。组织战略层次及战略体系的框架描述如表 5.2 所示。组织所面对的环境不同，在每一层次所选择的战略类型也不一样。

表 5.2　组织战略层次及战略体系的框架

战略层次	描　述
公司层战略	发展型战略、稳定型战略、紧缩型战略、组合型战略
事业层战略	成本领先战略、差异化战略、集中化战略
职能层战略	研发战略、生产战略、营销战略、人力资源战略、财务战略

一、公司层战略

公司层战略也称组织总战略或主战略，是组织高层管理部门为实现组织目标而为整个组织制订的方向和计划，是一个组织的整体战略总纲，是组织最高管理层指导和控制组织的一切行为的最高行动纲领。它对于事业层战略和职能层战略都具有很强的原则性指导作用。

公司层战略主要强调组织应该在哪些经营领域进行生产经营活动，即回答两个方面的问题：一是“我们应该做什么业务”，即确定企业的使命与任务、产品及市场领域；二是“我们怎么样去管理这些业务”，即在企业不同的战略事业单位之间如何分配资源以及采取何种成长方向等。

公司层战略的类型多种多样，常用的有以下几种。

（一）发展型战略

发展型战略又称进攻型战略、增长型战略，是一种使企业从现有目标向更高一级目标发展的战略，强调充分利用外部环境提供的机会，以发展作为自己的核心内容，引导企业不断地开发新产品、开拓新市场、采用新的生产方式和管理方式，以便扩大企业的产销规模，提高竞争地位，增强竞争实力，以求自身发展。

一般而言，当外部环境给企业带来较多的机会，且企业自身优势明显时，适合采用发展型战略。

发展型战略又可分为密集型发展战略、一体化发展战略和多元化发展战略。

1. 密集型发展战略

密集型发展战略就是以高于以往的发展速度增加企业目前的产品或服务的销售额、利润和市场份额。密集型发展战略包括市场渗透战略、市场开发战略和产品开发战略 3 种类型。

市场渗透战略就是企业利用原有市场上的优势，不断提高市场占有率和销售增长率。市场开发战略就是企业在原有市场基础上不断开拓新市场，扩大产品销路。产品开发战略就是企业通过不断改进老产品，开发新产品，以扩大产品销量。

2. 一体化发展战略

一体化发展战略就是企业充分利用自己在产品、技术、市场上的优势，在供产、产销方面实行纵向或横向联合，以扩大经营范围和经营规模的战略。例如，当公司经营状况稳定时，通过自行生产其所需原材料或自行销售其产品的方式来增加收益。一体化发展战略分为横向一体化和纵向一体化。

横向一体化也称水平一体化，是指与处于相同行业、生产同类产品或工艺相近的企业实现联合，实质上是资本在同一产业和部门内的集中，目的是实现扩大规模、降低产品成本、巩固市场地位。如大汽车厂商收购或控制小汽车公司。

纵向一体化也称垂直一体化，是指生产或经营过程相互衔接、紧密联系的企业之间实现一体化。按物流的方向又可以将纵向一体化划分为前向一体化和后向一体化。

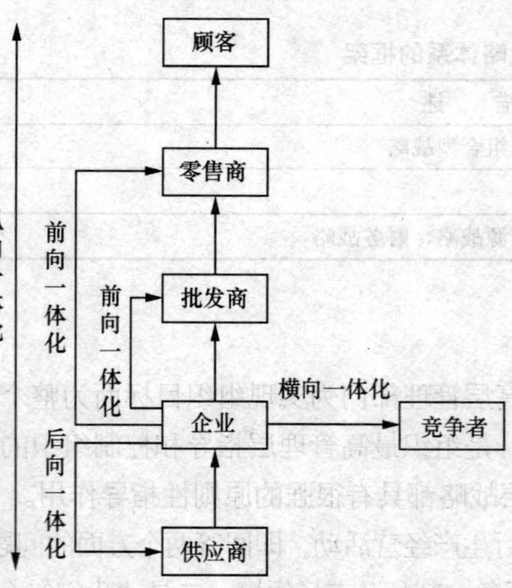

图 5.6　一体化发展战略示意图

前向一体化战略是企业自行对本企业产品做进一步加工，或建立自己的销售组织来销售本企业的产品或服务，或企业与用户企业之间的联合。例如，钢铁企业自己轧制各种型材并将型材制成各种不同的最终产品，汽车厂商设立分销系统等。

后向一体化战略是指企业与供应企业之间的联合，或企业自己生产供应现有产品或服务所需要的全部或部分原材料或半成品。例如，汽车厂商原来向其他厂商采购汽车配件，现在发现汽车市场需求增长很快，于是决定自立生产某种汽车配件或收购股份参与控制现有的某些配件商；钢铁公司自己拥有矿山和炼焦设施等。

具体如图 5.6 所示。

3. 多元化发展战略

多元化发展战略也称多样化发展战略，是指企业在继续经营现有产品的同时，扩大经营项目和市场范围，使得自己的经营领域不断扩大，也就是在保持原有业务的基础上，产品或服务进入某一新的领域。多元化发展战略又分为同心多元化、水平多元化和综合多元化。

同心多元化指公司增加与企业现有产品或服务相类似的新产品或新服务。选择同心多元化战略时，新增加的产品或服务必须位于企业现有的专门技能和技术经验、产品系列、分销渠道或顾客基础之内。

水平多元化就是企业利用自己的市场优势，根据用户的需要发展不同性质的产品，进一步扩大市场占有率。例如，生产化肥的企业生产农药或其他农用产品。

综合多元化是一种增加与企业目前的产品或服务显著不同的新产品。例如，生产一次性圆珠笔的企业将业务扩展到生产一次性打火机。

补充说明

多元化还可以分为相关多元化和不相关多元化。

相关多元化指的是进入与原经营领域有一定技术相关性的新行业经营。

不相关多样化指的是为减少原单一行业的经营风险，进入与原经营领域完全不相关的行业经营。

（二）稳定型战略

稳定型战略是指在内外部环境的约束下，企业准备在战略规划期使资源的分配和经营状况基本保持在目前状态和水平上的战略。

采用稳定型战略的企业，由于基本维持原有的产品和市场领域，从而可以避免开发新产品和新市场的巨大资金投入、激烈的竞争抗衡和开发失败的巨大风险，所以经营风险相对较小。但是稳定型战略的执行是以市场需求、竞争格局等内外条件基本稳定为前提的，一旦企业的这一判断没有得到验证，就会打破战略目标、外部环境、企业实力之间的平衡，使企业陷入困境。因此，如果环境预测有问题，稳定型战略也会有问题。

稳定型战略一般适合于处在市场需求及行业结构稳定或者较小动荡的外部环境中，面临的竞争挑战和发展机会相对较小的企业，也适用于虽然市场需求以较大幅度发展或是外部环境提供了较多发展机遇，但是由于资源状况不足而难以抓住新的发展机会的企业。

补充说明

稳定型战略具有如下类型。

（1）无变化战略就是基本没有什么变化的战略。

（2）维持利润战略是指为了维持目前的利润水平而牺牲企业未来成长的战略。

（3）暂停战略就是在一段时期内降低企业的目标水平，放缓快速成长的步伐，使企业能够将各种资源合并在一起使用。

（4）如果企业外部环境中的某一重要因素难以预测或变化趋势不明显，企业的某一战略决策就要有意识地减缓进度，步步为营，这就是所谓的谨慎前进战略。

（三）紧缩型战略

所谓紧缩型战略(或称收缩型战略),是指企业从目前的战略经营领域和基础收缩和撤退，且偏离起点战略较大的一种经营战略。一般而言，企业实施紧缩型战略只是短期的，其根本目的是使企业捱过风暴后转向其他的战略选择。紧缩型战略有适应型紧缩战略、失败型紧缩战略和调整型紧缩战略。

适应型紧缩战略是企业为适应外界环境而采取的一种战略。当企业已预测到或感知到外界环境对企业经营的威胁，并且企业采用稳定型战略尚不足以使企业顺利对付不利的外界环境时可采取此种战略。

失败型紧缩战略是企业因经营失误造成企业竞争地位虚弱、经营状况恶化，只有采用紧缩才能最大限度地减少损失，保存实力。在企业出现重大的内部问题，如产品滞销、财务状况恶化等情况时可以考虑采用此战略。

调整型紧缩战略是企业为了谋求更好的发展机会，使有限的资源得到更有效的配置。

（四）组合型战略

组合型战略是指在一定条件下同时实行前面提到的两种或多种战略。例如，集团公司的某一事业部可能实行增长型战略，而另一事业部则可能实行稳定型战略。1992年春季，通用汽车公司迅速扩展它的电子数据系统分公司，而大幅度削减它的美国国内汽车制造业务，这就是一种组合型战略。

二、事业层战略

事业层战略也称竞争型战略、分公司层战略、业务层战略，是公司的二级战略，是在公司层战略指导下，各个战略事业单位制订的部门战略，是公司层战略之下的子战略。

事业层战略主要强调经营范围和资源配置两个因素，主要研究的是产品和服务在市场上的竞争问题。即它所回答的是“在我们的每一项事业里应当如何进行竞争”，主要内容有：依照公司战略的指示，各业务单位需做出的贡献；确定竞争方式；对各职能部门的要求；业务单位范围内的资源利用。

根据产品差异化、市场细分化和企业特殊竞争力的差异，事业层战略有成本领先战略、差异化战略和集中化战略三种常见的类型，如图5.7所示。

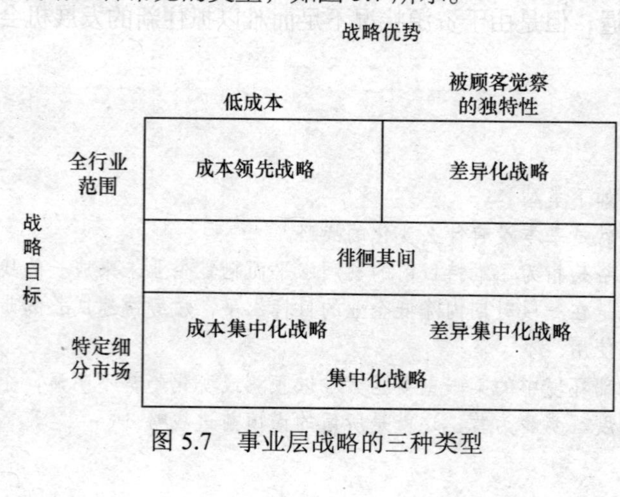

图5.7　事业层战略的三种类型

（一）成本领先战略

成本领先战略是指企业通过有效途径降低成本，使企业的全部成本低于竞争对手的成本，甚至是同行业中最低的成本，从而获取竞争优势的一种战略。这种战略的主导思想是以低成本取得行业中的领先地位，在这种战略的指导下，企业决定成为所在产业中实行低成本生产的厂家。

补充说明

根据企业获取成本优势的方法不同，可以把成本领先战略概括为以下几种主要类型：①简化产品型成本领先战略，即使产品或服务简单化，取消多余附加功能；②改进设计型成本领先战略；③材料节约型成本领先战略；④人工费用降低型成本领先战略；⑤生产创新及自动化型成本领先战略。

成本优势的来源因产业结构不同而异。它们可以包括高效率的运作、追求规模经济、技术创新、降低人力成本、原材料的优惠待遇和其他因素。例如，在电视机产业方面，取得成本上的领先地位需要有足够规模的显像管生产设施、低成本的设计、自动化组装和有利于分摊研制费用的全球性销售规模。在安全保卫服务业，成本优势要求极低的管理费用、源源不断的廉价劳动力和因人员流动性大而需要的高效率培训程序。

如果一个企业能够取得并保持总成本领先地位，那么它只要能使价格相等或接近于该产业的平均价格水平，就会成为所在产业中高于平均水平的超群之辈。

补充说明

不是所有的企业都适合采用成本领先战略，实施成本领先战略需要具备以下条件：①现有竞争企业之间的价格竞争非常激烈；②企业所处产业的产品基本上是标准化或者同质化的；③实现产品差异化的途径很少；④多数顾客使用产品的方式相同；⑤消费者的转换成本很低；⑥消费者具有较大的降价谈判能力。

企业实施成本领先战略，除具备上述外部条件之外，自身还必须具备以下技能和资源：①持续的资本投资和获得资本的途径；②生产加工工艺技能；③认真的劳动监督；④设计容易制造的产品；⑤低成本的分销系统。

实施低成本领先战略的企业，必须保证提供的产品或服务是能与竞争者同类产品相比的，或至少是顾客愿意接受的。否则，就需要通过降价来增加销售额，这就可能抵消了它有利的成本地位所带来的好处。

（二）差异化战略

差异化战略又称别具一格战略，是指为使企业产品与竞争对手产品有明显的区别，形成与众不同的特点而采取的一种战略。这种战略的核心是取得某种对顾客有价值的独特性，它强调高超的质量、非凡的服务、创新的设计、技术性专长、不同凡响的商标形

补充说明

差异化战略并不意味着公司可以忽略成本，只是此时低成本不是公司的首要战略目标。

象。为此，企业要突出自己产品与竞争对手之间的差异性。

产品差异化带来较高的收益，可以用来对付供方压力，同时可以缓解买方压力。采取差异化战略而赢得顾客忠诚的企业，在面对替代品威胁时，其所处地位比其他竞争对手也更为有利。

（三）集中化战略

> 补充说明
>
> 集中化战略与低成本战略、差异化战略的区别在于其注意力集中在整体市场的一个狭窄部分，其他战略则以广大的市场为目标。

集中化战略，也称专一化战略，是指将企业的经营活动集中于某一特定的购买群体、产品线的某一部分或某一地域性市场，通过为这个小市场的购买者提供比竞争对手更好、更有效的服务来建立竞争优势的一种战略。

企业具备下列四种条件，采用集中化战略是适宜的。

（1）具有完全不同的用户群，这些用户或有不同的需求，或以不同的方式使用产品。

（2）在相同的目标细分市场中，其他竞争对手不打算实行集中战略。

（3）企业的资源不允许其追求广泛的细分市场。

（4）行业中各细分部门在规模、成长率、获利能力方面存在很大的差异，致使某些细分部门比其他部门更有吸引力。

集中化战略具体有两种形式：一种是成本集中化战略，即在细分市场中寻求低成本优势；另一种是差异集中化战略，即在细分市场中寻求差异化优势。无论是哪种形式，其目的都是独占这个细分市场。

三、职能层战略

职能层战略是为贯彻、实施和支持公司层战略与事业层战略而在企业特定的职能管理领域制订的战略。它所要回答的是“我们应该怎样支撑公司层战略和事业层战略”。职能层战略一般可分为营销战略、人力资源战略、研究与开发战略、财务战略、生产战略和公关战略等。

> 补充说明
>
> 职能层战略由职能管理的负责人领导制订，与公司层战略和事业层战略保持一致，在促进公司层战略成功方面起着关键性的作用，是公司层战略、事业层战略与实际达成预期战略目标之间的一座“桥梁”。与其他两个战略层次相比，职能层战略更为详细、具体，更具有可操作性。

企业经营的具体战略还有许多方面，这类战略的制订能够使公司层战略更加具体，更加精确，更加有利于公司层战略在企业中的实施。

综上所述，公司层战略、事业层战略与职能层战略共同构成了企业的战略体系。在一个企业内部，各个层次的战略之间是相互联系、相互配合的。企业每一层次的战略都构成下一层次的战略环境，同时，低一级的战略又为上一级战略目标的实现提供保障和支持。所以，一个企业要想实现其总体战略目标，必须把三个层次的战略结合起来。没有公司层战略和事业层战略，职能层战略就失去了为之服务的对象，也失去了方向；没有职能层战略，公司层战略和事业层战略就失去了各职能领域的支持，也就成为了空中楼阁，它的实施也就没有基础。

本节导入案例解析

从公司层战略来看，格力的专业化经营战略属于密集型发展战略，包括市场渗透战略、市场开发战略和产品开发战略三种类型。

从事业层战略来看，格力的专业化经营战略又属于集中化战略。

本章小结

1. 战略是组织在市场经济，在竞争激烈的环境中，在总结历史经验、调查现状、预测未来的基础上，为谋求组织生存和长期稳定发展，对组织发展目标以及达成目标的途径和方法所做出的带有全局性、长远性、纲领性的总体谋划。具有全局性、长远性、纲领性和竞争性等特征。

2. 战略管理是组织高层管理人员为了组织长期的生存和发展，在充分分析组织内外部环境的基础上，确定和选择达到目标的有效战略，并将战略付诸实施、评价和控制的一个动态管理过程。这个过程包含战略分析、战略选择、战略实施、战略评价与控制四个关键要素。

3. 所谓SWOT分析法，就是对组织自身存在的优势、劣势以及外部环境带来的机会、威胁进行综合分析，据此构思、评价和选择企业战略方案的一种战略分析方法。其基本步骤是：分析环境因素，获取信息；整理信息，构造SWOT分析表；分析信息，制订战略方案。

4. 企业战略可分为公司层战略、事业层战略和职能层战略三个层次。其中，公司层战略主要有发展型战略、稳定型战略、紧缩型战略和组合型战略四种类型；事业层战略主要有成本领先战略、差异化战略、集中化战略三种类型。

本章练习题

一、单选题

1. 企业战略最根本的特征是（　　）。

A. 长期性　　B. 全局性　　C. 灵活性　　D. 风险性

2. 依据明茨伯格的5P模型，“战略不仅仅是行动之前的计划，还可以在特定的环境下成为行动过程中的手段和策略，一种在竞争博弈中威胁和战胜竞争对手的工具。”这是从（　　）角度来定义战略的。

A. 计划　　B. 计谋　　C. 模式　　D. 定位

3. 计算机技术的发展，深深影响了人们的生活方式。有人提出人类社会已进入数字化时代，这既为企业的发展提供机会，同时又是一个挑战。这属于（　　）。

A. 政治环境的影响　　B. 经济环境的影响　　C. 文化环境的影响　　D. 技术环境的影响

4. 以下不属于迈克尔·波特提出的五种竞争力量的是（　　）。

A. 互补品的威胁　　B. 替代品的威胁　　C. 新竞争者的进入　　D. 供应商议价能力

5. 科龙、海尔、新飞这三个厂家，有的生产电冰箱、冰柜、空调产品，有的是专门的电冰箱制造商，它们在制冷技术领域中你追我赶，不断创新。对于它们中任一厂家来讲，其他两个对手可构成自己的（　　）。

A. 宏观环境　　B. 中观环境　　C. 微观环境　　D. 内部条件

6. 下列说法不正确的是（　　）。

A. 公司层战略又称总体战略

B. 职能层战略又称竞争战略

C. 竞争战略主要考虑产品和服务在市场上的竞争问题

D. 职能层战略的重点是提高企业资源的利用效率，使企业资源的利用效率最大化

7. 以下不属于公司层战略所规定的内容的是（　　）。

A. 企业使命和目标　　B. 企业宗旨及发展计划

C. 整体的产品或市场决策以及其他重大决策　　D. 公司旗下某一产品的促销战略

8. 某企业正在策划进军汽车制造领域，这一战略层次属于（　　）。

A. 总体战略　　B. 业务战略　　C. 职能战略　　D. 产品战略

9. 纺织印染厂原来只是将坯布印染成各种颜色的花布供应服装厂，现在纺织印染厂与服装加工厂联合生产服装，对纺织印染厂来说属于（　　）。

A. 前向一体化　　B. 后向一体化　　C. 横向一体化　　D. 混合一体化

10. 某牙膏厂原来只生产两面针牙膏，现在又增加牙刷生产，这属于（　　）。

A. 同心多元化　　B. 水平多元化　　C. 集团多元化　　D. 一体化

11. 西安二环路上的一家酒店曾推出"光头服务员"，也就是酒店内的服务员不分男女一律是光头，这一举措的确吸引了不少顾客，酒店的就餐率非常高。这属于（　　）。

A. 专一化战略　　B. 差异化战略　　C. 集中化战略　　D. 公关战略

12. 日本索尼公司于 1989 年以 54 亿美元的价格买下美国哥伦比亚和三星两家电影公司，这表明索尼公司此时实施的战略是（　　）。

A. 横向一体化战略　　B. 多样化发展战　　C. 低成本战略　　D. 重点战略

13. 回答"我们应该做什么业务"，是（　　）。

A. 公司层战略　　B. 事业层战略　　C. 竞争战略　　D. 职能层战略

14. "统筹安排和协调企业内部的各种生产、财务、研究开发、营销等业务活动"属于（　　）。

A. 公司层战略　　B. 事业层战略　　C. 总体战略　　D. 职能层战略

二、多选题

1. 战略的特征有（　　）。

A. 全局性　　B. 长远性　　C. 竞争性　　D. 纲领性

2. 以下说法中正确的有（　　）。

A. 战略管理是一种全面的管理过程

B. 战略是一个总方向，它涉及企业向哪个方向发展的问题

C. 企业战略通常是由高层领导者制订的，所以它只是企业少数领导者思想的汇集

D. 日益激烈的市场竞争和多变的市场环境造成了企业战略经常处于剧变之中

3. 研究外部环境的目的在于（　　）。

A. 利用机会　　B. 避开威胁　　C. 发挥自身优势　　D. 弥补自身劣势

4. 以下属于战略环境分析的内容有（　　）。

A. 天——一般环境　B. 地——行业环境　C. 彼——竞争对手　D. 己——企业自身

5. 下列说法正确的有（　　）。

A. 外部环境是组织可以控制的

B. 外部环境主要由宏观环境、中观环境和微观环境组成

C. SWOT 分析法是一种侧重于对组织的外部环境进行分析的方法

D. 环境的不确定性是指环境变动难以预先确知

6. 密集型战略包括的类型有（　　）。

A. 市场渗透战略　B. 市场开发战略　C. 集中化战略　D. 产品开发战略

7. 以下可成为低成本优势的来源的有（　　）。

A. 高效率的运作　B. 追求规模经济　C. 技术创新　D. 优惠的原材料供应

8. 企业可以从（　　）方面实行差异化战略。

A. 产品差异化　B. 服务差异化　C. 人事差异化　D. 形象差异化

三、名词解释

1. 战略；2. 战略管理

四、问答题

1. 简述战略管理的基本过程。
2. 什么是 SWOT 分析法？简述 SWOT 分析法的基本步骤。
3. 根据本章表 5.1 提供的信息，对该洗衣机厂进行一个战略分析。

课外思考实践题

1. 我国妇幼保健院是妇幼保健专科医院（专业机构）。随着经济发展、医学模式的进展、健康观念的变化、人口老龄化的加快、独生子女的增加、医疗保健支付能力的提高、医疗保健服务需求的多样化与多层次日趋凸显，妇幼保健院面临的环境越来越复杂多变。为了生存和发展，请运用战略管理的方法，帮助妇幼保健院更新办医理念、创新办院体制、革新组织结构、合理进行资源配置、完善管理制度、提高经营效率、营造医院文化及主动销售服务等，以适应我国医疗卫生体制改革的深化和应对入世的挑战，提升妇幼保健院的竞争力。

2. 访问一下某个企业的负责人，请他介绍其所在的企业是如何制订战略的，然后结合有关战略理论的内容进行比较，谈谈你的体会。

第六章

组织结构设计

学习目标

学习本章，你应该能够清楚地知道：

- 组织工作的基本内容和程序。
- 组织结构设计的内涵、任务与基本原则。
- 集权、分权与授权。

第一节　组织工作概述

案例导入

鸿远公司6年来从艰难创业到成功的经历可以说是一个飞跃。公司由初创时的几个人，发展到今天的年营业额5.8亿元，经营业务从单一的房地产开发拓展到以房地产为主，集娱乐、餐饮、咨询、汽车维修、百货零售等业务于一体的多元化实业公司，已经成为在全市乃至全省较有实力和知名度较高的企业。近年来公司上下士气高涨，从高层到中层都在筹划着业务的进一步发展问题。房产建筑部要求开拓铝业装修，娱乐部想要租车间搞服装设计，物业管理部甚至提出经营园林花卉的设想。有人提出公司应介入制造业，成立自己的机电制造中心。

作为公司创业以来一直担任总经理的赵弘，在成功的喜悦与憧憬中，更多着一层隐忧。在今天的高层例会上，他在首先发言中也是这么讲的："鸿远公司成立已经6年了，在过去的几年里，公司可以说经过了努力奋斗与拼搏，取得了很大的发展，公司现在面临着许多新的问题，管理信息沟通不及时，各部门的协调不力，我们应该怎样进行组织设计来改变这种情况呢？"

主管公司经营与发展的刘副总，前年加盟公司，管理科班出身，对管理业务颇有见地，他在会上谈到："公司过去的成绩只能说明过去，面对新的局面必须有新的思路。公司成长到今天，人员在不断膨胀，组织层级过多，部门数量增加，这就在组织管理上出现了阻隔。例如，总公司下设5个分公司：综合娱乐中心（下有嬉水、餐饮、健身、保龄球、滑冰等项目），房地产开发公司，装修公司，汽车维修公司，物业公司，各部门各成体系。公司管理层级过多，总公司有三级，各分公司又各有三级以上管理层，最为突出的是娱乐中心的高、中、低管理层竟多达七级，且专业管理部门存在着重复设置。总公司有人力资源开发部，而下属公司也相应设置人力资源开发部，职能重叠，管理混乱，管理效率和人员效率低下，这从根本上导致了管理成本的加大，组织效率低下，这是任何一个大公司发展的大忌。从组织管理理论角度看，一个企业发展到1 000人左右，应由以管理机制代替人治，企业由自然生成转向制度生成，我公司可以说是处于这一管理制度变革的关口，过去创业的几个人，十几个人，到上百人，靠的是个人的号召力，但发展到今天，更为重要的是依靠健全的组织机构和科学的管理制度。因此，未来公司发展的关键在于进行组织改革。我认为今天鸿远公司的管理已具有复杂性和业务多样化的特点，现有的直线职能制组织形式也已不适应公司的发展了。事业部制应是鸿远公司未来组织设计的必然选择。事业部制组织形式适合我们公司这种业务种类多、市场分布广、跨行业的经营管理特点。整个公司按事业部制运营，有利于把专业化和集约化结合起来。当然搞事业部制不能只注意分权，而削弱公司的高层管理。另外，搞组织形式变革可以是突变式，一步到位，也可以是分阶段的发展式，以免给成员造成过大的心理震荡。"

公司创立三元老之一，始终主管财务的大管家——陈副总经理，考虑良久，非常有把握地说道："公司之所以有今天，靠的就是最早创业的几个人，不怕苦、不怕累、不怕丢了饭碗，有的是一股闯劲、拼劲。一句话，这种敬业、拼搏精神是公司的立足之本。目前我们公司的发展出现了一点问题，遇到了一些困难，这应该是正常的，也是难免的。如何走出困境，关键是要加强内部管理，特别是财务管理。现在公司的财务管理比较混乱，各个分部独立核算后，都有自己的账户，总公司可控制的资金越来越少。由于资金分散管理，容易出问题，若真出了大问题怕谁也负不了责。现在我们上新项目或维持正常经营的经费都很紧张，如想再进一步发展，首先应做到的就是要在财务管理上集权，该收的权利总公司一定要收上来，这样才有利于公司通盘考虑，共同发展。"

高层会议的消息在公司的管理人员中间引起了震荡，甚至有些人在考虑自己的去留问题。

鸿远公司的问题出在哪？它的出路在哪？要回答这一问题，我们就必须对组织工作有一定的了解。

一、组织工作的含义

和“计划”一样，“组织”一词也具有两种词性。作为名词来使用时，组织是指按照一定的目的、任务和正式结构建立起来的社会实体，如企业单位、政府机关、大学、医院等。作为动词，就是指管理的一项基本职能，即组织工作：根据组织目标和计划的需要设置部门、岗位，为每个岗位配备人员，明确部门与岗位的职责、职权以及相互之间的关系。

如果说一个人就能完成某项工作，那么就不需要组织，而如果一件事情一个人无法完成而需要多人共同完成的时候，那就需要对这些人进行合理的分工，还要让他们劲往一处使（也就是合作），如何分工与合作，这就是组织工作。也就是说，组织职能的产生是人类为了克服个人能力的限制而有意识地集体协作的结果。组织工作的结果就是形成一个分工合理、团结一致的组织。

从组织工作的定义来看，设计、建立并保持一种组织结构，基本上就是管理人员的组织工作的内容。具体地说，组织职能的内容包括以下四个方面。

（1）设计与建立组织结构。根据组织目标设计和建立一套组织机构和职位系统，即设置部门和岗位。

（2）合理分配职权与职责。确定职权关系，即确定各部门和岗位的职责、权力以及各部门、各岗位之间的关系，从而把组织上下左右联系起来。

（3）选拔与配置人员。为各个部门、岗位配备合适的人力资源，以保证所设计和建立的组织结构有效地运转起来。

（4）推进组织的协调与变革。根据组织内外部要素的变化，适时地调整组织结构和人员。

> **名家观点**
>
> 为了使人们能为实现目标而有效地工作，就必须设计和维持一种职务结构，这就是组织职能的目的。
>
> ——哈罗德·孔茨

二、组织工作的作用

由于人们受到生理、心理和社会因素的种种限制，为了达到某种目的就必须进行合作，而合作之所以能有更高的效率、能更有效地实现某种目标，在多数情况下就是组织工作执行得当的缘故。

组织工作就是通过各种形式把个人的力量汇集成一个整体的力量，进而借助集体的力量人们才能在复杂的环境之中实现个人的价值，集体也才能有效地发挥个人的力量实现集体的目标。这既是对个人能力的超越，也是对集体能力的超越。

不难发现，在每项管理业务中，都要做大量的组织工作，组织工作的优劣在很大程度上决定着这些管理活动的成败。例如，在实际生活中，既有“三个臭皮匠顶得上一个诸葛亮”的现象，也有“三个和尚没水吃”的状况。因此，组织工作是管理活动的根本职能，是其他一切管理活动的保证和依托。

> **体验式培训——头脑风暴法**
>
> 有一句老话，叫“一个和尚挑水吃，两个和尚抬水吃，三个和尚没水吃”。应用头脑风暴法，讨论解决“三个和尚没水吃”的难题。
>
> （详见教学资源包中的教案和课件）

在一定意义上可以这样讲，组织职能就是确保“事有人做，人有事做，事得其人，人得其事”，以保证组织目标的实现。

三、组织工作的基本程序

示例

罐子满了吗？

一位教授站在他的一年级哲学课堂前。什么话也没说，他拿起一只空的大玻璃罐，然后放满了石块。他问学生们：“满了吗？”学生们都认同是满的。教授又拿起一盒小石子，倒进罐子里。他轻轻地晃了晃罐子。当然，石子都滚进石块间的空隙了。“现在呢？”他们又认同是满的。教授将一盒沙子倒入罐子里。当然，沙子充满了剩下的空隙。他又问了一次罐子是否满了。同学们说是满的。教授从桌下拿出两罐啤酒，倒入了罐子，将沙子空的间隙都填满了。

通过示例我们不难发现合理安排的重要性，组织工作的设计同样也需遵循一定的程序。虽然各个组织所处的环境、采用的技术、制订的战略、发展的规模不同，所需的职务和部门及其相互关系也不同，但任何组织在进行机构和结构的设计时都有一些共同的基本程序，如图 6.1 所示。

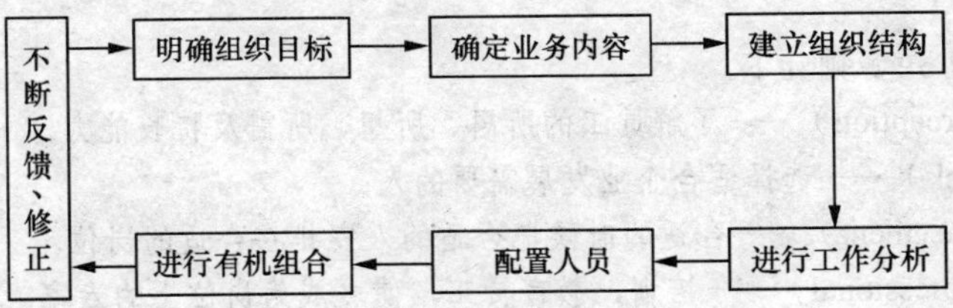

图 6.1　组织工作的基本程序

1. 明确组织目标

组织目标是进行组织设计的基本出发点。任何组织都是实现其特定目标的工具，如果没有目标，组织就失去了存在的意义。因此，组织工作首要的是明确在计划工作中提出的目标。

2. 确定业务内容

确定业务内容也就是分解组织目标，即依据组织目标的要求，确定为完成组织目标所必须进行的业务管理工作的内容，明确各类活动的范围界限和大概工作量，进行业务活动的总体设计，使总体业务活动程序优化。

例如，企业提出生产总目标后，为了实现这一目标（总任务），就必然细化出采购、技术研发、销售、人员配备、后勤保障等不同的业务。

3. 建立组织结构

依据组织规模、内外环境、技术特点，借鉴同类其他组织设计的经验，研究应采取什么样的管理组织形式，需要设计哪些单位和部门，并根据业务的性质、业务量的规模把性质相同或相近的管理业务工作划归适当的单位和部门负责，建立层次化、部门化的组织结构。

以前例来讲，该企业可以设置生产部、技术研发部、供销部（负责采购和销售业务）、人事后勤部（负责后勤和人事工作）等不同的部门。

4. 进行工作分析

补充说明

工作分析就是分析工作，是指收集、分析和记录与工作相关的信息的过程，目的是了解工作的性质、内容和方法以及确定从事这项工作所需要的条件和任职资格。在我国，工作分析在许多企业都叫做职务分析或岗位分析。

依据组织目标的要求，进行工作分析，规定各单位、各部门及其责任者对其管理业务工作应负的责任以及考核工作绩效的标准；依据搞好业务工作的实际需要，赋予各单位、各部门及其责任者相应的权利；建立各种管理规范和运行制度。

5. 配置人员

配置人员即依据工作分析提出的任职条件和资格，挑选、配备人员，并明确其职务、职权和职责。

补充说明

人力资源管理5P原则如下。

（1）识人（perception）——了解员工的所思、所想、所需及特长能力。

（2）选人（pick）——选择适合企业发展需要的人。

（3）用人（placement）——合适的时候把合适的人安排在合适的岗位。

（4）育人（professional）——培训、教育员工，使之成为岗位上的专家。

（5）留人（preservation）——留人要留"心"。

6. 进行有机组合

进行有机组合即通过明确规定各单位、各部门之间的相互关系以及他们之间信息沟通、协调控制的原则、方法和手段，把各组织单元上下左右有机地组合起来，建立一个能够即时沟通协调、高效运作的管理组织系统。

7. 不断反馈、修正

在组织运行过程中，根据出现的新问题、新情况，对原有组织结构及人员构成适时地进行修正，使其不断完善。

本节导入案例解析

从三位老总的发言可以看出鸿远公司在组织工作方面出现了以下问题：管理沟通信息不及时、各部门之间的协调不力；人员在不断膨胀、组织层次过多、部门数量增加，职能重叠，组织结构不能适应公司新形势；总公司对各分公司的控制权在不断减少。

针对这些问题，鸿远公司可以在工作分析的基础上，规范各项规章制度，合理分配各分公司、各部门的职责和权限，理顺各部门之间的关系，建立一个能保证信息传递及时、准确，分权适度的组织结构，同时以岗定编，尽可能减少组织层级和部门、人员的数量，提高人员素质。

第二节　组织结构设计

案例导入

刘局长在某局工作近二十年，三年前他当了局里的"一把手"之后，适逢上级要求该局进行机构改革。刘局长认为，过去的工作全靠同事们的支持，应该给他们安排、提拔，才能调动他们的积极性，同时也有利于化解局里的矛盾。于是，他多方努力，通过增设各种内设机构和助理职位，以求尽可能多地安排人员，缓解人事安排方面的压力。谁知事与愿违，由于机构臃肿，人浮于事，造成互相扯皮，效率低下，局里的工作也遭到挫折。上级领导批评刘局长搞上有政策，下有对策。刘局长辩解说，他是依据管理的例外原则，根据本单位的实际情况进行机构改革。

刘局长的机构改革对不对？为什么领导会批评他？请接着往下看。

一、组织结构的概念和内容

合理的组织结构是实现组织计划的关键。所谓组织结构，就是组织内的全体成员为实现组织目标，在管理工作中进行分工协作，通过职务、职责、职权及相互关系构成的结构体系。简单地讲，就是人们的职、责、权关系，因此，组织结构又可称为权责关系，其本质上则是组织成员间的分工协作关系。组织结构具体包括以下内容。

1. 横向结构

横向结构包括职能结构和部门结构。职能结构指组织有多少项业务以及各业务之间的关系；而部门结构是指组织有多少个部门以及各部门之间的关系。

一个企业可能有很多项业务，因此可能有很多个部门，一个部门有时承担一项业务，有时承担多项业务。因此，业务的数量和部门的数量不一定是相等的。

示例

一个企业有采购、销售、生产、技术、后勤、人事等不同的业务，为此，该企业设置了生产部（负责生产业务）、技术部（负责技术业务）、经销部（负责采购和销售业务）、财务部（承担财务管理职能）、人事部（承担人事管理职能）、后勤部（负责后勤业务）等业务和职能部门，它们的工作任务都是为实现企业的总体目标服务，但各部门的权责关系却不同。

2. 纵向结构

纵向结构包括层次结构和职权结构。层次结构是指管理层次的构成，职权结构是指各层次、各部门在权力和责任方面的分工及相互关系。

二、组织结构设计的任务

组织结构设计是指对一个组织结构进行规划、构造、创新或再造，以确保组织目标的有效实现。由于组织结构包括横向和纵向两个方面，因此，组织结构设计的实质是对组织人员进行横向和纵向分工。组织结构设计的任务主要包括提供组织结构图和编制职务说明书。

1. 组织结构图

组织结构图作为组织的框架体系，决定着组织的形状。通过结构图就能知道组织有多少个部门、多少个岗位，它反映出来的是管理人员横纵向分工关系。如图 6.2 所示，方框表示各种管理职务或相应的部门、岗位，连线表示相互之间的关系以及各种管理职务或部门、岗位在组织结构中的地位。例如，三个副总经理必须服从总经理的指挥并向总经理汇报工作，同时他们又直接领导着下辖的两个或三个部门经理的工作。

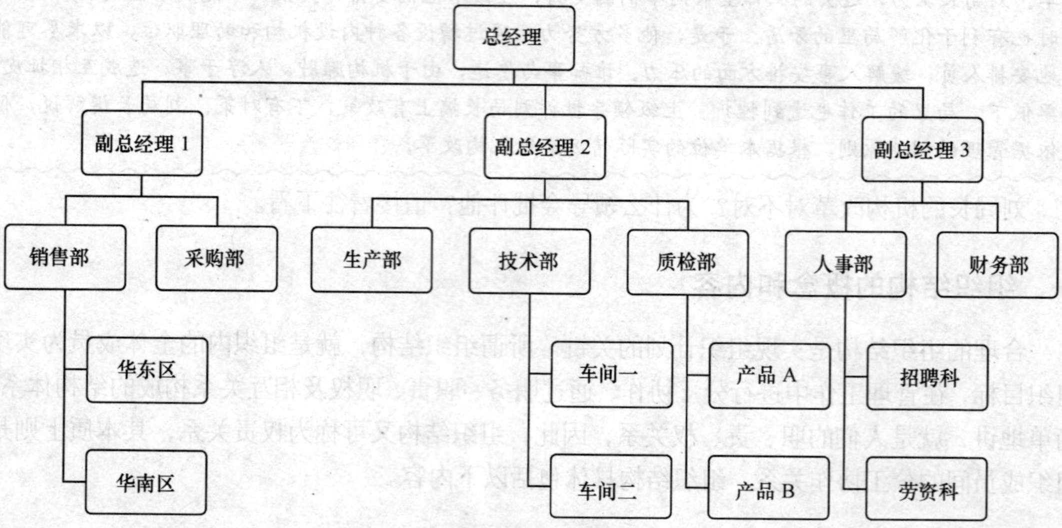

图 6.2　组织结构图

2. 职务说明书

职务说明书要求简单、明确地指出该岗位的工作内容、职责与权力，与其他部门和职务的关系，承担该职务的员工必备的基本素质、知识背景、工作经验、能力等条件。目前，在我国的许多组织，还在沿袭老的做法和称呼——岗位职责，这实际上只是《职务说明书》的一部分。（关于职务说明书的示例，请参阅本书补充阅读资料）

组织结构图只能显示组织有多少个部门和岗位，但不能明确显示各个部门和岗位的职责、职权以及相互之间的关系，而通过职务说明书，就能知道各部门、各岗位的职责及相互之间的关系。

三、组织结构设计的基本原则

管理人员在设立或变革一个组织的结构时，实际上就是在进行组织结构设计。为了能设计出适合组织实际的高效的组织结构，组织结构设计应遵循一些基本的原则，这些原则也是组织工作必须遵循的原则。

1. 目标可行

组织结构的设计，必须有助于组织目标的实现。从根本上讲，组织结构是一种实现目标的工具，所以必须先于组织结构的开发而系统地提出一套目标。如果没有明确的目标，不仅会使组织机构的工作盲目无序，而且也将丧失组织机构存在的理由。

2. 因事设职与因职用人相结合

组织设计的根本目的是为了保证组织目标的实现，是使目标活动的每项内容都落实到具体的岗位和部门，即“事事有人做”。因此，组织设计中，逻辑性地要求首先考虑工作的特点和需要，要求因事设职、因职用人，而非相反。

因事设职是指根据业务（事情）的需要设置相应的职位，确保“事有人做”；因职用人是指根据职位的需要配备适当的人（数量和质量），确保“事得其人”。必须说明的是，这样做并不意味着组织设计中可以忽视人的因素、忽视人的特点和人的能力。

补充说明

现代管理理论认为：企业应该是因事设职、因职用人，也就是根据任务的需要才安排岗位，并且根据岗位的需要安排合适的人员从事这项工作——也就是先找事，再找人来做。但在现实生活中，许多组织都是先引进人员，再给他安排职位、给他找事做，所以经常出现人比事多、事却没人做的现象。

3. 分工合理

劳动分工即并非一个人完成全部工作，而是将工作划分为若干步骤，由一个人单独完成其中的一个步骤。在组织内部合理分工的要点如下。

（1）根据业务的需要来分工，确保事事有人做、人人有事做，既不留有空档，也不出现重叠。如果组织中出现了空档和重叠，即有些事情没人去做，有些事情争着去做，那么，给想做事的人制造了麻烦，给不想做事的人提供了借口。

（2）根据工作能力来分工，保证“有能力的人有机会去做他们能胜任的工作”。工作与能力相适应，确保“人得其事”。

（3）分工不可过细，要精简高效。虽然分工有许多优点，可以带来经济性，但过细的分工也可能带来某些负面影响，产生非经济性，因为过细的劳动分工会使工作变得高度重复、枯燥、单调，导致职工产生厌烦和不满情绪，甚至会造成缺勤、离职和工作质量下降等消极后果。

（4）分工不分家，要通过制度来确保分工的同时还有协作。

总之，分工必须合理，以是否有利于组织目标的实现为原则。

4. 统一指挥

除了位于组织金字塔顶部的最高行政指挥外，组织中的所有其他成员在工作中都会收到来自上级行政部门或负责人的命令，根据上级的指令开始或结束、进行或调整、修正或废止自己的工作。但是，一个下属如果同时接受两个上司的指导，而这些上司的指示并不总是保持一致的话，那么他的工作就会造成混乱。如果两位上司的命令相互矛盾，下属便会感到无所适从，这时下属无论依照谁的指令行事，都有可能受到另一位上司的指责。

组织工作中不允许存在的“多头领导”现象，与之相对立的“统一指挥”或“命令统一”的原则指的是组织中的任何成员只能接受一个上司的领导。

示例

护士长的烦恼

10月的某一天，产科护士长王娜给医院的院长戴博士打来电话，要求立即做出一项新的人事安排。从王娜的急切声音中，院长感觉到一定发生了什么事，因此要她立即到办公室来。5分钟后，王娜递给了院长一封辞职信。“戴院长，我再也干不下去了。”她开始申诉：“我在产科当护士长已经4个月了，我简直干不下去了。我有两个上司，每个人都有不同的要求，都要求优先处理。要知道，我只是一个凡人。我已经尽最大的努力适应这种工作，但看来这是不可能的。”“我给举个例子。这只是一件平平常常的事。可是像这样的事情，每天都在发生。”

“昨天早上7:45，我来到办公室就发现桌上留了张纸条，是张萍（医院的主任护士）给我的。她告诉我，她上午10点需要一份床位利用情况报告，供她下午向院务会做汇报。这样一份报告至少要花一个半小时才能写出来。半小时以后，乔丽斯（王娜的直接主管，基层护士监督员）走进来质问我为什么我的两位护士不在班上。我告诉她雷医生（外科主任）从我这要走了她们两位，说是急诊外科手术正缺人手，需要借用一下。我告诉她，我也反对过，但雷医生坚持说只能这么办。你猜，乔丽斯说什么？她叫我立即让这些护士回到产科部。她还说，1小时以后，她会回来检查我是否把这事办好了！我跟您说，这样的事情每天都发生好几次的。一家医院这样运作还能正常工作吗？”

5. 权责对等（相符）

在管理组织中，每个部门和职务都必须完成规定的工作，而为了从事一定的活动，都需要利用一定的人、财、物等资源。因此，为了保证“事事有人做”、“事事都能正确地做好”，则不仅要明确各个部门的任务和责任，而且在组织设计中还要规定相应的取得和利用人力、物力、财力以及信息等工作条件的权力。从各级管理机构到各级管理人员，都应该具有责任和权限，并使二者最佳结合从而形成约束力量。责任是核心，组织中每个部门、每个管理人员都应对自己所从事的业务活动，所做出的决策以及对组织目标、对本单位的利益负责。权限是前提，有多大的责任，就应该有多大的权限，权责必须对等。

有效管理的组织必须是责权相互制衡。有责无权，责任就难以落实；责任大于权限，则大部分责任就会难以实现；有权无责，就会滥用职权；权限大于责任，则多余的权限就会节外生枝。因此，必须实现责权的对等和统一。

补充说明

为什么“有些事抢着干，有些事没人干”？

传统的部门和岗位职责都是“一个人，一张纸，一支笔”自己写自己的，能想起多少条就写多少条。甚至有的条款是另一条款的一部分或说明。这必然使职权规定不充分。例如，生产部的职责可能有30条，实际起草时可能才想起15条。假如A部门实际规定了m条职责，B部门实际规定了n条职责。如果某一天有一件与A、B部门职责相关的事需要马上办理，但这件事在包括A、B部门的职责内都没有明确规定，则干与不干就取决于两个部门负责人的主动性、责任心和事情的性质了。如果这件事是“好事”则都抢着干，否则都不干。

可见，职责规定不充分即“工作流程规定不明确，工作接口关系不清晰”是“扯皮”和“有些事抢着干，有些事没人干”的主要原因。因此，解决问题的关键是建立、健全各项管理制度，将职权规定充分。但是，再完善的管理规定也不可能做到100%，因此，要减少“扯皮”现象还需要企业文化作为保障——当没有制度规定的时候，需要的是主动性、积极性、责任心和团队精神。

6. 精简效能

机构臃肿、层次重叠、人浮于事、冗员众多是现代组织常见的毛病。这必然造成相互推诿、相互扯皮、业务清谈、不讲实际、脱离群众、高高在上，从而大大降低了组织的效能。坚持精简效能原则，就是要对组织机构能取消的取消、能合并的合并、能代替的代替，通过职能转变、机构消肿以及人员精简、提高人员素质来提高组织效率。

名家观点

英国著名历史学家诺斯古德·帕金森通过长期调查研究，写出《帕金森定律》一书。他在书中阐述了机构人员膨胀的原因及后果：一个不称职的官员，可能有三条出路，第一是申请退职，把位子让给能干的人；第二是让一位能干的人来协助自己工作；第三是用两个比自己水平更低的人当助手。第一条路是万万走不得的，因为那样会丧失许多权利；第二条路也不能走，因为那个能干的人会成为自己的对手；在他看来只有第三条路最适宜。于是，两个平庸的助手分担了他的工作，他自己则高高在上发号施令，助手不会对自己的权利构成威胁。两个助手既然无能，他们就会上行下效，再为自己找两个更加无能的助手。依此类推，就形成了一个机构臃肿、人浮于事、相互扯皮、效率低下的领导体系和组织机构。

7. 有效管理幅度

管理幅度也称管理跨度、管理宽度，是指一名领导者直接领导的下属人员的数目。在这需要引起我们注意的是“直接”这个词的含义，那些间接地被领导者不应被算做管理幅度的范畴。例如，某公司总经理下设三个部门，每个部门设有部门经理一人，每个部门有员工 15 人。那么，该公司总经理的管理幅度是三个人，而每个部门经理的管理幅度是 15 人。

管理幅度并不是越大越好。事实上，由于领导者受时间和精力等方面因素的限制，往往不能够直接指挥组织各方面活动。如果管理幅度过大，超出领导者的能力，就会造成组织管理的混乱；而管理幅度过小，则会造成管理费用高、资源浪费。因而需要确定一个适宜的管理幅度。

影响管理幅度的因素有很多，例如，管理层次、上下级双方的素质和能力、工作内容与性质、计划的完善程序工作条件、工作环境等。

（1）管理层次。管理层次亦称组织层次，是指从组织最高管理层到基层工作人员之间职位等级的数目。管理幅度与管理层次成反比关系。在组织规模一定的情况下，组织层次越少，管理幅度越宽；反之，组织层次越多，管理幅度越窄。

（2）上下级双方的素质和能力。上下级双方素质越高、能力越强，越有利于管理，因此，管理幅度可以越大。

（3）工作内容与性质。一般来讲，工作越复杂、越困难、越具有战略性，管理幅度越小；工作越简单、越重复、越相似，管理幅度越大。

（4）计划的完善程度。计划越完善、越详尽周到，管理幅度就越大；反之亦反。

（5）工作条件。条件越好，也就是管理越规范，相互沟通、联络越方便，管理幅度就越大。

（6）工作环境。环境变化越快、越不稳定，管理幅度越小；相反，环境越稳定，管理幅度越大。

本节导入案例解析

从情感上讲，刘局长的出发点是好的，但从组织结构设计的角度来看，领导对他的批评不无道理。

首先，刘局长的做法违背了组织设计的一些基本原则。比如，他不是根据业务的需要来设置机构和岗位，而是通过增设各种内设机构和助理职位来尽可能多地安排人员，缓解人事安排方面的压力的做法违背了因事设职和因职用人相结合的原则；于是，难免机构臃肿，人浮于事，造成互相扯皮，效率低下，这是精简效能的原则所不允许的。

而且，刘局长对例外原则的理解也不正确。例外原则是指把经常发生的一些例行性事情交给下属去处理，自己只保留例外事项的决策权和监督权，而不是在组织的规章制度之外另搞一套。

第三节　集权、分权与授权

案例导入

一大清早，张总的办公室里就挤满了人，手里拿着等待签字的各类文件和单据。自从张总两年前上任到现在，很多个早晨都是在大量的签字中度过的。

张总是两年前来宏大公司的，当时公司可以说是"内忧外患"，内部管理混乱，效率极低，有能力的员工纷纷离开另谋高就，留下来的又在混日子；外部市场欣欣向荣可是公司却大幅度亏损，银行已经不再提供贷款，供应商也不再供货，整个公司处于破产的边缘。张总到公司之后可以说是卧薪尝胆，倾尽全力：从外部跑市场联系供应商，到内部制度建设，甚至到卫生内务都要亲自过问，事无巨细，公司的每一个细节都在他的掌控之下。眼下公司逐渐走上正轨，市场也打开了，更可喜的是员工开始踏踏实实地做事了，张总总算是可以松一口气了。但对公司的管理他丝毫也不敢放松，大事小情他都得过问，公司好不容易到现在的样子可不能放松呀！

但是，随着公司业务的开展，张总越来越觉得力不从心了，时间总是不够用，日常事务占据了太多时间，企业未来的发展、公司的组织结构和人员等重要的问题已经无暇考虑了。而且公司又出现了新的问题，张总拿着一张签字单陷入了沉思：这是一张有关公司报废产品的处理意见书，按照公司的相关制度，任何数量和种类的产品或物资报废必须经过总经理批准，在此之前，所有涉及该产品的质量总监、生产总监和营销总监都要签署意见。张总看着这批产品的资料，这是从经销商退回来的一批过期的产品，长期以来，公司一向是无条件答应经销商的退货要求，从来没有仔细分析退货的原因和责任，为此承担了很多额外的损失。这次也一样，这些产品过期完全是经销商的责任，而且过期的产品还可以作为样品使用，但所有的总监都签署了"同意销毁"的意见。张总不禁觉得心里很沉：究竟是什么使公司的高层对自己的签字可以不负任何责任呢？下面的情况也让张总担心，主管营销的副总没有把心思放在开拓市场上，整天在考虑办公室窗体顶端、窗体底端装修的图纸，要不要招一个保洁员，人力资源总监都得审核，公司急需的人员却招不来，大家似乎都不知道自己应该干什么了……

宏大公司的例子具有很强的代表性，许多公司都存在授权不合理和高层职责不清的现象，带来了诸如总经理陷于日常琐事、审批流程冗长复杂但是谁也不负责、各级管理层责任意识淡漠等问题，最终导致公司整体效率低下。原因究竟是什么呢？

一、集权与分权

一般认为，集权是指组织的决策权较多地由高层管理者集中掌握，体现的是上级的重要性；而分权则是指决策权较多地分散于组织的中低层管理者由其来掌握与运用，体现的是下级的重要性。所谓决策权，指的是决定做什么、怎样做与由谁来做的权力。

（一）集权与分权的优缺点

1. 集权的优缺点

集权的优点主要体现在：适度集权，有利于实现组织的统一指挥和控制，维护组织政策的统一性。一般组织规模较小时，宜采用集权方式。

然而，现代社会组织规模大型化、组织活动多样化和外部环境复杂多变的特点也使高度集权的弊端日益暴露。首先，高度集权有可能从正确性和及时性两个方面损害决策的质量；其次，组织的决策、管理权限过度集中会极大地压制组织成员的工作热情和创造性；最后，高度集权会使组织内各个部门和中下层管理职位权限过少，缺乏自我调整的能力，也削弱了整个组织对环境变化的应变能力，这一切都会对组织的持续发展产生极大的危害。

2. 分权的优缺点

尽管存在集权，但组织中也总是存在着分权的倾向，尤其是当组织规模扩大、组织内的单位增多、现场作业活动分散之时，中下层主管会有很强的分权要求，希望获得更多自主决策和自治的权力。于是，适度分权可以：减轻高层管理者的决策负担，提高决策质量；提高组织对环境的应变能力；调动下属的积极性。

然而，决策权力的分散也受到两个限制：一是有可能破坏组织政策的统一性，带来组织活动失控的危险；二是基层管理人员所具备的素质和能力，基层管理者具有能够正确、有效运用决策权的能力时，分权才能取得好效果，否则经常发生一些大大小小的失误只会反过来给上级主管添麻烦，影响组织目标的实现。

（二）分权的标志

集权与分权是同时存在的两种倾向，是一个相对的概念，走向极端的绝对集权与绝对分权就只剩下了个体，组织不复存在。不同组织之间，只有集权与分权程度的差别。一般认为，衡量组织分权程度的标准有以下几条。

1. 决策的频度

决策的频度也就是决策的数量。一般来讲，如果组织中较低层次的管理者所做的决策数量越多，则意味着组织的分权程度越高。例如，A 企业的车间主任每天做 20 项决策，B 企业的车间主任每天做 10 项决策，则我们可以认为 A 企业的分权程度高于 B 企业。

2. 决策的幅度

决策的幅度也就是决策的范围。一般来讲，如果组织中较低层次的管理者所做的决策范围越广，涉及的职能越多，则意味着分权程度越高。例如，A 企业的生产部经理能在员工的聘用、奖惩以及设备的采购等方面拥有决策权，B 企业的生产部经理却不拥有人事方面的决策权，则我们可以认为 A 企业的分权程度高于 B 企业。

3. 决策的重要性

如果组织中较低层次的管理者所做的决策越重要，则意味着组织的分权程度越高。例如，A 公司的部门经理有权决定给每个员工配备一台计算机，而 B 公司的部门经理只有权决定给每个员工配备一张办公桌，由于计算机的重要性大于办公桌，则我们可以认为 A 公司的分权程度要比 B 公司高。

4. 决策的影响面

较低层次的管理者所做的决策影响面越大、越长远，涉及的费用越大，则意味着该组织的分权程度越高。例如，由于药品的质量问题会对组织和社会有很大的影响，所以制药厂对质检部门的分权程度要比家具厂对质检部门的分权程度大。如果药品发现质量问题，则质检部门有权要求立即停止该药的生产、销售，甚至可以要求重新研发；而家具厂的质检部门则只能提出改进生产措施或对部分不达标准的产品降价销售的建议。

5. 决策的审批手续

决策的审批手续即对决策的控制程度。如果较低层次的管理者做决策时需要办理的审批手续越简单，也就是高层次对较低层次决策的控制程度（低层次向上“事先请示，事后报告”的次数）越低，则意味着分权程度越高。如果外资企业在 A 市申请注册只要盖一颗图章，而在 B 市申请注册要盖 10 颗图章，则 A 市的政府机关分权程度要高于 B 市的分权程度。

（三）影响分权和集权程度的主要因素

什么样的组织适合分权，哪些组织适合集权，主要考虑的因素如下。

（1）组织的规模。组织规模小时，由于管理者处理的事务相对较小，组织较适合集权；如果组织规模增大，由于管理事务的增加，就需要管理者适当分权，进一步增大组织的分权程度，有利于提高组织的有效性。

（2）政策的统一性。在保证政策的统一性方面，集权比分权有利。如果组织中政策统一，则集权程度高可以提高组织的有效性；如果组织中各部门政策差别较大，则应提高组织的分权程度。如我国实行“一国两制”的策略，就是基于港澳地区与内地政策的差别性，港澳特别行政区的分权程度要高于内地省市。

（3）员工的基本素质。如果员工的基本素质低，则组织倾向于集权程度高。如劳动密集型企业与高新技术企业相比，劳动密集型企业更适合于高度集权。

（4）组织的可控性。可控性主要指经营环境条件和业务活动性质。如果组织的可控程度高，意味着经营环境稳定、业务活动较为程序化，则组织倾向于集权程度高；如果环境变化快、业务活动灵活，对分权要求较多。一般而言，生产部门位置相对集中，可控性好，集权程度高；销售部门由于地理位置比较分散，可控性差，所以分权程度高。

（5）领导者的个性。领导者个性表现为自信、好强、独裁时，更多地表现出集权管理。

如果领导者认为分权更有效，则更多地表现出分权管理。

（6）组织的历史。如果组织是由小到大发展而来的，一般倾向于集权；如果组织是由合并或兼并而来的，则一般倾向于分权。

二、（制度）分权与授权

1. 分权与授权的相同点

组织权力的分散可以通过两种途径来实现：组织设计时的权力分配，即（制度）分权与主管人员在工作中的授权。因此，（制度）分权与授权的结果是相同的，都是使较低层次的管理人员行使较多的决策权，即实现权力的分散化。

> **补充说明**
>
> 授权并不表示上级将权力无限制地下放，也不表示授权之后上级就把一切工作都交给他人了；相反，授权是指上级管理者依据任务或组织目标的需要委授给下属一定的权力，使下属在一定的监督之下享有一定的自主权和行动权。在授权过程中，授权者对于被授权者还有指挥权和监督权，被授权者对授权者负有报告工作以及完成任务的责任。

所谓制度分权，指的是在组织结构设计时或在组织变革过程中，按照工作任务的要求将一定的决策权限划分到相应的管理职位中，由规章制度正式确认的、相对稳定的分权方式；而授权则是指主管人员在实际工作中为调动下属积极性和提高工作效率将原本属于本职位的部分职权委托给向其直接报告工作的下属或某些职能部门使用，使他们在一定的监督之下自主解决问题，处理业务。

> **补充说明**
>
> 通常情况下，我们所说的“分权”指的就是“制度分权”，只不过为了简化而将“制度”两字省略。

2. 分权与授权的区别

分权和授权的区别主要体现在以下几个方面。

（1）分权具有必然性，授权具有随机性。分权是在工作分析时，根据岗位工作的需要规定给该岗位的必要的职责和权限，不论是谁，只要在这个岗位上，就拥有这一权限；而授权则要根据实际工作的需要和下属的工作能力来决定，一般是管理者觉得精力有限而下属能力又能够承担时才会授权。

（2）分权具有相对稳定性，授权具有灵活性。分权针对的是岗位，是预先从制度上明确规定的属于某岗位的权力，不能随便调整；授权针对的是某项工作和人，是活动过程中把一部分原本属于管理者的权力因某项工作的需要临时或长期委任给某个下属，但可以随时调整。

（3）分权是一项组织工作的原则，授权则是一项领导艺术。分权是在组织设计时对管理人员的一种纵向分工，是一项制度，一旦规定就必须严格执行；而授权主要在于调动下属才干和积极性，可以灵活把握。

补充说明

有效授权十一项要诀

要诀一：不要只问“懂了吗？”授权之后，管理者习惯性会问员工“懂了吗？”、“我讲的你明白了吗？”。这种情况下，许多对细节还不太懂的员工都会反射性地回答“知道”、“明白”，他们不想当场被主管看扁。最好的办法就是让员工重述你的授权内容。

要诀二：明确绩效指标与期限。授权不是把事丢给员工，还要让他明白管理者期盼些什么。员工必须了解自己在授权下必须达到哪些具体目标以及在什么时间内完成，清楚了这些才能有基本的行动方向。

要诀三：授权后也要适时闻问。授权以后不能不闻不问，只等着他们把成果捧上来。你可以不必紧盯人，但仍要注意员工的状况，适时给予“这儿不错”、“那样可能会比较好”之类的意见。如果任务特别需要“准时”，也可以提醒他注意进度与时间。

要诀四：为下次授权做“检讨”。每次的授权后，管理者应找员工讨论他这次的表现，以便检讨改进。管理者也可以让员工描述自己在这次过程中学到了什么，再配合管理者自己观察到的状况，作为下次授权的参考。

要诀五：授权不一定都是大事。即使只是一次再寻常不过的小事，都可以是“授权”，未必一定要是什么大方案、大计划，才要授权。尤其对于新进员工，从小事授权起，可以训练他们负责任的态度，也建立他们的自信。

要诀六：先列清单再授权。简单来说，主管可以先列出每天自己所要做的事，再根据“不可取代性”以及“重要性”删去“非自己做不可”的事，剩下的就是“可授权事项清单”了。这会更系统、有条理。

要诀七：授权的限度要弄明白。有些员工会自作主张，做出一些超出授权的事。因此，最好在授权时能特别交代“底限”，一旦快触碰到了，他们就应该刹车，这可以防止他们擅自跨过界限。

要诀八：找对你打算授权的人。你所指定的人，如果经验多但对于该项任务不擅长或意愿较低，未必会比经验较浅、有心学习而跃跃欲试的人适合。

要诀九：排定支持措施。告知员工，当他们有问题时，可以向谁求助，并且提供他们需要的工具或场所。当主管把自己的工作分配给员工时，确定也把权力一起转交。此外，主管要让员工了解，他们日后还是可以寻求主管的意见和支持。

要诀十：授了权就该适度放手。与其紧迫盯人，不如在开始时就交代清楚，然后放手让员工做。这样管理者既可以省一些精力，员工也可以试一试自己的能力。

要诀十一：帮员工设想可成长项目。就某种角度来说，授权也是一种训练员工成长的方式。因此，在授权时就要想想如果员工能通过你的授权，那么在实施过程中这个员工能学到什么。如果授权他做只是因为你忙不过来，那就不能叫授权，只能算是“帮主管打杂”。

3. 分权与授权的联系

由于工作分析时不可能把每个岗位所需的权限规定得非常清楚，也无法完全预料这些岗位可能发生的变化，因此，制度分权有时不能完全保证某个岗位完成工作的权限需要，这时就需要各层次管理者在工作中授权来补充。所以，授权是对分权的必要补充。

本节导入案例解析

案例告诉我们：集权与分权没有截然的好坏之分，现实的选择取决于企业的实际情况。比如当初，宏大公司在深陷危机的时候如果没有张总当时对每个细节的掌控（即权力集中），公司可能就发展不到今天；而现在，随着公司业务的开展，事无巨细使得张总陷于日常琐事、各类审批流程冗长复杂但是谁也不负责、各级管理层责任意识淡漠。因此，企业必须结合所处环境、业务性质、员工素质等因素在集权和分权之间选择一种平衡。

在不改变现有组织结构的框架下，在内部管理中进行合理的授权，改善管理中存在的一些问题还是有很多切实的工作可做。具体到本案例，宏大公司冗长的产品报废审批流程浪费了大量时间，却没有杜绝不合理报废；职责和责任不明确造成领导签字不负责任，张总成了公司唯一的“守门员”，也就是在集权、分权问题背后还存在流程设计不合理的问题。因此，可以利用这一事件，对这个流程的每个环节进行仔细地分析，找出无效环节，明确相关责任，对该流程进行重新设计。

第四节　组织结构的基本类型

案例导入

某地方生产传统工艺品的企业，伴随着我国对外开放政策，逐渐发展壮大起来。销售额和出口额近10年来平均增长15%以上。员工也由原来的不足200人增加到了2 000多人。企业还是采用过去的直线型组织结构，企业一把手王厂长既管销售，又管生产，是一个多面、全能型的管理者。最近企业发生了一些事情，让王厂长应接不暇。其一，生产基本是按订单生产，由厂长传达生产指令。碰到交货紧时，往往是厂长带头，和员工一起挑灯夜战。虽然按时交货，但质量不过关，产品被退回，并被要求索赔。其二，以前企业招聘人员人数少，所以王厂长一人就可以决定了。现在每年要招收大中专学生近50人，还要涉及人员的培训等，以前的做法就不行了。其三，过去总是王厂长临时抓人去做后勤等工作，现在这方面工作太多，临时抓人去做，已经做不了、做不好了。凡此种种，以前有效的管理方法已经失去作用了。

从组织结构的角度审视案例中的工艺品厂，王厂长该如何改进本厂的管理？

常见的组织结构有直线制组织结构、职能制组织结构、直线职能制组织结构、事业部制组织结构、矩阵制组织结构等，下面对其作简要介绍。

一、直线制组织结构

1. 基本特点

直线制组织结构是最早、最简单的一种组织结构形式。它的特点是：组织中各种职务按垂直系统直线排列，各级主管人员对所属下级拥有直接的一切职权，组织中每一个下属只能向一个直接上级报告。直线制组织结构的形式如图 6.3 所示。

2. 优缺点

直线制组织结构的优点在于结构比较简单、权力集中、责任分明、命令统一、联系简捷。

其缺点是缺乏弹性、容易导致专制、不利于组织总体管理水平的提高。另外，所有的管理职能都集中由一人承担，往往由于个人的知识及能力、精力有限而感到难于应付，顾此失彼，可能会发生较多的失误。

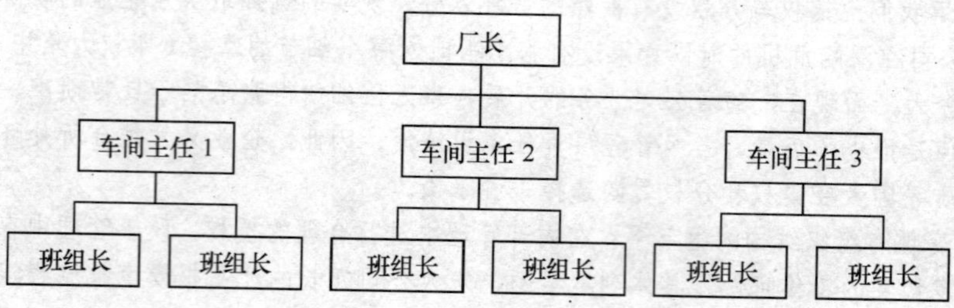

图 6.3　直线制组织结构

3．适用范围

直线制组织结构形式一般只适用于生产规模较小、产品单一、管理简单、业务性质单纯、没有必要按职能实行专业化管理的小型组织或者是现场的作业管理。

二、职能制组织结构

1．基本特点

职能制组织结构的主要特点是：按照专业分工设置相应的职能部门，实行专业分工管理，各职能部门在自已的业务范围内有权向下级下达命令和指示，即下级除了要服从直接上级行政领导的指挥以外，还要接受上级各职能部门的指挥。职能制组织结构的形式如图 6.4 所示。

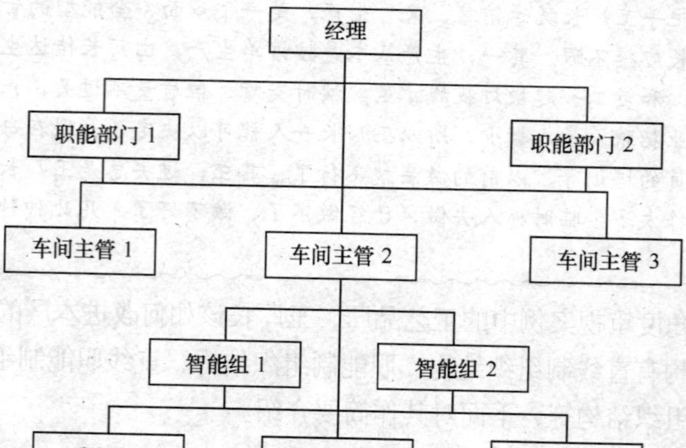

图 6.4　职能制组织结构

2．优缺点

职能制组织结构的优点在于它可以在很大程度上实现职能专业化的优越性。例如，将同类专家归在一起可以产生规模经济，减少人员和设备的重复配置，以及通过给员工们提供与同行们“说同一种语言”的机会而使他们感到舒适和满足。

职能制组织结构的明显缺点在于它违背了组织设计的统一指挥原则，容易导致多头领导，不利于明确各级管理者和职能机构的职责权限，易造成管理的混乱。

3. 适用范围

职能制组织结构形式适用于任务复杂的社会管理组织和生产技术复杂、各项管理工作需要具有专门知识的组织。（实际生活中没有纯粹的职能制组织结构）

三、直线职能制组织结构

1. 基本特点

直线职能制组织结构，从名称上就可以看它是一种综合直线制和职能制两种类型组织特点而形成的组织结构形式。其特点在于将组织中的管理人员划分为两类：一类是直线指挥人员，他们拥有对下级实行直接指挥和命令的权力，并对该组织的工作负全部责任；另一类就是职能管理人员，是直线指挥人员的参谋，只能对下级机构进行业务指导，而不能直接进行指挥和命令，因此也称直线参谋制。它与直线制的区别就在于设置了职能机构；与职能制的区别在于，职能机构只是作为直线管理者的参谋和助手，它们不具有对下面直接进行指挥的权力，具体如图 6.5 所示。

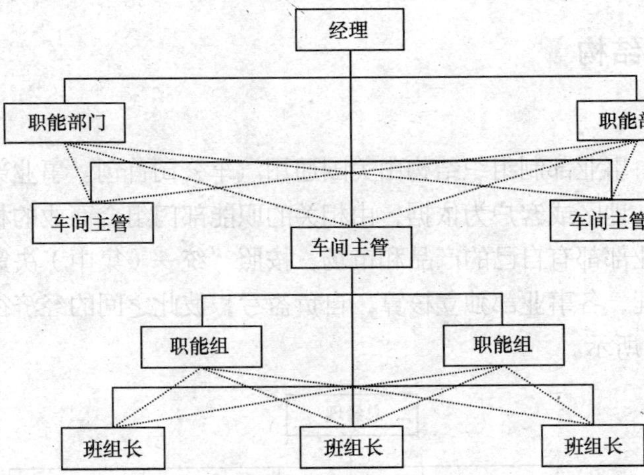

图 6.5 直线职能制组织结构

实线表示直接领导关系（领导权力）

虚线表示业务指导关系（职能权力）

2. 优缺点

直线职能制组织结构形式保持了直线制和职能制的优点，一方面，各级行政负责人有相应的职能机构作为助手（参谋），以发挥其专业管理的优点；另一方面，每个管理机构内又保持了集中统一指挥。

但是，直线职能制组织结构形式的专业分工必然会带来协作配合难题。由于各个职能部门分管不同业务，观察和处理问题的角度不同，彼此之间往往会产生这样那样的矛盾，如果相互配合不好，就会妨碍管理工作的顺利进行；同时，职能机构对下级虽不能直接指挥，却可以在业务范围内对下级单位提出工作部署和要求，如果各部门提出的要求不能协调一致，就会使下级单位无所适从，妨碍下级机构中心工作的执行，仍然可能形成“上面千条线，下面一根针”的多头指挥现象。

补充说明

组织中的管理人员从事管理工作的两类不同身份

直线关系是一种命令关系，是上级指挥下级的关系。这种命令关系自上而下，从组织的高层，经过中层，一直延伸到基层，形成一种等级链。链中的每一个环节的管理人员都有指挥下级工作的权力，同时又必须接受上级管理人员的指挥。

参谋关系是一种服务和协助的关系。由于现代组织活动过程越来越复杂，直线主管很难使自己拥有组织本部门活动所需的各种知识，人们常借助于一些助手，利用不同助手的专门知识来补偿直线主管的知识不足，协助他们的工作。因此，参谋的主要任务是作为直线的助手提供某些专门服务、进行某项专门研究，以提供某些对策和建议。

3. 适用范围

直线职能制是目前大中型企业和各级组织采用较多的结构之一。尤其适合产品品种比较简单、工艺比较稳定、市场销售情况比较容易掌握的企业。

四、事业部制组织结构

1. 基本特点

20 世纪 20 年代，事业部制组织结构由美国通用汽车公司首创。事业部是这种企业的第二级机构，是以产品、地区或客户为依据，由相关的职能部门组合而成的相对独立的单位。其特点在于，每个事业部都有自己的产品和市场，按照“统一（集中）决策，分散经营”的原则，实行分权化管理，各事业部独立核算，自负盈亏，彼此之间的经济往来要遵循等价交换原则，具体如图 6.6 所示。

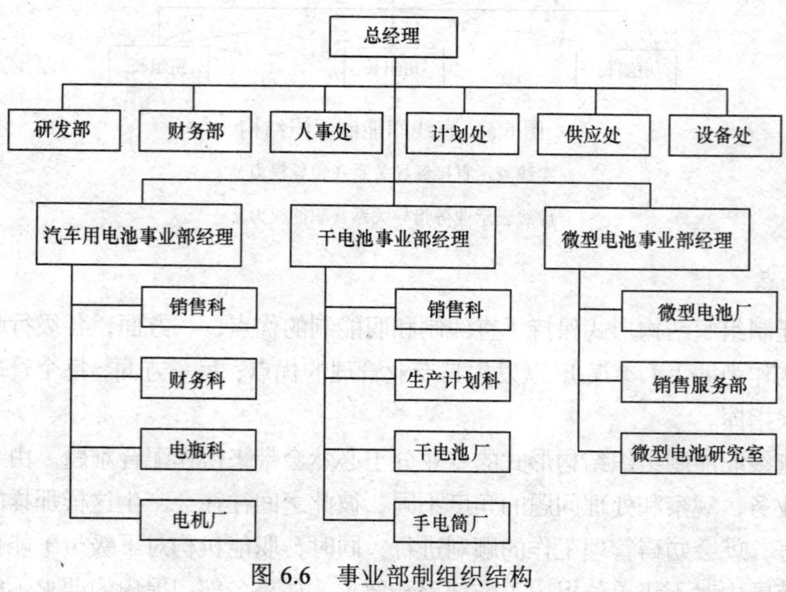

图 6.6　事业部制组织结构

2. 优缺点

事业部制结构有利于发挥各事业部的积极性、主动性，事业部制结构也使总部人员摆脱了关注日常运营具体事务的负担，使他们能专心致志于长远的战略规划。事业部形式也是培养高级经理人员的有力手段。

事业部制结构的主要缺陷是活动和资源出现重复配置。例如，每一个分部都可能有一个市场营销部门，职能重复配置就会导致组织总成本的上升和效率的下降。另外，各事业部之间容易产生不良竞争，总公司协调任务加重。再者，容易出现过度分权，削弱公司整体领导力，或者分权不足，影响事业部的经营自主性。

3. 适用范围

事业部制主要适用于规模大、产品（或服务）种类繁多或分支机构分布区域广的现代大型企业。

五、矩阵制组织结构

1. 基本特点

矩阵制组织结构又称规划—目标结构，它由纵横两套管理系统叠加在一起组成一个矩阵。图 6.7 为一家航空公司的矩阵制组织结构。在图中的上部排列的是工程、会计、人事等职能，但在纵坐标上增加了该航空公司目前正在开展的各类项目，每一个项目由一名经理人员领导，他将为其负责的项目从各职能部门中抽调有关人员。这样在横向的传统职能部门基础上增加纵向坐标的结果，就将职能部门化和产品部门化的因素交织在了一起，因此，称之为矩阵。

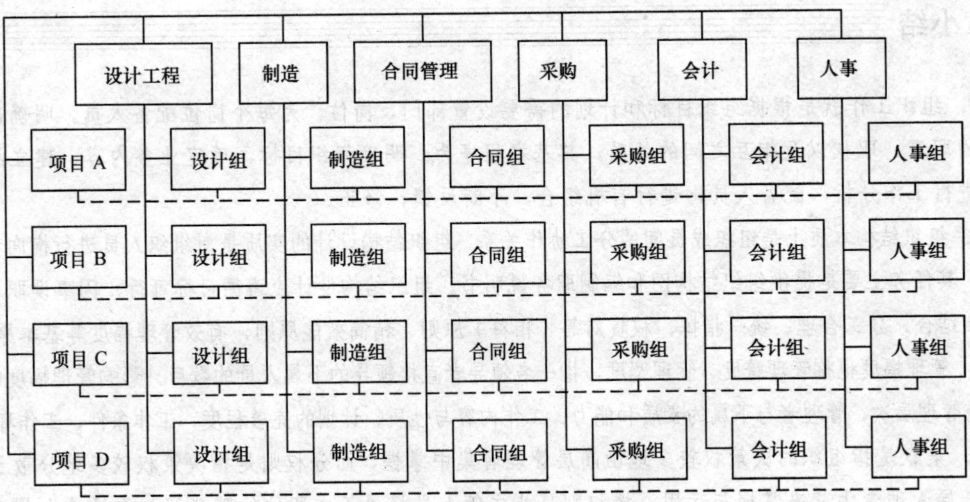

图 6.7　某航空公司的矩阵制组织结构

2. 优缺点

矩阵制的优点在于它能促进一系列复杂而独立的项目取得协调，同时又保留将职能专家组合在一起所具有的经济性。专业人员和专业设备随用随调、机动灵活，不仅使资源保持了较高的利用率，也提高了组织的灵活性和应变能力；各种专业人员通过共同完成一项工作培养了他们的合作精神和全局观念，且容易互相激发，取得创新性成果。

矩阵制的主要缺点在于它容易造成混乱，员工工作位置不稳定，容易产生临时观念，也不易树立责任心；而且双重职权关系，难以分清责任。例如，各部门经理与项目经理之间的关系通常并不是由规则和程序确定的，而是经由两者相互协商，从而容易产生权力斗争。

3. 适用范围

矩阵制组织结构形式适用于经营涉及面广、产品品种多、临时性的、复杂的重大工程项目组织。

本节导入案例解析

从案例中给出的信息来看，该厂采用的是直线型组织结构形式，其优点是结构比较简单，所有的人都明白他们应向谁报告和谁向他报告。责任与职权明确，每个人有一个并且只能有一个直接上级，因而做出决定可能比较容易和迅速。缺点是在组织规模较大的情况下，业务比较复杂，所有管理职能都集中由一个人承担，是比较困难的。

显然，当企业已经发展成为2 000多人时，直线型组织结构制约企业的正常发展。如同案例中王厂长面临的困境，要一个人管所有的事情，已经没有效果和效率了。因此，企业需要采用适合企业发展的组织结构形式，如直线职能制组织结构，考虑设立生产计划部门、人力资源部门以及后勤部门。这样就可以发挥这一组织结构的优点，即各级直线管理者都有相应的职能机构和人员作为参谋和助手，因而能够对本部门进行有效管理，以适应现代管理工作比较复杂而细致的特点，而每个部门都是由直线人员统一指挥，这就满足了现代组织活动需要统一指挥和实行严格的责任制度的要求。

本章小结

1. 组织工作就是根据组织目标和计划的需要设置部门、岗位，为每个岗位配备人员，明确部门与岗位的职责、职权以及相互之间的关系。其基本程序为：明确组织目标，确定业务内容，建立组织结构，进行工作分析，配备人员，进行有机组合，不断反馈、修正。

2. 组织结构本质上是组织成员间的分工协作关系。组织结构设计的实质是对组织人员进行横向和纵向分工。其任务主要是提供组织结构图和编制职务说明书。组织结构设计应遵循目标可行、因事设职与因职用人相结合、分工合理、统一指挥、权责对等（相符）原则、精简效能原则、有效管理幅度等基本原则。

3. 管理幅度也称管理跨度、管理宽度，指一名领导者直接领导的下属人员的数目。影响管理幅度的因素主要有管理层次、管理者与下属的素质和能力、工作内容与性质、计划的完善程度、工作条件、工作环境等。

4. 集权是指组织的决策权较多地由高层管理者集中掌握，而分权则是指决策权较多地分散于组织的中低层管理者由其来掌握与运用。授权则是指主管人员将属于本职位的部分职权委让给向其直接报告工作的下属或某些职能部门。

本章练习题

一、单选题

1. 确保“事有人做，人有事做，事得其人，人得其事”，这是管理职能中的（　　）。

A. 计划工作　　B. 组织工作　　C. 领导工作　　D. 控制工作

2. 组织结构实际上就是组织中的（　　）。

A. 分工协作关系　　B. 部门之间的职权关系

C. 上下级之间的权力关系　　D. 权力的关系

3. 俗话说："一山不容二虎"、"一条船不能有两个船长"。从管理的角度看，对这些话的如下解释，你认为最恰当的是（　　）。

A. 多头指挥易造成管理混乱，降低管理效率

B. 两个领导之间易起内讧

C. 一个组织中的能人太多必然会造成内耗增加从而导致效率下降

D. 组织中不允许存在两种以上的观点

4. 用组织理论分析腐败现象，可以得出的结论是（　　）。

A. 权力和责任总是一致的　　B. 没有责任的权力将产生腐败

C. 责任比权力更为重要　　D. 集权比分权更为重要

5. 某企业总经理下设 2 个副总经理，每个副总经理下设 3 个部门经理，每个部门有 6 名员工，则每个副总经理和部门经理的管理幅度分别是（　　）。

A. 2 人和 3 人　　B. 5 人和 6 人　　C. 11 人和 9 人　　D. 3 人和 6 人

6. 某企业老板碍于情面，录用了一位政府官员的儿子（机械制造专业），可该公司并不需要这种专业的人才，但公司老板还是为小伙子安排了公司办公室副主任一职。这一做法主要违背了（　　）。

A. 分工合理原则　　B. 统一指挥原则　　C. 精简效能原则　　D. 因职用人原则

7. 某总经理把产品销售的责任委派给一位主管经营的副总经理，由其负责所有地区的经销办事处，但同时总经理又要求各地区经销办事处的经理们直接向总会计师汇报每天的销售数字，而总会计师也可以直接向各经销办事处经理们下指令。总经理的这种做法违背了（　　）。

A. 分工合理原则　　B. 统一指挥原则　　C. 精简效能原则　　D. 因职用人原则

8. 组织结构设计的基本出发点是（　　）。

A. 组织目标　　B. 工作分析　　C. 配备人员　　D. 设置岗位

9. 组织结构设计的实质是（　　）。

A. 工作分析　　B. 组织分工　　C. 提供组织结构图　　D. 编制职务说明书

10. 中国古代名相管仲治理齐国时，令三十户为一邑，每一邑设一司官；十邑为一卒，每卒设一卒师；十卒为一乡，每乡设一乡师；十乡为一县，每县设县师；十县为一属，每属设一大夫；全国共五属，设五大夫，直接归中央指挥。该组织类型和管理层次分别为（　　）。

A. 直线制，管理层次为 7　　B. 直线制，管理层次为 8

C. 直线职能制，管理层次为 7　　D. 直线职能制，管理层次为 8

11. 组织中主管人员监督管辖其直接下属的人数越是适当，就越能够保证组织的有效运行，这是组织结构设计应遵循的（　　）。

A. 目标可行原则　　B. 责权一致原则　　C. 有效管理幅度原则　　D. 分工合理原则

12. 一般说来，集权或分权的程度，常常根据各管理层次拥有的（　　）权的情况来确定。

A. 领导　　B. 决策　　C. 计划　　D. 组织

13.（　　）是用图形的方式表示的组织内各机构、岗位、上下、左右的相互关系。

A. 组织结构图　　B. 组织手册　　C. 职位说明书　　D. 组织树

14. 某企业的员工在工作中经常接到来自上级的两个有时甚至是相互冲突的命令，以下说法指出了导致这种现象本质原因的是（　　）。

A. 该公司在组织设计上采取了职能结构

B. 该公司在组织运作中出现了越权指挥的问题

C. 该公司的组织层次设计过多

D. 该公司组织运行中有意无意违背了统一指挥的原则

15. 下列组织（　　）最适宜采用矩阵式组织结构。

A. 医院　　B. 学校　　C. 电视剧制作中心　　D. 汽车制造

16. 在直线职能制组织结构中（　　）。

A. 职能人员可以对下级发号施令　　B. 直线人员可以对下级发号施令

C. 直线人员不能对下级发号施令　　D. 直线人员和职能人员都可以对下级发号施令

17. 事业部制组织结构的基本原则是（　　）。

A. 分散决策，分散经营　　B. 集中决策，集中经营

C. 分散决策，集中经营　　D. 集中决策，分散经营

二、多选题

1. 以下说法正确的有（　　）。

A. 组织工作就是要在合适的时间将合适的人安排在合适的岗位

B. 工作分析是配备人员的前提

C. 组织结构一旦建立，就可以固定不变

D. 组织工作不仅是把工作分给不同的人，还包括让这些人之间相互协作

2. 组织结构设计的主要任务有（　　）。

A. 提供组织结构图　　B. 配备人员　　C. 进行工作分析　　D. 编制职务说明书

3. 以下体现制度分权的做法有（　　）。

A. 王总授权秘书小吴处理办公室临时业务

B. 在职权范围内，王经理可以直接做决策而不用向总经理汇报

C. 除了一些涉及公司发展方向的战略决策外，王总一般不对下属所做的决策进行干预

D. 各业务部门虽有自主权，但部门经理在做决定之前应先请示副总，严禁先斩后奏

4. 以下说法不正确的有（　　）。

A. 管理幅度就是一个领导者所领导的下级人员的数目

B. 一般来说，管理者能力的大小不影响管理幅度的大小

C. 计划越模糊，给基层自由度越大，上级的管理幅度也就越大

D. 组织最高管理者个人权欲的大小影响组织集权或分权的程度

5. 授权的好处有（　　）。

A. 可使高层管理人员从日常事务中解脱出来，专心处理重大问题

B. 可提高下属的工作情绪，增强其责任心，并增进效率

C. 可充分发挥下属的专长，以弥补授权者自身才能的不足

D. 便于高层管理者的控制

6. 以下判断正确的有（　　）。

A. 参谋权力是组织成员所拥有的向管理者提供咨询或建议的权力

B. 直线权力是组织中上级指挥下级工作的权力，表现为上下级之间的命令权力关系

C. 直线权力与参谋权力之间的关系是“参谋建议，直线指挥”的关系

D. 参谋人员可以与直线人员一样向下发布命令

7. 以下关于事业部制的论述，正确的有（　　）。

A. 是一种在直线职能制基础上演变而成的现代企业组织结构

B. 是分级管理、分级核算、自负盈亏的一种形式

C. 遵循“集中决策，分散经营”的总原则

D. 有助于培养高层管理人员

三、问答题

1. 简述组织工作的内涵与基本程序。
2. 什么是授权？简述授权与分权的异同与联系。
3. 什么是管理幅度？简述影响管理幅度的主要因素及其对管理幅度的影响。

课外思考实践题

1. 一个组织可以没有结构吗？为什么？

2. 在直线制、职能制、直线职能制、事业部制、矩阵制五种组织结构中，哪一种组织结构你最愿意在其中工作？哪一种又最不愿意呢？请给出理由。

3. 通过调查了解，明确你所在的学校采取的是什么样的组织结构？如果从理论的角度上去分析和看待，找出其合理与不足之处并提出改进意见。

4. 找一家熟悉的公司，对该公司的组织结构图进行分析，并将分析结果用文字等形式表达出来。

第七章

组织变革与组织文化

学习目标

学习本章，你应该能够清楚地知道：

- 组织变革的动因和意义。
- 组织再造理论与学习型组织理论的基本内涵。
- 如何正确对待非正式组织。
- 组织文化的内涵与功能。

第一节　组织变革

案例导入

阿里巴巴、蒙牛组织结构变革 创新莫停歇

据2013年1月24日《经济日报》报道（董碧娟）2013年1月，阿里巴巴决定将原有的7个事业群分为25个事业部，再进行宏观整合，交由9个集团管理执行委员会成员分别负责。蒙牛则将常温、低温、冰淇淋3个核心部门合并成1个部门。两大企业各有说法：阿里巴巴表示，想通过小事业部运营确保以电子商务为驱动的新商业生态系统全面形成，以适应互联网快速变革带来的机遇和挑战；蒙牛则称，合并之举是为进一步梳理销售体系，最终实现对一线大区的放权，使一线真正发力，提升反应速度。

先不细究这“一分一合”背后各自的战略考虑，其展现出的组织结构创新活力就很值得关注。现代企业经营环境中，消费需求日益个性多元、科技创新层出不穷、市场竞争愈加激烈，要想及时适应内外部环境变化，最大限度地减少各因素掣肘，企业组织结构创新必不可缺。一般而言，企业的战略调整都会首先通过组织结构变革体现，而企业组织结构变化则会反映、折射出企业的发展战略调整。企业组织结构在企业发展中的基础性支撑地位不容忽视。

在创新驱动战略的大系统下，企业组织结构创新无疑是重要一环。组织结构创新大致包括两个层面，一种是对整个组织结构设计作出全面变革，另一种是对其中的一个或多个要素进行变革。阿里巴巴与蒙牛的这次调整应该说分别属于这两种。事实上，两家企业在组织结构上的创新不曾间断。就在2012年7月，阿里巴巴将原有的子公司制调整为事业群制，把原有子公司的业务调整为7个事业群，以提升应对各自领域的核心竞争力。蒙牛则从2008年起将原来的事业部制转变成系统制，使得内部分工更加明确。

现代企业的基本组织结构主要包括直线职能制、事业部制、控股公司制这三种，其他结构也基本是这三种结构的变异。实践证明，分立化、扁平化、弹性化、网络化等是现代企业组织结构发展的几种主要方式。企业组织结构创新往往是其战略、规模、人员、周期等多种因素共同作用的结果，起因不一，但最终目的都是为了有效配置企业资源，提高市场竞争力。

阿里巴巴和蒙牛的组织结构变革，只是现代企业适应知识经济和网络经济发展的两个个体案例。企业组织结构变革正以不同形式、不同程度发生在诸多市场主体身上。然而，紧密围绕企业发展战略，契合市场环境变化，创新性强、效率高的企业组织结构创新并不多见。全面创新需要良好的组织结构作支撑，市场开拓需要优化的组织结构作为依托。只要企业发展不止步，创新不停歇，组织结构创新就需看得远，行得快，立得稳。

一、组织变革的内涵与动因

1. 组织变革的内涵

亚蒙·哈默和卡洛·阿泽利奥·钱皮在《公司再造》一书中把“3C”力量，即顾客（customers）、竞争（competition）、变革（change）看成是影响市场竞争最重要的三种力量，并认为三种力量中尤以变革最为重要，“变革不仅无所不在，而且还持续不断，这已成了常态”。

> **名家观点**
>
> 对于发达国家来说，有一件事是千真万确的，甚至对全世界各个国家都是如此。那就是我们正面对长时期的巨大变革。
>
> ——彼得·德鲁克

组织变革就是组织根据内外部环境的变化，及时对组织中的要素进行调整、改进和革新的过程。其目的是适应未来组织发展的要求，增强组织的活力，实现组织的目标，并最终实现组织的可持续发展。

2. 组织变革的动因

促使组织变革的动因可以分为外部动因和内部动因两个方面。

以系统的观点来看，任何组织都是一个开放的系统，它通过与其所在环境不断地进行物质、能量、信息的交换而生存与发展。因此，外部环境的变化是组织变革的重要动因。

组织变革的内部动因主要是组织中人员的思想和行为的变化、组织运行和成长过程中的矛盾等。组织中人员的思想和行为有积极向上、开拓创新的，则是促进组织变革的源动力；相反，组织中人员的思想和行为若变为消极、不满、怠工、冲突，则往往从反向迫使组织不得不进行变革。组织在运行过程中，会出现各种矛盾。如组织结构庞大臃肿、运行机制僵化缺乏弹性，对外界环境的变化反应迟钝，内部不协调，指挥失灵等。伴随着这些矛盾的解决，组织变革也随之进行。

补充说明

组织和人一样，经过若干年后必然会老化，特别是在组织环境剧烈变化的情况下，组织的寿命将大大缩短。按照组织的生命周期理论，组织从成立走过幼稚期、成长期、成熟期等几个阶段后逐渐走向衰退期而趋于老化，如不及时变革必然倒闭。老化的特征主要有机构臃肿、反应迟钝、文山会海、模式僵化、经营思路保守、技术设备落后。

组织变革的动因可用图 7.1 表示出来。

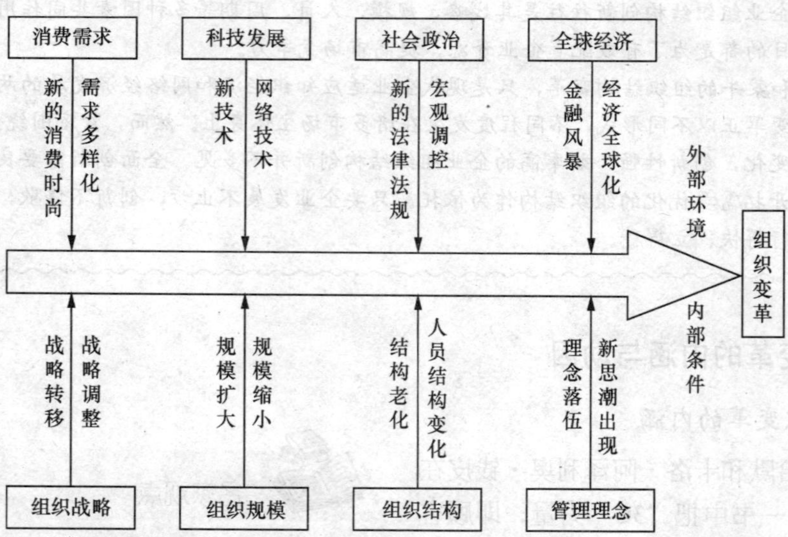

图 7.1　组织变革的动因示意图

二、组织变革的内容

组织变革具有互动性和系统性，组织中的任何一个因素发生改变，都会带来其他因素的变化。然而，就某一阶段而言，由于环境情况各不相同，变革的内容和侧重点也有所不同。综合而言，组织变革过程的主要变量因素包括人员、结构、任务和技术。

1. 对人员的变革

人员的变革是指员工在态度、技能、期望、认知和行为上的改变。组织发展虽然包括各种变革，但是人是最主要的因素，人既可能是推动变革的力量也可能是反对变革的力量。变革的主要任务是组织成员之间在权力和利益等资源方面的重新分配。要想顺利实现这种分配，组织必须注重员工的参与，注重改善人际关系并提高实际沟通的质量。

2. 对结构的变革

结构的变革包括权力关系、协调机制、集权程度、职务与工作再设计等其他结构参数的变化。管理者的任务就是要对如何选择组织设计模式、如何制订工作计划、如何授权以及授权程度等一系列行动做出决策。

3. 对技术与任务的变革

技术与任务的改变包括对作业流程与方法的重新设计、修正和组合，包括更换机器设备，采用新工艺、新技术和新方法等。由于产业竞争的加剧和科技的不断创新，管理者应能与当今的信息革命相联系，注重在流程再造中利用最先进的计算机技术进行一系列的技术改造，同时，组织还需要对各个部门或各个层级的工作任务进行重新组合，如工作任务的丰富化、工作范围的扩大化等。

三、组织变革的过程与程序

（一）组织变革的过程

一般来讲，成功的变革必须对组织的现状进行解冻，然后通过变革使组织进入一个新阶段，同时对新的变革予以再冻结，即组织变革的过程包括解冻、变革和再冻结三个阶段。

（1）解冻阶段，是改革前的心理准备阶段。组织在解冻期间的中心任务是改变员工原有的观念和态度，必须通过积极的引导，激励员工更新观念、接受改革并参与其中。

（2）变革阶段，是变革过程中的行为转换阶段。进入这一阶段，组织上下已对变革做好充分的准备，变革措施就此开始。组织要把激发起来的改革热情转化为改革的行为，关键是要能运用一些策略和技巧减少对变革的抵制，进一步调动员工参与变革的积极性，使变革成为全体员工的共同事业。

（3）再冻结阶段，是变革后的行为强化阶段，其目的是要通过对变革驱动力和约束力的平衡，使新的组织状态保持相对的稳定。由于人们的传统习惯、价值观念、行为模式、心理特征等都是在长期的社会生活中逐渐形成的，并非一次变革所能彻底改变的，因此，改革措施顺利实施后，还应采取种种手段对员工的心理状态、行为规范和行为方式等进行不断地巩固和强化；否则，稍遇挫折，便会反复，使改革的成果无法巩固。

（二）组织变革的程序

组织变革程序可以分为以下几个步骤。

1. 通过组织诊断，发现变革征兆

组织变革的第一步就是要对现有的组织进行全面诊断。这种诊断必须要有针对性，要通过收集资料的方式，对组织的职能系统、工作流程系统、决策系统以及内在关系等进行全面诊断。组织除了要从外部信息中发现对自己有利或不利的因素之外，更主要的是能够从各种内在征兆中找出导致组织或部门绩效差的具体原因，并确立需要进行整改的具体部门和人员。

2. 分析变革因素，制订改革方案

组织诊断任务完成之后，就要对组织变革的具体因素进行分析，如职能设置是否合理，决策中的分权程度如何，员工参与改革的积极性怎样，流程中业务衔接是否紧密，各管理层级间或职能机构间的关系是否易于协调等。在此基础上制订几个可行的改革方案，以供选择。

3. 选择正确方案，实施变革计划

制订改革方案的任务完成之后，组织需要选择正确的实施方案，然后制订具体的改革计划并贯彻实施。推行改革的方式有多种，组织在选择具体方案时要充分考虑到改革的深度和难度、改革的影响程度、变革速度以及员工的可接受程度和参与程度等，做到有计划、有步骤、有控制地进行。当改革出现某些偏差时，要有备用的纠偏措施及时纠正。

4. 评价变革效果，及时进行反馈

组织变革是一个包括众多复杂变量的转换过程，再好的改革计划也不能保证完全取得理想的效果。因此，变革结束之后，管理者必须对改革的结果进行总结和评价，及时反馈新的信息。对于没有取得理想效果的改革措施，应当给予必要的分析和评价，然后再做取舍。

四、组织变革的阻力及其克服

1. 组织变革的阻力

组织变革是一种对现有状况进行改变的努力，任何变革都常常会遇到来自各种变革对象的阻力和反抗。产生这种阻力的原因可能是传统的价值观和组织惯性，也有一部分来自于对变革不确定后果的担忧。我们可以用表 7.1 将组织变革的阻力来源及成因表示出来。

表 7.1 组织变革阻力的来源及成因

个体和群体方面的阻力	组织的阻力	外部环境的阻力
固有工作和行为习惯 就业安全需要 经济收入变化 对未知状态的恐惧心理 对变革认识存有偏差 群体原有规范的约束 群体原有人际关系受到威胁 群体领导人物与变革发动者之间的恩怨、摩擦和利益冲突 组织利益相关群体对变革的顾虑 保守心理	现行组织结构的束缚 组织运行的惯性 对权力和地位的威胁 保守的组织文化 资本（金）限制	缺乏竞争性的市场环境 传统的社会文化和民族文化特征 社会舆论 伦理价值观

2. 降低变革阻力的策略

一般来说，降低变革阻力的策略有以下几种。

（1）教育与沟通。通过教育与沟通，与阻力方建立一种信任关系，帮助他们正确认识变革的好处。

（2）吸引参与。吸引阻力方参与变革的决策。

（3）支持与促进。提供支持性措施（如培训）促进员工的调整。

（4）谈判。与阻力方谈判进行条件交换。

（5）操纵与收买。用一种“欺骗性”意图使员工接受变革，“收买”反对派领袖人物参与变革。

（6）强制。直接对抵制者使用威胁力和控制力。

五、组织变革的潮流与方向

随着经济的发展和技术的进步，市场竞争日趋激烈，组织变革到底走向何方？

（一）学习型组织

学习型组织理论是美国麻省理工学院教授彼得·M·圣吉（Peter M. Senge）在其著作《第五项修炼》中提出来的。该书出版后，受到了管理学界和企业家的广泛关注，于 1992 年荣获世界企业学会（World Bussiness Academy）最高荣誉的开拓者奖（Pathfinder Award）。

学习型组织理论认为：传统的组织类型已经越来越不适应现代环境发展的要求，未来真正出色的企业，将是能够设法使组织成员全心投入，并有能力不断学习的组织。所谓学习型组织，指的是一种通过培养弥漫于整个组织的学习气氛，充分发挥员工的创造性思维能力而建立起来的能持续发展的组织。

补充说明

学习型组织、学习型社会就是要引导全体组织成员、全体社会成员，能够树立一个终身学习、终身教育的理念。这里的学习，不仅仅是一个学习的概念，也就是说不是我们一般理解的狭义上的读书活动。学习实际上还是发展的一个前提和基础，是提高我们的创造力、创新能力的一个途径。学习型组织（或社会）应该是一个人人向学，“人人是学习之人，处处是学习之所”，而且充满生机和活力，积极进取、积极发展的组织（或社会），应该是有相应的机制促进和保障终身学习和全民学习的组织（或社会）。

1. 学习型组织的真谛

学习型组织的真谛体现在以下三个方面。

（1）学习力。学习力是组织获得生存与发展的基本条件，它由三个要素组成，即学习的动力、学习的毅力和学习的方法。学习的动力来自学习的目标；学习的毅力反映了学习者的意志；学习的方法则来源于学习者掌握的知识及其在实践中的应用。一个人或组织是否具有很强的学习力，完全取决于这个人或组织是否有明确的奋斗目标、坚强的意志和丰富的理论知识以及大量的实践经验。持续的学习能力是学习型组织的基础，学习不仅导致知识、信念、行动的变化，还增强了组织的创新能力和成长能力。

（2）活出生命的意义。一个企业中，只有全体员工能通过工作体验到自己的生命意义的时候，他们才愿意、才能够把自己所有的潜能都发挥出来。学习型组织特别强调“生命意义”。它强调通过学习和激励，让人在工作过程中通过自我超越的创造过程，能够实现快乐地工作。

（3）创新。学习型组织的核心理念就是创新。彼得·M·圣吉在描述学习型组织时说：如果用两个字回答那就是“创新”，如果用四个字回答就是“持续创新”。

补充说明

学习型组织具有如下学习特点。

一是学习与工作不可分离，即“工作学习化，学习工作化”。工作学习化就是把工作的过程看成是学习的过程；学习工作化就是要求组织对待学习要像对待工作那样有严格的要求，即持续地学习、终身学习。

二是组织的学习。组织的学习对应于个人的学习，是指组织通过各种途径和方式不断获取知识，在组织内传递知识并创造出新知识，以增强组织自身实力，带来行为或绩效的改善的过程。强调知识的共享。

三是学后要有新行为。学习型组织非常强调新行为，要求学习后付诸行动、拿出成果，要产生新的行为（要有创新）。

2. 五项修炼的内容

学习型组织的形成必须建立在组织成员五项修炼的基础上，其主要内容是以下几个方面。

（1）系统思考。这是五项修炼的核心，强调把各个独立、片断的事件联系起来，以发现其内在的互动关系。因此，组织在处理问题时，必须扩大思考空间和时间范围，了解前因后果，才能辨识问题的全貌。

（2）自我超越。这是五项修炼的基础，强调组织成员应能不断认识自己，认识外界的变化，不断给予自己新的奋斗目标，做事精益求精，永远努力发展自我、超越自我。在这个过程中，并非降低理想来与现实相符，而是提升自我以实现理想，由此培养出创意与能力，并以开阔的胸襟来学习、成长和不断超越自我。

（3）改善心智模式。就是要求组织成员要善于改变传统的认识问题的方式和方法，要用新的眼光看世界。人人都有根深蒂固的心智模式，如那些既有的习惯、偏见、假设或印象等理所当然的想法，往往会阻碍人们的创新、改变和进步。如果一个人无法掌握市场的契机和在组织中推行变革，而是墨守成规，很可能是因为这些契机和变革与他自己心中隐藏的强有力的心智模式相抵触。

（4）建立共同愿景。所谓共同愿景，是指能鼓舞组织成员共同努力的愿望和远景，它包括远景（企业将来要实现的蓝图）、价值观（实现蓝图应该遵循的一些基本原则）、目的和使命（组织存在的理由）、目标（在短期内达到的里程碑）等内容。“愿景”强调的是大家共同愿意去做的远景，因此，与纯粹只是告诉大家什么是“远景”不同。有了衷心渴望实现的共同目标，大家才会努力学习，才会追求卓越，不是因为他们被要求这样做，而是由衷地想要如此。因此，组织需建立共同的理想、文化和使命，并使组织成员一起为共同的目标而努力，才能有所成就，进行这一项修炼的目的是强调把企业建成一个生命共同体。

示例

联想控股有限公司愿景：以产业报国为己任，致力于成为一家值得信赖并受人尊重，在多个行业拥有领先企业，在世界范围内具有影响力的国际化控股公司。

（2014 年 2 月 9 日摘自联想网站，http://www.legendholdings.com.cn/Pages/Vision.aspx）

（5）团队学习。这是组织中沟通与思考的对话工具，强调彼此在不本位、不自我防卫、不预设立场、不敬畏的情况下共同学习，以发挥协同作用，充分体现集体智商大于每个人的智商之和的效力。团队学习也是适应环境剧变的最佳方式，唯有大家一起学习、成长、超越和进步，才能让组织免遭冲击，持续创造佳绩。开展团队学习，其目的是为了使组织成员学会集体思考，以激发群体的智慧，开展团队学习后，由于团队成员理解彼此的感觉和想法，因此能凭借完善的协调和一体的感觉，发挥出综合效率。

示例

联想——中国第一个学习型组织[①]

联想控股创立于 1984 年，在柳传志的带领下，企业从小到大，不断追求更高目标，从单一信息技术（IT）领域，到多元化，到大型综合企业，历经三个跨越式成长阶段。

联想控股致力于在多个产业领域内打造出一批卓越企业，实现产业报国的理想。

经过 30 年的发展，联想控股在四个方面进行了不懈探索，取得了一定的突破：

率先走出了一条具有中国特色的科研院所高科技产业化道路，不论是联想集团"贸-工-技"实践，还是联想控股后来开展的风险投资以及"联想之星"，都在积极推动中国科技企业的更大发展；

立足中国本土市场，在与国际个人计算机（PC）巨头的竞争中一举胜出，带动了一大批民族信息技术企业的发展。之后，联想集团国际化的成功，为中国企业"走出去"树立了信心，积累了宝贵经验；

成功实施了国有高科技企业股份制改造，使员工成为企业的主人，为公司的长远发展奠定了坚实的基础，也为中国科研院所高科技企业的机制改革探索了一条道路；

总结出了以"管理三要素"为核心的企业管理规律，形成了联想的核心竞争力，培养出了一批领军人物，在多个行业里取得了领先地位。

联想的成功原因是多方面的，但不可忽视的一点是，联想具有极富特色的组织学习实践，使得联想能顺应环境的变化，及时调整组织结构、管理方式，从而健康成长。

（二）组织再造

组织再造理论是美国麻省理工学院教授迈克尔·哈默（Michael Hammer）提出来的。他对组织再造的定义是：为适应新环境对组织生存和发展的要求，必须对组织的工艺流程、管理组织系统进行根本的重新思考与彻底翻新，以便在成本、品质、服务与速度上获得戏剧化的改善。该理论的中心思想是强调组织必须采取激烈的手段，彻底改变工作方法，强调组织流程要"一切重新开始"，摆脱以往陈旧的流程框架，构建授权型、扁平化和弹性

① 本文整理自联想控股网站"我们的历史"栏目：http://www.legendholdings.com.cn/Pages/AllHistory.aspx

的组织。

1. 授权型

今天的管理者也逐渐认识到，有效授权对管理者、员工及企业三方都有利。对管理者，授权可以让他们空出较多时间做策略性的思考。对员工，授权可以让他们学习新的技巧和专长，有机会发展能力，在事业生涯中更上一层楼。对公司，也可以增进其整体的效能，使质量、生产率和员工的责任感等方面得到改进。

2. 扁平化

现代信息技术的飞速发展，特别是网络技术的日臻完善，信息资源的共享性大大提高，并实现了信息分散处理，这使得信息的获得和沟通变得容易，基层人员可直接与高层管理人员沟通，这为组织的扁平化打下了基础。此外，为了提高组织对外部环境变化的快速反应能力，必须对传统的集权组织进行大胆改革，减少管理层次，扩大管理幅度，实现组织扁平化。

3. 弹性

为了建立对组织外部环境变化具有响应能力和对组织内部因素变化具有适应能力的组织体系，必须使管理系统弹性化，这主要体现在以下几个方面。

（1）企业规模适度化。长期以来人们把追求规模经济效益作为经营目标，但历史进入20世纪90年代以来，随着社会生产力的发展，“大就是美”的时代已告结束。自20世纪70年代以来，为美国创造大量就业机会，开发无数科技产品的是小公司，而且大多数为高新技术公司。它们灵活性大、创造力强、敢于冒风险，所以有人认为美国经济能在国际竞争中取胜，全靠这些小公司。但这也并不意味着“小才是美”，今后提倡的是适度规模，要认识到大有大的好处（如拥有丰富的资源和广大的营销网），小有小的优势（如弹性大、效率高），宜大则大，宜小则小，以经营灵活、效益好为标准。

（2）倡导团队式组织形式。建立跨职能、跨企业的团队成为管理界的新生事物，这些团队可以共同合作，也可以随着不同时间、不同需要或成立或解散。现在的团队观念融入了客户的需求，强调一切以客户为中心，团队不仅是跨职能，更要为顾客需要而成立。

（3）建立战略联盟。战略联盟是指两个或两个以上的企业之间或特定的事业和职能部门之间为实现共同的目标，通过建立公司或联合组织等方式而结成的一种网络式的联合体。如有些公司为了发挥各自的优势，共同开发一种或多种关联产品，并使它们很快推向市场，这就需要组织开发该产品的联合体。战略联盟是现代企业组织制度创新的一种形式，它使企业间的合作得到加强，形成“你中有我，我中有你”的错综复杂的企业网络，体现了“昔日是竞争对手，今天是合作伙伴”的灵活策略。

（三）其他几种新型组织结构

随着新的管理思想和组织理论的出现，一些组织尤其是企业的组织结构逐渐呈现出网络化、扁平化、灵活化、多元化、全球化等趋势（见表7.2），伴随着这些趋势，柔性组织、虚拟组织和无边界组织等新型组织结构类型也不断涌现出来。

1. 柔性组织结构

柔性是一种能够适应各种变化，可以及时地根据变化迅速做出调整的能力。在现代企业，尤其是现代高科技企业，迫切需要创建柔性组织系统来平衡“控制权”与“自主权”，协调“集权”与“分权”，提高组织的灵活性。

柔性组织结构是一种多极化、多元性的组织结构，核心机构负责公司的总体战略和整体事务；各分支机构在地位上与核心机构平等，相互依赖，互为补充，类似组成联盟。

表 7.2　组织发展的趋势

趋势	说　明
网络化	以跨职能团队为单位 信息网络化，各部门广泛协作 更好地满足客户需求，与供应商及组织的利益相关者保持密切关系
扁平化	管理层次减少，管理幅度增加 更多的授权 办公自动化，信息传递迅速 人力资源数量减少，而质量提高
灵活化	需要主动、灵敏、高素质的人力资源 满足客户个性化的需求 更加灵活地适应外界的变化
多元化	人力资源多元化 职业途径多元化，流动性强 激励系统多元化，多种激励和报酬措施
全球化	市场全球化 竞争更激烈

2. 虚拟组织结构

虚拟组织结构的最大特点是组织决策集中程度很高，但部门化程度很低，或者根本不存在实体的部门。虚拟组织结构的灵活性很强，如果它们认为其他公司在生产、销售、服务等某一方面具有更强的优势，它们就与这些公司联合，或是把自己相对劣势的部门转让出去。虚拟组织结构的形式包括产品联盟、技术联盟、知识联盟和战略联盟等。

示例

耐克公司是世界上最大的旅游鞋供应商和制造商之一，也是利用虚拟公司抢占市场成功的公司之一。公司将主要的财力、物力、人力投入到产品的设计和销售上，甚至样鞋也不靠自己生产，其生产活动完全在其他地区的企业中进行。公司的许多经理经常穿梭于全球寻找合适的生产合作伙伴。20 世纪 70 年代，耐克与菲律宾、马来西亚、英国、爱尔兰的制鞋厂合作，80 年代耐克转向韩国等地谋求合作，90 年代开始将寻求合作伙伴的目光转向中国、印度尼西亚、泰国等国。耐克的成绩是惊人的，利润从 1985 年的 1300 万美元上升到 1994 年约 4 亿美元，1994 年，营业额达到近 4 亿美元，到 2013 年仅第二季度的利润达 3.84 亿美元。耐克成功的关键是恰当地组建虚拟公司，并在虚拟公司中处于领导地位，从而获得了低成本、高利润。

3. 无边界组织结构

补充说明

“无边界组织”一词是由通用电气公司总裁杰克·韦尔奇创造的。他设想把公司变成一个年销售额达 600 亿美元的家庭式杂货店，减小公司内部的垂直界限和水平界限，消除公司与客户、供应商之间的外部障碍。

无边界组织结构就是要减少命令链，不限制管理幅度，取消各职能部门，代之以工作团队的新型组织结构类型。表 7.3 反映了无边界组织结构的目标及其措施。

表 7.3　无边界组织结构的目标及其措施

目　标	措　施
减小垂直界限	引入跨等级团队（由高级主管、中级主管、基层主管和基层员工组成） 员工参与决策
减小水平界限	多功能团队取代职能部门 人员横向调动 不同职能领域的工作轮换
消除外部障碍	经营全球化 战略联盟 远程办公方式

第二节　非正式组织

案例导入

阳贡公司是一家中外合资的集开发、生产、销售于一体的高科技企业，其技术在国内同行业中居于领先水平，公司拥有员工100人左右，其中的技术、业务人员绝大部分为近几年毕业的大学生，其余为高中学历的操作人员。目前，公司员工中普遍存在着对公司的不满情绪，辞职率也相当高。

员工对公司的不满始于公司筹建初期，当时公司曾派遣一批技术人员出国培训，这批技术人员在培训期间结下了深厚的友谊，回国后也经常聚会。在出国期间，他们合法获得了出国人员的学习补助金，但在回国后公司领导要求他们将补助金交给公司，于是矛盾出现了。技术人员据理不交，双方僵持不下，公司领导便找这些人逐个反复谈话，言辞激烈，并采取一些行政制裁措施给他们施加压力。少数几个人曾经出现了犹豫，却遭到其他人员的强烈批评，最终这批人员中没有一个人按领导的意图行事，这导致双方矛盾日趋激化。最后，公司领导不得不承认这些人已形成一个非正式团体。由于没有法律依据，公司只好作罢。因为这件事造成公司的内耗相当大，公司领导因为这批技术人员"不服从"上级而非常气恼，对他们有了一些成见，而这些技术人员也知道领导对他们的看法。于是，陆续有人开始寻找机会"跳槽"。一次，公司领导得知一家同行业的公司来"挖人"，公司内部也有不少技术人员前去应聘，为了准确地知道公司内部有哪些人去应聘，公司领导特意安排两个心腹装作应聘人员前去打探，并得到了应聘人员的名单。谁知这个秘密不胫而走，应聘人员都知道自己已经上了"黑名单"，于是在后来都相继辞职而去。

什么是非正式组织？对于公司中存在的非正式组织，阳贡公司的处理方法是否得当？如果是你，会怎么做？

一、非正式组织的内涵

非正式组织是未经正式筹划而由人们在交往中自发形成的一种关于个人与社会的关系网络，这种关系网络并非由法定的权力机构所建立，也不是出于权力机构的要求，而是在人们彼此交往的联系中自发形成的。如知青会、校友会、钓鱼协会、桥牌协会都属于非正式组织。

补充说明

非正式组织是相对正式组织而言的。正式组织是指为了完成组织所规定的特定目的与特定工作而产生的正式的官方组织机构，如一个企业的车间、科室等。

一般而言，非正式组织可以存在于任何一种群体之中，只要群体中的成员对这种组织形式有一定的需求。

非正式组织没有正式组织机构，一般也不具备自觉的共同目标，它产生于与工作有关的联系，并由此形成一定的看法、习惯和准则，是代表一定利益的团体。

相对于正式组织，非正式组织有以下几个基本特征。

（1）自发性。非正式组织只是由于自然的人际交往（如以某种共同利益、观点和爱好为基础）而自发地产生交互行为，由此形成一种未经刻意安排的组织状态。

（2）内聚性。非正式组织虽然没有严格的规章制度来约束其成员的行为，但它通过成员的团队意识、团队固有的规范和压力以及非正式领导者的说明和影响作用而将人们团结在一起，并产生很强的凝聚力。

（3）不稳定性。由于非正式组织是自发产生、自由结合而成的，因此呈现出不稳定性，它可以随着人员的变动或新的人际关系的出现而发生改变。

二、非正式组织与正式组织的关系

任何正式组织中都有非正式组织的存在，二者常常是相伴而存、相促而生。

非正式组织是伴随着正式组织的运转而形成的。在正式组织展开活动的过程中，组织成员必然发生业务上的联系，这种工作上的接触会促进成员之间的相互认识和了解。他们会渐渐发现在其他同事身上也存在一些自己所具有、欣赏、喜爱的东西从而相互吸引和接受，并开始工作以外的联系，频繁的非正式联系又促进了他们之间的相互了解。这样，久而久之，一些正式组织的成员之间的私人关系从相互接受、了解逐步上升为友谊，一些无形的、与正式组织有联系，但又独立于正式组织的小群体便慢慢地形成了。这些小群体形成以后，其成员由于工作性质相近、社会地位相当、对一些具体问题的认识基本一致、观点基本相同，或者在性格、业余爱好以及感情相投的基础上，产生了一些被大家所接受并遵守的行为规则，从而使原来松散、随机性的群体渐渐成为趋向固定的非正式组织。

形成过程和目的的不同，决定了它们的存在条件也不一样。正式组织的活动以成本和效率为主要标准，要求组织成员为了提高活动效率和降低成本而确保形式上的合作，并通过他们在活动过程中的表现予以正式的物质与精神的奖励或惩罚来引导他们的行为。因此，维系正式组织的主要是理性的原则。而非正式组织则主要以感情和融洽的关系为标准，它要求其成员遵守共同的不成文的行为规则，不论这些行为规范是如何形成的，非正式组织都有能力迫使其成员自觉或不自觉地遵守。对于那些自觉遵守和维护规范的成员，非正式组织会予以赞许、欢迎和鼓励，而那些不愿就范或犯规的成员，非正式组织则会通过嘲笑、讥讽、孤立等手段予以惩罚。因此，维系非正式组织的，主要是接受与欢迎或孤立与排斥等感情上的因素。

三、非正式组织的作用

由于正式组织与非正式组织的成员是交叉混合的，由于人们感情的影响在许多情况下要胜于理性的作用，因此，非正式组织的存在必然要对正式组织的活动及其效率产生影响。

（一）非正式组织的积极作用

当非正式组织意识到正式组织的目标符合他们的利益、愿望和要求，或正式组织的管理人员得到非正式组织的赞同时，或者非正式组织的领导受到正式组织的重视而愿意协作时，非正式组织就能够对正式组织的发展起积极作用。

1. 满足职工的需要

非正式组织是自愿性质的，其成员甚至是无意识地加入进来，他们之所以愿意成为非正式组织的成员，是因为这类组织可以给他们带来某些需要的满足。例如，工作中或作业间的频繁接触以及在此基础上产生的友谊，可以帮助消除孤独的感觉，满足他们“被爱”以及“施爱心于他人”的需要；基于共同的认识或兴趣，对一些共同关心的问题进行谈论，甚至争论，可以帮助他们满足“自我表现”的需要；从属于某个非正式群体这个事实本身，可以满足他们“归属”、“安全”的需要等，组织成员的许多心理需要是在非正式组织中得到满足的。

2. 增强团队精神

人们在非正式组织中的频繁接触会使相互之间的关系更加和谐、融洽，从而易于产生和加强合作的精神。这种非正式的协作关系和精神如能带到正式组织中来，则无疑有利于促进正式组织的活动协调地进行。

3. 促进组织成员的成长

非正式组织虽然主要是发展一种业余的、非工作性的关系，但是它们对其成员在正式组织中的工作情况也往往是非常重视的。对于那些工作中的困难者、技术不熟练者，非正式组织中的伙伴往往会给予自觉地指导和帮助。同伴的这种自觉、善意的帮助，可以促进他们技术水平的提高，从而可以帮助正式组织起到一定的培训作用，促进组织成员的成长。

4. 维护正式组织正常的活动秩序

就像对环境的评价会影响个人的行为一样，社会的认可或拒绝也会左右非正式组织的行为。非正式组织为了群体的利益，为了在正式组织中树立良好的形象，往往会自觉或自发地维护正式组织正常的活动秩序。虽然有时也会出现非正式组织的成员犯了错误而互相掩饰的情况，但为了不使整个群体在公众中留下不受欢迎的印象，非正式组织对那些严重违反正式组织纪律的害群之马，通常会根据自己的规范并利用自己特殊的形式予以惩罚。

（二）非正式组织的消极作用

正式组织与非正式组织的相互排斥关系表现在二者的价值准则不同。正式组织受“效率的逻辑”的支配，而非正式组织则为“感情的逻辑”所支配，因此，非正式组织可能会对正式组织的发展产生消极影响。

1. 可能与正式组织产生冲突

非正式组织的目标如果与正式组织发生冲突，则可能对正式组织的工作产生极为不利的影响。例如，正式组织力图利用职工之间的竞赛以达到调动积极性、提高产量与效益的目标；而非正式组织则可能认为竞赛会导致竞争，造成非正式组织成员的不和，从而会抵制竞赛，设法阻碍和破坏竞赛的展开，其结果必然是影响企业竞赛的气氛。

2. 可能束缚组织成员的发展

非正式组织要求成员一致性的压力，往往也会束缚成员的个人发展。有些人虽然有过人的才华和能力，但非正式组织一致性的要求可能不允许他冒尖，从而使个人才智不能得到充分发挥，对组织的贡献不能增加，这样便会影响整个组织工作效率的提高。

3．可能影响组织的变革

非正式组织的压力还会影响正式组织的变革，发展组织的惰性。这并不是因为所有非正式组织的成员都不希望改革，而是因为其中大部分人害怕变革会改变非正式组织赖以生存的正式组织的结构，从而威胁非正式组织的存在。

四、正确对待非正式组织

不管人们承认与否、允许与否、愿意与否，非正式组织总是客观存在的，它对正式组织的正反两方面的作用也客观存在。要想有效实现正式组织的目标，就要求充分发挥非正式组织的积极作用，努力克服和消除它的不利影响。

1．允许存在、谋求吻合

利用非正式组织，首先要认识到非正式组织存在的客观必然性和必要性，允许乃至鼓励非正式组织的存在，为非正式组织的形成提供条件，并努力使之与正式组织吻合。例如，正式组织在进行人员配备工作时，可以考虑把性格相投、有共同语言和兴趣的人安排在同一部门或相邻的工作岗位上，使他们有频繁接触的机会，这样就容易使两种组织的成员基本吻合。又如，在正式组织开始运转以后，注意展开一些必要的联欢、茶话、旅游等旨在促进组织成员间感情交流的联谊活动，为他们提供业余活动的场所，在客观上为非正式组织的形成创造条件。

促进非正式组织的形成，有利于正式组织效率的提高。人通常都有社交的需要，如果一个人在工作中或工作之后与别人没有接触的机会，则可能心情烦闷，感觉压抑，对工作不满，从而影响效率；相反，如果能有机会经常与别人聊聊对某些事情的看法，谈谈自己生活或工作中的障碍，甚至发发牢骚，那么就容易卸掉精神上的包袱，以轻松、愉快、舒畅的心理状态投身到工作中去。

2．积极引导、不断规范

通过建立和宣传正确的组织文化来影响非正式组织的行为规范，引导非正式组织做出积极的贡献。非正式组织形成以后，正式组织既不能利用行政方法或其他强硬措施来干涉其活动，也不能任其自由，因为这样有产生消极影响的危险。因此，对非正式组织的活动应该加以引导，这种引导可以通过借助组织文化的力量，影响非正式组织的行为规范来实现。

第三节　组织文化

案例导入

TCL即The Creative Life三个英文单词首字母缩写，意为创意感动生活。

TCL集团股份有限公司创办于1981年，是一家从事家电、信息、通讯、电工产品研发、生产及销售，集技、工、贸于一体的特大型国有控股企业。A股上市公司。经过30多年的发展，TCL集团现已形成了以王牌彩电为代表的家电、通信、信息、电工四大产品系列，并开始实施以王牌彩电为龙头的音视频产品和以手机为代表的移动通信终端产品的发展来拉动企业增长的战略。

TCL的企业愿景：成为受人尊敬和最具创新能力的全球领先企业。

TCL的企业使命：为顾客创造价值，为员工创造机会，为股东创造效益，为社会承担责任。

TCL的企业精神：敬业、诚信、团队、创新。

TCL的企业价值观：诚信尽职、公平公正、变革创新、知行合一、整体至上。

（2014年2月9日整理自TCL集团网站，http://www.tcl.com/news/vision/id/87.html）

TCL的企业文化有哪些特征？该文化为其企业管理发挥了哪些作用？

一、组织文化的概念

"文化"一词来源于古拉丁文，本意是指"耕作"、"教习"、"开化"的意思。在中国古书籍中最早把"文"和"化"两个字联系起来的是《易经》，"观乎天文，以察时变；观乎人文，以化成天下。"意思是指圣人在考察人类社会的文明时，用儒家的诗书礼乐来教化天下，以构造"修身齐家治国平天下"的理论体系和制度，使得社会变得文明而有秩序。然而在欧洲的历史中，"文化"一词主要是指由于人类在思维和理性方面的发展而引起的整体社会生活的变化。英国文化人类学家爱德华·泰勒（Edward Teller）在1871年出版的《原始文化》一书中第一次把文化作为一个中心概念来使用，并系统表述为"文化是一个复杂的总体，包括知识、信仰、艺术、道德、法律、风俗以及人类在社会里所获得的一切能力与习惯。"

文化是各个成员之间长期相互作用而积淀下来的共同价值、规范、态度和信念等的总和。一旦某项文化融入某个组织，便和组织相互作用逐渐形成了组织中的全体成员所特有的凝聚力、行为准则和价值观等，指导着他们的行为和价值取向。所以，我们给组织文化的定义是：组织文化就是组织在长期的实践活动中所形成的并且为组织成员普遍认可和遵循的具有本组织特色的价值观念、基本信念、行为规范和思维模式等的总和。

二、组织文化的特征及构成

（一）组织文化的特征

组织文化理论之所以成为20世纪80年代以来管理学界的新热点，其原因就是它把组织管理对人的个体研究上升到人的整体研究，以企业——"人的集合体"为研究对象，从而把现代管理理论提高到了一个新的高度，更深刻地揭示了人性假设，以"全面发展文化自由人"的观点出现。组织文化表现出的一般特征有如下几个方面。

1. "内在"与"外在"的有机结合

组织文化所包含的各种精神因素、信念、道德、心理、智能因素等，是作为一种内质存在于组织员工之中，成为指导员工行为、形成组织行动的基础，是一种无形的存在而又表现出本质的内涵。组织文化的外在表现为员工行为、厂风厂规、产品形象、服务等，是其内质的载体，使内在与外表形成有机结合。

2. “软”与“硬”的有机结合

组织文化是在组织特定的环境中，由职工间的共同利益繁衍出共同的价值观，形成了一套行为规范，指导、暗示、驱动员工去做或者不做什么事，它是依靠潜移默化来影响、控制、规范人们的行为，是非强制性的“软管理”。同时，在组织长期的运作中，又把道德、精神与科学技术相结合，形成组织的规章制度，以约束、规范员工有秩序的行动，这又构成了有形的带强制性的“硬管理”。

3. 稳定与发展相统一

随着组织的诞生而同时产生的，并随着组织的发展而不断充实的组织文化，具有相对的稳定性，能长期地对组织的运转及员工的行为产生影响，原因是这种文化是组织员工经长期的实践而认同的，是组织在长期发展中逐渐累积而成的，具有较强的稳定性，不会因组织结构的改变、战略的转移或产品与服务的调整而变化。

一个组织中，精神文化又比物质文化具有更多的稳定性，如松下幸之助的经营哲学并未因他的退休而被公司废弃，但组织文化在社会环境中因环境的变化而得到发展。强势、健康的文化有助于组织适应外部环境的变革，而弱势、不健康的文化则可能导致组织的不良发展。改变现有的组织文化，重新设计和塑造健康的组织文化过程就是组织适应外部环境，改变员工价值观念的过程。

4. 融合和继承相统一

每一个组织都是在特定的文化背景之下形成的，必然会接受和继承这个国家和民族的文化传统和价值体系。但是，组织文化在发展过程中，也必须注意吸收其他组织的优秀文化，融合世界上最新的文明成果，不断地充实和发展自我。也正是这种融合继承性使得组织文化能够更加适应时代的要求，并且形成历史性与时代性相统一的组织文化。

（二）组织文化的构成

一般情况下，普遍认为组织文化的构成大致可分为三个层次，即物质层、制度层和精神层，如图 7.2 所示。

1. 物质文化

物质文化是组织文化的表层部分，是形成制度层和精神层的条件。它是指由企业职工创造的产品和各种物质设施等所构成的实物文化，是能够看得见摸得着的文化形态。它主要指企业形象，如组织标志、标准色、标准字、产品品牌设计、建筑风格、厂服、厂歌、厂徽、厂旗、产品（包括包装）款式等。

物质文化是企业和员工的理想、价值观、精神面貌的具体反映，是现代企业在社会上的外在形象的具体写照，是社会对企业进行总体评价的起点。

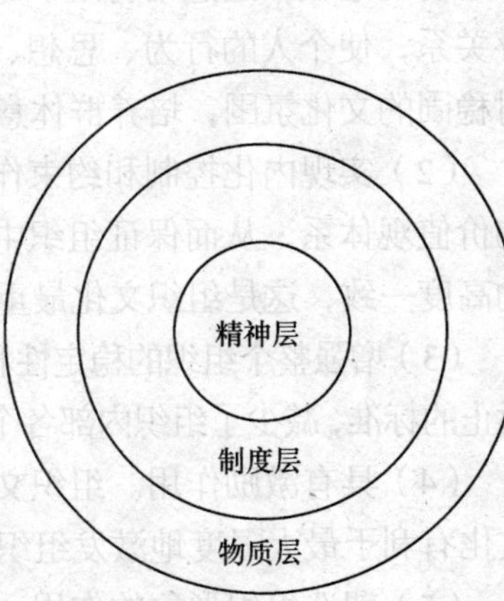

图 7.2　组织文化构成示意图

2. 制度文化

制度文化介于深层理念和具体实物文化之间，是组织文化的中间层次，包括各种规章制度、行为规范、领导风格、职工修养、人际关系等。这些内容都以成文或不成文的规定为组织所有的员工接受和奉行。

每一个组织都有自己的制度文化，没有规矩不成方圆。成文的制度使组织进入良性运行机制。而那些不成文的行为规范、传统习惯、领导风格等，在某种程度上比成文的规定所起的作用还大。制度文化主要包括工作制度、责任制度、特殊制度和组织风俗四个方面，这些都是组织精神、价值观和组织目标的动态反映。

3. 精神文化

精神文化是组织文化的深层，所以又称为深层文化或观念文化，指组织的生产经营活动过程中领导和职工共同信守的组织精神、组织道德、价值观念、组织目标和行为准则等。它是组织文化的核心内容，是形成物质文化和制度文化的基础，是衡量一个组织是否形成自己的文化的标志和标准。精神文化包括五个方面，即经营哲学、组织最高目标、组织精神、组织风气和组织道德。

补充说明

组织文化的三个层次形成了组织文化由物质文化到精神文化的有序结构。物质文化最为具体实在，构成组织文化的物质载体；制度文化是观念形态的转化，成为组织硬外壳的支撑；而精神文化则是观念形态和文化心理，为组织文化的核心和灵魂。三个层次浑然一体，不可分割，共同构成了完整的组织文化。建设组织文化，必须以这些内容为重点。

三、组织文化的功能

通过组织文化和组织的价值观体系的建立，组织文化可以对组织的管理和发展起到以下几个方面的作用。

（1）强化组织成员对组织的认同感。组织实践过程，实质上是组织价值观转变为全体成员所有的过程，通过培育组织成员的认同感和归属感，建设成员与组织之间的相互信任和依存关系，使个人的行为、思想、感情、信念、习惯等与整个组织有机地整合在一起，形成相对稳固的文化氛围，培养群体意识，统一全体成员的思想，增强组织的凝聚力。

（2）实现内化控制和约束作用。组织文化引导塑造和约束员工的态度和行为，强调共同的价值观体系，从而保证组织中的每一个人都朝同一个方向努力，实现个人目标和组织目标的高度一致，这是组织文化最重要也是最有用的一个功能。

（3）增强整个组织的稳定性和协调作用。组织文化像一种黏合剂，通过为组织成员提供言行举止的标准，减少了组织内部各个部门之间的摩擦，把整个组织聚合起来，创造和谐的工作环境。

（4）具有激励作用。组织文化强调非理性的感情因素，把人的因素放在首位，因而组织文化有利于最大限度地激发组织成员的工作热情、进取精神和创新精神。

（5）塑造组织形象的作用。组织文化最集中地概括和体现了组织的宗旨、价值观和行为规范，它有利于提高组织的声誉，扩大组织的社会影响力。

（6）提高组织对环境的适应性。组织文化具有某种程度的强制性和改造性，能从根本上改变员工的旧有价值观念，建立新的价值观念，使之适应组织外部环境的变化要求。

示例

联想的企业文化

联想的企业文化由核心价值观和方法论这两个部分构成。联想核心价值观是联想长期发展所信奉的关键信念，是联想企业文化的根本。联想方法论是在核心价值观主导下，联想人思考和解决问题的方法。

一、核心价值观

1. 企业利益第一

企业利益是其他利益实现的前提，在价值判断和利益取舍时，把企业利益放在第一位，个人服从组织，局部服从整体。

2. 求实

实事求是，不骗自己；诚信负责，说到做到。求实是一种态度，也是一种能力。

3. 进取

超越眼前利益，立意高远；超越固有经验，有想象力和创造力；超越自我局限，将5%的希望变成100%的现实。

4. 以人为本

办公司就是办人，重视人的作用，尊重人的需求，为人的发展创造条件，搭建没有天花板的舞台。

二、方法论

"目的性极强、分阶段实现目标、复盘"是联想的方法论，是联想文化的重要组成部分。联想的方法论有其内在的逻辑。目的性极强是说凡事先厘清目的，保证所做的是正确的事；然后，将目标进行分解，变得可执行，分阶段推进；在过程中，还要注意不断复盘，及时调整，并为更长远的发展积累经验，总结规律。

（2014年2月9日整理自联想集团网站，
http://www.legendholdings.com.cn/Manage/Culture.aspx）

四、塑造组织文化的主要途径

组织文化的塑造是个长期的过程，同时也是组织发展过程中的一项艰巨、细致的系统工程。从途径上讲，组织文化的塑造需要经过以下几个过程。

（1）选择组织价值观。组织的价值观是整个组织文化的核心，选择正确的组织价值观是塑造良好组织文化的首要战略问题。选择组织价值观要立足于本组织的具体特点，根据自己的目的、环境要求和组织性质等选择适合自身发展的组织文化模式。而且要把握住组织价值观与组织文化各要素间的相互匹配，达到组织文化的整体优化。

示例

海尔的核心价值观是：

是非观——"以用户为是，以自己为非"，这是海尔创造用户的动力。

发展观——"创业精神和创新精神"，这是海尔文化不变的基因。

利益观——"人单合一双赢"，这是海尔永续经营的保障。

（2014年2月9日摘整理自海尔集团网站，http://www.haier.net/cn/about_haier/culture/）

（2）强化员工的认同感。在选择并确立了组织价值观之后，就应该把基本认可的方案通过一定的强化方法使其深入人心。具体做法包括利用组织一切宣传媒体，宣传组织文化的内容和精要，以创造浓厚的环境氛围；培养和树立典型，以其特有的感召力和影响力为组织成员提供可以效仿的具体榜样；加强相关培训教育，有目的地培训和教育，能够使组织成员系统地接受组织的价值观并强化员工的认同感。

（3）提炼定格。组织价值观的形成不是一蹴而就的，必须经过分析、归纳和提炼方能定格。在经过群众性的初步认同实践后，应当将反馈回来的意见加以剖析和评价，详细分析和比较实践结果与规划方案的差距。在系统分析的基础上，进行综合化的整理、归纳、总结和反思，去除那些落后或不适宜的内容与形式，保留积极、进步的形式和内容，把经过科学论证和实践检验的组织精神、组织伦理与行为规范等予以条理化、完善化和格式化，再经过必要的理论、加工和文字处理，用精练的语言表述出来。

（4）巩固落实。要巩固落实已提炼定格的组织文化。首先，要建立必要的制度保障。在组织文化演变为全体员工的行为之前，要使每一位员工在一开始就能自觉、主动地按照组织文化和组织精神的标准去行动比较困难，即使在组织文化业已成熟的组织中，个别成员背离组织宗旨的行为也是经常发生的。因此，建立某种奖优罚劣的规章制度十分必要。其次，领导者在塑造组织文化的过程中起着决定性的作用，应发挥表率的作用。

（5）在发展中不断丰富和完善。任何一种组织文化都是特定历史的产物，当组织的内外条件发生变化时，组织必须不失时机地丰富、完善和发展组织文化。这既是一个不断淘汰旧文化和不断生成新文化的过程，也是一个认识与实践不断深化的过程。组织文化由此经过不断的循环往复以达到更高的层次。

本章小结

1. 组织变革就是组织根据内外环境的变化，及时对组织中的要素进行调整、改进和革新的过程。其目的是适应未来组织发展的要求，增强组织的活力，实现组织的目标，并最终实现组织的可持续发展。

2. 学习型组织，指的是一种通过培养弥漫于整个组织的学习气氛，充分发挥员工的创造性思维能力而建立起来的能持续发展的组织。学习型组织的真谛体现在 3 个方面，即学习力、活出生命的意义和创新（核心理念）。

3. 组织再造理论认为，为适应新环境对组织生存和发展的要求，必须对组织的工艺流程、管理组织系统进行重组、再造，构建授权型、扁平化和弹性组织。

4. 正确对待非正式组织，就是要允许存在、谋求吻合，通过积极引导、不断规范，充分发挥其积极作用。

5. 组织文化大致可分为物质层、制度层和精神层三个层次，其核心是精神层面的共同价值观。

本章练习题

一、单选题

1. 学习型组织的核心理念是（　　）。

A. 学习力　　B. 活出生命的意义　　C. 创新　　D. 系统思考

2. 学习型组织是指（　　）。

A. 一个学校　　B. 其成员喜欢学习的组织

C. 成员持续学习，促进组织可持续发展　　D. 一个科研组织

3. 组织与外部环境的关系是（　　）。

A. 平等的关系　　B. 包含的关系

C. 相互作用、相互影响的关系　　D. 组织促进环境的变化

4. 下面说法正确的是（　　）。

A. 非正式组织对组织起主导作用　　B. 非正式组织是组织设立的正规部门

C. 组织内部存在非正式组织　　D. 非正式组织和正式组织是冲突的

5. 组织文化的核心是（　　）。

A. 以人为本　　B. 组织精神　　C. 规章制度　　D. 组织形象

6. 规章制度属于企业文化中的（　　）。

A. 上层文化　　B. 中层文化　　C. 表层文化　　D. 深层文化

7. 以下说法不正确的观点是（　　）。

A. 企业未来唯一持久的竞争优势，是有能力比竞争对手学习得更快

B. 企业经常开展业务和管理方面的知识培训，就是学习型组织

C. 系统思考要求人们运用系统的观点来看待组织的发展

D. 彼得·M·圣吉认为，在学习型组织中，领导者应该是设计师、仆人和教师

二、多选题

1. 以下对组织变革的说法，正确的有（　　）。

A. 组织变革的目的是实现组织的可持续发展

B. 组织变革的动因是适应内外部环境变革对组织提出的新的要求

C. 组织变革不是一蹴而就的

D. 组织变革就是组织结构的变革

2. 以下的做法可以降低组织变革阻力的是（　　）。

A. 与反对变革者进行沟通，消除其心理顾虑　　B. 与反对变革者进行谈判

C. 吸引反对变革者参与决策过程　　D. “收买”反对派“头头”

3. 组织再造理论提出“组织的管理系统必须弹性化”，主要体现在（　　）。

A. 企业规模适度化　　B. 倡导团队式组织形式

C. 建立组织战略联盟　　D. 扁平化

4. 与传统的金字塔式的组织结构相比，扁平化的组织结构的特点为（　　）。

A. 管理层次减少，管理幅度增加　　B. 管理层次增加，管理幅度减少

C. 更多的授权　　D. 自动化办公程度提高，信息传递速度加快

5.《第五项修炼》提出，学习型组织的形成必须建立在组织成员五项修炼的基础上。以下属于五项修炼内容的有（　　）。

A. 系统思考与自我超越　　B. 改善心智模式与建立共同愿景

C. 团队学习与建立战略联盟　　D. 共同学习与终身学习

6. 学习型组织的真谛体现在（　　）。

A. 学习力　　B. 活出生命的意义　　C. 创新　　D. 系统思考

7. 学习型组织理论认为学习的特点有（　　）。

A. 学习与工作不可分离　B. 组织的学习　　C. 学后要有新行为　　D. 系统思考

8. 扁平结构的优点有（　　）。

A. 拉近了上下级关系　B. 信息纵向流通快　　C. 严密监督下级　　D. 宜于横向协调

9. 公司总经理发现公司中存在许多小团体，以下态度中，可取的有（　　）。

A. 立即宣布这些小团体为非法，予以取缔

B. 正视小团体的客观存在性

C. 只要小团体的存在不影响公司的正常运行，可以对其不闻不问

D. 深入调查，积极引导，不断规范

10. 非正式组织具有的积极作用有（　　）。

A. 可以满足职工的需要　　B. 增强团队精神

C. 促进组织成员的成长　　D. 维护正式组织的正常秩序

11. 非正式组织具有的特征为（　　）。

A. 自发性　　B. 内聚性　　C. 不稳定性　　D. 合法性

12. 非正式组织的消极作用主要体现在（　　）。

A. 可能与正式组织产生冲突　　B. 可能束缚组织成员的发展

C. 可能影响组织的变革　　D. 可能会取代正式组织

三、名词解释

1. 组织变革；2. 学习型组织；3. 非正式组织；4. 组织文化

四、问答题

1. 阅读完本章第二节开头的“案例导入”后，讨论一下可以采取哪些措施来改善阳贡公司目前的状况。

2. 谈谈你对组织文化内涵与功能的认识。

课外思考实践题

1. 在你的生存环境内能否找到非正式组织？如找到了，请列举它的作用。

2. 请在查阅资料的基础上分析一下未来企业组织结构的发展趋势。

3. 请在查阅资料的基础上，总结一下你所在学校的文化内涵。

4. 今天的劳动力中兼职工和临时工的比例越来越大。对于这些短期员工来说，企业文化真的那么重要吗？

5. “我们应该反对为了组织目标而操纵个人的做法，但是，一定程度的员工一致性确实能使组织更为有效。”你是否赞同这种观点？它对组织文化的意义何在？请加以讨论。

6. 请在查阅资料的基础上，对TCL企业文化的组成、功能及塑造过程进行简要的评价。

第八章

领 导 工 作

学习目标

学习本章，你应该能够清楚地知道：

- 如何提升领导者的影响力。
- 勒温提出的三种极端的领导风格。
- 四分图理论和管理方格理论的基本原理。
- 费德勒模型、领导生命周期理论和途径——目标理论的基本内容。

Management

第一节　领导及领导者

案例导入

一个人去买鹦鹉，看到一只鹦鹉前标着：此鹦鹉会两种语言，售价200元。另一只鹦鹉前则标着：此鹦鹉会四种语言，售价400元。该买哪只呢？两只鹦鹉毛色光鲜，非常灵活可爱。这人转来转去，拿不定主意。突然发现一只老掉了牙的鹦鹉毛色暗淡散乱，标价800元。这人赶紧把老板叫了过来说：这只鹦鹉是不是会八种语言？店主说："不。"这人觉得奇怪，又问：它又老又丑，又没有能力，为什么更值钱？店主回答：因为另外两只鹦鹉管这只鹦鹉叫"领导"。

什么是领导？如何才能提高领导在团队中的影响力？本节的任务就是要解开这一谜团。

一、领导的含义

"领导"也有两种词义。动词意义的领导是一项管理工作、管理职能，通过该项职能的行使，领导者能促成被领导者努力地实现既定的组织目标。

而现实生活中，"领导"一词还有一种名词含义，即组织中确定和实现组织目标的首领，也就是领导者，是从事领导工作的人。

1. 领导工作的含义

到底什么是领导工作呢？我们把领导工作定义为，领导就是影响个体或群体来完成组织目标的各种活动过程。这一过程具体包括：通过沟通，激励下属、调动他们的积极性和能力，指导他们的活动、推动他们的工作，协调下属的行为、解决下属之间的冲突。于是，在一定意义上可以说，凡是通过指导、激励和协调来影响他人心理或行为的活动就是领导工作。它包括三层含义。

第一，领导一定得有领导者与被领导者，否则就不称其为领导。

第二，领导本身是一个活动过程，这个过程是由领导者、被领导者和所处环境之间相互作用构成的。

第三，领导的目的是指引和影响个体或群体完成组织所期望的目标。

2. 领导者的含义

领导者指的就是那些能够影响（即指导、协调、激励）他人的人。领导者有两种类型：一种是居于管理职位上的人，即组织予以任命的管理者，他们是实现组织目标的首领，比如部门经理、科室主任等，这些人总是不可避免地要通过职位权力对下属进行指导、激励和协调，这是他们的法定职责。因此，他们是领导者；另一种是不处于正式的管理岗位但能影响他人的人，比如德高望重的老教授、在某一领域有特殊造诣的专家，他们虽不在管理岗位上，但他们的言行总是会对身边的人产生这样那样的影响。因此，这些人也在一定意义上成为领导者。

二、领导（者）的作用

领导工作有赖于领导者，领导者在一个组织或群体中充当着重要角色，在带领和指导群体为实现共同目标而努力的过程中，起着关键作用。主要体现在以下几个方面。

（1）指导作用。在人们的集体活动中需要有头脑清晰、胸怀全局、能高瞻远瞩的领导者来帮助人们认清所处的环境，明确活动的目标和实现目标的途径，因此，领导者有责任指导组织各项活动的开展。即把握全局的同时对组织成员的行为进行技术上和方法上的指导，使他们具有完成任务的能力，帮助并引导组织成员认识和了解组织和环境正在发生和将要发生的变化。

（2）协调作用。在集体活动中，即使有了明确的目标，但由于每一位成员的能力、性格、地位等的不同，加上各种外部因素的作用，个体在思想上产生各种分歧、行动上出现偏离目标的情况也是不可避免的。因此，需要领导者来协调群体内成员之间的关系，解决相互之间的冲突，使各成员之间保持和谐的关系，共同为实现组织的目标而努力工作。

（3）激励作用。在一个群体中，人们的需求是多种多样的，工作动机也是不同的，而满足人们需要的条件和手段总是有限的。这样，每个成员不可能每时每刻都以极大的热情、发挥百分之百的潜力投入工作。这就需要领导者运用高超的领导艺术来激发鼓励其成员，调动其积极性，为实现目标而努力工作。

补充说明

领导者的作用可归结为两类：一是类似于“领头羊”的作用，即调动组织成员的积极性，协调并引导他们自觉、自愿地为实现组织的目标而努力工作；二是类似于“教练员”的作用，即对组织成员的行为进行技术上和方法上的指导，使他们具有完成任务的能力。

三、领导者的影响力

管理学认为，一个领导者要实现有效的领导，关键在于他的影响力。领导者的业绩大小取决于他的影响力大小。

补充说明

领导就是影响，影响力就是领导力。

领导工作的实质，就是领导者通过自已的影响力影响一个群体尽其所能地实现目标。所谓影响力，就是影响他人的能力，即一个人在与他人的交往中，影响和改变他人心理和行为的能力。我国的一些学者依据构成领导影响力的要素的不同，把影响力分为权力性影响力和非权力性影响力两种。

1．权力性影响力

权力性影响力也称职权影响力，指的是领导者依靠自身拥有的职位权力来影响他人的能力。职位权力是组织赋予某个职位完成岗位职责所必需的权力，是这个职位所具有的合理合法的、正式的权力，又称法定权力。

职位权力是与组织中的某个职位联系在一起的，来自领导者所担任的职务，因此，谁有了这个职务，谁就拥有这些法定的权力。这些权力是实现组织目标所必需的，是管理者实施领导行为的基本条件，没有这些职位权力，管理者就难以有效地影响下属，从而不能实现真正的领导。

然而，由职位权力构成的权力性影响力，都不是领导者的现实行为造成的，而是外界赋予的。这种影响力通过正式渠道发挥作用，对下级的影响带有强制性和不可抗拒性。它来自并属于领导者所拥有的职务，对被领导者的作用主要表现为被动的服从。而且，不同的组织或是同一组织中不同的管理岗位，职位权力的构成和大小也不同。所以，它对人的心理和行为的影响作用是有限的。因此，仅仅依靠权力性影响力是不够的，还必须借助于非权力性影响力。

示例

官大一级压死人，说的就是仅仅依靠权力性影响力容易出现口服心不服的现象。

2. 非权力性影响力

非权力性影响力是与权力性影响力相对应的，它既没有正式的规定，也没有组织授予的形式，所以，非权力性影响力属于自然性影响力，是领导者依靠自身的威信和以身作则的行为来影响他人的能力。

构成非权力性影响力的因素主要如下。

（1）品德因素。高尚的品德会给领导者带来巨大的影响力。正所谓“德高望重”，“人格的力量是无穷的”。人们常说，无“德”是危险品，无“智”是次品，无“体”是废品。由此可见人们对“德”的重视。

（2）才能因素。领导者的才干、能力是其影响力大小的主要因素。才能不单单反映在领导者能否胜任自己的工作，更重要的是反映在工作结果是否成功，它是通过实践来表现的。一个有才干的领导者会给事业带来成功，使人们对他产生敬佩感，敬佩感是一种心理磁力，他会吸引人们自觉地去接受其影响。

（3）知识因素。“知识就是力量”，一个领导者更需要这种力量。知识丰富的领导者，容易取得人们的信任，并由此产生信赖感，其影响力必然大。

名家观点

亚伯拉罕·林肯说过，“一位好的领导者是不会停止学习的”。

柏拉图在《理想国》里写道：“国际的领导者，要学习到53岁，才可开始当领导者。”

在管理心理学上定义的“学习”是“行为的改变”，这与一般意义上的学习只是去上课、了解或认识一些理论有很大的不同。这是因为行为的改变只有在思想观念改变之后才改变，而且，行为改变，命运才会随之改变，所以我们要终身学习。

（4）感情因素。人与人之间感情关系的好与坏，与其相互间的影响力成正比。一个领导者能否与下级建立融洽的关系，保持良好的感情，直接影响领导者影响力的大小。所谓“以情动人”、“以情感人”，也说明了感情因素的力量。

补充说明

领导者自身的威信和以身作则的行为构成了其专家权和感召权。

专家权：由个人的特殊才干或某些专业知识而产生的权力。例如，公司只有小张一人懂得计算机维修，公司里的计算机出了故障就必须找他，他在这方面就是专家，就能说了算，大家都得听他的。但如果这时公司又引进了一名计算机维修水平和小张不相上下的员工，小张的专家权也就消失了。

感召权：与个人的魅力、品质、经历、背景、人缘、感情等相关的权力。领导魅力是领导者个人特质在领导活动中的综合反映，是一种能对他人产生强烈吸引的力量。领导魅力包括工作魅力、学识魅力、性格魅力、仪表魅力和人格（品质）魅力。

由品德、才能、知识、感情等因素构成的非权力性影响力，来自并属于具有这个影响力的人自身，是由领导者自身的品质与行为决定的，这种影响力是巨大的、持久的。在现实生活中，有许多人往往不听正式任命的管理者的领导，反而听命于一个普通的人，就是因为这个普通的人具有这种非权力性影响力。比如，我们可能不听班长的指挥，却听另一个学习好、对人又友好的普通同学的劝解；我们可能不服学习委员，但对那些数学学习成绩好的同学提供的数学答案视若至宝。

补充说明

权力性影响力来自并属于某个职位，不管是谁在这个职位上都具有这些权力，一旦离开这个职位，一切都会消失。而非权力性影响力来自并属于具有这个影响力的人自身，不管他在哪里，都能发挥出来，别人夺不走。

因此，要想成为一个有效的领导者，必须同时拥有和善用权力性和非权力性这两种影响力。一个有效的管理者，不仅要正确、有效地运用权力性影响力，而且要努力提高自身素质，扩大非权力性影响力的作用。

四、领导（者）与管理（者）

首先，我们区分一下管理与领导。管理包括计划、组织、领导、控制四大职能，因此，领导是管理的职能之一，领导工作只是管理工作的一部分。

再来比较一下管理者与领导者。管理者往往是被组织正式任命的，他们往往拥有某个职位（或头衔），也就拥有这个职位所规定的合法的权力，可以用这些权力进行奖惩，他们对别人的影响往往是通过其职位所赋予的正式权力来实施的。而领导者则可以是任命的，也可以是从组织中自发产生的，他可以运用非正式权力（比如知识、品格、能力等）影响别人的活动。

由于管理工作包括领导工作，因此，所有的管理者一定都是领导者，而领导者不一定都是管理者，只有处于管理岗位上的领导者才是管理者。换句话说，一个人能够影响别人他就是领导，但能够领导别人不等于他一定具备计划、组织、控制、管理等职能，因而不一定是管理者。

示例

在班级里，班长是理所当然的管理者和领导者，但另外一位成绩好的普通同学可能比班长更具有号召力，这个人是领导者但却不是管理者。在一个企业里，经理的话不一定比某个资历老的员工的话管用，老资历的员工用自己的资历影响着别人，从而成为领导者，但不是管理者，这个企业的合法的管理者是公司任命的经理。

因此，管理者要想成功一定要学会领导，而领导者要想成为合法的管理者一定要学会管理。管理者不会领导就容易被认为是无能的，领导者不会管理就容易被指责为越权。

我们在后面讲解有关领导理论时所讲的领导者基本上都是指那些能够影响并拥有管理权力的人——也就是作为管理者的领导者。

补充说明

领导就是那些能够利用手中的权力或自己的威信对他人的心理和行为产生影响的人，要成为一名优秀的领导者，就必须做到以下几点，提升自己的影响力。

（1）树立正确的权力观，要牢记权力是用来为事业服务而不是牟取私利，遵循权力行使的原则，凡事做到公平、公正，科学地运用权力，合理授权，以发挥权力性影响力的作用。

（2）培养高尚的道德品质和健全的心理素质，做到自重自省、慎独自律、性情开朗、意志坚定、胸襟开阔、气度博大。

（3）塑造良好的外在形象，做到着装得体规范、外表干净整洁、举止文雅有礼。

（4）进一步提升工作能力，比如科学的决策能力、知人善用的用人能力、开拓进取的创新能力、恰当得体的表达能力。

（5）构建合理的知识结构，包括政治理论知识、学科专业知识、领导业务知识以及相关领域的科学文化知识。

（6）加强沟通，建立良好的上下级关系，营造和谐的人际氛围。

第二节　领导者的素质理论

领导者需要具备哪些素质？如何才能成为一名优秀的领导者？本节的任务就是要解开这一谜团。

一、西方早期领导特质理论

20 世纪 30 年代以前，西方的一些管理学家一直把领导者个人品质特征作为描述和预测其领导成效的因素，他们对领导者的探索，着重于探索有效领导者和无效领导者之间、高层领导者与基层领导者之间的个人品质差异。有的学者甚至认为，领导者的品质与生俱来，领导者是天生的“伟人”，不具有领导才能的人，

课堂训练

请在学习本节内容前，用简明的词汇描述具有什么素质的人适合做领导。记录课堂训练的结果，而后开始本节的学习。

就不能成为有效的领导者。所以，这一时期的特质理论又称为“伟人论”，这一理论的研究者的观点虽不尽相同，但主要集中在以下几个方面。

（1）人格特质。领导者表现出的具有信心、主动、积极、外向、坚毅、勇敢、热忱、正直、高度投入及努力、有领导欲望、乐观、有教养等内在人格特质。

（2）社会特质。领导者表现出的具有待人技巧高、富有同情心、能体谅及关怀别人、情商高、出身背景良好等社会性特质。

（3）生理特质。领导者具有身高较高、仪表出众、穿着贴切、精力旺盛等外在表征。

（4）智力特质。领导者具有聪明、教育程度高、知识渊博、有条理的独立思考能力等理性特质。

领导者特质理论认为领导者是天生的，这受到越来越多人的怀疑和否定，但是，特质理论所描述的一些领导者应具备的素质对我们进行自我培训、提升自己的领导素质还是有一定的积极作用。

二、现代领导者的素质理论

20 世纪 70 年代以来，国外一些学者在对领导者的素质进行研究时，虽然否定了“特质理论”的观点，但也认为有效的领导者必须具备一定的素质，只不过这些素质不是天生的，而是在实践中逐步形成和积累起来的，可以通过教育进行培养。比较有代表性的观点有以下几种。

1. 彼得·德鲁克的观点

管理大师彼得·德鲁克认为，一个有效的领导者，必须具有以下五项习惯。

（1）要善于处理和利用自己的时间，把认清自己的时间花在什么地方作为起点。

（2）注重贡献，确定自己的努力方向。

（3）善于发现和利用人之所长，包括自己的、上级的和下级的长处。

（4）能分清工作的主次，集中精力于少数主要的领域。

（5）能做有效的决策，知道一项有效的决策必是在“议论纷纷”的基础上做出的判断，而不是在“众口一词”的基础上产生的。

2. 鲍莫尔的“十大条件”论

美国普林斯顿大学教授鲍莫尔提出了企业领导人应具备的“十大条件”论。这十大条件如下。

合作精神——愿意与他人一起工作，能赢得人们的合作，对人不是压服，而是感动和说服。

决策能力——依赖事实而非想象进行决策，具有高瞻远瞩的能力。

组织能力——能发掘部属的才能，善于组织人力、物力和财力。

精于授权——能大权独揽，小权分散。

善于应变——机动灵活，善于进取，而不抱残守缺，墨守成规。

敢于求新——对新事物、新环境和新观念有敏锐的感受能力。

勇于负责——对上级、下级和产品用户及整个社会抱有高度的责任心。

敢担风险——敢于承担企业发展不景气的风险，有创造新局面的雄心和信心。

尊重他人——重视和采纳他人的意见，不盛气凌人。

品德高尚——个人品德为社会人士和企业员工所敬仰。

3. 日本企业界的“双十”论

日本企业界将领导者的素质归结为“十项品德”和“十项能力”。

十项品德是指使命感、责任感、信赖感、积极性、忠诚老实、进取心、忍耐心、公平、热情和勇气。

十项能力是指思维决定能力、规划能力、判断能力、创造能力、洞察能力、劝说能力、理解人的能力、解决问题的能力、培养下级的能力和调动积极性的能力。

> **课堂训练**
>
> 请在学习本节内容的基础上重新总结领导者所需的素质。

领导者的素质不是天生的，必须是在社会实践中逐步培养、锻炼而形成的。因此，我们必须根据时代的要求，努力培养锻炼自己的领导素质。

第三节　领导行为理论及其应用

案例导入

ABC公司是一家中等规模的汽车配件生产企业。最近，该公司对三个重要部门的经理进行了一次有关领导类型的调查。

1. 韦毓

韦毓对他本部门的产出感到很自豪。他总是强调对生产过程、产量控制的必要性，坚持下属人员必须很好地理解生产指令，以得到迅速、完整、准确的反馈。当韦毓遇到小问题时，会放手交给下级去处理，但若是问题很严重时，他就会委派几个有能力的下属人员去解决问题。通常情况下，他只是大致规定下属人员的工作方针、完成期限及完成后如何写出工作报告。韦毓认为只有这样才能导致更好的合作，避免重复工作。

韦毓认为对下属人员采取敬而远之的态度，对一个经理来说是最好的方式，所谓的“亲密无间”会松懈纪律。他不主张公开谴责或表扬某个员工，并相信他的内阁下属人员都有自知之明。

2. 张强

张强认为每个员工都享有人权，他比较接受管理者有义务和责任去满足员工需要的学说。他说，他常为他的员工做一些小事，如给员工两张下月在杭州举办的艺术展览的入场券。他认为，每张门票才80元，但对员工及其妻子（丈夫）来说，其价值远远超过80元。通过这种方式，也是对员工过去几个月工作的肯定。

张强说，他每天都要到工厂去一趟，与至少25%的员工交谈。

张强不愿意为难别人，他认为韦毓的管理方式过于死板，韦毓的员工也许并不那么满意，但除了忍耐别无他法。张强说，他已经意识到在管理中有不利因素，但大都是由于生活压力造成的。他的想法是以一个友好、粗线条的方式对待员工。他承认尽管在生产率上不如其他部门，但他相信他的员工有高度的忠诚度的士气，并坚信他们会因他的开明领导而努力工作。

3. 吴刚

吴刚认为纪律就是使每个员工不停地工作。他认为作为一个好的管理者，没有时间像张强那样握紧每一个员工的手，告诉他们正在从事一项伟大的工作。他相信如果一个经理为了决定将来的提薪与晋职而对员工的工作进行考核，那么员工会更多的考虑他们自己，并由此而产生很多问题。

吴刚主张，一旦给一个员工分配了工作，就让他们以自己的方式去做，取消任何工作检查，他相信大多数员工知道自己把工作做得怎么样。如果说存在问题，那就是在生产过程中他的工作范围和职责混淆不清。

导入案例告诉我们，不同的领导者，在他们的实际工作中总是表现出不同的行为。实际上，自20世纪40年代开始，许多研究者就开始将目光转向具体的领导者所表现出来的行为上，因而这一系列研究得出的理论被称为领导行为理论。该理论主要研究什么样的行为是最有效的领导行为，并认为有效领导与无效领导的区别在于他们的行为，有效的领导行为在任何环境中都是有效的。

导入案例中的这三个部门经理分别采取的领导方式有什么不同？哪一种方式更有效？下面对几种有代表性的领导行为理论的学习将有助于我们找到答案。

一、勒温的领导风格理论

美国社会心理学家勒温（K.Lewin）通过试验研究不同的工作作风对下属群体行为的影响，把领导者在领导过程中表现出来的极端的工作作风分为三种类型：专制型、民主型和自由放任型。

（1）专制型领导，又称独裁专断型领导。这种类型的领导者个人决定一切，所有的政策、步骤、工作分配、奖惩等均由领导者单独决定，并要求下属绝对服从和执行，领导者就像拥有全部职权的大家长、独裁者。

（2）民主型领导。这种类型的领导者针对有关决策同下属磋商，集思广益、发扬民主，经群体讨论后再做决定，领导者与被领导者共享职权并给下属一定的工作自由度，依靠个人的权力和威信使下属服从，上下级关系较为融洽。

（3）自由放任型领导。这种类型是指领导者极少运用其权力，放手不管，工作进行全由各人自行负责。领导者仅提供资料及信息，并不主动干涉，亦即如老子所说的“无为而治”的领导方式。

勒温于1939年做了一次实验，比较了专制、民主、自由放任三种管理方式下各实验小组的效率与群体氛围。结果表明，不同的领导或管理方式对群体凝聚力和士气有不同的影响。其中，实行民主型领导方式的小组比实行专制型和自由放任型领导方式的小组，成员之间更友爱、更活跃、更能团结协作，群体成员有较强的参与意识，因而群体凝聚力更强，小组成员在工作中不仅达到了社交目标，也达到了工作目标，工作积极、主动，显示出了较高的创造性。而专制型和自由放任型的领导方式往往会降低群体凝聚力；特别是专制型领导方式下，小组成员关系紧张，消极态度和对抗性情绪不断增长，缺乏主动性。

示例

不同的环境，需要造就不同类型的领导方式。我们不能千篇一律地说民主型领导方式是最好的领导方式，领导者必须运用权变方法，根据管理目标、任务、环境、对象以及自身因素灵活选择领导方式。最适应组织状况的领导方式才是最好的领导方式。

比如，对于自觉性和能力都很差的下属，专制型管理方式的作用可能会大一些；对于自觉性和能力都很高的下属，在较短时间内自由放任型也不能不说是一种好方式。

二、领导者行为连续统一体理论

针对勒温提出的三种较为极端的领导方式，一些学者则认为，领导方式是多种多样的，从专制型到自由放任型，存在着多种过渡类型。美国学者坦南鲍姆和施米特于 1958 年提出了领导者行为连续统一体理论，如图 8.1 所示。

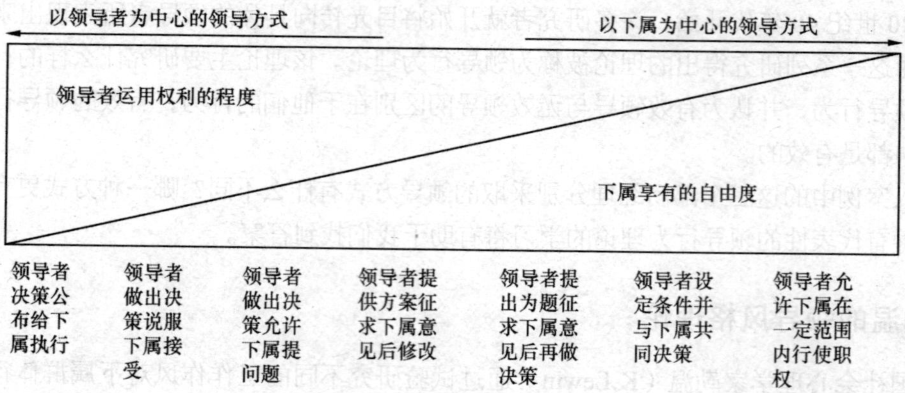

图 8.1　领导者行为连续统一体理论模型

模型的最左边是一种以领导者为中心的领导方式——专制型：领导者决策，公布给下属执行。随着连续流向右移动，授予下属的权力相应增加，模型最右端是一种以下属为中心的领导方式——自由放任型。从左至右，领导者对权力的控制越来越少，下属的自由度越来越高。

领导者可以从这些行为中做出自己的选择，而且可以改变原有的行为和作风，但在确定采用何种领导行为之前，应当考虑许多影响下属行为的因素：下级有无独立自主的要求？下属是否做好了承担责任的准备？下属是否理解所规定的目标和任务？如果答案是肯定的，那么领导者就应该给下属较大的自主权。

三、四分图理论

四分图理论最有名的有俄亥俄州立大学根据关怀及定规的高低而绘制的领导行为坐标，以及密歇根大学根据体恤及主动结构的高低而绘制的领导行为坐标。它们将领导行为的内容分为两个方面——以工作为中心和以人为中心。

以工作为中心（包括“定规”和“主动结构”）是一种工作导向型领导行为。此导向型的领导者重视组织设计、规章制度、责权关系和工作程序，关心的是群体任务的完成情况。主要表现有注重工作的组织和计划，确定工作目标和要求，规定成员的工作职责，建立明确的信息沟通渠道，制订工作程序、方法和制度等。

以人为中心（包括“关怀”和“体恤”）是一种关系导向型领导行为，即关心人、重视人际关系的领导行为。此导向型的领导者注重建立领导者与被领导者之间的友谊、尊重和信任关系，主要表现有关心员工，非常尊重员工的感受和意见，让下属觉得受重视，加强与员工的交流、沟通，给下属以较多的工作自主权，鼓励员工参与决策，注重满足下属的需要，平易近人、平等待人等。

研究发现，领导者对工作或对人的关心程度均存在高低两种状态，由此，可以用两个坐标的平面组合将领导者分为四种基本类型：高“工作导向”高“关系导向”、低“工作导向”

高“关系导向”、低“工作导向”低“关系导向”、高“工作导向”低“关系导向”。这就是所谓的领导行为四分图，如图 8.2 所示。

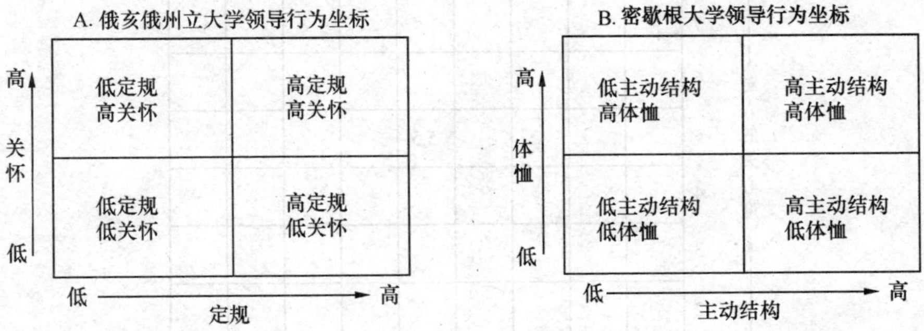

图 8.2　领导行为四分图

补充说明

关于横纵坐标的设置：编者认为，由于管理者首先要考虑或最根本的考虑是实现组织任务，因此，必须把关心生产或工作任务的实现放在第一位，即设为横坐标。

（1）高“工作导向”高“关系导向”型领导者。这种类型的领导者注重严格执行规章制度，建立良好的工作秩序和责任制，同时也重视人际关系，关心爱护下属，经常与下属交流信息，想方设法调动成员的积极性，在下属心目中可敬可亲。这是一种相对高效成功的领导者类型。

（2）低“工作导向”高“关系导向”型领导者。这种类型的领导者重视人际关系，但不采用严格的控制方式，所以组织内规章制度不严、工作秩序不佳。这是一种相对仁慈的领导者类型。

（3）高“工作导向”低“关系导向”型领导者。这种类型的领导者注意严格执行规章制度，建立良好的工作秩序和责任制，但是不注意关心爱护下属，不与下属交流信息，与下属关系不融洽。这是一种相对严厉的领导者类型。

（4）低“工作导向”低“关系导向”型领导者。这种类型的领导者不注意关心爱护下属，不与下属交流信息，与下属关系不融洽，而且也不注意执行规章制度，工作无序，效率低下。这是一种相对无能、不合格的领导者类型。

补充说明

上述四种领导行为的效果只是相对而言的，在实际工作中，领导者应该根据组织的实际情况来选择相应的领导行为。

四、管理方格理论

布莱克和莫顿在俄亥俄州立大学提出的管理四分图理论的基础上，于 1964 年就企业中的领导行为方式提出了管理方格理论。

该理论设计了一个管理方格图，如图 8.3 所示。横坐标表示领导者“对生产的关心度”——对生产任务、工作绩效等事项的关心程度；纵坐标表示领导者“对人的关心度”——对组织成员的关心程度。

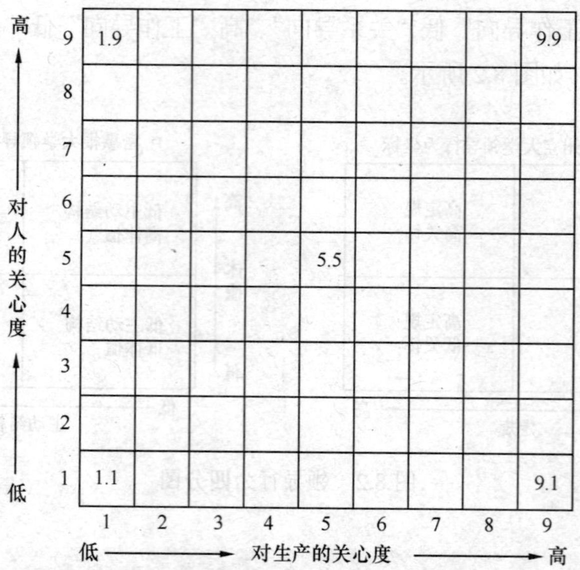

图 8.3　管理方格图

方格图的横、纵坐标都划分为 9 个尺度，纵横交叉就形成了一个共有 81 个小方格的管理图，每个小方格代表一种领导方式，这样，这一管理图就表示了“关心生产”和“关心人”这两个因素不同程度地结合的 81 种领导方式。

布莱克和莫顿在管理方格中列出了五种典型的领导方式。

（1）1.1 型领导方式，又称“贫乏”型管理方式。其特征在于：对必须的工作付出最少努力以维持恰当的组织成员关系。这种类型的领导者对员工和生产几乎漠不关心，对组织运行放任自流、无所事事、无所作为，放弃领导应有的责任。这种领导方式将会导致失败，这是很少见的极端情况。

（2）9.1 型领导方式，又称“任务第一”型管理方式。其特征在于：由于工作条件的安排达到高效率的运作，使人的因素的影响降到最低程度。这种类型的领导者十分关心生产和工作，关心组织目标的实现，但对人的关心不够，很少注意员工的发展和士气，组织内工作气氛不佳，员工积极性不高。

（3）1.9 型领导方式，又称“乡村俱乐部”型管理方式。其特征在于：对员工的需要关怀备至，创造了一种舒适、友好的氛围和工作基调。在这类管理中，主管人员很少甚至不关心生产，而只关心人，组织内人人都能感受到轻松、友谊与快乐的环境，但很少甚至没有人去关心通过协同努力以实现组织的目标。

（4）9.9 型领导方式，又称“团队”或“集体协作”型管理方式。其特征在于：工作任务的完成来自于员工的奉献，领导者与被领导者之间由于共同的目标而形成了相互的依赖，创造了信任和管理的关系。这种类型的领导者对生产和人都极为关心，努力使员工个人的需要和组织的目标最有效地结合，注意使员工了解组织的目标，关心工作的成果，建立了“命运共同体”的关系，因而员工关系协调，士气旺盛，能进行自我控制，生产任务完成得也极好。

（5）5.5 型领导方式，又称“中庸之道”型管理方式，这是一种中间型管理方式。其特征在于：通过保持必须完成的工作和维持令人满意的士气之间的平衡，使组织的绩效有实现的可能。这种领导方式对人的关心度和对生产的关心度虽然都不算高，但是能保持平衡。一方面能比较注意管理者在计划、指挥和控制上的职责；另一方面也比较重视对员工的引导鼓励，设法使他们的士气保持在必需的满意的水平上。但是，这种领导方式缺乏创新精神，只追求正常的效率和可以满意的士气。

布莱克和莫顿认为 9.9 型的领导方式是最有效的，领导者应该客观地分析组织内外的各种情况，努力创造条件，将自己的领导方式转化为 9.9 型，以求得最高的效率。

五、四分图理论和管理方格理论的应用

在实际管理工作中应用四分图理论和管理方格理论，应特别注意以下几点。

（1）人与工作并重。没有规矩，不成方圆。以工作为导向，建立一系列规章制度来保证取得一定的生产效率，但同时又必须以关系为导向，通过人际关系的调整来提高生产效率。也就是说，既要关心人，又要关心工作，两者均不可偏废，至少应维持在一个基本满意的水平，如管理方格理论中的 5.5 型领导方式。

（2）权变管理。也就是说，到底是关心人多一点，还是关心工作多一点，不能一概而论，应根据不同工作时期或阶段，针对不同的目标、任务，结合各种主客观条件，适度强化某一因素。比如，当面临紧急任务时，管理者需要集中精力于工作，而在紧急任务后，可将主要精力转到做人的工作上来。

（3）动态平衡，谋求最好。完全理想的“高关系导向、高工作导向”以及 9.9 型领导方式在现实中很难达到，管理者只能是以 5.5 型为下限，各有侧重地动态平衡，并向高“工作导向”高“关系导向”或 9.9 型领导方式努力。

本节导入案例解析

（1）韦毓——“总是强调对生产过程、产量控制的必要性，坚持下属人员必须很好地理解生产指令，以得到迅速、完整、准确的反馈”，“认为对下属人员采取敬而远之的态度，对一个经理来说是最好的方式，所谓的‘亲密无间’会松懈纪律。不主张公开谴责或表扬某个员工，并相信他的每一个下属人员都有自知之明。”可见，他重视工作，不重视人际关系，做法和高“工作导向”低“关系导向”的领导方式相一致。这种领导方式充分地体现了对生产的关心，是以生产为中心的领导方式。这种领导方式可能产生较高的工作效率，但员工的士气可能比较低。

（2）张强——“认为每个员工都享有人权，他偏重于管理者有义务和责任去满足员工需要的学说。”“每天都要到工厂去一趟，与至少 25%的员工交谈”。“不愿意为难别人”，想“以一个友好、粗线条的方式对待员工”，他的做法和低“工作导向”高“关系导向”的领导方式相一致。这种领导方式则充分体现了对人的高度关心，是以人为中心的领导方式。这种领导方式能提高员工的忠诚度和士气。

（3）吴刚——对待人际关系，认为“没有时间像张强那样握紧每一个员工的手，告诉他们正在从事一项伟大的工作”，对待工作，“一旦给一个员工分配了工作，就让他们以自己的方式去做，取消任何工作检查，他相信大多数员工知道自己把工作做的怎么样”，可见，他属于低“工作导向”低“关系导向”的领导方式。如果他能在人和生产这两方面都表现出了适度关心，这种领导方式就可能在生产效率和员工士气之间取得较好的平衡。

必须说明的是，上述三种领导方式没有好坏之分，只要领导者所采取的领导方式是和环境相适应的，这三种领导方式都可能是有效的。这里的环境既包括组织的外部环境，也涵盖了组织的内部环境。

第四节　领导权变理论及其应用

案例导入

约翰从美国中西部的一所名牌大学拿到会计专业的学士学位后，到一家大型的会计师事务所的芝加哥办事处工作，由此开始了他的职业生涯。9年后，他成了该公司的一名最年轻的合伙人。公司执行委员会发现了他的领导潜能和进取心，遂指派他到纽约郊区开办一个新的办事处。其工作最主要是审计，这要求有关人员具有高程度的判断力和自我控制力。他主张工作人员之间要以名字直接称呼，并鼓励下属人员参与决策制订。办事处发展得很迅速。5年后，专业人员达到了30名。约翰被认为是一位很成功的领导者和管理人员。

约翰在次年的年初被提升为达拉斯的经营合伙人。他采取了帮助他在纽约工作时取得显著成效的同种富有进取心的管理方式。马上更换了几乎全部的25名专业人员，并制订了短期的和长期的客户开发计划。职员人数增加得相当快，为的是确保有足够数量的员工来处理预期扩增的业务。很快，办事处有了约40名专业人员。

但在纽约成功的管理方式并没有在达拉斯取得成效。办事处在一年时间内就丢掉了最好的两个客户。约翰认识到办事处的人员过多，因此，决定解雇前一年刚招进来的12名员工，以减少开支。

他相信挫折只是暂时性的，因而仍继续采取他的策略。在此后的几个月时间里又增雇了6名专业人员，以适应预期增加的工作量。但预期中的新业务并没有接来，所以，又重新缩减了员工队伍。两年后的夏天，13名专业人员被解雇了。

伴随着这两次裁员，留下来的员工感到工作没有保障，并开始怀疑他的领导能力。公司的执行委员会了解到问题后将约翰调到新泽西的一个办事处，在那里他的领导方式又显示出了很好的效果。

约翰在纽约取得成功的策略，为什么在达拉斯没能成功？我们到底该如何根据环境的不同、人员的不同来选择不同的领导方式？以下对几种有代表性的领导权变理论的介绍或许能帮助我们找到答案。

一、费德勒模型及其对管理实践的启示

美国管理学家费德勒（Fred Fiedler）经过长期的调查研究提出了一个著名的“有效领导的权变模式”，简称“费德勒模型”。

（一）确定领导风格

费德勒相信，影响领导成功的关键因素之一是领导者个人的领导风格。费德勒认为，领导风格分为任务取向型和关系取向型两类，而且，一个人的领导风格是与生俱来、固定不变的。[①]

（二）确定权变因素

费德勒提出领导效果的好坏取决于三个基本因素：职位权力、任务结构和领导者与被领导者的关系。

1. 职位权力

职位权力是指领导者所处的职位具有的权威和权力的大小，由领导者对其下属的实有权

① 为了测量领导者的领导风格，费德勒设计开发了最难共事者问卷（Least- preferred co-worker questionnaire, LPC），可参阅本书补充阅读资料。

力（如雇佣、解聘、训诫、晋升、加薪等）所决定。

职位权力强，即领导者所处的职位能提供的权力和权威明确、充分，在上级和整个组织中所得到的支持有力，对雇佣、解雇、纪律、晋升和加薪的影响程度高，组织成员将会更顺从地服从他的领导，有助于提高工作效率。

2. 任务结构

任务结构是指任务的明确程度和有关人员对这些任务的理解和负责程度。

当工作任务本身十分明确，组织成员对工作任务的理解也很清楚并对任务负责时，领导者对工作过程易于控制，整个组织完成工作任务的方向就更加明确。

3. 领导者与被领导者的关系

领导者与被领导者的关系即上下级关系，是被领导者对领导者的接受程度，即信任、喜爱、忠诚和愿意追随的程度以及领导者对下属的爱护、关心程度。

这一点对履行领导职能是很重要的，因为职位权力和任务构成可以由组织控制，而领导与被领导者之间的关系是组织无法控制的。

费德勒指出，上下级关系越好，任务结构化程度越高，职位权力越强，则领导者拥有的控制和影响力也越高。

（三）领导者与情境的匹配

费德勒根据三个权变因素的情况，把领导所处的环境从最有利到最不利共分为八种类型。通过对 1200 个团体进行调查分析，得到的情况如表 8.1 所示。他认为，对于各种情境来说，只要领导风格能与之相适应，都能取得良好的领导效果。

表 8.1　费德勒对领导方式与绩效的调查总结

环境类型	有利			中间状态			不利	
	1	2	3	4	5	6	7	8
上下级关系	好	好	好	好	差	差	差	差
任务结构	明确	明确	不明确	不明确	明确	明确	不明确	不明确
职位权力	强	弱	强	弱	强	弱	强	弱
领导方式	任务取向型			关系取向型			任务取向型	

他通过实证研究各种情境下不同领导风格的领导者的不同绩效，证明了如下观点：领导环境决定了领导方式。当情境处于有利的（即表中第 1、2、3 类情境）及不利的（即表中第 7、8 类情境）状态下时，采用“以任务为中心的指令型”（即任务取向型）领导方式，效果比较好；当领导工作处于中间状态（第 4、5、6 类情境）的情境条件时，则“以人为中心的宽容型”（即关系取向型）领导方式比较有利。

（四）模型的应用

由于费德勒认为一个人的领导风格是与生俱来、固定不变的，因此，要提高领导的有效性，只有两条路：要么替换领导以适应环境，要么改变领导者所处的环境以适应领导者。如果一个组织的环境因素最好或最坏，就要选择任务取向型风格的领导者；反之，应选择关系取向型风格的领导者。一般可以通过重新构建任务（改变任务结构）或调整职位权力大小来改变环境。比如，一个任务取向型领导处于状态 4 这一环境时，他可以通过强化职权而让环境改变为状态 3，这时，环境就与领导者的风格相适应，从而有利于他的领导了。

补充说明

如果抛开费德勒“领导风格不变”的观点，我们就可以根据费德勒模型得出“领导者领导方式的选择，要视环境因素而定”的结论。比如，当领导者处于最好或最坏的环境之中时，应采取“工作取向型”领导方式，以工作为中心；而当他处于中间状态的环境中时，就应该调整自己的行为，转而采取“关系取向型”领导方式，以员工为中心。

二、领导生命周期理论及其对管理实践的启示

领导生命周期理论也称领导寿命循环理论。这个理论是由美国心理学家科曼（Karman）首先提出来的，后由赫塞（Paul Hersey）和布兰查德（Kenneth Blanchard）予以发展起来的。

（一）权变因素

科曼等人在分析领导行为四分图时加入了权变因素——下属的成熟程度。

成熟度指的是个体对自己的直接行为负责任的能力和意愿。它包括工作成熟度和心理成熟度。其中，工作成熟度包括个人的知识和技能，即工作能力。心理成熟度指的是一个人做某事的意愿和动机，即工作积极性。工作成熟度高的个体拥有足够的知识、能力和经验完成他们的工作任务而不需要别人的指导。心理成熟度高的个体不需要太多的外部鼓励，他们靠内部动机激励。

补充说明

成熟度=工作能力+工作积极性。

他们发现，被管理者的成熟周期由四个阶段构成，即不成熟、初步成熟、比较成熟和成熟。

（二）与不同情境相匹配的四种领导方式

研究发现，工作、关系行为与成熟度之间是一种曲线关系。管理者对处在不同阶段的被管理者应采取不同的领导方式，图 8.4 中的曲线就表明了这种关系。

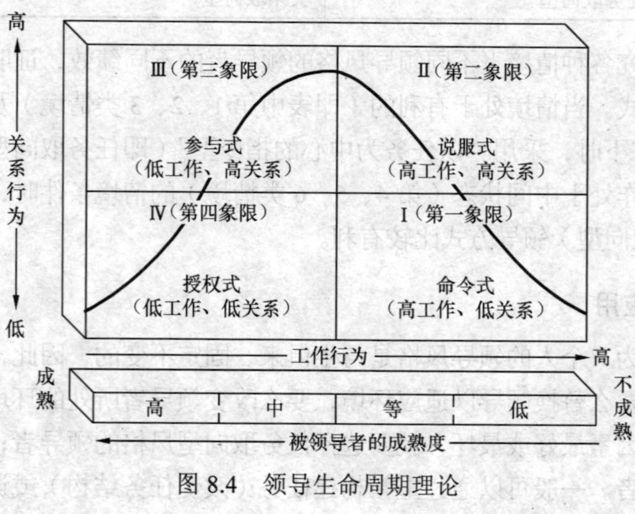

图 8.4　领导生命周期理论

1. 命令式管理

第一象限（Ⅰ）：高工作、低关系，即管理者高度重视工作，而不怎么注意关系。

处于这一象限的被管理者很不成熟：他们对执行任务既无能力又不情愿，他们既不胜任工作又不能被信任。

管理者必须采用命令式管理：严格要求，明确下达指示和命令，告诉下属应该干什么、怎么干以及何时何地去干，给予下属明确而具体的指导。

2. 说服式管理

第二象限（Ⅱ）：高工作、高关系，即管理者既要高度重视工作，又要高度重视关系。高工作行为能弥补下属能力的欠缺，高关系行为则能让下属领会领导者的意图。

处于这一象限的被管理者初步成熟：他们缺乏能力，但却愿意从事必要的工作任务，他们有积极性，但目前缺乏足够的技能。

管理者不能再纯粹用命令式的管理方式，而应该改用说服式管理：在加强管理和指导的同时以双向信息沟通方式和情感因素关心、支持和激励下属。

3. 参与式管理

第三象限（Ⅲ）：低工作、高关系，即管理者不必以太多精力过问工作，却要很重视关系。

处于这一象限的被管理者比较成熟：他们有能力，但对领导者希望他们做的工作热情度不高。

管理者应采取参与式管理：关心下属，与下属进行双向沟通，实行民主管理，吸引下属参与决策过程，并为下属提供便利条件，激发下属的工作热情。

4. 授权式管理

第四象限（Ⅳ）：低工作、低关系，即管理者既不必太关心工作，也不必太关心关系。

处于这一象限的被管理者大都达到了相当成熟的程度：他们既有能力又愿意干领导让他们干的工作。

管理者可采取授权式管理：通过授权给被管理者，让其自主行使权力，用高度的信任来调动下属的积极性，管理者只起总体控制作用，下级也完全能自我控制、士气高昂、对工作胜任。管理者真正达到一种“无为而治”的境界。

示例

对于刚刚进入某个工作岗位的员工，常常会因为不熟悉工作而不知道能否胜任工作，没有信心，容易打退堂鼓，因此管理者要严加管理并明确告诉下属该如何去做；随着时间的延长，员工逐渐对工作感兴趣了但还是缺乏足够的技能，这时管理者就应该鼓励并指导员工；再后来，随着对工作的熟悉，能力得以提高，员工可能会对工作产生疲倦，这时管理者就必须设法调动员工的工作热情；经过管理人员的努力，把这些有能力的人调动起来并给他自己的自由度让他们充分展示自己的才能是完全可能的。

领导者生命周期理论充分说明：对不同成熟程度的下级，只有采用不同的领导方式，才能获得最为有效的领导效果。不难发现，随着下属成熟度的不断提高，领导者不但可以不断减少对活动的控制，还可以不断减少关系行为。

我们可以发现，领导生命周期理论提出的这四种领导风格与管理方格理论中的四个角极为相同。我们可以认为，这是对管理方格理论的改进，增加了下属成熟度的四个方面。

示例

柳传志说："我刚建立公司时，采用的是'由上而下'的方法领导管理团队，也就是我们称为'指令式'的方法（即命令式）；进入20世纪90年代，公司来了一些高素质的年轻人，我就把'指令式'的方法改为所谓'指导性'的方法（即说服式）；1995年以后，我就把工作方式逐渐改为'参与式'——属下提出计划，我来提供意见。这样我身边的人就有了非常大的舞台。再后来，他们自己都可以做决定，我也由一个'导演'逐渐变成了'电影制片人'（授权式）。"

三、途径–目标理论及其对管理实践的启示

途径–目标理论是由加拿大多伦多大学教授罗伯特·豪斯（Robert House）于1971年提出的。

途径–目标理论的核心在于，领导者的工作是为下属的工作提供必要的指导和支持并帮助下属达到他们的目标。也就是说，领导者一方面要对下属阐明任务的要求和目标，另一方面还要明确指明实现目标的途径，在下属实现目标的过程中不断满足他们的需要，为他们的发展提供机会，帮助下属排除实现目标的障碍，使之能顺利实现目标。

补充说明

"途径–目标"的概念来自于这样一种信念，即有效的领导者通过明确指明实现工作目标的途径来帮助下属，并为下属清理路程中的各种障碍和危险，从而使下属的这一"旅行"更为顺利，真正体现了"领导就是服务"的管理理念。

1. 领导方式

为了达到上述目标，领导者必须采用不同类型的领导行为以适应特殊环境的要求。途径–目标理论归纳了四种领导方式，可供同一领导者在不同环境下选择使用。

（1）指导型。该类型的特点是领导者向下属人员明确组织目标，并对应该如何完成目标提供具体的指导，而且确信相应的目标和指导能得到下属的认可和接受。该类型的领导者需要有严格的计划、固定的工作标准，并强调下属人员遵守标准和规则，但下属人员的参与性差。

（2）支持型。该类型的领导者对下属人员较为关心，态度友好，平易近人，注意联络与下属人员的感情，但不太注意通过工作使员工满意。

（3）参与型。该类型领导者在做决策时注意征求下属的意见，认真考虑和接受下属的建议，并相信员工的参与对实现组织目标大有益处。

（4）成就导向型。该类型领导者向下属提出挑战性的目标，希望下属最大限度地发挥潜力并相信他们能达到目标，而且不断制订新的目标，使下属经常处于被激励状态。

2. 权变因素

途径–目标理论提出，领导者究竟要选择哪种领导方式要考虑下属的个性特点和环境两方面的因素。

（1）下属的个性特点，包括下属的领悟能力、教育程度，对成就的需求，对独立的需求，

愿意承担责任的程度等。

（2）环境因素，包括工作群体的性质、权力结构和任务结构。

补充说明

费德勒模型提供的参考是：什么环境下采用什么样的管理方式。

领导生命周期理论提供的参考是：什么样的员工采用什么样的管理方式。

途径-目标理论提供的参考则是：不同环境下的不同的员工，应该采用不同的管理方式。

3. 引申假设

以下是由途径-目标理论引申出的一些假设。

（1）当下属执行结构化任务（也就是任务很明确、职责很清楚）时，支持型领导容易导致员工高绩效和高满意度；相比于那些具有高度结构化和安排好的任务来说，当任务不明且下属感觉压力过大时，指导型领导有利于员工产生更高的满意度；当任务结构不清、下属能力却较强时，成就导向型领导可能会提高下属的努力水平，从而达到预期的高绩效。

（2）组织中正式权力关系越明确、越层级化，领导者越应表现出支持型行为，减少指导性行为；当组织内部存在激烈的冲突时，指导型领导会带来更高的员工满意度。如果工作群体已经为个体提供了支持与满足，则支持型的领导方式就不为下属所需要，而指导型和成就导向型的领导方式则更受欢迎。

（3）内控型的员工（即把所发生的事情看成是由他们自己控制和影响的员工）愿意接受参与型的领导，而外控型的员工（即把所发生的事情看成是由外在环境的力量控制和影响的员工）对指导型的领导更为满意。

（4）当下属人员感到自己能力不足时，指导型的领导方式就比较受欢迎；反之，当下属人员有足够的能力去完成工作任务时，则喜欢参与式的领导方式；对于成就动机非常高的员工，成就导向型的领导较受欢迎；而重视人际关系的员工，则更喜欢支持型、参与型的领导。

总之，根据途径-目标理论，对于一个领导者来说，没有什么固定不变的领导方式，领导方式应该随环境变化而变化，一定要根据下属的不同特点及环境因素的变化选用适当的领导方式，并且领导是可以通过学习完善自身的领导能力。

本节导入案例解析

不难发现，纽约的办事处是由约翰新开的办事处，而达拉斯的办事处则是已有的办事处，后者工作群体的性质比如人际关系、以往的工作方式、员工个性特点等显然不同于前者，因此，需要的管理方式也必定不同，约翰没有考虑到环境变化照搬在纽约的成功经验，只能注定其失败的结局。

约翰的教训告诉我们，管理者应该及时根据工作环境的变化调整自己的管理方式，一个管理方式能否取得成功取决于是否与环境变量相匹配，而不是取决于以前是成功还是失败。

因此，研究领导效能就不能脱离人们的动机和态度以及当时、当地所处的环境，决不能认为某一种领导方式可以普遍应用于所有的情况和所有的人群；相反，必须把这种环境因素，包括人员的动机与态度因素同时考虑，这就是领导权变理论的基本观点——必须根据环境与人员的不同选择不同的领导方式。

本章小结

1. 领导就是影响个体或群体来完成组织目标的各种活动过程。领导者就是那些能够影响别人的人，其作用体现在三方面，即指导作用、协调作用和激励作用。

2. 领导者的影响力是指领导者影响和改变下属心理和行为的能力。依据构成领导影响力的要素的不同，把影响力分为权力性影响力和非权力性影响力两种。

3. 美国社会心理学家勒温把领导者在领导过程中表现出来的极端的工作作风分为三种类型：专制型、民主型和自由放任型，并用实验证明民主型领导方式更有利于增强组织的凝聚力和提高组织的工作效率。

4. 四分图理论将领导者分为高“工作导向”高“关系导向”、低“工作导向”高“关系导向”、低“工作导向”低“关系导向”和高“工作导向”低“关系导向”四种类型。并认为高“工作导向”高“关系导向”相对最有效。

5. 管理方格理论归纳出五种典型的领导方式：“贫乏”型、“任务第一”型、“乡村俱乐部型”、“团队”或“集体协作”型和“中庸之道”型，并认为“团队”型领导方式是最有效的。

6. 费德勒模型理论确定了三项变量：职位权力、任务结构、领导者与被领导者的关系。在有利和不利的两种情况下，任务取向型领导者能取得好的效果；在处于中间状态的环境中，关系导向型领导者能干得更好。

7. 领导生命周期理论认为存在四种领导风格：命令式、说服式、参与式和授权式。领导者选择何种风格取决于下属的成熟度。

8. 途径-目标理论指出有两类权变因素：环境因素和下属的个性特点。领导者依据这两个变量的不同所选取的领导风格有指导型、支持型、参与型和成就导向型。

本章练习题

一、单选题

1. 某公司副总经理根据文件规定，在自己的职权范围内给予了两名保卫公司财产的部门经理各 1 万元的奖励，这一举动激发了公司员工“爱厂如家”的热情。该副总经理在此利用的是（　　）。

A. 权力性影响力　　B. 非权力性影响力　　C. 金钱影响力　　D. 行为影响力

2. 领导行为理论认为，有效的领导者区别于那些不成功的领导者的是他们特殊的（　　）。

A. 个性　　B. 管理能力　　C. 领导行为　　D. 领导愿望

3. 美国社会心理学家勒温用实验证明，相对于另外几种领导方式而言，有利于增强组织凝聚力和提高组织工作效率的领导方式是（　　）。

A. 专制型　　B. 民主型

C. 自由放任型　　D. 工作与人际关系并重型

4. 四分图理论认为，相对高效、成功的领导者类型应该是（　　）。

A. 高“工作导向”高“关系导向”型　　B. 低“工作导向”高“关系导向”型

C. 低“工作导向”低“关系导向”型　　D. 高“工作导向”低“关系导向”型

5. 在管理方格中，“9.1”型管理被称为（　　）。

A. 贫乏型　B. 任务第一型　C. 乡村俱乐部型　D. 集体协作型

6. 按照费德勒模型，当组织内上下级关系好、任务结构明确、职位权力强时，应选择的领导者类型是（　　）。

A. 任务取向型　B. 关系取向型
C. 工作与人际关系并重型　D. 以领导者为中心型

7. 按照领导者生命周期理论，对那些有能力但积极性不高的被管理者，宜采用（　　）。

A. 参与式管理　B. 授权式管理　C. 说服式管理　D. 命令式管理

8. 根据途径-目标理论，对那些喜欢把所发生的事情看成是由外在环境的力量控制和影响的员工，合适的领导方式应该是（　　）。

A. 指导型　B. 支持型　C. 参与型　D. 成就导向型

9. 途径-目标理论提出，权变因素除了工作场所的环境特点外还包括（　　）。

A. 上下级关系　B. 下属的个人特点　C. 任务结构　D. 职位权力

10. 根据途径-目标理论，当任务不清、下属感觉压力较大时，合适的领导方式应该是（　　）。

A. 指导型　B. 支持型　C. 参与型　D. 成就导向型

11. 按照领导者生命周期理论，对那些既没有能力又缺乏积极性的被管理者，宜采用（　　）。

A. 吸引参与，民主管理　B. 大胆授权，自主管理
C. 多加指导，鼓励支持　D. 严加管理，具体指导

12. 管理者既重视人的因素，又十分关心生产，努力协调各项活动，使它们一体化，从而提高士气，促进生产，这是一种协调配合的管理方式，是指（　　）。

A. 贫乏的管理　B. 乡村俱乐部式管理　C. 任务式管理　D. 团队式管理

13. 根据领导生命周期理论，对于建立多年且员工队伍基本稳定的高科技企业的领导来说，其领导风格逐渐调整的方向应该是（　　）。

A. 从参与型向授权型转变　B. 从授权型向命令型转变
C. 从说服型向参与型转变　D. 从命令型向说服型转变

14. 通过沟通，对员工施加影响，统一员工意志，保证组织目标实现的职能是（　　）。

A. 计划　B. 组织　C. 领导　D. 控制

15. 某企业多年来领导和职工的关系很好，但任务完成的状况很差，该领导很可能是管理方格中所说的（　　）。

A. 贫乏型　B. 乡村俱乐部型　C. 任务型　D. 中庸之道型

16. 如果一个领导者决断力很强，并且信奉X理论，他很可能采取（　　）的领导方式。

A. 专制型　B. 民主型　C. 自由放任型　D. 随意型

二、多选题

1. 构成非权力性影响力的因素主要有（　　）。

A. 品德因素　B. 才能因素　C. 感情因素　D. 知识因素

2. 在带领、引导和鼓舞部下为实现组织目标而努力的过程中，领导者的具体作用有（　　）。

A. 指导作用　B. 协调作用　C. 激励作用　D. 凝聚作用

3. 费德勒模型确定的变量因素有（　　）。

A. 下属的成熟度　　B. 任务结构　　C. 上下级关系　　D. 职位权力

4. 四分图理论将领导行为划分为两种基本风格，分别是（　　）。

A. 任务导向型　　B. 关系导向型　　C. 关系和任务并重型　　D. 支持型

5. 关于领导者与管理者的关系，下列说法正确的有（　　）。

A. 领导者不一定是管理者

B. 管理者一定是领导者

C. 领导者一定是管理者

D. 领导者和管理者只不过是同一个人在不同情况下所具有的不同称号

6. 下面关于领导理论的论述，正确的有（　　）。

A. 领导行为理论认为，判断领导是否有效关键看他做什么

B. 领导权变理论关注领导者能力和环境的匹配

C. 领导权变理论优于领导行为理论

D. 领导者特质论认为，具有特定性格特征的人才能成为有效的领导

7. 一个管理者为了提高自己对下属的领导效果，下列做法不可取的有（　　）。

A. 以身作则提高自己在下属中的威信　　B. 尽量晋升到更高的位置

C. 采取严厉的惩罚措施　　D. 增加对下属的物质奖励

8. 以下不属于乡村俱乐部型领导方式的有（　　）。

A. 注重良好的氛围，关心职工的生活，较少关注工作效率的提高

B. 在注重良好氛围和关心职工生活的同时，也非常关注工作效率的提高

C. 虽不大注重良好的氛围，但却非常注重工作效率的提高

D. 既不注重良好的氛围，也不注重工作效率的提高

三、问答题

1. 什么是影响力？它有哪些类型？领导者应如何提升自身的影响力？

2. 简述领导的四分图理论和管理方格理论的要点，并谈谈这两个理论对于我们今天的管理工作有什么指导作用。

课外思考实践题

1. 你能从本书所列举的有关领导者素质理论中学到什么？普通人能否可以通过学习成为有效的领导者？

2. 讲授本课程的老师采用何种领导风格？是否有效？如果并不有效，你认为应采用什么样的风格更为有效？

3. 比较本书所列举的领导行为理论，你认为它们有哪些相似之处？

4. 采访你周围的某位领导者，看看他是如何认识领导工作的，并由此分析他的领导风格。

第九章

激　励

学习目标

学习本章，你应该能够清楚地知道：

- 激励的基本过程及如何提高激励效果。
- 六大经典激励理论的内涵及其对管理实践的启示。

第一节　激励的基本模式

案例导入

威廉创立了管理咨询公司。五年后，威廉决定让员工共享公司的成功，他宣布，在即将来临的6、7、8三个月中，星期五也成为管理咨询公司休息日。这样，所有员工将有三天的周末时间，而与此同时，他们仍得到与五天工作制一样的薪水。

在实施三天周末工作制一个月后，威廉最信赖的一位员工向他坦白，他宁愿得到加薪而不是额外的休息时间，而且他相信很多员工与他的想法相同。

威廉十分惊讶，他的大多数员工不到35岁，而年均收入40000美元，这已超过从事相似工作的员工收入的20%。对于他自己来说，如果年收入已达40000美元，再让他在钱和休息时间之间进行选择的话，他毫无疑问将选择后者，他以为他的员工也会如此。不过威廉在接下来的大会上召集了所有员工，问他们"你们是希望得到夏季的四天工作制呢，还是希望得到5000美元的奖金？"结果大多数人选择希望得到5000美元的奖金。

为什么会这样？这个老板该如何激励他的员工？

一、激励的内涵

激励，其原意是指人在外部条件刺激下出现的心理紧张状态。用管理学上的语言来讲，激励实际上就是管理者运用各种管理手段（外部刺激），引起被管理者的某种需要从而激发其动机，促使其产生组织所需要的行为的一个过程。简单地讲，激励就是设法让被管理者发自内心地去做某件事情。

体验式培训　动机练习

目的：让同学们对动机、激励有一个感性的认识和理解。

（详见教学资料包中的教案和课件）

在这个过程中，激励有四个基本要素，即外部刺激、需要、动机和行为，它们相互作用，构成了对人的激励。

（1）外部刺激，是激励的条件。外部刺激是指在激励过程中，管理者为实现组织目标而对被管理者所采取的各种管理手段及相应形成的管理环境。通过刺激，可以激发被管理者的需要。

（2）需要，是激励的起点与基础。需要是人们对一定客观事物或某种目标的渴求或期望。通常情况下，人们是在外部条件刺激下，产生强烈的内在需要。由此可以看出，人的需要是积极性的源泉和实质。

（3）动机，是激励的核心要素。需要产生动机，而动机则是需要的表现形式。动机是行为开始之前的主观愿望、想法和打算，是一种推动人们从事某项活动的心理动力，它驱使人们向满足需求的目标前进。因此，管理者应该充分激发被管理者所希望的动机，使其产生有助于组织目标实现的行为。

（4）行为，是激励的目的。有什么样的动机，就会产生什么样的行为。管理的最终目的是实现组织的目标，而组织目标的实现得益于人们在动机驱使下所采取的实现目标的一系列行为。因此，我们说行为是激励的目的，也是激励能否取得成效及成效大小的衡量标准。

二、激励的基本步骤与模式

1. 激励的基本步骤

课堂训练

寓言讨论9.1

让驴拉磨的方式有两种：一是蒙上它的眼，牵着它转几圈，然后驴就自己一直转；二是在驴的额头前吊一根胡萝卜，驴为了吃着萝卜就拼命往前走，但始终吃不着，只有在拉完磨之后才能吃到（类似于在狗额头上挂根骨头让狗赛跑）。

请讨论：

第一种方式与第二种方式有什么不同？

哪一种方式能运用于人？为什么？

回答完上述问题后再对第二种方式进行分析。

（1）能不能在驴前面吊一根骨头？

（2）不把胡萝卜挂在前面行不行？

（3）在驴拉完磨之后不把胡萝卜给驴吃行不行？

（详见教学资料包中的教案和课件）

通过课堂训练，我们可以得出，激励他人的典型步骤就是找到别人的需要，然后在他完成组织所需要的行为之后满足他的需求。具体分为三个步骤。

第一步，分析被管理者的需要。也就是要弄清楚被管理者到底有哪些需要。

第二步，用被管理者的需要激发其动机并引发其产生组织所需要的行为。也就是让被管理者知道自己的需要就在不远的前方。

比如，用制度、大会、谈话等各种方式让被管理者知道他将来能得到什么。同时，还要用同样的方式让被管理者清楚地知道组织的需要（或要求）即任务是什么，这个任务是他能够完成的，完成这一任务是他自己需要获得满足的前提条件，而且完成了这一任务自己的需要就一定能得到满足；但如果不能满足组织的要求，那他个人的需要也将得不到满足。这样，被管理者就能够产生内驱力并在内驱力的驱使下采取实现目标的一系列行为，以满足组织的需要。

第三步，对完成任务者满足其需要或对未完成任务者不满足其需要。也就是奖励或惩罚。奖励的目的就在于让别人知道他的行为是组织所需要的；惩罚的目的就在于让别人知道他的行为是组织所不需要的。

补充说明

心理学研究表明：需要激发动机，动机引发行为。因此，管理者要想让下属产生组织所需要的行为，就必须激发下属的动机，而要想激发动机，就必须找到下属的需要。当找准了员工的需要并让员工清楚地知道满足需要的条件时，员工就会为了满足自己的需要而付出努力。

2. 激励的简单模式

简单地讲，激励过程实际上就是一个由需要开始，到需要得到满足为止的连锁反应。首先是感觉到有需要，由此产生要求（即要达到的目标），然后造成心理紧张（即未满足的欲望），于是引起行动以达到目标，最后是要求得到了满足。当一种需要得到满足后，人们会随之产生新的需要，作为未被满足的需要，又开始了新的激励过程，这就是激励的简单模式，如图9.1所示。

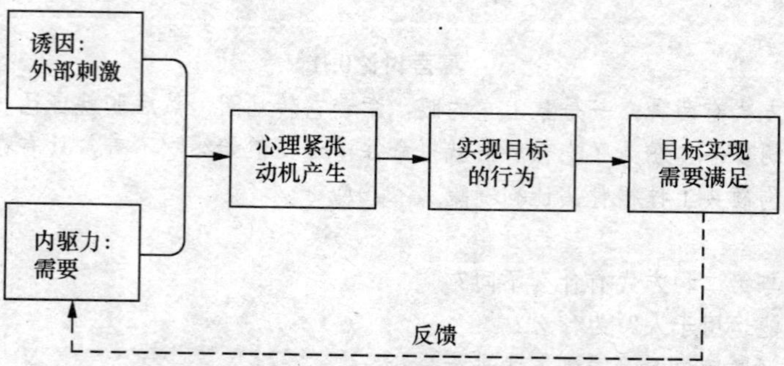

图 9.1　激励过程的简单模式

3. 激励过程的复杂性

从心理学角度来看，激励过程就是在各种管理手段与环境因素的作用下，需要、动机产生持续不断的兴奋，从而引起被管理者积极的行为反应，这个过程是一个非常复杂的过程。

首先，人的需要并不完全是生理上的需要，还经常受到环境的影响。如除了衣食住行等生理需要，人们还有自尊、归属、成就等精神层面的需要。再如，闻到食物的香味可能引起食欲，看到冷饮冒出的凉气可能引起口渴，同事的晋升可能激发我们进步的愿望，棘手的难题可能激发我们解决问题的成就欲望。

其次，需要引起行为，但行为也可能引起需要。满足了一个需要，可能引起满足更多需要的愿望。例如，一个人追求成就，可能在他所追求的目标实现之后变得更强烈了。

再次，从动机与行为的关系来看，动机是引发行为的原因，但动机并不是行为结果的唯一解释因素，客观环境、社会规范等也会影响人的行为。我们只能依据对行为的观察来推断它所对应的动机和需求。

最后，人们在力求满足需求时，并非每次都能成功，很多时候是达不到目标的。当一个人满足需求的努力受到挫折时，他可能会采取一种积极适应的态度，也可能会采取一种消极防范的态度。

三、激励的作用

在许多企业，员工如果干活之前不知道能加薪，干活就可能漫不经心，但一旦得知可以加薪，积极性一下子就高涨起来了。这说明，激励能激发员工的积极性，提高员工的工作效率，从而也能提高企业的绩效。

补充说明

美国心理学家研究表明：一个人在没有任何激励的情况下，其潜力只能发挥出 20%～30%，而一旦有了正确的激励，就能发挥出 75%～90%的潜力。可见，正确的激励能激发每一个人的积极性、潜力以及工作业绩，所以也就能提高组织的整体绩效。

激励是领导的一种手段，与传统的凭借权威进行指挥的领导方式相比，最显著的特点是内在驱动性和自觉自愿性。因此，这种实现组织目标的过程，不带有权威强制性，而完全是靠被管理者内在动机驱使的、自觉自愿的过程。由此不难看出，激励最主要的作用是通过动机的激发调动被管理者的工作积极性和创造性，自觉、自愿地为实现组织目标而努力，即其核心作用是调动人的积极性。

本节导入案例解析

"案例导入"中威廉惊讶的原因是他原以为员工会接受自己的决策，但事与愿违。威廉要做的就是首先要找准员工的真正需要，而不能把自己的想法当成员工的需要。

第二节　经典激励理论及其启示

案例导入

助理工程师黄大佑，一个名牌大学的高材生，毕业后工作已8年，于四年前应聘到一家工厂工程部负责技术工作，工作勤恳负责，技术能力强，很快就成为厂里有口皆碑的"四大金刚"之一，名字仅列在一号种子厂技术总管陈工之后。然而，工资却同仓管人员不相上下，一家三口尚住在来时住的那间平房。对此，他心中时常有些不平。

黄厂长，一个有名的识才老厂长，"人能尽其才，物能尽其用，货能畅其流"，孙中山先生的名言，在各种公开场合不知被他引述了多少遍，实际上，他也是这么做的。4年前，黄大佑调来报到时，门口用红纸写着"热烈欢迎黄大佑工程师到我厂工作"几个不凡的颜体大字，是黄厂长亲自吩咐人秘部主任落实的，并且交代要把"助理工程师"的"助理"两字去掉。这确实使黄大佑当时风光了不少，工作更卖劲。

两年前，工厂有指标申报工程师，黄大佑属有条件申报之列，但名额却让给一个没有文凭、工作平平的老同志，他想问一下厂长。谁知，他没去找厂长，厂长却先来找他了："黄工，你年轻，机会有的是。"去年，他想反映一下工资问题，这问题确实重要，来这里其中一个目的不就是想得高一点工资，提高一下生活待遇吗？但是几次想开口，都没有勇气讲出来，因为厂长总在生产会上大夸他的成绩。哪怕厂长再忙，路上相见时，总会拍拍黄工的肩膀说两句，诸如"黄工，干得不错"，"黄工，你很有前途"。这的确让黄大佑兴奋，"黄厂长的确是一个伯乐"。此言不假，前一段时间，他还把一项开发新产品的重任交给他呢，大胆起用年轻人，然而……

最近，厂里新建好一批职工宿舍，听说数量比较多，黄大佑决心要反映一下住房问题，谁知黄厂长又先找他，还是像以前一样，笑着拍拍他的肩膀："黄工，厂里有意培养你入党，我当你的介绍人。"他又不好开口了，结果家没有搬成。

深夜，黄大佑对着一张报纸招聘栏出神。第二天一早，黄厂长办公台上压着一张小纸条。

黄厂长：

您是一个懂得使用人才的好领导，我十分敬佩您，但我决定走了。

黄大佑于深夜

黄工程师为什么要离职？你认为黄厂长该如何做才能留住黄工程师？在管理学理论中，相关的激励理论可以帮助黄厂长“留人”。

一、马斯洛的需要层次论及其启示

（一）理论内涵

美国心理学家亚伯拉罕·马斯洛于 1943 年提出了“需要层次论”，内涵如下。

1. 假设每个人都有五个层次的需要

（1）生理需要。指维持人类自身生存的基本需求，如对衣、食、住、行及性满足等方面的基本需要。如果这些需要得不到满足，人类就无法生存，也就谈不上其他的需要。

（2）安全需要。指人们保护自己现在和将来免受人身、财产及情感心理威胁或伤害的需要。这种需要体现在社会生活中是多方面的，如生命安全、劳动安全、职业保障、心理安全等。

（3）社交需要。指人们希望与人交往、避免孤独的需要。包括友谊、爱情、同事交往、工作归属感等。马斯洛认为，人是一种社会性动物，人们的生活和工作都不是独立进行的，经常会与他人接触，因此人们需要有社会交往、良好的人际关系、人与人之间的感情和爱，在组织中能得到他人的接纳与信任。

（4）尊重需要。包括自我尊重和受人尊重两方面。自我尊重指自尊、自爱、自强、自信、自主及成就感；受人尊重指地位、认可和关注等，也就是自己的工作成绩、社会地位能得到他人的认可。尊重需要可概括为自尊心、自信心、威望、荣誉和地位等方面的需要。

（5）自我实现需要。这是最高层次的需要。指人们能最大限度地发挥潜能，实现自我价值和抱负的欲望。即人们希望自己能够充分发挥自己的潜能，希望自己能够越来越成为所期待的人，完成与自己能力相称的一切事情。

2. 五个需要之间的关系

马斯洛给出了五个需要各层次之间的关系。

（1）以上五个层次的需要是呈金字塔形从低到高来逐级排列。生理和安全需要属于较低级的需要，社交、尊重和自我实现需要则属于较高级的需要。低级需要主要从外部使人得到满足，高级需要则是从内心使人得到满足。

示例

在改革开放之前，人们生活水平很低，温饱问题都得不到解决，很难谈得上娱乐、社交。现在，大家生活水平提高了，衣、食、住、行有了保障，人们对所追求精神生活具有更高层次的要求。

（2）一个层次的需要得到基本满足之后，就会向较高层次的需要发展。对一般人来说，低级需要的满足是有限的，高级需要的满足是无限的，因而高级需要具有比低级需要更持久的激励力量。当然，五种需要不可能完全满足，而且越到上层，满足的程度越小。

（3）不同层次的需要可同时并存，但不能在同一等级内同时发挥作用，在某一时期总有一种需要占主导、支配地位，人的行为主要受这种需要的驱使。因为人的行为是受多种需要支配的，所以同一时期内可能存在多种需要。但是，每一时期内总有一种需要是占支配地位的。任何一种需要并不因为下一个高层次需要的发展而消失，各层次的需要相互依赖、相互重叠，高层次的需要发展后，低层次的需要仍然存在，只是对行为影响的比重减轻了。

（4）虽然不存在完全获得满足的需要，但那些获得基本满足的需要也不再具有激励作用。

补充说明

马斯洛的需要层次论简单明了，易于理解，具有内在逻辑性，得到了普遍认可。但其存在的缺陷是：在实际中，人的需要发展趋势并不一定严格按照这五个层次逐层递增，可能某一低层次的需要未能得到满足时，另一较高层次的需要反而会占据主导地位。这主要是因为马斯洛对人的信仰和精神的作用估计不足。例如，革命时期的无数共产党员，为革命理想的实现而勇于牺牲自己的宝贵生命。同样，通过榜样进行教育，也可以改变人的需要层次的主次关系。

（二）对管理实践的启示

根据马斯洛的需要层次论，我们可以得到启示：如果需要激励员工，就要了解员工目前所处的需要层次，然后通过适当的管理手段，帮助他们满足这一层次或更高层次的需要，在此过程中不断激励他们的士气。

（1）正确认识被管理者需要的多层次性和多样性，对其需要应进行科学分析并区别对待。同一个人不同时期的需要不同，不同的人同一时期需要也各不相同，因此，管理者需要在科学分析的基础上，找出受时代、环境及个人条件差异影响的主要需要，然后有针对性地激励，以收到“一把钥匙开一把锁”的预期激励效果。表 9.1 列出了需要层次论与管理措施密切结合的相关表。

表 9.1 需要层次论与管理措施相关表

需要的层次	诱因（追求的目标）	管理制度与措施
生理需要	薪水、健康的工作环境、各种福利	工作条件、工资制度、住房制度、福利制度（含各类社会保险）
安全需要	职位的保障、意外的防止	雇佣保证、健康保险、医疗、意外保险制度
社交需要	友谊（良好的人际关系）、团队的接纳、组织的关怀	和谐的工作小组、同事的友谊、团队活动制度、互助制度、教育培训制度、娱乐制度
尊重需要	地位（职称、职务），名分，权力，责任，与他人薪水之相对高低	人事考核制度、晋升制度、表彰制度、奖金制度、选拔制度
自我实现的需要	能发展个人特长的组织环境、具有挑战性的工作、成长空间、成就	决策参与制度、提案制度

（2）努力将本组织的管理手段、管理条件同被管理者的各层次需要联系起来，不失时机、最大限度地满足被管理者的需要。

二、麦克莱兰的三种需要理论及其启示

自我测试

假定你的前面有1袋豆子和5个靶子。你的任务是要用豆子击中靶子。靶子一个比一个远，因此一个比一个更难击中。A靶子很容易击中，只有一步之遥。如果你击中，会得到20元。B靶子稍远一些，约有80%的人能击中，报酬是40元。C靶子的报酬是80元，约有一半的人可以击中。很少有人可以击中D靶子，但如果击中报酬是160元。最后，如果击中E靶子，报酬是320元，但几乎没有人能够做到。你会选择哪一个目标试一试？

大家有没有想过，不同的选择会在一定程度上反映出每个人不同的需要？

（一）理论内涵

美国著名心理学家大卫·麦克莱兰在1955年对马斯洛需要层次理论理论的普遍性提出了挑战。经过多年的研究，1969年，麦克莱兰出版了《激励经济成就》一书，在该书中将人的需要归纳为三大类：成就需要、权力需要和归属需要，从而形成了三种需要理论。麦克莱兰认为，人的这三种需要不是先天的，而是在后天的工作和学习中形成的。

1. 成就需要

成就需要即达到标准、追求卓越、争取成功的需要。高成就需要者有强烈的内驱力，要将事情做得更好，使工作更有效率，以获得更大的成功，但他们追求的是个人的成就感而不是成功之后所带来的奖励，我们将这种内驱力称为成就需要。

高成就需要者不是赌徒，他们不喜欢凭运气而获得的成功，他们愿意接受困难的挑战，并能承担成功与失败的责任，但他们不愿使结果受运气或他人的左右，也就是说，他们不喜欢接受那些在他们看来特别容易或者特别困难的工作任务。对于自己感到成败机会各半的工作，他们表现得最为出色，他们喜欢设定通过自身的努力才可达到的奋斗目标。

2. 权力需要

权力需要即影响和控制他人的欲望或不受他人影响和控制的需要。具有高权力需要的人热衷于“承担责任”，努力影响他人，喜欢竞争性强和重视地位的工作环境或是自由的环境。与有效的绩效相比，他们更关心威望和获得对他人的影响力。

3. 归属需要

建立友好亲密的人际关系，也就是寻求被他人喜爱和接纳的一种愿望。高归属需要者渴望友谊，喜欢合作而不是竞争的环境，希望彼此之间的沟通与理解。

自我测试结果

学完麦克莱兰的三种需要理论，你是否发现了自我测试中不同的选择和内心需要之间的关系？

（二）对管理实践的启示

三种需要理论告诉我们，管理者只有搞清楚每个人属于哪种类型才能进行有针对性的激励。

（1）高成就需要者喜欢能独立负责、可以获得信息反馈和中度冒险的工作环境，在这种环境下，他们可以被高度激励。对于高成就需要者，可以通过给他想干的、有挑战性的工作或满足他的工作需要来进行激励。

（2）高成就需要者并不一定就是一个优秀的管理者，尤其是对规模较大的组织而言。比如，一名高成就需要的推销员，并不一定能成为优秀的销售部经理；一位优秀的教师不一定能成为一名优秀的系主任。

补充说明

有些人业务能力强但不愿意当"官"，可我们许多企业都喜欢把那些工作出色的员工提拔为管理者，结果就发现，这个人当了"官"之后并没有带来预期的效果，而这个人自己也在苦恼为什么坐到这个职位上总是很别扭，就是这个道理。

（3）归属需要与权力需要和管理的成功密切相关。最优秀的管理者是权力需要很高而归属需要很低的人。对于高权力需要者，可以通过职位的晋升和授权或者是给予自由来进行激励。对于高归属需要者，可以通过给予尊重和认可、营造一种良好的人际氛围来激励。

（4）员工可以通过训练来激发他的成就需要。如果某项工作要求高成就需要者，那么管理者可以通过直接选拔的方式找到一名高成就需要者，或者通过培训的方式培养自己原有的下属。

三、赫茨伯格的双因素理论及其启示

（一）理论内涵

美国心理学家弗雷德里·赫茨伯格于20世纪50年代提出了著名的双因素理论。该理论将员工的需要归结为保健因素和激励因素两类，因此又被称为激励—保健理论。

补充说明

赫茨伯格认为个人对工作的态度在很大程度上决定着任务的成功与失败。为此，他调查了这样一个问题："人们希望从工作中得到什么？"他要求人们在具体情境下详细描述他们认为工作中特别好或特别差的方面。基于调查结果，他认为，满意的对立面不是不满意，而是没有满意；而不满意的对立面是没有不满意，而不是满意。

1. 保健因素

保健因素指的是和工作环境或条件相关的、一旦没有满足就会导致员工产生不满意感的外部因素。例如，管理政策与制度、工作条件、人际关系、薪金、福利待遇、职务、地位、工作安全等。

当人们得不到这些方面的满足时，人们感到不满意，从而影响工作；但当人们得到这些方面的满足时，只是消除了不满，却不会调动人们的工作积极性，即不起明显的激励作用。之所以称为保健因素是因为它如同卫生保健对人们身体的影响一样，加强了，可以预防疾病保护健康，但不能治病；放松了，就会增加疾病入侵的可能。

2. 激励因素

激励因素指的是与工作本身相关的、满足了就会给员工带来满意感的内在因素。例如，工作成就感、工作挑战性、工作中得到的认可与赞美、工作的发展前途、个人成才与晋升的机会等。

当人们得不到这些方面的满足时，工作缺乏积极性，但不会产生明显的不满情绪；当人们得到这些方面的满足时，会对工作产生浓厚的兴趣，产生很大的工作积极性，起到明显的激励作用，故称为激励因素。

补充说明

保健因素相当于基本待遇，也就是保证员工完成工作任务的基本条件，是员工应得的东西。员工得到了，觉得理所当然，但不会觉得受重视，得不到，就会表示不满。改善了这些因素，只能消除不满意，并不一定能带来满意，但能起到保持员工的积极性、维持工作现状的作用。

激励因素相当于额外的奖励，得不到不会有不满意，但得到了，就等于得到了奖赏，必然会斗志昂扬。因此激励因素的改善具有激励作用，会增加员工工作的满意感。

（二）对管理实践的启示

保健因素与激励因素的内容不同，激励的效果也不同，所以管理者要区分出哪些属于保健因素，哪些属于激励因素，从而达到真正的激励作用，双因素理论对管理实践的启示有以下几点。

（1）要善于区分管理实践中存在的两类因素。一是对保健因素要给予基本的满足，以消除下级的不满。例如，不断改善工作条件、住房、福利待遇等，可以保持下属的工作热情。二是要抓住激励因素，进行有针对性的激励。对员工最有效的激励就是使其对所从事的工作本身满意，因此管理者应该运用各种手段，诸如调整工作的分工、增加工作的挑战性、实行工作内容丰富化、提升发展空间等来增加员工对工作的兴趣，千方百计地使员工满意自己的工作，从而进行有效激励。

（2）正确识别与挑选激励因素。能够对员工积极性产生重要影响的激励因素在管理实践中不是绝对的，它受到社会、阶层及个人的经济状况、社会身份、文化层次、价值观念、个性、心理等诸多因素的影响。因此，在不同国家、不同地区、不同时期、不同阶层、不同组织乃至每个人，最敏感的激励因素是各不相同的，有时差别还很大，因此，必须在分析上述因素的基础上，灵活地加以确定。

（3）从双因素理论看薪酬管理。基本待遇属于保健因素，它应属于薪酬体系的基础部分，是保障员工基本生活与工作需要的部分，它应该保持基本稳定，否则会导致员工的不满意，影响其工作积极性；而奖金、绩效工资由于是对员工成绩的认可，因此属于激励因素，要在考核的基础上加大比例，以真正激发员工的工作满意度，提高工作业绩，这部分工资应该处于变化之中，否则会转化为保健因素，失去激励作用。

补充说明

一句话：管理者应不断满足员工的基本需要，比如，改善工资待遇、工作条件、人际关系等，在此基础上论功行赏，改善工作本身，让员工感觉到受重视、有前途，从而激发员工的积极性。

四、弗鲁姆的期望理论及其启示

期望理论是美国心理学家弗鲁姆于 1964 年提出来的，这一理论通过人们的努力行为与预期结果之间的因果关系来研究激励的过程。

（一）理论内涵

该理论认为，人们对某项工作积极性的高低，取决于他对这种工作能满足其需要的程度及实现可能性大小的评价。也就是说，工作积极性的高低取决于人们对这种工作可能带来的结果的期望强度以及这种结果对行为者的吸引力。通俗地讲，就是只有当一个人预期某种行为会给他带来具有吸引力的结果时，他才会采取积极的行动。具体如图 9.2 所示。

个人努力 —1→ 个人绩效 —2→ 组织奖励 —3→ 个人目标

1．努力—绩效关系　2．绩效—奖励关系　3．奖励—个人目标关系

图 9.2　期望理论示意图

1. 个人努力—个人绩效关系

即个人认为通过一定程度的努力会带来一定工作绩效（即组织给员工设定的目标或规定的任务）的可能性。例如，我付出了最大的努力，能否实现组织期望的目标？需要付出多大努力才能达到某一绩效水平？我是否真的能达到这一要求？实现的概率有多大？在其他因素正常的情况下，仅从这一角度来讲，如果员工觉得实现的可能性越大，其积极性就会越高。

2. 个人绩效—组织奖励关系

即个人对达到一定工作绩效后可获得期望的奖赏的信任程度。例如，当我达到这一绩效水平后，会得到自己所期望的奖赏吗？同样，如果觉得获得期望的奖赏的可能性越大，员工的积极性就会越高。

3. 组织奖励—个人目标关系

即所获得的实际奖赏对个人的重要性程度和吸引力。例如，这一奖赏是不是我的需要？对我有多大好处？一般而言，如果员工觉得给予的奖励对自己很重要，其积极性就会高。如果员工努力工作以期获得晋升，但得到的却是加薪；或者员工希望得到一个比较有挑战性的工作，但得到的仅仅是几句表扬的话，这两种情况下，对员工的激励就达不到最佳效果了。

（二）对管理实践的启示

期望理论对管理实践的启示主要体现在：只有当一个人觉得自己通过努力能够完成组织规定的任务（或绩效），而且完成任务后能够获得应有的奖励，这一奖励刚好又是自己最想要

的奖励的时候，他的积极性才会空前高涨。

示例

当学生重视分数，并知道只要坚持听讲就能得到理想分数、获得好成绩时，就会高度努力、坚持听讲。但当学生努力之后并没有实现预期目标（也就是考砸了）时，可能就不再努力了。但如果学生坚持来上课是为了认识更多的朋友，而老师却以为他希望获得好成绩，那学生考砸了的时候，伤心的就只有老师一个人了。

医生的期望能够极大地影响一种新药或新的医疗方法的功效，产生一种被医学专业称为“安慰剂效应”的结果。

“预言导致预言的实现”。

1. **目标激励与悬赏激励相结合**

也就是通过设定一定的目标来进行激励。这是从第一种关系即努力—个人绩效关系来说的。

第一，确定目标的标准不宜过高，也不能过低。凡是能起广泛激励作用的工作项目，都应是大多数人经过努力能实现的，这样，通过增大实际概率，来增强激励作用。如果一个人通过努力有较大可能获得好成绩时，他就会信心十足地去做好工作；如果工作太难或是目标定得太高，可望而不可即，就会丧失信心，那样就不会有积极性。因此，一方面要通过指导和培训来提高员工的能力，以保证员工有能力完成某项工作任务，并根据每个人的能力特长来分配、安排工作；另一方面就是制订的工作目标必须切实可行，并尽可能排除那些可能会干扰员工完成任务的不利因素。

补充说明

只有经过一定的努力才能实现的目标才具有激励作用。比如，篮球架的安装，如果太高，再怎么努力也够不着，就会让人失去信心；如果太低，伸手就能够得上，就会让人觉得没意思。所以，进行目标激励时设定的目标既不能过高（超出被激励者的能力范围），也不能过低（被激励者的才干没有被充分调动起来）。激励的艺术就在于让员工充满信心，使他们感到自己是胜任这项工作的，只要更加努力，目标是完全可以实现的。

第二，不同的人设立不同目标。因为不同的人，由于工作能力等不同，对同一目标是高是低会有不同的感受。而且，在一个组织中，对于许多人来说，做好工作并不是他的终极目标，人们总是希望在取得好的成绩后，获得适当的奖励或报酬。如果只有一个目标，或是奖酬与工作成绩之间没有关联，那他的工作干劲就很难保持下去，因此，可以设立不同的目标，进行悬赏激励，即通过设立奖励等级，把奖酬与工作成绩挂钩。

2. **兑现诺言**

这一点在现实生活中非常重要。一些组织的领导者，在工作开始之前为了激发员工的积极性，总是许诺工作完成之后进行奖励，可一旦工作完成，领导者往往对奖励内容进行缩水甚至不再进行奖励，结果引起员工的不满。

因此，管理者一旦答应进行奖励，就必须兑现诺言，只有当员工觉得自己该获得奖励时就能获得奖励的时候，激励效果才能长久。这是从第二种关系即个人绩效—组织奖励的关系来说的。

3. 按需激励

也就是要根据员工的需要来进行激励，即选择员工感兴趣、评价高，也就是对员工吸引力大的激励手段。这是从第三种关系即组织奖励—个人目标关系来说的。

如果不从实际出发，不考虑员工的实际需要，只从管理者本人的意志或兴趣出发，推行对员工来说重要性不高、吸引力不大的项目，是不可能起到激励作用的。员工总是希望通过努力使所得到的奖酬能满足自己的需要，如果人们所获得的奖酬不是他们所需要的，这样的奖励就不会起到较好的激励作用。

补充说明

期望理论对人的认识是以“经济人”假设为基础的，基于东西方文化的差别，一方面，我们不能完全照搬这一理论，比如，按照这一理论我们就无法理解“明知山有虎、偏向虎山行”，就无法理解见义勇为等无利而为的义举了；另一方面，我们又不能回避一般人都有的趋利避害的心理。比如，人们不一定专挑有好处的事去做，但明知没有好处的事一般都不会去做！再比如，一些人见义勇为不一定是为了得到什么奖赏，但许多人不见义勇为是感觉到一旦见义勇为不成功自己划不来。因此，正确运用期望理论的做法应该是：我们一定要在全社会范围内形成一种风气，让见义勇为者得到好报，这样才会有更多的人见义勇为。

五、亚当斯的公平理论及其启示

大量的事实表明，人们时时刻刻都在自觉不自觉地将自己的付出与所得跟他人甚至自己的过去相比，比较的结果如果感到公平就会继续努力，否则便会产生情绪影响正常的工作、学习和生活。

（一）理论内涵

公平理论是美国心理学家斯达西·亚当斯于1965年提出的，这一理论重点研究个人做出的贡献与所得报酬之间关系以及对激励的影响。该理论认为：人的工作积极性不仅受其所得绝对报酬的影响，更重要的是受其相对报酬的影响。员工首先思考自己收入与付出的比率，然后将自己的（收入/付出）与相关他人的（收入/付出）进行比较，如果员工感觉自己的比率与他人的相同，则为公平状态；如果感到二者的比率不相同，则产生不公平感，也就是说，他们会认为自己的收入过低。这种不公平感出现后，员工们就会试图去纠正它。该理论也被称为“社会比较理论”。

1. 收入与付出

收入（或所得报酬）指的是一个人主观认识到的工作劳动后所得到的回报，如工资、奖金、赞赏、表扬、名誉、地位甚至自己体会到的成就感等。

付出指的是一个人自己觉得付出的劳动量的多少、效率高低和质量好坏，还指自己所感受到的能力、经验、资历、学历投资等贡献的高低或多少，如体力脑力消耗、技术水平高低、工龄长短、工作态度等。

相对报酬是指个人的收入与付出的比值。

2. 比较

在公平理论中，员工所选择的与自己进行比较的参照对象主要有四种。

（1）内部的自我。即员工会把自己在当前组织中不同职位上的收入/付出进行比较。当（收入/付出）$_{\text{职位2}}$≥（收入/付出）$_{\text{职位1}}$时，员工才会选择从职位1调动至职位2。

（2）内部的他人。即员工会把自己的收入/付出和当前组织中从事相似工作或能力相同的其他人的收入/付出进行比较。当（收入/付出）$_{\text{自己}}$ ≥（收入/付出）$_{\text{他人}}$ 时，员工才有公平感甚至优越感。

> 补充说明
>
> 内部的自我和内部的他人比较称为内部比较，体现的是内部公平。

（3）外部的自我。即员工会把自己目前的收入/付出和在以前的组织中相同职位上的收入/付出进行比较。当（收入/付出）$_{\text{当前}}$ ≥（收入/付出）$_{\text{过去}}$ 时，员工才会对自己的跳槽表示满意。

（4）外部的他人。即员工会把自己目前的收入/付出和其他组织中相同职位或相同能力的其他人的收入/付出进行比较。当（收入/付出）$_{\text{自己}}$ ≥（收入/付出）$_{\text{他人}}$ 时，员工才有公平感甚至优越感。

是否感到公平，所依据的就是收入与付出之间比较出来的相对报酬。相对报酬如果相等，员工就会感到公平，否则就会感到不公平。

> 补充说明
>
> 外部的自我和外部的他人比较称为外部比较，体现的是外部公平。

基于公平理论，当获得公平感受时，员工会感到心情舒畅，努力工作；当得到不公平感受时，就会出现心理上的紧张、不安，从而使员工采取行动以消除或减轻这种心理紧张状态。通常情况下他们可能会采取以下几种做法：改变自己的投入，如不再那么努力；改变自己的产出，如实行计件工资的员工通过追求数量降低质量以提高工资；改变自我认识，如原认为自己付出的不够，但现在觉得自己比其他人都努力；改变对其他人的看法，如认为某某的工作不像以前认为的那样令人满意；选择其他参照对象进行比较，如比上不足、比下有余；离开工作场所，如辞职。

（二）对管理实践的启示

公平理论告诉我们，管理者必须高度重视相对报酬问题。员工对自己的报酬进行内部、外部比较这是必然的现象。管理者如果不加以重视，很可能出现“增收”的同时亦“增怨”的现象。中国自古就有“不患寡而患不均”这种普遍的社会现象，所以，管理者必须始终将相对报酬作为有效激励的方式来加以运用。

> 补充说明
>
> 解决工资低的抱怨，不一定非得加工资，有时员工报怨工资低是因为相比较后产生的不公平感，只要通过调整工作内容、改变工资制度就能解决。
>
> 从经济学的角度来讲，工资涨到一定程度后，旅游休闲对劳动者的价值可能更大，继续增加工资可能不仅不会使员工付出更多，反而会使其减少劳动供给。

（1）要尽可能从制度上实现相对报酬的公平性。比如，通过外部薪资调查，保持本组织的竞争优势，实现外部公平，这样才有利于吸引人才。再如，在内部薪资管理上，将报酬与工作表现、业绩挂钩，多劳多得，鼓励先进，鞭策落后，实现内部公平，有利于留住人才。

（2）当出现不公平现象时，要做好工作，积极引导，防止负面作用的发生。并通过管理的科学化消除不公平，或将不公平产生的不安心理引导到正确行事的轨道上来。

本节导入案例解析

案例中的黄大佑，职称（一种地位的象征）属于受尊重需要，工资和住房属于生理需要。

黄工能名列公司"四大金刚"之一，可见其付出很大，但工资水平和仓管人员不相上下，按照公平理论，黄大佑的相对报酬（收入/付出）要小于仓库管理员的相对报酬（收入/付出），这会给黄大佑带来一种不公平的感受。也正是这种不公平感受以及各种需要屡次得不到满足才最终导致了黄工的辞职。

因此，黄厂长要想留住黄工，就应该和黄大佑进行沟通，了解并满足他的真正需要，而不是一味地进行口头表扬。

案例告诉我们：人们的需要是多方面、多层次的，管理者要把下属的物质需求和精神需求结合起来，找准员工的真正需求并在员工出现组织所需要的行为之后，在一定程度上满足其需要。

六、斯金纳的强化理论及其启示

（一）理论内涵

强化理论是美国哈佛大学心理学教授斯金纳提出的。斯金纳在巴甫洛夫条件反射理论的基础上，提出了"操作条件反射理论"，认为人类（或动物）为了达到某种目的，本身就会采取行为作用于环境——行为是其结果的函数。也就是说，人的行为只是对外部环境刺激做出的反应。

补充说明

所谓强化，是指当对一种行为给予肯定或否定时，这种行为的结果就可以在一定程度上影响或控制该行为的重复出现与否。即当行为的结果有利于个人时，这种行为就可能重复出现。如因工作努力取得了较好的成绩而获得了一定的奖励，那员工就可能会进一步努力工作。反之，当行为的结果不利时，这种行为就减弱或消失。例如，因为迟到而被扣发工资时，迟到这种行为就会减少或消除。这一过程中，凡对行为有强化作用的手段叫作强化物。

在管理实践中，常用的强化类型有正强化、负强化、惩罚和自然消退四种。

1. 正强化

正强化又称积极强化，即奖励。是指用某种具有吸引力的结果对那些符合组织需要的行为进行鼓励和肯定，使其重现和加强。

2. 负强化

负强化又称消极强化，即事先警告。是指事先指出那些不符合组织需要的行为，并说明这些行为的危害以及对这些行为所采取的惩罚措施，使这些行为减少甚至不发生，从而保证组织目标的实现。这种强化方式能从反面促使人们重复符合要求的行为。例如，员工得知不努力工作就会受到批评，而努力按时完成任务就可以避免领导的批评，于是员工就一直按时努力完成任务。员工之所以努力完成任务，是为了避免领导的批评。

3. 惩罚

惩罚是指采用批评、降薪、降职、罚款等带有强制性、威胁性的措施来创造一种令人不愉快甚至痛苦的环境，或取消现有的令人满意的条件，以表示对那些不符合组织需要的行为的否定，以使这些行为削弱甚至消失。例如，有的员工工作没有做好时，管理者即施以不利的回报，如警告、记过、降职、罚款、开除等，其目的在于杜绝以后再出现类似情况。惩罚一定要维持其连续性，即每一次出现这些不符合需要的行为都要及时进行惩罚，从而消除人们的侥幸心理，减少直至完全消除这种行为重复出现的可能性。

4. 自然消退

自然消退有两种方式：一是对某种行为不予理睬，以表示对该行为的轻视或某种程度的否定使其自然消退。例如，对于那些喜欢打小报告的人可以采取故意不理会的态度，以使这类人因自讨没趣而自动放弃这种不良行为。但这种消失的行为在没有良好的行为置换时可能会死灰复燃，所以最好与其他方式结合使用。二是取消正强化，也就是原来用正强化手段鼓励的有利行为由于疏忽或情况改变，不再给予正强化，使其逐渐消失。

研究表明，一种行为如果长期得不到正强化，就会逐渐消失。例如，企业原来对超额完成任务都给予较高的奖励，但现在由于管理者更换或政策改变不再有此项奖励了，那么员工超额完成任务的积极性就会逐渐消退。

示例

一些人认为，奖励只适合于那些符合我们所需要的行为，而那些不符合需要的行为，则必须进行惩罚。实际上，我们既然可以采用逐渐加大奖励幅度的做法来促使所需要的行为不断出现，也就可以采用逐渐减少奖励幅度的做法来减少甚至消除一些所不需要的行为。

门房旁边放了一张旧钢丝床，接连几天一些小朋友下午放学后就来蹦蹦跳跳，严重影响了王大爷的休息，可是不管他怎么说甚至是拿着扫帚赶，这些小家伙就是不走，反而和王大爷玩起了老鹰抓小鸡的游戏。王大爷拿他们真是没办法。大学生小张给王大爷支了一招：第一天，小张拿出一个大苹果对小朋友们说："你们来个蹦床比赛，谁蹦得最高，这个苹果奖给谁。"小朋友一看玩耍还有奖品，蹦劲十足。最后，蹦的最高的小朋友果真得到了大苹果。结束时，小张又对他们说，明天你们还来吧，照样有奖品。第二天，小张的奖品是一个棒棒糖，比第一天的苹果诱惑力小了许多，小朋友们本着"既来之，则安之"的想法，又蹦了一阵子。第三天，小张拿出了一个小玻璃球，小朋友们一看，没意思，一哄而散，再也没兴趣蹦了。

（二）对管理实践的启示

强化理论对管理实践有重要的指导作用。

（1）要明确组织所需要的行为和不需要的行为。员工只有知道了组织需要什么，才能表现出什么。对组织需要的行为，一定要进行奖励，而对组织所不需要的行为则一定不能在有意无意之间进行奖励。

（2）奖励与惩罚相结合，以奖为主，以罚为辅。即对正确的行为，对有成绩的个人或群体给予适当的奖励；同时，对不良行为，对一切不利于组织的行为则要给予处罚。大量实践证明，奖惩结合的方法优于只奖不罚或只罚不奖的方法。强调奖励与惩罚并用，并不等于奖励与惩罚并重，而是应以奖为主，以罚为辅。

（3）及时而正确强化。所谓及时强化，是指让人们尽快知道其行为结果的好坏或进展情况，并尽量予以相应的奖励或惩罚。而正确强化就是要“赏罚分明”，即当出现良好行为时就给予适当的奖励，而出现不良行为时就给予适当的惩罚。及时强化能给人们以鼓励，使其增强信心并迅速激发工作热情。但这种积极性的效果是以正确强化为前提的。相反，乱赏乱罚绝不会产生激励效果。

示例

惩罚的目的不应该是为了惩罚某个人，而应该是制止某种不需要的行为；同样，奖励的目的也是为了提倡某种需要的行为。

某超市老板规定，凡是营业员所看护的柜台有商品丢失现象，则扣除该营业员当月全部奖金。结果，超市商品被偷的现象不仅没有减少反而更加厉害。原来，营业员在第一次商品被偷之后就不再认真看护柜台了，因为丢了一次和丢了多次结果都是一样——当月奖金被扣光。

管理顾问给老板支了一招：凡是被偷的柜台营业员当月奖金全部扣除，但如果不再发生被偷现象，则返还50%的奖金，如果当月无商品丢失，则当月奖金增加50%。结果，营业员积极性大增，商品丢失现象很少发生。

（4）奖人所需，形式多样。要使奖励成为真正强化因素，就必须因人制宜地进行奖励。每个人都有自己的特点和个性，其需要也各不相同，因而他们对具体奖励的反应，也会大不一样。所以奖励应尽量不搞一刀切，应该奖人之所需，形式多样化，只有这样才能起到奖励的效果。

补充说明

六大激励理论中，需要层次理论、双因素理论、三种需要理论主要讨论的是影响激励的各种因素，即从研究人的心理需要而形成激励的基础理论，它着重对激励诱因与激励因素的具体内容进行研究，因而被称为内容型激励理论；期望理论、公平理论则着重研究人的动机形成过程，比如，期望理论认为只有在人们觉得对自己有利时动机才会出现，而公平理论则认为只有在一个人觉得公平时才会采取积极行动。因此，这两个理论被称为过程型激励理论；强化理论主要研究如何改正人们的行为方式，因此被称为行为改造型激励理论。

第三节　激励实务

故事导入

小学生打扫卫生的时候，老师经常会将一个班的同学分成好几个组，各组有各组的任务。一次，小明所在的小组成员约好放学后一起去玩，所以就快速地完成了老师布置的任务。原以为任务完成了就可以提前放学，可是老师却说“你们没看到其他小组的任务还没有完成吗？快去帮帮他们”。自那之后，小明他们再也不敢提前完成老师布置的劳动任务，因为这样做的话，不仅不能提前放学，还要完成更多的任务。

你是不是也曾遇到这一情况？

其实，许多企业也存在这一类似的现象。例如，企业都希望员工都能主动承担工作、需要有更好的成果，但承担工作最多的人总是那些工作效率最高的人，受到责备或批评、惩罚最多的也总是那些工作做得最多的人，而那些最会抱怨且光说不做的人和那些看起来最忙碌的人却总是因为失误少和“没有功劳，也有苦劳”的原因得到了更多的奖励。其结果，人人都不愿意承担责任、不愿意提高工作效率，组织里充满着一群似乎非常忙碌的所谓的“敬业者”；每个组织都需要创新，需要有创意的人，但却总是把担子压给那些提出新建议、新方案的人（谁提出来，谁负责），责罚那些敢于标新立异的人，处罚未能成功的创意，而去奖励那些墨守成规、唯唯诺诺的行为。其结果，没有人敢提新建议、新方案；谁都强调忠诚，但却总是付较高的薪水给那些威胁要离职的人，而忘了那些正在兢兢业业的人；我们强调诚信，但那些专挑领导喜欢的话说的人总是受到表扬，而那些耿直无私的人总是被视为眼中钉。

为什么会出现这些情况呢？问题究竟出在哪里？我们该如何做才能提高激励效果？接下来的学习或许能给你提供新的思路。

一、激励的误区与对策

（一）激励的误区

课堂训练

寓言讨论9.2：渔夫、蛇与青蛙

一天，渔夫在船边俯视时，发现一条蛇咬着一只青蛙。他可怜那只青蛙，就俯下身来，轻轻地拿走青蛙。但是，回过头来，他又可怜这条饥饿的蛇。因为没有食物，他只好拿出一瓶威士忌酒，朝蛇的嘴里倒了几滴。蛇快乐地游走了，渔夫也为自己的善行感到快乐。他认为一切都很好，直到几分钟以后，他听到有东西在撞击他的船，朝船下一看，渔夫简直不敢相信，原来蛇又回来了，还咬了两只青蛙。

请讨论：

（1）为什么蛇会回来？

（2）渔夫把酒给蛇喝是不是他的初衷？这一行为带来了什么结果？

（3）渔夫的实际行为与原本真正用意之间的偏差在哪里？

（4）你认为渔夫怎么做才符合他的初衷？

（详见教学资料包中的课件和教案）

从这则寓言可以看出，现实生活中，管理者尽管采用了大量的激励政策，但员工总是不能按管理者所希望、所要求、所渴望的方式行事。现在看来，不是激励失效，而是激励错了——正确的行为被忽视或被惩罚，而错误的行为却被奖励，这就是一些管理者经常陷入的误区。

（二）提高激励效果的几点建议

结合前面的案例和那些经典的激励理论，可以找到以下一些提高激励效果的方法。

1. 需要什么行为，就奖励什么行为；奖励的越多，得到的越多

我们得到的，往往不是我们所希望、要求的、渴望的或是哀求的，而是我们所奖励的。

在任何情况下，人们包括动物都会做对他（它）们最有利的事。职员表现不佳，并不是因为无知、愚蠢或懒惰，他们只是按照各种奖励制度（有显性的文字规章制度，也有隐性的约定俗成或是逐渐形成的群体规范或是领导的口头承诺、会议发言等）教他们的道理去做。所以，要想员工做什么，就应该奖励什么行为，你越奖励，员工的积极性就会越高。比如，故事中的小明和他的同学，提前完成老师布置的任务就应该提前放学（这才是他们所需要的奖励），这样，以后同学们都会提高自己的劳动效率。

补充说明

奖励不等于不批评。批评的艺术在于：一开始就要赞美别人工作做得好的部分，而且说出你很感激他的努力和能力；然后，把重点转至需要再做努力、以使事情保证正确或预防差错的地方；最后，再次赞美他的努力，提供你的支持，而且说出你对他的信心。即“赞美→提醒→鼓励”。

2. 不需要什么行为，就制止什么行为，更不能不经意地去奖励他

在尝试着要做正确的事情时，很容易掉入这样的误区，即奖励错误的行为，而忽视甚至惩罚正确的行为。结果是，我们希望得到A，却不经意地奖励B，而且还在困惑为什么会得到B。因此，在实际的管理过程中，虽然我们无法控制每个人的行为，但由于大多数人都会去做受到奖励的事情，所以，我们必须也只有并且能够把握一点——奖励政策。重新审视我们的奖励政策，首先确定：什么行为是我们所需要的，然后对我们所需要的行为进行奖励，凡是应该受到奖励的就必须进行奖励；相反，凡是应该受到惩罚的就应该立即惩罚。

3. 区别各个对象的差异，用员工的需要奖励员工

所有的激励理论都揭示一个共同的命题——每一个激励的对象都是一个独特的与众不同的个体。他们的需求目标、处世态度都具有个性特征，因而要对症下药，针对病情开处方，绝不可能用一张处方治好所有的病人。

4. 设定恰当的目标，将奖励与绩效挂钩

根据期望理论和公平理论，设定恰当的目标，将奖励与绩效挂钩。奖励与绩效相统一，能增加激励的效果。

由于每个员工的需求不一样，工作的动机与效果也不一样，因此，管理者应该根据员工的成绩差异，给予他们有区别的奖励。

5. 尽可能保持分配的公平合理

所有的员工都认为自己的付出与所得应当是对等的，但“公平感”对每个人的实际内涵不一样，对某些人具有公平感，不一定对其他人也有公平感。所以最理想的奖励系统应当能够分别测量每一项工作的投入量，并给予相应的、合理的奖励。

二、十种需要奖励的行为

前面讲过，激励的关键就是要奖励那些组织所需要的行为，而惩罚那些不利于组织目标实现的行为，哪些行为需要奖励，哪些行为必须惩罚呢？

1. 彻底解决问题的行为而不是“特效药”行为

彻底解决问题和特效药最基本的差别在于前者是以未来做投资，而后者是以未来做抵押。企业的发展应该是长期的，但在浮躁的今天，企业经营者往往追求近期利润，所以那些为公司长远着想的人和行为往往不能得到重视和奖励，反而是那些应急式的、只管眼前利益的人和行为得到重用和奖励。

因此，一个明智的管理者，应该从本单位或本部门的长远利益出发，奖励从根本上解决问题的、有利于长远发展的行为并抑制以牺牲长远利益为代价的“特效药”行为。

2. 承担风险的行为，而不是规避风险的行为

优秀的组织会鼓励员工冒明智的风险，给他们犯错误的余地，同时也会体谅明智的错误，这是员工与公司在成长过程中所必须付出的代价。

> 示例
>
> **常见的借口**
>
> 为什么总是有人对事情不负责？常见的借口有：我太忙了；那不归我管；那不在我的职责（权力）范围之内；那是某某的工作；我忘记了；我不知道这件事；我以为你知道了；我以为某某会去做……

把规避风险者转变为承担风险者的办法，就是营造一种气氛，让它能促进、奖励和支持冒险的行为，而且也能给人从错误中学习的机会而无需害怕遭受斥责。

比如，成功要庆贺，挫折也要庆贺。很明显，最高的奖励和颂词是颁给冒大险的成功者；但是，当我们把握机会，付出一切却一无所获时，最需要的也是支持和鼓励。所以，对于挫折与失败，要用乐观的态度去对待，这有助于营造一种积极的气氛，令置身于其中的员工继续尝试、学习和成长。

3. 善用创造力的行为，而不是愚蠢盲从的行为

在注重创新的今天，在任何一个行业，最重要的资本不是金钱、建筑物或设备，而是创意。爱因斯坦说，想象力比知识更重要。莎士比亚说，想象力使人成为万物之灵。

如果奖励和创意之间没有一种合理程度的一致性，任何组织也难以有效地运行。然而，创意对奖励会有很大的反应：你要它，也奖励它，就可以得到它。

记住：营造一种能鼓励创意的气氛，并让创意成为每个人工作的一部分。

4. 果断的行为而不是光说不做

在任何组织里，你都可以发现，愿意分析、发言、表达意见的人并不欠缺，甚至有很多，但果断的人却很少见。

没有果断的行为，组织就没有生机。奖励果断的行为，就能得到更多果断的行为。

5. 多动脑筋而不是一味苦干

能吃苦是员工必备的素质，但这不等于他可以只是苦干而不动脑筋。事实上，我们许多企业奖励员工，不是因为他们的工作成绩，而是因为他们表现得十分忙碌。一旦奖励工作时间长而且表面十分忙碌的人，员工就会养成各种浪费时间的行为模式。所以，要奖励那些思维忙碌（多动脑筋）的人而不是行为忙碌的人。

6. 简化，而不是不必要的复杂化的行为

简化工作、简化程序、简化结构，删除不必要的事情，将复杂的事情简单化，有利于节约成本。因此，奖励简化者，让员工分享由于简化而省下来的经费，而且给他们足够的肯定和其他适当的奖励。

在国外，有这么一种说法：对能够找出办法免除自己现有工作的员工给予红包或更好的工作。这的确值得我们思考和借鉴。

7. 沉默而有效率，而不是喋喋不休的行为

每个组织都需要幕后英雄——那些了解自己的工作，而且默默地把工作做好的员工。

（1）找出幕后英雄（可靠的员工），而且抽出时间来鼓舞、奖励他们。可靠的员工与那些喜欢喋喋不休的员工相比，很容易被领导所忽视。有人说，可靠的员工就是那些你不在场时仍能把工作做得非常好的员工，因此，他们是组织的核心。

（2）对喋喋不休者保持戒心，更不要讨好他们。由于在日常事务中，我们往往很自然地忽视良好的行为而去关心恶劣的行为。所以要特别注意：不要去关注那些只知道喋喋不休的人，只要把重点放到关注并奖励那些你所希望的行为上，那些你所不希望的行为就会逐渐自行消失的。

8. 有质量的工作，而不是匆忙草率的工作

一次性把事情做好就等于节约成本。对明天的最好准备，就是把今天的工作做好。管理者自己带头重视质量，同时对于那些重视质量的行为进行奖励，而对匆忙草率的行为进行纠正指导。

9. 忠诚，而不是跳槽的行为

每个组织都需要忠诚，却很少奖励它。要得到别人的忠诚和认可，必须先给他们忠诚和认可。比如，提供工作保障，不要动不动以辞退威胁；开放沟通渠道，保持畅通，以建立信任感；从内部升迁；在员工的成长和发展上投资（继续教育、培训）；待遇公平；以你希望被对待的方式对待员工。

10. 团结合作，而不是不良竞争

团结有利于生产的进步和员工的身心健康。

以下这些行为在企业里是必须坚决制止的：试图抬高自己工作的重要性，而贬低其他人工作的重要性；在他人需要帮助时，拒绝伸出援助之手；把许多时间用在彼此攻击、背后诽谤、互相批评指责和玩弄权术上；拉帮结派，窝里斗。

补充说明

总结这十种行为，可以发现，一个管理者应该做到：奖励彻底解决问题的行为以确保长期目标的实现；奖励承担风险、善用创造力和果断的行为，以增强创业精神；奖励多动脑筋、简化、沉默而有效率的行为和有质量的工作，以改善生产力；奖励忠诚和团队合作，以培养团队精神。

三、十种奖励优良工作的方法

有效的激励必须通过适当的激励方式与手段来实现，这其中，以奖为主已成为共识。本书综合几种激励理论和实际，提出十种常用的奖励方法。

1. 金钱

尽管不能说有钱就有一切，但不可否认的是，金钱至今仍然是一种非常好的奖励手段。这里所说的金钱收入，不仅包括工资、奖金、员工持股、各种形式的津贴，还包括各种福利、奖品（如汽车、住房）等员工的物质需要（当然也必须是组织能提供的东西），对员工的吸引力大就一定能发挥巨大的激励作用。

2. 认可

金钱可能是一种有力的外部刺激，但认可可能更有力。因为大部分人并不在意努力工作，但他们却在意自己的努力被视为理所当然，这会使他们觉得沮丧、被利用、没有被重视。当这种事情发生后，他们就会停止努力或从事妨碍生产的行为来反击。心理学家马斯洛认为，除了少数病态的人外，社会上所有的人都有一种对于他们的稳定的、牢固不变的、通常较高的评价的需要或欲望，有一种对于自尊、自重和来自他人的尊重的需要或欲望。

示例

常用的认可方法

（1）本月英雄榜，可以用来奖励最高的销售成绩、质量、最有进步、最少缺席，或你认为重要的表现。

（2）用证书、奖状、奖章来奖励完成重要目标的人。

（3）出风头的机会，如在公司内部报刊媒体上报道一下。

（4）职务头衔的改变。

（5）公开表扬做得好的工作。

（6）公开宣布的红利和晋升。

（7）来自高级主管的特别赞誉和关注。

（8）在宴会或大会上颁授荣誉或奖励。

（9）杰出工作或杰出人员图片展。

3. 休假

这可能是一项非常有力的诱因——特别是对于那些希望拥有从事其他活动自由的年轻员工，而且，它也是防止员工养成浪费时间习惯的好方法。以下三种方式可以把休假当成奖励。

（1）在工作允许的情况下，实行弹性工作制。也就是规定一个时间范围，只要在这个时间范围内任务完成就可以了，剩余的时间归员工自己支配。

（2）在工作清闲的时候补偿加班所牺牲掉的假日。

（3）可以用带薪假奖励质量、安全、团队合作方面的优异者，或是你认为重要的任何表现。

补充说明

带薪假和带薪旅游已成为许多组织的一项福利，只有少数企业把它用来奖励那些工作优秀的员工。实际上，按照赫茨伯格的双因素理论，我们完全可以把带薪旅游从一项不具有激励作用的福利变成能激发员工工作积极性的奖励措施：只要将享受带薪旅游的员工范围由全体员工变成那些为公司做出重要贡献或成绩显著的人就可以了。

4. 行动参与权

一个非常简单、实际的观念——员工变成老板后，做事就像老板了，这告诉我们，应该给员工一定行动参与权。即以让下级参与管理为诱因，调动下级的积极性与创造性。下级参与管理，有利于集中群众意见，以防决策的失误；有利于下级获得受尊重的心理上的满足，从而受到激励；有利于下级形成对决策的认同感，从而激励他们积极、自觉地实施决策。

5. 喜欢做的工作

把更多员工喜欢做的工作分配给他们，以此奖励良好的表现，同时也要免去他们不喜欢的工作。员工从事自己喜欢的工作，能发挥其特长、提升工作热情。

6. 晋升

对于有较高权力需要的员工，可以给予行政管理职务的晋升；而对于那些重视专业技术、具有较高成就需要的员工，可以从技术职务上晋升。

7. 自由

在控制相当严格的工作中，自由和自主可以成为非常有效的奖励手段。因为人们出于自尊和自我实现的心理需要，期望独立自主地完成工作，而自觉不自觉地排斥外来干预，不愿意在别人的指使或强制下被迫工作。这就要求管理者能尊重下级的这种心理，通过目标管理等方式，明确目标与任务，提出规范与标准，然后大胆放权，让下级独立运作，自我控制。工作成功了，完全归功于下级的自主运作，这样下级将受到巨大激励，会对由自己自主管理的工作高度感兴趣，并以极大的热情全身心投入，谋求成功。

对管理者而言，只要结果正确，不要在意被管理者如何去做；如果工作性质允许，或许还可以准许员工在家中或工作场所以外的地方做部分工作。

8. 自我成长

让员工有一个自我成长的空间和目标，在一定范围内也是一个调动员工积极性的方式。自我成长这项奖励可以经由两种基本方式：给予员工能够激发他们创造力，而且能够提供他们自我肯定和成长机会的工作；提供接受培训和受教育的机会来奖励表现优秀的员工。

9. 乐趣

当工作的性质和特点与从事工作的员工的条件与特长相吻合，能充分发挥其优势时，就能引起员工的工作兴趣，从而使他高度满意于工作。管理者要善于研究人与工作的性质与特点，用人所长，用人之兴趣，科学调配与重组，实现人与事的最佳配合，尽可能地使下级满意于工作。不管用什么办法，只要让工作变得有趣就行。

10. 关怀

“以人为本”要求管理者不能只关心员工的工作，还应该在生活上给予关心照顾。把员工当成一个正常的人而不只是你的员工，这样不仅能使员工、使下级获得物质上的利益和帮助，而且能获得受尊重和归属感上的满足，从而可以产生巨大的激励作用——我们对待别人的态度往往决定着别人对待我们的态度。

示例

某企业经理根据公司文件的规定，决定给员工小赵发放 1.2 万元的年终奖金。在小赵来到经理办公室坐下后，经理拿出了 1 万元交给小赵，说“这是公司对你的奖励，好好努力”，小赵感激地接过奖金。就在他正要转身离去的时候，经理喊住了他，“一年来，你大部分时间都花在公司工作上，很少花时间陪你爱人和小孩吧？”小赵有些难过地低下了头，“是呀，一直答应儿子带他去动物园玩，一直没有时间。”这时，经理取出了 1 千元递给小赵“这是公司对你爱人和小孩的奖励，感谢他们理解、支持你的工作，这等于是支持我们公司的工作，你就拿这笔钱好好陪他们玩一玩。”手里拿着这笔钱，小赵感动得不知道说什么好。就在小赵要表示感激的时候，经理又说话了，“你一年里也没好好陪陪父母吧？”小赵的眼圈开始红了。经理又取出了 1 千元送到小赵的手中，“用这笔钱为你父母买上一些衣服，陪陪老人家，感谢他们为我们公司培养了你这样一个优秀的员工。”最后，小赵流着感激的眼泪离开经理办公室。

在许多时候，人们还常常将这十种奖励方式归为四类，即物质激励（如金钱），精神激励（如认可），工作激励（如休假、行动参与权、喜欢做的工作、晋升、自由、自我成长、乐趣等）和情感激励（如关怀）等。

综上所述，激励的过程是复杂的，但在复杂之中又有规律可循，只有尊重人的需要，并将人的需要与组织的需要结合在一起的激励，才是有效的激励。

本章小结

1. 激励就是管理者运用外部刺激，引起被管理者的某种需要从而激发其动机，促使其产生组织所需要的行为的一个过程。简单地讲，就是设法让被管理者发自内心地去做某件事。构成激励的要素主要包括动机、需要、外部刺激和行为。激励的核心作用是调动人的积极性。

2. 激励过程可具体分为三个步骤：分析被管理者的需要，用被管理者的需要激发其动机并引发其产生管理者所需要的行为，进行奖励或惩罚。

3. 马斯洛的“需要层次论”假设每个人由低到高都有五个层次的需要：生理需要、安全需要、社交需要、尊重需要和自我实现需要。

4. 麦克莱兰的“三种需要理论”将人的需要归纳为三大类：成就需要、权力需要和归属需要。

5. 赫茨伯格的“双因素理论”将员工的需要归结为与工作环境或条件相关的保健因素以及与工作本身相关的激励因素两大类。

6. 弗鲁姆的“期望理论”认为，只有当一个人预期某种行为会给他带来具有吸引力的结果时，他才会采取积极的行动。其关键在于三种关系：个人努力—个人绩效关系、个人绩效—组织奖励关系、组织奖励—个人目标关系。

7. 亚当斯的“公平理论”认为：人的工作积极性不仅受其所得绝对报酬（自己的实际收入）的影响，更重要的是受其相对报酬（自己的收入与自己的付出之比值）的影响，而且还关心自己的相对报酬与他人的相对报酬的关系。

8. 斯金纳的“强化理论”指出，常用的强化手段有正强化、负强化、惩罚和自然消退四种。

本章练习题

一、单选题

1. 激励的核心作用在于（　　）。

A. 加强领导　B. 提高组织效率　C. 调动人的积极性　D. 满足人的需要

2. 马斯洛1943年提出的“需求层次论”将人的需要由低到高划分为（　　）。

A. 生理需要、安全需要、社交需要、尊重需要、自我实现需要

B. 尊重需要、安全需要、社交需要、自我实现需要、生理需要

C. 自我实现需要、尊重需要、安全需要、社交需要、生理需要

D. 自我实现需要、尊重需要、社交需要、安全需要、生理需要

3. 按照双因素理论，那些能够导致员工对工作不满意的因素诸如管理政策、福利待遇等属于（　　）。

A. 保健因素　B. 激励因素　C. 工作因素　D. 制度因素

4. 按照麦克莱兰的需要理论，希望更加成功、有效地完成工作任务的愿望是属于（　　）。

A. 归属需要　B. 工作需要　C. 权力需要　D. 成就需要

5. 按照3种需要理论，对于高归属需要者，最好的奖励办法是（　　）。

A. 给他喜欢做的工作　B. 晋升　C. 给予关心和支持　D. 授权

6. 亚当斯的公平理论认为，人的工作积极性不仅受其所得绝对报酬的影响，更重要的是受其相对报酬的影响，这里所说的相对报酬指的是（　　）。

A. 自己不同时期的报酬比　B. 自己与别人的报酬比

C. 自己的报酬与付出的比例　D. 自己与别人的付出比

7. 按照斯金纳的强化理论，通过事先警告来减少某种不良行为的强化方式是（　　）。

A. 惩罚　B. 正强化　C. 自然消退　D. 负强化

8. 有两次，当小王到经理面前打小报告的时候，经理都装作没听见，不予理会，结果小王还是有事没事跑来说三道四，经理没办法，只好告诉小王，如果再这样，将会辞退他，小王害怕被辞退，不得不管住自己的嘴。经理对付小王打小报告的行为，先后采用的做法是（　　）。

A. 自然消退和惩罚　B. 自然消退和正强化　C. 自然消退和负强化　D. 负强化和自然消退

9. 根据麦克莱兰关于人的自我实现的需要理论，如果一个人希望控制向上和向下的信息渠道以便对他人施加影响，那就表明他是一个（　　）。

A. 成就需要强的人　B. 社会交往需要强的人

C. 权力需要强的人　D. 激励需要强的人

10. 有些公司实行了弹性工作制，员工可以自行安排工作时间，甚至从事特殊工作的人可以利用

公司提供的互联网等资源在家里办公。这些公司管理者所持的人性论倾向于（ ）。

A. X理论 B. Y理论 C. 领导风格理论 D. 经济人假设理论

二、多选题

1. 激励过程的几个要素分别是（ ）。

A. 外部刺激与内在动机 B. 需要与行为 C. 管理者与被管理者 D. 奖励与惩罚

2. 弗鲁姆提出的期望理论认为，人们工作积极性的高低，取决于他对这种工作能满足其需要的程度及实现可能性大小的评价。其关键在于3种关系，即（ ）。

A. 个人努力—组织奖励关系 B. 个人努力—个人绩效关系

C. 个人绩效—组织奖励关系 D. 组织奖励—个人目标关系

3. 以下属于过程型激励理论的有（ ）。

A. 需要层次论 B. 期望理论 C. 公平理论 D. 强化理论

4. 下列说法不正确的有（ ）。

A. 金钱、地位、安全、工作环境、人际关系等属于激励因素

B. 公平理论认为每个人不仅关心自己的绝对报酬，而且关心自己的报酬与他人报酬之间的关系

C. 期望理论并不关注人们需求的类型，它关心的是人们用来接受奖励的思考方式

D. 不强化就是惩罚

5. 按照赫茨伯格的双因素理论，以下属于激励因素的有（ ）。

A. 成就感 B. 奖金 C. 福利薪金 D. 晋升机会

三、问答题

1. 简述马斯洛的需要层次论及其对管理实践的启示。

2. 简述弗鲁姆的期望理论及其对管理实践的启示。

3. 什么是激励？如何进行激励？并谈谈如何提高激励的效果。

4. 一些管理者认为："我们已经为员工所做的工作支付了薪水，为什么我们还要激励他们呢？"你对此有何看法？

课外思考实践题

1. 列出五种你选择职务时最重要的标准（如报酬、认可、挑战性等），按重要性排列，然后将其分组并比较你的反应，你发现了什么？

2. 采访一位管理者，问问他是如何激励下属的。

3. 分组讨论，列出你们最不愿意做的四项工作，从中选出一项工作，再分组讨论，列出激励措施。将全班提出的措施汇总，用需要理论进行分类，并对结果进行讨论。

4. 每个同学准备一张纸，回答下列问题：在你的学习生涯中，什么时候最开心？什么时候最不开心？然后具体分析使你开心或不开心的因素，按照双因素理论将这些因素进行分类。

5. 请为你的老师列出几种能激励你努力学习的方法。

第十章

沟　通

学习目标

学习本章，你应该能够清楚地知道：

- 沟通的基本过程。
- 常见的四种沟通方式。
- 正式沟通与非正式沟通的基本类型。
- 克服沟通障碍，提高沟通效果的方式。
- 正确认识并处理冲突。

Management

第一节　沟通概述

案例导入

IBM内部的人事沟通渠道可分为三类：员工—直属经理；员工—越级管理阶层；其他沟通渠道。

“员工—直属经理”的沟通是很重要的一条沟通渠道。其主要形式是：每年由员工向直属经理提交工作目标，直属经理定期考核检查，并把考评结果作为员工的加薪依据。IBM的考评结果标准有5级：未能执行的是第5级；达到既定目标的是第4级：执行过程中能完成任务的是第3级；在未执行前能预知事件变化并能做好事前准备的为第2级：第1级的考绩，不但要达到第2级的工作要求，其处理过程还要能成为其他员工的表率。

“员工—越级管理阶层”的沟通有四种形态：其一是“越级谈话”，这是员工与越级管理者一对一的个别谈话；其二是人事部安排，每次由10名左右的员工与总经理面谈：其三是高层主管的座谈；其四是IBM最重视的“员工意见调查”，即每年由人事部要求员工填写不署名的意见调查表，管理幅度在7人以上的主管都会收到最终的调查结果，公司要求这些主管必须每3个月向总经理禀报调查结果的改进情况。

其他沟通渠道包括“公告栏”“内部刊物”“有话直说”和“申诉制度”等。IBM的“有话直说”是鼓励员工对公司制度、措施多提意见的一种沟通形式（一般通过书面的形式进行），员工的建议书会专门有人搜集、整理，并要求当事部门在10天内给予回复。IBM的“内部刊物”的主要功能是把公司年度目标清楚地告诉员工。IBM“申诉制度”是指在工作中，员工如果觉得委屈，可以写信给任何主管（包括总经理），在完成调查前，公司注意不让被调查者的名誉受损，不大张旗鼓地调查，以免当事人难堪。

为了确保沟通目标得以实现，IBM制订了一个“沟通十诫”：一是沟通前先澄清概念；二是探讨沟通的真正目的；三是检讨沟通环境；四是尽量虚心听取别人的意见；五是语调和内容一样重要；六是传递资料尽可能有用；七是应有追踪、检讨；八是兼顾现在和未来；九是言行一致；十是做好听众。

（佚名）

可以看出，IBM中上下级沟通的方式是各种各样的，采取这些方式取得了惊人的效果。那么什么是沟通？IBM采用了哪些有效的沟通方式？

一、沟通的定义

沟通就是信息交流，又称沟通联络，是信息凭借一定的符号载体，在个人或群体之间从发送者到接收者进行传递并获取理解的过程。

对于这一定义，可以从以下几方面加以理解。

（1）沟通具有双向交流性的特点。构成过程中信息具有被传递性，但这种传递不是单向的，不只是从发送者到接收者，而是双向的，是在发送者和接收者之间相互传递的。因此，诸如说话者没有听众、写作者没有读者、发出的信没有被收到，这些都不属于沟通。

体验式培训——单向交流和双向交流

目的：让同学们体会单向交流往往会造成很多误解，而且即使是双向交流也不一定能有效沟通。

（详见教学资料包内的教案和课件）

（2）沟通的关键是信息被理解。群体没有沟通就无法存在：成员之间要相互传递意义。然而，更重要的不仅仅是意义的传递，它还必须被理解。从这个意义上讲，如果一个外国人向你问路，你用他听不懂的中国话回答，这也不属于沟通。

可见，沟通必须包括两个方面：意义的传递与理解。

补充说明

提高沟通效果的建议——双向交流+手把手的指导。

二、沟通的作用

除了睡眠时间，人们将近有 70%的时间进行沟通，管理者所做的每一件事情中都包含着沟通。其作用主要体现在以下 3 个方面。

（1）有效沟通可以降低管理的模糊性，提高管理的效能。组织内外存在大量的模糊的不确定信息，沟通可以澄清事实、交流思想、倾诉情感，从而降低信息的模糊性，为科学决策奠定基础。

（2）良好的沟通可以改善组织内的工作关系，调动员工的工作积极性，增强集体凝聚力。

（3）沟通是组织与外部环境之间的桥梁。组织间的沟通可以降低交易成本，实现资源，有效再配置，提高组织的竞争力。可以毫不夸张地说，沟通就是把各项管理职能统一起来的手段，它也是一种改变行为、实现变革、使信息发挥积极作用和达到目标的手段，因此，无论是工商企业、家庭还是个人，有效的沟通都可以帮助我们协调系统、改善关系。

体验式培训——对指示的不服从与服从

目的：让大家体会沟通的重要性。
（详见教学资料包中的教案和课件）

补充说明

提高沟通效果的建议二

解决沟通不畅的唯一办法就是继续沟通：作为管理者，应认真准备沟通内容，针对自己的指令向被管理者多做解释和说明；作为被管理者，一定要学会在接受指示时认真倾听，对于任何不清楚的地方应主动澄清。

三、沟通的过程

沟通的基本过程由 7 个要素构成，如图 10.1 所示。

1. 信息发送者

信息发送者即信息源，也就是信源。在沟通过程中，信息发送者居于积极、主动地位，往往由它来决定信息传播的方式和内容，因此，信息发送者的素质及沟通经验是决定传播取得预期效果的首要因素。当然信源可以是个人，也可以是组织。

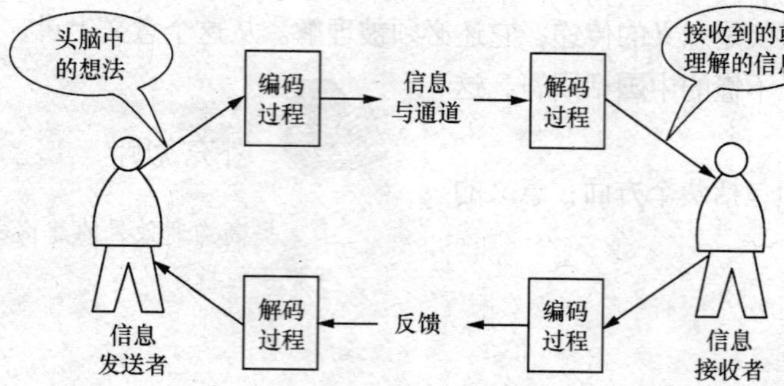

图 10.1　沟通过程模型

2. 编码

编码即信息发送者把自己头脑中的想法转化（加工）成接收者能够理解的一系列传通符号的过程。常见的传通符号如语言、文字、图表、照片、手势等。

编码过程受到四个条件的影响。

一是技能。比如教师如果缺乏必要的听、说、读、写和逻辑推理能力，就很难用有效的方式把知识传递给学生。

> 体验式培训——固有的思维模式
>
> 目的：让大家体会固有的思维模式对沟通的影响并学会多角度观察和思考。
>
> （详见教学资料包中的教案和课件）

二是态度。态度影响行为，我们对许多事情有自己预先定型的想法及态度（固有思维模式和习惯），这些态度影响着我们的沟通。比如，学生内心很不喜欢某个老师，那么他与这个老师的沟通就很难顺利进行。

三是知识。沟通活动还受到人们在某一具体问题上所掌握的知识范围的限制。我们无法传递自己不知道的东西，反过来，如果我们知识极为广博，则接收者又可能不理解我们的信息。于是我们就能理解为什么照本宣科的老师上课学生听着没意思，造诣太高的老师上课学生又觉得听不懂了。

四是价值观。与态度影响行为类似，我们的价值观也影响着沟通。如今的学生和家长、老师之间很少进行有效的沟通，在一定程度上就是受到不同的价值观（即所谓的代沟）的影响。

> 补充说明
>
> **提高沟通效果的建议三**
>
> 固有的思维模式有时会给我们的工作造成阻碍，绕过阻碍的方法之一就是要换位思考或者说从多角度去观察和思考。
>
> 因为观察角度和思考方式的不同，不同的人对于同一问题会有不同的想法和意见。当我们站在别人的角度时，可能会得到与他相同的结论，这样的话，沟通起来也就顺畅多了。

3. 信息

信息发送者把头脑中的想法，进行编码，就产生了信息。实际上信息就是经过编码后的传播沟通的内容。比如，当我们说的时候，说出的话就是信息；当我们写的时候，写出的内容就是信息；绘画的时候，画出的图画就是信息；做手势的时候，肢体动作、面部表情就是信息。

4. 通道

通道也称信道，是指传送信息的媒介物，它由信息源选择，如口头交流的通道是空气，书面交流的通道是纸张，网上聊天的通道则是互联网。

补充说明

提高沟通效果的建议四

沟通首先是发送者把自己头脑中的想法加工成能够传递出去的各种符号，然后通过某种途径发送出去。在这里，想法是否清晰、加工有无变形、符号是否准确、选择的途径是否适当都会影响沟通的效果。这与发送者的素质、涵养、知识面、加工想法的能力（表达能力）、选择媒介物的能力紧密相连。

因此，要提高沟通效果，就必须提高自身素质、丰富自身的知识面、训练自己的表达能力，认真准备沟通的内容。

5. 信息接收者

信息接收者即信宿，是信息指向的客体，是传播的目标，他们虽没有传播的主动权，但却有信息接受的决定权。沟通效果很大程度上取决于接收者的社会背景、文化水平和心理性格特征。

6. 解码

在信息被接收之前，接收者必须先将通道中加载的信息翻译成他理解的形式，这就是对信息的解码。与编码相同，接收者同样受到自己的技能、态度、知识和价值观的影响。

补充说明

提高沟通效果的建议五

当信息被发送出来后，便是接收者接收信息，并根据自己的水平和经验形成自己的理解，至于他的理解和发送者的本意是否一致就取决于接收者的水平和经验了。因此，作为发送者，要想让接收者准确理解自己的想法，在沟通之前就应该了解沟通对象（社会背景、文化水平、性格、爱好等），做到“有的放矢”，同时也是为了找到共同语言。这或许有助于提高沟通效果。

换句话说，“对牛弹琴”的错误不在于牛，而在于弹琴的人。

7. 反馈

反馈就是接收者把接受到的或理解的信息再返回给发送者。反馈对信息的传送是否成功以及传送的信息是否符合原本意图进行核实。反馈构成了信息的双向沟通。

补充说明

提高沟通效果的建议六

反馈可以是发送者主动询问，也可以是接收者主动反馈。比如部队首长下达命令时，接受命令的人总会把指令大声复述一遍以确认指令是否准确接受。

因此，让接收者把接收到的信息复述一遍可以检验他是否真的理解了信息的本意——这不失为提高沟通效果的又一建议。

综上所述，沟通过程就是发送者把自己头脑中的想法加工成能够传递出去的各种符号并通过某种途径发送出去，接收者接收信息后形成自己的理解，再把接收到的或理解的信息返回给发送者的一个过程。这一过程包括七个要素，即信息发送者（信源）、编码、信息、通道（信道）、信息接收者（信宿）、解码和反馈。

四、常见的沟通方式及其特点

组织中常见的沟通方式有口头沟通、书面沟通、非语言沟通以及电子沟通。

1. 口头沟通

口头沟通就是运用口头表达的方式进行信息的传递和交流，包括面对面的讨论、谈话、开会和演讲等。其优点是：信息传递快，信息量大，接收者能感受到发送者的真挚感情，且信息发送者能立即得到反馈，能了解所传达的信息是否被正确理解，这是一种双向沟通，它使得参加沟通的双方既是发送者又是接收者。口头沟通最大的缺点是：如无准备，不方便记录，且信息经多人传递易失真，难以核实。

2. 书面沟通

书面沟通就是运用书面形式进行的信息传递和交流，包括备忘录、信件、报告、计算机文件和其他书面文件。其优点在于：具有清晰性和准确性，不容易在传递过程中被歪曲，可以永久保留，接收者可以根据自己的时间和速度详细阅读以求理解。其缺点在于：信息反馈慢，接收者可能不能完全理解信息，而且在相同的时间内不如口头沟通传递的信息量大。

示例

某日上午，公司经理给新来的助理曹小姐布置了一个任务，要求她向各个部门下发岗位职责空白表格，并要求各个部门在当天下午两点之前上交经理办公室。经理问曹小姐是否明白其任务？她说完全明白，于是就去执行。

结果到了下午规定的时间，技术部没有上交表格。经理问曹小姐："你向技术部怎么传达的？"曹小姐说："完全按正确的意思传达的。"经理又问："为什么技术部没上交？"曹小姐说："技术部就是没上交，不知道为什么。"

于是经理把曹小姐和技术部负责人都召集到经理办公会议室，问这个事情。技术部负责人回答说，当时他没有听到曹小姐传达关于上交时间的要求。而曹小姐说，自己确实传达了，为什么公司 12 个部门就技术部没听清楚？到底是曹小姐没传达，还是技术部没听到？没有书面的东西，谁都说不清楚。

解析：

在实践中，一些管理者往往习惯于电话交谈完就完事，或过分相信口头沟通的功能，结果往往耽误事情，造成损失。出现上述情况，既耽误了工作，又难以说清责任。因此，无论是企业内部部门之间互相协调、支持、沟通，还是企业和供应商、客户等外部部门之间互相协调、支持、沟通，都应当有书面沟通函件，既能保证沟通到位，也便于核实。

3. 非语言沟通

非语言沟通即指非口头、非书面形式的沟通，也就是用语言以外的非语言符号进行的信息沟通，包括衣着、动作、表情、手势等体态语言，警笛，红绿灯，谈话的语调，音量，手语，旗语等。

研究表明，在面对面的交流中，55%的信息来自于面部表情和身体语言，38%的信息来自于语调，只有7%的信息真正来自于词汇。因此，在某种意义上，怎么说比说什么更重要，恰当地使用非语言沟通形式可以提高沟通的效果。

体验式培训——下巴还是额头

目的：让学生体会准确的动作、行动胜于千言万语。

（详见教学资料包内的教案和课件）

补充说明

提高沟通效果的建议七

在语言与行为同时存在的时候，人们往往更加关注行为，这提醒我们，要提高沟通效果，既要善于运用非语言沟通，更要保持言行一致。

非语言沟通的优点是内涵丰富。其缺点在于：由于人的个性差异、国家的文化差异，有时沟通时也会造成误解；此外，非语言沟通的范围有限，只能在面对面沟通中使用。

补充说明

各个国家因文化背景和生活习惯不同，手势表达的意思也不同。

中国人伸出大拇指表示称赞，有顶呱呱的意思；而对日本人来说，这个动作表示骂他“你这个老爷子”，毫无赞赏之意。在中国伸出小拇指表示“差劲，落后”之意，而在日本则指“女朋友”。

绝大多数的国家都是以点头的方式表示赞赏。但在印度、尼泊尔等国则以摇头表示肯定，也就是一面摇头，一面面露微笑表示赞成、肯定之意。

4. 电子沟通

电子沟通即以电子符号的形式通过电子媒介而进行的沟通，如传真、电报、电子邮件、视频会议、电话会议、即时通信工具等。

补充说明

研究表明，在一个大型公司里，由于电子邮件，使人们用于打电话的时间减少了80%，办公室之间的信件减少了94%，复印件减少了60%，备忘录减少了50%，极大地节省了工作成本，提高了效率。

电子沟通的主要优点在于：信息传输速率快、成本低。其缺点在于：对于那些需要面对面解决的复杂问题，不能采集到微妙的、情感化的非语言线索。因此，电子邮件最适合发布那些不需要大量复杂交换的日常信息，它不太适合传递机密信息、解决冲突以及谈判。

补充说明

提高沟通效果的建议八

不要指望单独一种沟通方式就能解决沟通障碍，在实际生活中，我们应该根据具体情况选择或是综合运用各种沟通方式，尤其是要把非语言沟通运用到其他沟通形式中去，以增强沟通的效果。如QQ聊天中加入了QQ表情，语音聊天发展到视频聊天，音频电话发展到可视电话。

第二节　沟通的方向与网络

案例导入

斯塔福德航空公司是美国北部一个发展迅速的航空公司。然而，最近在其总部发生了一系列的传闻：公司总经理波利想出卖自己的股票，但又想保住自己总经理的职务，这是公开的秘密了。他为公司制订了两个战略方案：一个是把航空公司的附属单位卖掉；另一个是利用现有的基础重新振兴发展。他自己曾对这两个方案的利弊进行了认真的分析，并委托副总经理查明提出一个参考意见。查明曾为此起草了一份备忘录，随后叫秘书比利打印完后立即送到职工咖啡厅去，在喝咖啡时比利遇到了另一位副总经理肯尼特，并把这一秘密告诉了他。

比利对肯尼特悄悄地说："我得到了一个极为轰动的最新消息。他们正在准备成立另外一个航空公司。他们虽说不会裁减职工，但是，我们应该联合起来，有所准备啊。"这话又被办公室的通讯员听到了，他立即把这消息告诉他的上司巴巴拉。巴巴拉又为此事写了一个备忘录给负责人事的副总经理马丁，马丁也加入了他们的联合阵线，并认为公司应保证兑现其不裁减职工的诺言。

第二天，比利正在打印两份备忘录，备忘录又被路过办公室探听消息的摩罗看见了。摩罗随即跑到办公室说："我真不敢相信公司会做出这样的事来。我们要被卖给联合航空公司了，而且要大量削减职员呢！"

这消息传来传去，三天后又传回到总经理波利的耳朵里。波利也接到了许多极不友好，甚至敌意的电话和信件。人们纷纷指责他企图违背诺言而大批解雇工人，有的人也表示为与别的公司联合而感到高兴。而波利被弄得迷惑不解。

案例中的消息通过什么模式传播的？波利接下来该如何消除这些消息的消极影响？

要回答这一问题，首先必须了解沟通的方向和网络。

一、沟通的方向

信息沟通犹如河水在水渠里一样，总是按照一定的方向、沿着一定线路在特定的通道间流动，我们把这种信息流通的方向称为沟通的方向。

沟通的方向可以是垂直的，也可以是水平的，还可以是斜向的。垂直的还可以进一步划分为自上而下和自下而上两种。也就是说，按照信息流向的不同，沟通方向可以分为上行、下行和平行。

1. 上行沟通

上行沟通即自下而上的沟通，指在组织中，信息从较低层次流向较高层次的沟通。主要是下属依照规定向上级提出的正式书面或口头报告。员工利用它向上级提供反馈，汇报工作进度，并告知当前存在的问题。若无上行沟通，管理者则不可能了解员工的需求，也不知道自己的指示命令是否正确。

在一个组织中，上行沟通的例子有：下级的工作报告、意见箱、员工态度调查、申诉程序、主管与下属之间的讨论或个别交谈、座谈会等。

2. 下行沟通

下行沟通即自上而下的沟通，指在组织中，信息从较高层次流向较低层次的沟通，一般以命令方式传达上级的政策、计划、规划等信息。上级通过下行沟通布置工作任务，下级通过下行沟通接受工作任务。

对于管理者与下属之间的沟通，我们常常想到的是自上而下的模式。比如，组织的管理者给下属分配任务、介绍工作、告知政策、情况通报、指出需要注意的问题、提供工作绩效的反馈、下发文件等，这些都是下行沟通。

3. 平行沟通

平行沟通即水平沟通，指在组织中，信息在同一部门的成员之间、同一层次（等级）的不同部门或成员之间的沟通。

事实证明，平行沟通可弥补信息纵向流动的不足，有助于提高沟通效率，促进合作。当然，如果平行沟通是在组织成员越过或避开各自的直接领导的情况下发生的，则有可能扰乱组织的管理秩序从而制造麻烦。

在一个组织中，平行沟通的形式有部门联谊会、碰头会、联合办公会等。

二、正式沟通网络

在一个组织中，信息在不同的人与机构之间从不同方向流动就形成了一个由各种路线构成的沟通网络。

正式沟通网络由组织内部明文规定的进行信息传递和交流的各种路线组成。正式沟通网络一般只进行与工作相关的信息沟通。

补充说明

正式沟通渠道是组织系统管理中的信息主渠道，主要包括：按正式组织系统发布的命令、指示，组织召开的正式会议，组织内部上下级之间或同事之间因工作需要而进行的正式接触。正式沟通渠道传播的信息又称“官方消息”。

图 10.2 描述了三种常见的正式沟通网络模式，圆圈代表信息的传递者，箭头表示传递方向。

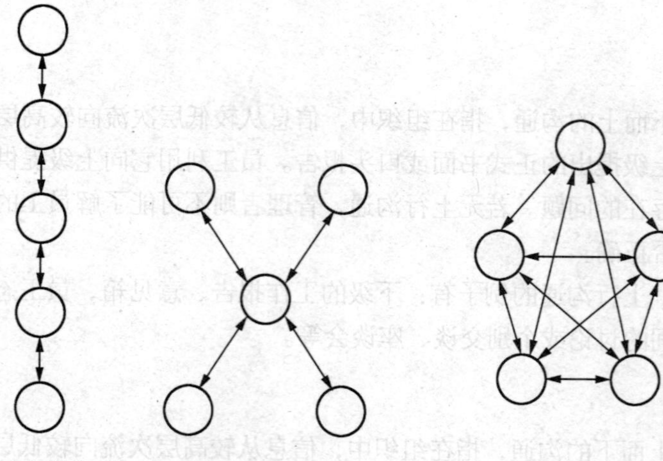

（a）链型　（b）轮盘型　（c）全通道型

图 10.2　正式沟通网络的三种常见模式

1. 链型

图 10.2（a）表示的是信息在五个垂直层次的结构之间传递，由上行、下行沟通路线构成，如各种数据的逐级上报、机密材料的传递。

在这种情况下，沟通必须严格遵循正式的命令系统，只能向上或向下进行逐级传递信息。其特点是：信息逐级传递，速度较慢但精确度高，重视领导的作用但员工之间缺乏交流故满足感低。

2. 轮盘型

图 10.2（b）表示的是一个管理者分别与四个下级沟通，由上行、下行沟通路线构成，如领导与下级分别谈话、下级逐个向上级汇报工作。

其特点是：信息传递速度快，精确度高，领导者作为沟通的核心，了解全部情况，但下级间无沟通联系，所以满足感很低，而且相互之间容易相互猜疑。

3. 全通道型

图 10.2（c）表示的是所有的成员之间可以相互联系，进行积极的沟通，而且地位平等，无中心人物。由上行、下行及平行沟通路线构成，如碰头会、专题讨论会。

其特点是：无特定领导，人际关系和谐，民主氛围好，易协商解决问题，下级满足感强。

补充说明

以上三种正式沟通网络各有其优缺点，如果管理者看重解决问题的速度，那么使用轮盘型和全通道型是最好的；如果看重信息传递的精确度，那么链型和轮盘型是最好的；如果看重领导者的作用，则需要用链型或轮盘型沟通模式；如果看重通过信息沟通来增加员工的满足感，则最好使用全通道型。

三、非正式沟通网络

（一）定义与类型

非正式沟通指的是不受组织监督，也没有层次结构上的限制，是由员工自行选择进行的沟通方式，如员工之间的闲谈、议论某人某事、传播流言等，不通过组织正式的沟通渠道进行，而是一种非官方的、私下的沟通。因此，非正式沟通传递的信息常常称为“小道消息”，意即非正式的信息，不可完全当真，也不可完全当其为假。它可以自由地向任何方向运动，并跳过权力等级，在促进任务完成的同时，非正式沟通能满足组织成员间的社会需要。

补充说明

“小道消息”的三个特点如下。

（1）不受管理层的控制。

（2）大多数员工认为它比管理层通过正式沟通渠道解决问题更可信、更可靠。

（3）它在很大程度上是出于人们对自身利益的考虑。

与正式沟通渠道一样，非正式沟通网络也有自己的沟通模式。非正式沟通模式主要有单串型、饶舌型、集合型和随机型（见图 10.3）。

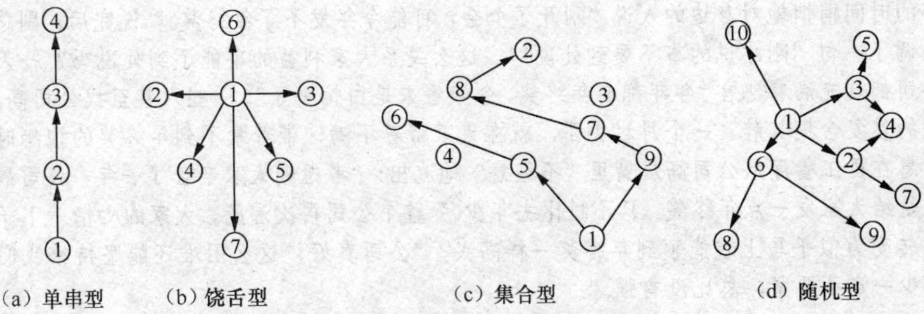

图 10.3　非正式沟通网络的四种模式

1. 单串型

图 10.3（a）：信息在个人之间相互转告，依次传递到最终的接收者。即由一个人将小道消息传递给另一人，该人再传给另外一个人。这类渠道传递的信息最容易失真，但最适宜传递那种不宜公开的信息或机密的信息。

2. 饶舌型

图 10.3（b）：信息由一个人传递给了许多人，这个人是信息的传播者。如图中，信息由①传递给各人，①是非正式渠道中的关键人物，他主动把信息传播给其他很多人。

通常，在非正式的聚会中，人们通过闲谈来沟通，此时正好是传播小道消息的时机，因此饶舌型又称之为闲谈传递渠道。

3. 集合型

图 10.3（c）：信息有选择性地被转告他人，也就是信息局限在特定的人之间传递。如图

中，信息由①传递到几个特定的人⑤、⑨，然后再由他们传递给另外一些特定的人。

4. 随机型

图 10.3（d）：信息在人群之间随机地传递（即碰见谁就传递给谁）。这种方式通常是非正式组织中最常用的一种沟通方式，也是传递非正式信息最常用的一种渠道。（案例中的小道消息就是通过这种模式传播）

（二）非正式沟通的优缺点

1. 优点

首先，非正式沟通形式不拘，直接明了，速度很快，容易及时了解到正式沟通难以提供的“内幕新闻”；其次，非正式沟通渠道中的沟通者往往趣味相投，容易形成非常合作、凝聚力强的工作群体或小团体；第三，因为人们真实的情感动机往往是在非正式沟通中表露出来的，因此，合理利用非正式沟通能提高管理效率、形成凝聚力、调动人们的积极性，尤其是能解决一些比较棘手的问题。

示例

受金融危机的影响，某公司决定减少年终奖的数量，但如果把这一消息直接告诉全体员工，必然会引起动荡。为避免动荡的发生，该公司采取了非正式沟通：公司安排一副总利用在员工餐厅午餐的时间悄悄地对身边的人说“刚开了个会，可能今年发不了年终奖。”说完后，副总有意无意地强调了一句“刚才说的事不要到处说!”。这么关系大家利益的事能不到处说吗？一天之间，整个公司都就充满着怨言“年年都有年终奖，今年看来是白忙乎了”。一些人甚至找公司高层理论，但得到的答复含糊其辞。一个月过去了，就在大家带着不满、带着拿不到年终奖的抱怨时候，又一条消息在员工餐厅从公司高层嘴里“不经意”地流出：“考虑到大家辛苦了一年，公司最终决定多少还是给大家发一点年终奖，只不过比去年少。”整个公司再次沸腾，大家的心情一下子从没有年终奖转变为似乎马上就能领到年终奖一样高兴，“公司真好，这么困难还能坚持给我们发年终奖!”“少一点不要紧，总比没有强。”

就这样，一件本来让员工难以接受的坏事反而成了振奋人心的好事!

2. 缺点

首先，非正式沟通渠道内的信息是不完整的，由于难以控制，因此真实情况往往被歪曲，故不能作为决策的依据；其次，非正式沟通涉及较多的有关情感和个人情绪的问题，有很强的感情色彩，容易被不同动机、不同目的的人利用，导致小集团、小圈子，影响组织的凝聚力和人心稳定。因此，“小道消息满天飞”的情况也会使士气涣散，令管理者难以应付。

（三）正确对待非正式沟通

首先要正视非正式沟通的存在。任何组织都或多或少地存在着非正式沟通，管理者既不能完全依赖它获取必需的信息，也不能完全忽视它。

其次要重视非正式沟通。一定程度上说，非正式沟通带来的信息交流为组织决策提供了支持，在许多情况下，来自非正式沟通的信息更受到信息接收者的重视，由于信息传递一般为口头方式，不留证据、不负责任，许多不愿通过正式沟通传递的信息，都可能在非正式沟通中迅速传递。

必须注意的是，不能重视不等于过分依赖。过分依赖这种非正式沟通会有很大的危险，因为这种信息遭受歪曲或发生错误的可能性相当大，而且无从查证。不实消息的散布往往给组织造成较大的困扰。

补充说明

减少小道消息消极影响的建议

（1）开放沟通系统，公开那些看起来不一致或隐秘的决策和行为或是公布进行重大决策的时间安排。非正式沟通的产生和蔓延，主要是由于人们得不到他们所关心的信息，管理者越是故作神秘，封锁消息，则背后流传的谣言越猖獗。

（2）对目前的决策和未来的计划，强调其积极一面的同时，也指出其不利的一面。要想阻止已经产生的谣言，与其采取防卫性的驳斥，或指出其不可能的道理，不如正面提出相反的事实更为有效。

（3）合理分工，充实工作。闲散和单调是造谣生事的温床，为避免发生谣言扰乱人心士气的情况，管理者应注意不要使组织成员有过分闲散或过分单调枯燥的情形发生。

（4）公开讨论事情可能的最差结局，减少无言的猜测，培养组织成员对管理者的信任和好感，这样他们就比较愿意听组织提供的消息，也较能相信这些消息。

课堂训练

请根据本节导入案例中的案情和本节所学知识，替波利提出解除问题的办法。

第三节　沟通的障碍与克服的方法

案例导入

爱力公司是从一家小施工队发展而来的建筑工程公司，其董事长黄兵是一位苦干实干、讲信用、重义气的人，对下属照顾得非常周到，对年轻下属更是视如晚辈。因业务需要，启用了一位刚从大学企业管理专业毕业的年轻人王强，担任计划工作。王强鉴于黄董事长所交代下来的老方法费时且不完善，于是决定采用学校里学到的计划评审法（PERT）开展工作。

王强受董事长的影响，工作非常勤奋。白天常到工地了解情况，协助解决各种问题，因而晚上经常要加班到11点左右。黄董事长对其甚为欣赏，但也担心王强会累坏身体。连续几个晚上黄董事长有事到公司，见王强伏案工作，十分感动。但看到王强在纸上画了很多的小圆圈，又用箭头线连起来，加上了一些英文字母和数字，不知道王强到底在干什么。

一天晚上黄董事长实在忍不住了，他语气不太好地问道："你到底在干什么？"王强闻此问话，心中十分不快，暗自嘀咕："莫名其妙！我这不是正忙着制订计划吗？"但他什么也没说，只是继续着手中的事。

第二天一早王强就去了工地，黄董事长想知道最近计划工作情况，便翻阅"计划表"查看，发现已经好久没有增加新内容。当他看见王强桌子上一堆画满了圆圈，箭头的稿纸上面写着"PERT NO.1"时，怒气冲天，立刻将王强从工地召回。

为此事，黄、王二人闹得很不愉快，王强的新方法也只有暂时搁置一旁，仍然采用原来的老方法。王强为此十分苦闷。

黄、王两人之间不愉快的根源是什么？王强该如何做才能让董事长接受PERT？

一、有效沟通的障碍

在沟通过程中，由于主观因素和外界干扰及其他原因，经常出现信息被丢失或被曲解，使得信息的传递无法正常进行，或不能产生预期效果的现象，称为沟通障碍。从沟通障碍形成的原因来看，大致有以下几个方面。

1. 过滤

过滤指发送者有意操纵信息，以使信息显得对接收者更为有利。比如，一名管理者告诉其上级的信息都是上级想听到的东西，这名管理者就是在过滤信息。这种现象在组织中是经常发生的。当信息向上传递给高层管理人员时，下属常常压缩或整合这些信息以使上级不会因此而负担过重或对自已及本部门产生不好的评价（譬如报喜不报忧）。在进行整合时，个人的兴趣和自已对信息的认识也加入了进去，并因而导致了过滤。这就妨碍了管理者了解事件的真相。

2. 选择性知觉

知觉，即各种感觉（如视、听、触、摸、嗅）的复合。选择性知觉指的是在沟通中，接收者会根据自已的需要、动机、经验、背景及其个人特点有选择地去接收信息。解码时，接收者还会把自已的兴趣和期望带进信息之中。

实际上，人们经常是在有选择地接受信息，其主要原因是每个人的生理、心理、生活经历、知识背景以及所处环境等因素都会影响人们的知觉过程。

补充说明

心理学家认为：人们一般不太重视与原来看法、期望和价值观不一致的信息，而重视从一个不太可靠的来源得到的、比原来期望要好的坏信息。

如果从某个来源得到的信息与过去的期望相比一样坏，这个信息来源就不大可能受到重视；如果这个信息比原来期望的还要坏，其来源更加不会受到重视。

选择性知觉的理论表明，我们看到的并不是事实，而是把我们所感知到的事物进行解释之后得到的结果称之为事实。

3. 情绪

沟通主体与沟通对象在情绪、心理等方面的因素也会影响沟通的顺利进行。比如，如果发送者在接收者心中的形象不好，存有偏见，则后者往往会戴着有色眼镜来对待前者所讲述的内容，诸如不愿意听、不予理会或专挑毛病、拒绝接受。这就是一位对管理者心存偏见的下级为什么很难理解、接受管理者的正常沟通信息的原因所在。

4. 语言

语言障碍指的是语言表达不清、使用不当或是接收者错误理解造成沟通不畅。

不同的背景、词语的多义性、语言的完整性，都能产生不同的结果。如当新领导发表就职演说："我们应该以新的姿态去迎接新挑战"时，有人可能理解为领导的决心，有人可能理解为套话、空话，有人可能视之为组织调整的信号，有人或会认为是对原有状况的批评，当然，也可能这句话本身的确包含了这些意思。

另外，方言差异也是一种常见的语言沟通障碍。例如，南方人讲话，北方人听不懂。所以在现实生活中，由于语言表达不准确，或是用词不当，或是接收者理解上的不同而导致信息失真的现象时有发生。

5. 地位冲突

在一个组织中，人们在地位上的差异也有可能成为妨碍沟通的因素。

大量研究表明，人们之间自发的沟通往往发生在同地位的人之间。例如，员工与员工之间、一般管理人员之间等，因为同地位的人进行沟通，双方往往没有压抑感，不会担心因说错了什么而受到损害，而与地位有差异的人之间进行沟通，则可能存在压抑感。

一般来说，地位高的人对地位低的人沟通是无所顾虑的，而下级对上级沟通时往往有顾虑。这样就使得一个领导者不容易得到充分而真实的信息。特别是当领导者不愿意听取不同意见时，必然堵塞言路，使下级保持沉默或报喜不报忧。

补充说明

人们经常根据一个人地位的高低来判断沟通的信息的准确性，并倾向于相信地位高的人提供的信息是准确的，即不重视信息本身的性质，而是看重信息提供者或接收者。一个人的地位高，似乎就是正确的、可信的；一个人地位低，其信息也将跟着打折扣。

再者，有的人会表现愿意同地位较高的人进行沟通，而对地位较低的人的意见不重视，甚至否定，如果下级觉察到这种态度，自然会对沟通带来不利的影响。

6. 沟通焦虑

有效沟通的另一个主要障碍，是一些人总有某种程度的沟通焦虑或紧张。比如，口头沟通的焦虑者发现自己很难与其他人面对面进行交谈，或当他们需要使用电话时会极为焦虑，因此，他们会依赖于备忘录或信件传递信息，即使打电话这种方式更快、更合适。

研究表明，口头沟通的焦虑者回避那些要求他们进行口头沟通的情况，有的甚至为了把沟通需要降到最低限度而扭曲了工作中的沟通要求。

7. 其他

补充说明

有数据表明，5%～20%的人存在着不同程度的沟通焦虑，他们害怕在人群中讲话，缺乏沟通技术。因此，能否正视有效沟通的困难，并能适时掌握运用良好的沟通技巧，已成为衡量领导者水平的重要尺度之一。

除了上述情况之外，形成沟通障碍的原因还有以下一些。

（1）条件不清造成理解各异。比如，每一项政策、制度、办法都有一定的条件，都有一定的前提和假设。我们在传达信息时往往只注意传达信息本身，而忽视这些条件（要么没有予以研究，要么未曾传达）。

（2）要求不明，渠道不畅。有的领导并不清楚为了完成组织的任务和做出正确的决策自己需要哪些信息。如果没有明确的设计，组织的沟通渠道就必然呈现自发的无组织状态，以至于别人提供的信息不需要，而需要的信息又没人提供。

（3）地理障碍、沟通困难。一个组织机构庞大，地理位置分散，相距较远都会引起沟通困难，虽然有网络、电话和文件联系，但缺乏面对面的沟通。这也是沟通的一大障碍。

二、有效沟通的 7C 原则

组织中沟通的有效性主要表现在七个方面，也被称为 7C 原则。

（1）依赖性。良好的沟通应从彼此信任的气氛中开始。这种气氛应由主动沟通者营造，因为这反映了主动沟通者是否具有真诚的沟通态度，同时，被沟通者应该相信主动沟通者传递的信息、相信主动沟通者在解决他们共同关心的问题上有足够的能力。

（2）一致性。沟通计划、沟通方式应与组织内外环境相一致。

（3）内容。沟通的内容必须对信息接收者具有意义。信息发送者应该考虑到接收者原有的价值观以及接收者所处的环境。

（4）明确性。所用语言或词语是双方共同认可的，应避免模棱两可、含糊不清、容易产生歧义的言语。

（5）持续性与连贯性。沟通是一个没有终点的过程，要达到沟通目的必须对信息进行重复，但必须注意在重复中不断补充新的内容，这一过程应该坚持下去。

解决沟通障碍的唯一办法就是继续沟通。

（6）渠道。选择能够充分提高效率的渠道，沟通者应注意尽可能地利用已经存在并且是被沟通者日常已习惯使用的渠道。例如，许多产品在农村做宣传时，就选用了“口号墙报”的形式，鲜明、易记、易理解，符合当地百姓的认知习惯，从而取得了良好的宣传效果。

（7）接收者的接受能力。沟通时应充分考虑接收者的接受能力，增强沟通的针对性。若不了解沟通对象的情况，沟通时就如同“盲人骑瞎马，夜半临深池”。因此，沟通前应尽力做到知已知彼，多方面地了解沟通对象的情况。

三、改善沟通的策略

为了改善组织中的沟通，人们进行了大量的研究和探索，提出了许多改进的措施，下面介绍常见的一些改善沟通的做法，当然，这些做法并不适用于所有的情况（本章第一节提出的提高沟通效果的八点建议实际上就是改善沟通的策略）。

1. 积极运用反馈、克服知觉偏差

在沟通过程中，由于受到主客观条件的限制，人们很难全面、正确地看待别人，这使得对客观事物的知觉经常出现不同程度的变形或歪曲，造成歪曲的人际知觉，即产生偏见。

补充说明

常见的人际知觉偏差有以下几种。

首因效应——在知觉活动中首先出现的信息对知觉者造成的强烈影响（也称第一印象）。

近因效应——在知觉活动中最后出现的信息会对知觉者造成强烈的影响。

晕轮效应——指对一个人的某些品质形成了印象后，会掩盖对其他品质的知觉，是一种以点带面的反应。

刻板效应——是指根据过去的经验对某一类人所持的固定看法，一般是一种泛化的、笼统的，甚至以某种固定词表述的看法。

为了减少这些知觉偏差对沟通的不利影响，需要沟通的双方不断反馈相关信息。

2. 创建共识区域

共识区域是指信息发送者和信息接收者各方在知识经验、兴趣爱好、文化传统等方面的相近之处（见图 10.4）。一般来说，发送者与接收者的类似经验越多，沟通的语言就越多，信息分享的程度也越高。因此，共同的经验范围往往是建立良好沟通的基础。

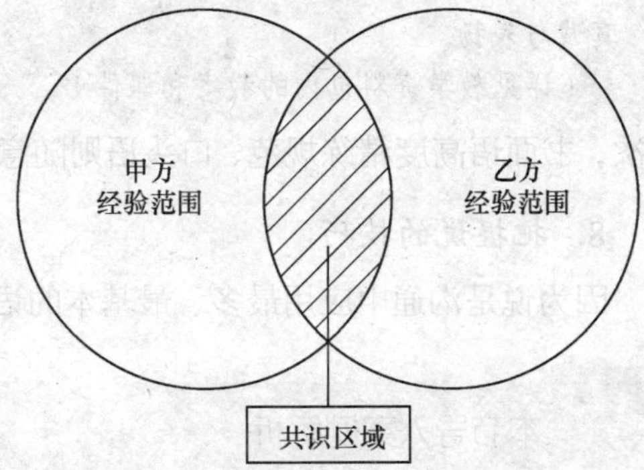

图 10.4 共识区域

3. 抑制情绪化的反应

沟通过程中，情绪化的反应会给信息传送带来严重影响而失真，因此，当信息发送者或接收者中的一方情绪不稳时，那么最好的做法是停下来、保持冷静。

4. 学会积极的倾听

积极倾听是对信息的主动搜寻过程，是一项辛苦的劳动，你需要集中精神彻底理解说话者所要表达的信息内容，而不是做一台只会翻录原声的录音机。

> **体验式培训——聆听训练**
>
> 目的：让大家明白大多数人的聆听效率只有 50%，从而感悟沟通和聆听的技巧。
>
> （详见教学资料包内的教案和课件）

5. 获取沟通的信任

成功的沟通者往往具有良好的权威效应，信息发送者的可信度既受信息发送环境的影响，也受到沟通关系历史认识的影响。信任感的培养是一个一以贯之的过程，因此，日常行为中形成良好的信誉意识至关重要，“狼来了”的故事即是最好的反例之一。

6. 注意非语言沟通的提示

> **补充说明**
>
> 在求职面谈中，一个人可能会表示他对这个职务很感兴趣，并许诺他将勤奋工作，他信任公司的一切等，但他说话时面无表情、声调呆板、眼神闪躲，你就可以凭直觉感受到，说话者言不由衷。

生活中我们常说“说得好不如做得好”，这句话从一个侧面反映了行动比言语更加重要，因此，沟通中应注意“非言语”媒介的使用，如手势、衣着、姿势、面部表情等。作为沟通者，首先必须注意，你所传达的信息应与你所使用的媒介具有一致性；其次应该学会“察言观色”，并能准确地解释你所观察到的现象。

7. 语言力求简洁明确

在沟通过程中，无论是书面语还是口语都应力求准确、简洁。口头沟通还应具有一定的

体验式培训——人际沟通训练

目的：让学生体会人际沟通的准则——真诚与表扬。

（详见教学资料包内的教案和课件）

感情色彩，在口头沟通中，我们应注意使用容易理解的方式讲话。

当然，书面语与口头语的区别还是很明显的：首先，书面语可精心准备，随时修改，而口头语则即时发出，且覆水难收、不易修改；其次，书面语高度精练规范、口头语则随意性较大，但是，口头交流的反馈则比书面交流快。

8. 把握说的技巧

因为说是沟通中应用最多、最基本的语言形式，我们应注意掌握说的技巧。

本节导入案例解析

（1）双方发生不愉快的根源在于缺乏有效的沟通。王强本人对PERT的技巧掌握也不够，造成计划进度太慢，未能及时将新计划编好，呈报给黄董事长。而黄董事长本身对这种新方法不甚了解，当产生疑问时又未立即问清楚，也没有告知王强所需计划的紧迫性。如此种种，由于缺乏相互沟通，造成误会。

（2）王强可以暂时沿用旧方法，待自己将PERT深入研究、融会贯通以后，再向黄董事长提出报告，以此来说服上司，使其接受新方法，但一定要注意沟通的有关技巧。

第四节　冲突管理

案例导入

高级工程师马某是某设计院第一设计室的主任，担任现职已有7年之久，业务能力强，管理经验也颇丰富，被视为本院骨干，前程不可限量。本室内的第七课题组由8名男工程师组成，他们共同在该组工作多年，彼此感情融洽，关系密切。该组原组长数月前调升另一设计室任副主任，组长一职暂告缺，目前先由组内资历最深的贾某代理。

不久前，室内分配来一位新人苏某，是刚从一所名牌工科大学毕业的研究生，是本院首批分来的硕士之一，26岁，女，朝气蓬勃，大方直爽。马某派她到七组，立即参加了某矿山机修厂扩建工程的设计工作，同时参与这项任务的还有同组的另三位工程师：代组长贾某（38岁，在本院已工作15年）、萨某（40岁，来本院10年之久）和蓝某（32岁，来本院已8年）。

苏某很喜欢分配给她的设计任务，觉得担子虽不轻，但却是很好的锻炼机会。她在工作中埋头苦干，全身心投入设计任务中。跟同组同事们的关系是友好的，不过无论上班时还是下班后，她都很少跟他们有什么工作以外的非正式交往。

苏某对工作很认真，碰上困难，她会主动加班到深夜，查文献，翻资料，上计算机室，总要尽快搞个水落石出。因为她这样坚韧不拔，再加上基础扎实，所学的知识又新，所以总是比别的同事早好几天就能完成分派给她承担的那部分设计任务。她是闲不住的，总说："我有使不完的劲"。任务一完，就坐立不安，总是又去找马某要新任务干。有时，她就问贾某、萨某和蓝某，能不能把手头的活分点给她，好帮他们加快进度，但每回都被他们断然回绝了。

以下是5个月后的一天，贾某来找马某对话。

贾：马主任。我本来不想打扰您，可组里好几位同志都非让我来找您谈谈小苏的事不可。小苏，就是才来不久的那个什么硕士，她把咱组的人全得罪遍了，总是一副狂妄自大、不可一世的样子，好像就她是“万能博士”，啥事都懂。我们可不爱跟这种人共事。

马：老贾，这我可有点不懂了。她干得很不错嘛，设计任务总是完成得很好，没出啥差错。布置的活全都干了，还要她咋的？

贾：可谁也没布置过她搞乱组里的气氛啊？谁许她指手画脚来教导我们该怎么干活的？我大小是代组长，也没这么干过。组里怨气挺大，再这么下去，我看全组的工作都要受影响。反正您看着办吧！

马：那好，我看就这样吧。下星期她就干满半年了，我正要找她谈一谈，给她讲评一下她这半年来的表现。我一定记住你刚才讲的，可我不敢保证你们说的她那种目空一切的态度能改得了。现在的年轻人，难呀！

贾：我们也没指望她马上全改，可是她当众去指点别人该这样干、那样干，真叫人受不了。人家还以为她是在那儿做什么高级报告，用上那么一大堆什么高阶高次多变量方程，全是吓唬人的废话，有啥用！她最好收敛点，不然真有人要打报告调走了。

事后，马某把该怎么跟苏某谈仔细地琢磨了一下。他知道，这贾某虽说只是代组长，实际上他早就是大伙的“头”，这是代表组里其他人来谈的。

到了下礼拜四下午，马某把苏某叫到了自己办公室。下面一段话就是他俩谈话的后半段。

马：关于你这半年来的表现，还有一方面我得提醒你一下。我刚才已经说了，你在技术方面的工作，领导很满意，不过你跟组内其他同事的关系，可有点问题。

苏：我不明白，您这指的是什么问题？

马：好嘛，说具体点，你们设计组里有些人，对你那种“万事通”的态度，和总想告诉人家该怎么干活的方式，很有些意见。你对人家得克制点。别公开去评论人家的工作。这一组的工程师都挺强的，多年来的工作一直属于优秀的一类。我可不愿意你把他们搅得不能安心，影响工作质量。

苏：主任，听我说几句行不行？首先，我从来没公开批评过他们的工作，也没向您汇报过。我把活先干完了，总要求帮他们干一点，这本是好心嘛，是不是？可次次都叫我“少管闲事”，以后我就光埋头干自己的活了，“休管他人瓦上霜”嘛。

马：这对嘛！这我明白。

苏：你不明白的是，在这个组干了这几个月，我可看出来，他们明明在磨洋工嘛。这些工程师们故意定一种很慢的工作节奏，远远低于他们的能力。这哪是拼命干“四化”呀，明明是“力争下游”！他们感兴趣的是上班的时候听老萨那个半导体播放的音乐，谈足球比赛，商量着“谢天谢地又是礼拜天”了。我很遗憾，让我跟他们一块那样混日子，没门！我从家里到学校，可不是这样受的教育。还有一点，他们压根儿就没正眼瞧过我，以为我不过是来破坏他们那个“快乐的俱乐部”的“黄毛丫头”。

马：你别胡说！给工程师做鉴定，写评语，是领导的事。你的任务就是做好本职设计工作，别干扰人家干活。你要好好干下去，在这儿还是很有前途的，可你得光管你的技术活，管理方面是我的职责。

苏某离开马某的办公室时，觉得很伤心，也挺寒心。她知道自己一直干得很不错，而那些工程师们却远未发挥出他们的潜力，这是明摆着的嘛。她不知道该怎么办？有点想哭，但马上忍住了，她把头一抬，又挺胸阔步地朝设计室走去。

苏某和大伙之间产生矛盾的原因是什么？她应如何处理好与同事之间的人际关系？马某作为领导应如何帮助苏某解决人际冲突？

一、正确认识冲突

冲突一般可理解为两种目标的互不相容和互相排斥，在此我们可以定义冲突是一种对抗性的过程，指个人内部或群体内部、个人或群体之间互不相容的目标、认识或感情并引起对立或敌对的相互作用的一种过程。这种过程始于一方感觉到另一方对自己关心的事情已经或将要产生消极影响。

传统的组织管理者认为冲突总是不好的，应该尽量避免。近年来，研究者们逐步改变了对冲突的看法，冲突被认为是组织中个人或群体间相互作用不可避免的结果，是一定会发生的事情，是由各种复杂原因引起的。更重要的是，并非所有的冲突都是破坏性的，有些冲突是支持群体目标的，并能提高绩效，是具有建设性的。这一现代观点认为：融洽、平和、安宁、合作的组织容易对变革的反应表现出迟钝和冷漠，因此，如果鼓励管理者维持一种适度的冲突水平，就能够使群体保持旺盛的生命力，善于自我批评和不断创新。

补充说明

组织中的冲突是不可避免的，也并非所有的冲突都是破坏性的。如果冲突妨碍了群体绩效，则是具有破坏性的，我们就称其为功能失调型冲突；如果冲突是支持群体目标的，并能提高绩效，就是具有建设性的，我们称其为功能正常型冲突。

正是基于对冲突的正确认识，因此，要采取积极的态度，研究并寻求冲突管理理论和技术，尽可能地利用建设性冲突，控制和减少破坏性冲突。

二、冲突产生的原因

1. 沟通方面的因素

一般认为，沟通障碍是冲突的潜在条件。因为沟通障碍可能会造成双方理解上的误会或矛盾，进而有可能产生冲突。

2. 结构方面的因素

结构因素包括任务的专门化程度、管辖范围的清晰度、员工与目标之间的匹配性、领导风格、奖励系统、群体间的依赖程度等。

研究表明，群体规模越大，任务越专门化，则越可能出现冲突；群体活动的责任越模糊，冲突出现的潜在可能性就越大；管辖范围的模糊性也增加了群体之间为控制资源和领域而产生的冲突。

群体之间目标的差异是冲突的主要原因之一。当组织中不同群体追求的目标不同时，就会发生意见分歧，从而会增加冲突出现的可能性。

领导风格也会对冲突的产生起到一定的影响。通过严密监督来控制员工行为的领导风格增加了领导与员工之间冲突的可能性；但过于依赖参与的领导风格也会激发冲突。研究表明，参与程度与冲突之间成高相关关系，这显然是因为参与方式鼓励人们提出不同的意见。

另外，如果一个人获得的利益是以另一个人丧失利益为代价的，这种报酬系统也会产生冲突；如果一个群体依赖于另一个群体或群体之间的依赖关系表现为一方的利益是以另一方的牺牲为代价的，都会成为激发冲突的因素。

3. 个人因素

产生冲突的潜在的个人因素包括个人的价值观和个性特征，它们构成了个人的风格，使得他不同于其他人，是冲突的潜在原因。

三、冲突管理

冲突管理兴起于20世纪70年代，它弥补了传统的冲突处理方式的不足。传统的冲突处理方式是被动地、暂时性地解决已经发生的冲突。而冲突管理是从管理的角度，运用管理理论来面对冲突——包括尚未发生、已经发生和进行中的冲突事件。冲突管理的内容既包括冲突预防，也包括冲突处理（即事后处理）。

（一）处理冲突的行为意向

冲突的处理一般可划分五种行为意向，即竞争（自我肯定但不合作）、协作（自我肯定且合作）、回避（自我肯定且不合作）、迁就（不自我肯定但合作）和折中（合作性与自我肯定性均处于中等程度）。

1. 竞争

竞争是指冲突的一方在冲突中寻求自我利益的满足，不考虑他人的影响。例如，试图以牺牲他人的利益为代价来达到自己的目标；试图向别人证实自己的结论是正确的，而他人的结论是错误的；出现问题时试图让别人承担责任。

2. 协作

协作指的是冲突双方均希望满足两方利益，并寻求相互受益的结果。在协作中，双方的态度是坦诚的，希望澄清差异，找到解决问题的“双赢”办法，而不是迁就不同的观点。例如，试图找到双赢的解决办法，使双方目标得以实现；寻求综合双方见解的最终结论。

3. 回避

回避是指冲突的一方可能意识到了冲突的存在，但希望逃避它或者抑制它。例如，试图忽略冲突；回避其他人与自己不同的意见等。

4. 迁就

迁就指的是冲突的一方由于某些方面的原因，愿意把对方的利益放在自己的利益之上，甚至愿意做出自我牺牲以维持相互关系。例如，愿意牺牲自己的目标使对方达到目标；尽管自己不同意，但还是支持他人的意见。

5. 折中

折中指的是冲突的双方都愿意共同承担冲突问题，愿意做出一些让步，放弃一些东西，分享共同的利益。当冲突双方都放弃某些东西，而共同分享利益时，则会带来折中的结果。折中没有明显的赢家或输家，他们愿意共同承担冲突问题，并接受一种双方都达不到彻底满足的办法。因而，折中的明显特点是：双方都倾向于放弃一些东西。例如，愿意接受每小时1元的加薪，而不是自己提出的2元加薪；承认在某些看法上是共同的；对于违规问题承担部分责任。

补充说明

需要注意的是，人们的行为意向不是固定不变的。在冲突过程中，由于重新认识或对对方行为的情绪性反应，可能使行为意向发生改变。不过，人们在处理冲突时要采取何种方式总有一种基本的倾向。具体而言，在上述五种处理冲突的行为意向中，各人有各人的偏好，这种偏好是稳定而一致的，并且，如果把个人的智力特点和个性特点结合起来，可以有效地预测人们的行为意向。也就是说，当面对冲突时，有些人希望不惜一切代价获胜，有些人希望找到一种最佳的解决方式，有些人希望逃避，有些人希望施惠于人，还有一些人则希望共同分担。

（二）冲突管理技术

前面讲过，冲突可分为功能正常型和功能失调型两种，哪种情况出现将取决于冲突发展的结果。功能正常型冲突提高了组织的工作绩效，功能失调型冲突降低了组织的工作绩效。

对于功能失调的冲突，应该设法降低冲突水平；同样，当冲突水平低到不利于组织的成长和发展时，则应该设法提高冲突水平，所有这些都需要一定的冲突管理技术来支持。

为了方便起见，我们将常见的一些冲突解决技术和冲突激发技术及其含义一并列在表10.1中。

表 10.1　冲突管理技术

解决冲突的技术	
问题解决	安排冲突双方直接会晤，通过坦率真诚的讨论来确定问题并解决问题
目标升级（合作）	为冲突双方提出一个共同的目标，该目标不经冲突双方的协作努力是不可能达到的
资源开发	如果冲突是由于资源缺乏造成的，那么对资源进行开发可以产生双赢的解决办法
回避	采取中立、逃避或抑制冲突
缓和（平滑）	通过强调冲突双方的共同利益而减弱他们之间的差异性
折中（妥协）	使冲突双方各自放弃一些有价值的东西以达成一种协议
官方命令（强压）	管理层运用正式权威解决冲突，然后向卷入冲突的各方传递他的希望
第三方裁决	通过专门的机构或者专家来裁决
改变人的因素	运用行为改变技术（如人际关系训练），改变造成冲突的态度和行为
改变结构因素	通过工作再设计、工作调动、建立合作等方式，改变正式的组织结构和冲突双方的相互作用模式
激发冲突的技术	
运用沟通	利用模棱两可或具有威胁性的信息可以提高冲突水平
引进外人	在群体中补充一些在背景、价值观、态度和管理风格方面均与当前群体成员不同的个体
重新建构组织	调整工作群体，改变规章制度，提高相互依赖性，以及其他类似的结构变革以打破现状
任命一名吹毛求疵者	任命一名批评家，他总是有意与组织中大多数人的观点不一致

以下简要介绍了六种常见的冲突管理或者说处理冲突的具体做法。

补充说明

五种处理冲突的行为意向是针对冲突双方而言的，即冲突各方打算如何处理冲突。

冲突管理技术中列举的冲突管理技术则是针对管理者而言的，即组织中的管理者（第三方）如何面对并处理（即管理）组织中的各种冲突。

1. 强压

强压是指管理者运用自己的权威强行处理冲突，迫使他人遵从自己的决定。一般情况下，强压的方式只能使冲突的一方满意，有时也会使双方均不满意。经常采用此种管理方式来解决冲突是一种无能的表现。有此倾向的管理者通常认为冲突是一方输另一方必然赢。当处理下级的冲突时，经常使用诸如降级、解雇、扣发奖金等威胁手段；当面临和同级人员之间的冲突时，则设法取悦上级以获得上级的支持来压迫冲突对方。因此经常采用这种解决冲突的管理方式往往会导致负面的效果。

在以下情况中，强压方式具有一定的作用：① 必须采取迅速果断的行动的时候，如紧急事务；② 需要对某些问题采取特殊措施，如削减费用、强制执行规章制度和纪律；③ 为了组织长期的生存与发展或是对组织利益至关重要的问题，必须采取某些临时性的非常措施。

2. 回避

回避是指管理者面对冲突时采取中立、逃避或抑制冲突的倾向。有回避倾向的管理者不仅回避冲突，而且通常回避担当冲突双方的沟通角色。当其被要求对某一争论表示态度时，他往往推托说："我还没有对这一问题做深入的了解"，或"我必须收集到更多的资料"等。

管理者采取这一态度并不能解决问题，甚至可能给组织带来不利的影响，但在以下情况中采取回避的管理方式可能是有效的。

（1）冲突的内容或争论的问题微不足道，或只是暂时性的，不值得耗费时间和精力来面对这些冲突。

（2）当管理者的实际权力与处理冲突所需要的权力不对称时，回避的态度可能比较明智。例如，作为一名中低层管理者面对公司高层管理者之间的冲突时，采取回避的方式可能会好一些。

（3）当下级或各单位有较大的自主权时，回避这些单位之间的冲突让他们自行解决冲突也是可取的。

3. 第三方裁决

在冲突无法界定的时候，可以通过专门的机构或者专家来裁决，即第三者的介入。如劳资冲突之间的调停者或仲裁者，部门之间冲突中的总经理等，都是解决冲突的第三方力量。这种方法的优点是简单、省力。但是使用这种方法的权威必须是一个熟悉情况、公正、明了事理的人，否则会挫伤组织成员的积极性，降低绩效，甚至影响目标的实现。

4. 教育和培训

实行教育和培训计划，统一有关人员的认识，协调他们的期望和目标，在部门或整个组织范围内改变工作方法和组织气氛，也是减少冲突的一种方法（即改变人的因素的一种办法）。

5. 改变组织结构

针对冲突中的具体问题，通过调整和改变组织结构的方式，也可以起到对冲突进行限制的作用。

一般情况下，可以采用以下几种具体做法。

（1）把目标相同的有关部门一体化。这样，各种不同职能的专业不得不一起工作，逐渐加深了解，磨合各自的观点，可以减少冲突。

（2）进行岗位、角色互换，让冲突双方进行角色体验，加深彼此的了解。

（3）调整成员的个人职责，使分工合理，简化角色要求。

6. 信息沟通和交流

前面讲过，信息来源不一致，得到的信息不全面也是冲突产生的原因之一。针对这种情况，应该加强信息沟通与交流，了解并掌握全面情况，在此基础上进行谈判和协商，求同存异，解决问题。这种方式要求冲突双方要采取积极的态度，消除消极因素，实事求是。

本节导入案例解析

苏某在工作中埋头苦干，全身心投入设计任务中。但由于“无论上班时还是下班后、她很少跟他们有什么工作以外的非正式交往”，使得她和大伙之间缺乏有效的沟通，从而产生了冲突：她出于好心想帮大家加快进度，总是在自己先把活干完后要求帮他们干一点，可大伙每次都叫她“少管闲事”，而且对她那种“万事通”的态度和总想告诉人家该怎么去干自己的活等方面，很有意见。

贾某与马某的对话说明，苏某在同事们让她“少管闲事”之后采取“光埋头干自己的活，休管他人瓦上霜”的做法（回避冲突的做法）是不妥当的。既然问题出在相互缺乏沟通，那折中和迁就也不可取，苏某要做的就是在完成本职工作的同时加强和同事之间的沟通：在消除对这些同事的竞争意向（试图向马某证实自己是正确的，而其他同事是错误的）的同时主动找贾某坦诚地讲清楚自己是为了感谢设计院对自己的器重，是为了帮助大家加快进度，除此之外别无他意，尽可能澄清差异。

马某作为管理者，他企图通过安慰贾某、命令苏某的方式来缓和冲突，并不能解决冲突。实际上，苏某和同事之间的冲突在一定程度上暴露出工作组存在“磨洋工”的问题，只不过是苏某的“勤奋”打破了原有的群体规范。作为马某，可以建议或安排苏某和大家一起坦率、真诚地沟通，缓和冲突，同时还应该利用这一冲突对工作组进行工作再设计、工作调动、建立合作等方式来改变第七课题组原有的那种规范，提高组织绩效。

本章小结

1. 沟通就是信息交流，又称沟通联络，是信息凭借一定符号载体，在个人或群体之间从发送者到接收者进行传递并获得理解的过程。

2. 沟通过程就是发送者把自己头脑中的想法加工成能够传递出去的各种符号并通过某种途径发送出去，接收者接收信息后形成自己的理解，再把接收到的或理解的信息返回给发送者的一个过程。这一过程包括七个要素：信息发送者（信源）、编码、信息、通道（信道）、信息接收者（信宿）、解码、反馈。

3. 组织中常见的沟通方式有口头沟通、书面沟通、非语言沟通及电子沟通四种。

4. 按照信息流向的不同，沟通方向可以分为上行、下行和平行。在一个组织中，信息在不同的人与机构之间从不同方向流动就形成了一个由各种路线构成的沟通网络。

5. 正式沟通网络由组织内部明文规定的进行信息传递和交流的各种路线组成。非正式沟通指的是不受组织监督，也没有层次结构上的限制，是由员工自行选择进行的沟通方式。

6. 引起沟通障碍的原因是多方面的。实现有效的沟通应注意：克服认知差异、积极运用反馈、抑制情绪化反应、学会积极倾听、获取沟通信任、注意非语言的提示、注意语言表述的明晰，同时应掌握语言沟通技巧。

7. 冲突是指个人内部或群体内部、个人或群体之间互不相容的目标、认识或感情并引起对立或敌对的相互作用的一种过程。冲突有可能提高组织的工作绩效，也有可能会降低组织的工作绩效。冲突管理就是从管理的角度，运用管理理论来预防冲突、解决冲突甚至利用冲突。常见的处理冲突的方法有强压、回避、第三方裁决、教育和培训、改变组织结构、信息沟通和交流等。

本章练习题

一、单选题

1. 沟通过程中最重要的是（　　）。

A. 信息的传递　B. 信息的交流　C. 信息的接收　D. 信息的理解

2. 口头沟通存在的最主要缺点是在于（　　）。

A. 反馈迅速　B. 缺乏书面沟通技巧　C. 没有长久的沟通记录　D. 沟通简单

3. 以下属于非语言沟通方式的是（　　）。

A. 电话交谈　B. 体语　C. 小组会议　D. 电子邮件

4. 在选择沟通渠道时，如果看重通过信息沟通来增加员工的满足感，则最好使用（　　）。

A. 全通道型　B. 链型　C. 轮盘型　D. 饶舌型

5. 一位四川人和一位山东人在一起做生意，经常因为“四”、“十”发音不准而闹翻了天。造成这种沟通障碍的原因主要来自于（　　）。

A. 物理方面　B. 管理方面　C. 心理方面　D. 语言方面

6. 以前，张总了解情况、布置工作的方式是分别与三个部门经理进行谈话，部门经理之间总是相互猜疑并推诿责任。后来，他以一种畅谈会的形式同时会见三个部门经理，这一做法上的改变使得部门经理之间不再背后猜疑了。张总与下属之间的沟通模式的改变是（　　）。

A. 由链型改为轮盘型　B. 由轮盘型改为全通道型

C. 由全通道型改为轮盘型　D. 由轮盘型改为链型

7. 以下对冲突及冲突管理的认识，不正确的是（　　）。

A. 只要加强管理，组织中的冲突是可以避免的

B. 管理者不能一味地消除冲突，而应该有选择地维持甚至制造一些建设性冲突

C. 并不是所有的冲突都是破坏性的，有些冲突也具有建设性

D. 冲突管理不仅指冲突发生后的处理，还应包括冲突预防

8. 我们通常所说的“小道消息”属于（　　）。

A. 下行沟通　B. 非正式沟通　C. 双向沟通　D. 以含蓄形式进行沟通

9. 下列说法中正确的是（　　）。

A. 组织的各项活动都必须借助于沟通得以开展，管理与沟通密不可分

B. 冲突总是不好的，应该尽量避免

C. 在吸引听众注意力方面，发布信息的内容比发布信息的方式更重要

D. 非正式沟通比正式沟通更重要

10. 在实践中，进行沟通需要一定的技巧，以下不可取的方式是（　　）。

A. 该告诉职工的全都告诉　　B. 让下级明白他在领导心目中的地位

C. 不要经常称赞下级　　D. 适时表扬下属做得好的一面

11. 许多组织设置意见箱、接待日、走动管理等管理办法，这是一种（　　）。

A. 上行沟通　　B. 下行沟通　　C. 平行沟通　　D. 非正式沟通

12. 某大学由于课程安排的问题，教师经常与行政人员发生矛盾：通常由教务干事向每一位老师电话通知下学期的课表，由于教务干事是留校生，教师感觉自己在受学生的指挥，心中不舒服。后来，课程安排改为书面形式，直接以邮件的形式送到每一教师的信箱。此后，不知不觉中矛盾就消失了。这一问题的解决可以认为是（　　）。

A. 职权系统的改变　B. 双方态度的改变　C. 人际关系的改变　　D. 沟通渠道的改变

13. 下列关于沟通的说法，不正确的是（　　）。

A. 想当然地认为对方已经明白了自己的意思，这是损害沟通有效性的一种障碍

B. 沟通是双向的信息交流

C. 沟通的发送方只要关注如何发送信息就可以了

D. 沟通的关键是信息被理解

二、多选题

1. 常见的沟通方式根据沟通时使用的媒介物的不同，可分为（　　）。

A. 口头沟通　　B. 书面沟通　　C. 非语言沟通　　D. 电子沟通

2. 以下属于非语言沟通方式的有（　　）。

A. 电话　　B. 体语　　C. 小组会　　D. 十字路口的红绿灯

3. 以下做法（　　）有助于克服沟通障碍。

A. 积极反馈，反复沟通　　B. 寻找交流双方共同的兴趣爱好

C. 控制自己的情绪　　D. 学会积极地倾听

4. 以下措施（　　）可以用于冲突的处理。

A. 强压　　B. 教育和培训　　C. 改变组织结构　　D. 沟通和交流

5. 当人们面对冲突时，就会产生一种处理冲突的行为意向，尽管这种意向因人而异，但还是可以划分为五种，以下属于这五种行为意向的是（　　）。

A. 竞争和协作　　B. 回避和迁就　　C. 折中和沟通　　D. 教育和培训

6. 下行沟通最常采用的方式有（　　）。

A. 报告　　B. 调查问卷　　C. 文件　　D. 公告牌

7. 小道消息一般有（　　）等特点。

A. 它在很大程度上与人们的切身利益有关，内容往往是当下人们关注的焦点问题

B. 小道消息有时传播的是正式沟通渠道不愿意传播、有意不公开的信息

C. 由于个人化和灵活性，小道消息传播速度往往比正式沟通网络快得多

D. 很多人认为小道消息比正式沟通网络传播的信息更可信

8. 小道消息的功能有（　　）。

A. 建构或缓解焦虑　　B. 使支离破碎的信息能够说得通

C. 把群体成员甚至局外人组织成一个整体　　D. 有利于组织凝聚力的形成

9. 下列说法正确的有（　　）。

A. 部门间协作是平行沟通

B. 一个组织内的小道消息是可以彻底消除并且禁止的

C. 如果某信息是情感型的，面对面传递方式比书面传递方式更为有效

D. 沟通障碍既存在于个体之中，也存在于群体之中

三、问答题

1. 什么是沟通？简述沟通的过程。
2. 结合实际，谈谈如何提高沟通效果。
3. 谈谈你对冲突管理的认识。

课外思考实践题

1. 下级在汇报工作时，有时会猜测领导的需要，投领导所好，或报喜不报忧。你如何看待这种现象？如何避免这种现象发生？

2. 有人说，“在企业管理中，不能越级沟通，否则会破坏信息传播渠道的稳定性”，对此你是怎样看的？

3. 你个人、所在的宿舍或班级与他人、别的宿舍或班级有无发生冲突？列举几项冲突，分析一下冲突产生的原因以及你、你们是如何解决冲突的。

4. 影响你与别人进行有效沟通的因素有哪些？列出来并提出改进意见。

5. 运用所学知识，主动与一名认识的人通过沟通解决某个难题。

第十一章

控 制 工 作

学习目标

学习本章，你应该能够清楚地知道：

- 控制的含义、类型与基本过程。
- 控制工作的基本要求。
- ABC 分类法、PDCA 循环。
- 常见几种控制技术与方法。

第一节 控制与控制的基本类型

案例导入

格力电器股份有限公司是全球最大的集研发、生产、销售、服务于一体，生产规模最大、规格种类最全的专业化空调生产企业之一。“格力”品牌空调，是中国空调业唯一的“世界品牌”产品，业务遍及全球100多个国家和地区。

格力成功的原因，除了专业化经营、科学的营销网络，最重要的是格力的质量控制体系。然而，格力并不是一开始就重视质量控制问题的。

1993年，格力和其他国产空调一样存在着噪声等问题，当时格力内部对此争论也颇多。一种意见认为格力和春兰、科龙相比质量并不差，没有必要在这问题上花更大力气，应该在规模、价格等方面向同类对手发起冲击。但一件小事改变了格力人的看法，当时一个意大利公司进口的20台格力空调全部遭退货，原因是其中一台室外机的外壳在使用3个月后出现了一个锈斑。格力人认识到在国际市场有一个更高的标准存在，格力必须把质量控制放在国际与未来市场的标准上来重新考虑这个问题。

在格力人看来，“质量管理没有人情可讲。”一台空调由成百上千个零部件组成，每个零部件合格与否直接决定着整机的性能。为了控制零部件的产品质量，1995年3月，格力成立了独一无二的筛选工厂。600人的工厂不产生效益，只负责对进货进行100%的筛选，所有零件都要经过各种检测，合格后方能上生产线，连最小的电容都必须经过严格测试，然后提供给组装车间。这一举措被外界评论为“最笨的方法”。而格力人就是要用“最笨的方法”制造出最好的空调。这看似人员和财力极大浪费，格力人却有自己的见解：只要有1%的零部件不合格，那么生产出来的整机便100%不合格。筛选工厂的钱省不得，因为即使一台整机一个零件出问题，你再怎么维修好，再怎么服务好，消费者心中都会有抹不去的阴影与不舒服感。筛选工厂对格力的质量控制起了很大作用，格力空调的可靠性、稳定性大大提高，维修率大大减少。筛选工厂成为格力法宝，记者要求进去该厂参观，被以“商业机密”理由拒绝。

格力还成立了“质量监督队”，设立专人专门监督检查在各环节中的质量问题，发现问题后及时处理。除了筛选厂，格力总共有400多个检测员。在格力车间，与众不同的是每一道流水线的工序都有检测室和两名检测员。检测员非常严肃、小心，因为一旦漏过一台机器或未检测出问题，查到一律开除。

从1999开始，格力投入百万巨奖推行“零缺陷”工程，开始在全员中灌输“零缺陷”的质量观念，并在设计、制造、采购等环节大力推广“零缺陷”，使格力空调的返修率大大降低。当时美国一家企业订购了4万台格力空调，结果发现有问题的只有4台，也就是万分之一的维修率，这是令许多国际空调品牌都望尘莫及的。

格力打造精品的努力得到了回报。2005年，格力的全球销售额突破182亿元，家用空调全球销量超过1000万台，成为名副其实的世界冠军，截至2013年已经连续9年领跑全球。

请问：什么是控制？格力采用的“最笨的方法”和成立的“质量监督队”分别是怎么进行控制的？

一、控制的含义

管理的控制工作就是按照计划和目标的要求来监控、衡量各项工作，纠正各种偏差，以确保计划和目标实现的活动过程。

控制作为管理的基本职能之一，是所有管理者都应当承担的一项职责，即便他的部门是完全按照计划行动着。

由于控制是确保组织的所有活动与组织的目标和计划相一致的管理活动，因此，有必要对计划与控制的关系进行简要的分析，以进一步理解控制的含义。

> **名家观点**
>
> 管理工作的控制职能是从事对业绩的衡量与校正，以便确保企业目标和为达到企业目标所制订的计划得以实现。
>
> ——哈罗德·孔茨

首先，从狭义上讲，计划是控制的前提，控制是完成计划的保证。一方面，有计划而没有控制，人们可能知道要干什么、该怎么干，但无法知道自己干得怎么样，存在哪些问题，哪些方面需要改进。另一方面，有控制而没有计划，人们将不知道控制什么，也不知道该怎么控制。

> **示例**
>
> 控制不仅仅是管理者应承担的职责，而且与我们日常的工作、学习和生活息息相关。
>
> 在大海中航行的轮船，需要舵手的“控制”将偏离航线的船只拉回到正确的航线上来；十字路口需要交警的“控制”来保持交通通畅；课堂上需要教师的“控制”维持教学秩序，以保证教学效果……
>
> 离开了控制，计划和目标都可能会落空；离开了控制，我们的工作和生活将无法正常进行。

其次，从广义的角度来看，控制工作与计划工作你中有我、我中有你，密不可分。一方面，控制工作并不仅限于按照既定的计划标准来衡量和纠正计划执行中的偏差，它同时还包含着在必要的时候修改计划，以使计划更加合适于实际情况这一层次的含义。而且现实中，组织的运行往往是“非零”起步的，这样，上阶段控制的结果可能导致组织确立新的目标、提出新的计划，并在组织结构、人员配备等方面做出相应的改变。另一方面，计划工作所提出的目标是控制工作的依据和总的标准，计划本身在一定程度上就是一种控制手段（后面要讲到的预先控制）。因此，在实际工作中，很难区分控制与计划究竟哪个是开始、哪个是结束。可以说控制是一个管理工作过程的终结，又是另一个管理工作过程的开始。

二、控制的目的和作用

（一）控制的目的

控制工作的基本目的就是要“维持现状”，即在变化着的外部环境中，通过控制工作，随时将计划的执行结果与标准进行比较，若发现有超过计划允许范围的偏差时，则及时采取必要的纠正措施，以实现组织的既定目标。

> **课堂训练**
>
> 请评价“控制是事后的，计划是事先的”这一观点。

控制工作要达到的第二个目的是要“打破现状”。在某些情况下，变化的内外部环境会对组织提出新的要求，或者管理人员对现状不满，要改革、创新，要开拓新局面。这时，就势必要打破现状，即修改已订的计划，确定新的目标和管理控制标准，使之更先进、更合理。

（二）控制的作用

一件事情，无论计划做得多么完善，如果没有令人满意的控制系统，在实施过程中仍然会出问题。因此，任何组织、任何活动都需要进行控制，控制工作与其他三个职能紧密地结合一起，使管理过程形成了一个相对封闭的系统，共同保证组织目标的实现。

1. 减轻环境不确定性对组织活动的影响

正所谓“计划不如变化”，现代组织面对的环境具有复杂多变的特点，再完善的计划也难以把未来出现的变化考虑得十分周全。因此，为了保证组织目标和计划的顺利实施，就必须有控制地工作，以有效地控制降低环境的各种变化对组织活动的影响。

2. 使复杂的组织活动能够协调一致地运作

现代组织的许多活动，往往需要组织中不同层次的不同部门和人员共同参与，不同的部门和人员总是有着各自的利益。因此，要使组织内众多的部门和人员在分工的基础上能够协调一致地工作，完善的计划是基础，但计划的实施还是要以控制为保证手段，否则就会出现“各自为政”、“整体一盘散沙”的局面。

3. 避免和减少管理失误造成的损失

组织所处的环境的不确定性以及组织活动的复杂性，会导致不可避免的管理失误。控制工作通过对管理全过程的检查和监督，可以及时发现组织中存在的问题，并采取纠正措施，以避免或减少工作中的损失，为执行和完成计划起保障作用。

> **课堂训练**
>
> 请评价“管理就是控制，控制就是管理”这一观点。

三、控制的基本类型

管理中的控制手段可以在行动之前、进行之中，也可以是在活动结束之后。与此相对应，就有预先控制、现场控制和事后控制三种基本的控制类型，如图 11.1 所示。

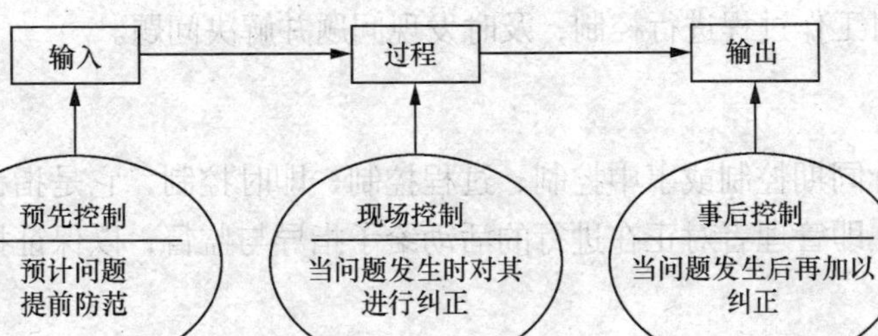

图 11.1　控制类型

（一）预先控制

1. 定义

预先控制也称前馈控制、事前控制或事先控制，它是在某项工作开始之前进行的控制，即根据以前的经验教训或通过科学分析，在工作开始之前，对工作中可能产生的偏差进行预测和估计并采取防范措施，以保证计划和目标的实现。

补充说明

预先控制是一种预防性控制。

其关键是要在实际问题发生之前就采取管理行动——提前防范。

其难点在于要对未来的情况做出科学的预测。

例如，当知道夏季将出现持续高温时，冷饮厂可适当增加冷饮原料的储备；为了开发一种新产品，预先对消费者的实际需求进行市场调查；为了保证员工能适应新的环境，对新员工进行岗前培训；为保证产品的质量而对入库前的原材料进行验收；新生的入学教育等，这些都属于预先控制。

2. 目的

预先控制的目的在于将可能的事故消除于产生之前——防患于未然。

3. 优点与缺陷

预先控制的优点在于以下两方面。

（1）防患于未然，避免出现损失。预先控制就如同发现“牢”有问题而先补好“牢”以避免“羊”被“狼”叼走，而不是“亡羊”之后再来“补牢”，从而避免了“羊”的损失。

（2）对事不对人，不易造成正面冲突，易于被员工接受。由于预先控制是在事情开始之前采取预防措施，因此它不针对任何个人，而是就事论事。比如监考人员开考之前在考场上强调考试纪律，不针对任何考生，一般不会与考生形成正面冲突，同时对有违纪或作弊想法的考生有一定的警示作用。

预先控制的缺陷在于：必须投入较大的精力和资源去获取各种信息。也就是说，难以获得及时和准确的“牢”有问题的信息，因此很难办到。

（二）现场控制

预先控制虽能防患于未然，但毕竟不能也不可能消灭所有的隐患，因此，当活动或工作开始之后，还要对工作过程进行控制，及时发现问题并解决问题。

1. 定义

现场控制也称同期控制或事中控制、过程控制、即时控制，它是指在某项活动或工作过程中进行的控制，即管理者对正在进行的活动给予指导与监督，以保证按规定的政策、程序和方法进行。

补充说明

最常见的现场控制方式是直接观察，进行现场监督和指导。

例如，生产过程中的进度控制、过程检验，每日工作/质量情况统计表，教师在课堂上的点名与提问等，都属于现场控制。

2. 目的

现场控制的目的是及时发现并纠正工作中出现的偏差。

3. 优点与缺陷

现场控制的优点在于：有了监督和指导，可以提高工作人员的工作能力和自我控制能力，减少事后控制可能造成的损失。

现场控制的缺陷在于以下两方面。

（1）受管理者的时间、精力和能力的制约较大，如不能及时发现问题就无法进行现场控制。不同的人，其观察角度和能力不同，对待同一问题往往会有不同的结果。

（2）易引起控制者和被控制者之间的对立从而影响控制效果。当考生在考试过程中作弊被监考人员发现时就有可能与监考人员发生冲突，当质检人员指出正在加工的产品有毛疵时容易遭到操作人员“翻白眼”。并不是说监考人员对这个考生有偏见故意要抓他，质检人员也并非找该工作人员的“茬”，他们只是就事论事。但被人发现作弊、被人指出工作有失误总是会不高兴的。

示例

英国管理学家H·赫勒认为：当人们知道自己的工作有人检查的时候会加倍努力。

有好事者发现：在厕所出口摆上一个捐款箱，并在捐款箱上印上一双眼睛，这个捐款箱内的捐款会远远多于另一个厕所出口没有画眼睛的捐款箱。

（三）事后控制

过程控制虽能及时发现一些问题并加以解决，但还是不能保证能将所有的问题发现并消除，总是会有一些“漏网之鱼”，因此，当工作结束之后还需要对这些“漏网之鱼”展开一次捕捉。

1. 定义

事后控制也称反馈控制、成果控制、结果控制，是在工作结束或行为发生之后进行的控制。事后控制把注意力主要集中在工作结果上，通过对工作结果进行测量比较和分析，查明原因，采取措施，进而矫正今后的行动。

例如，企业对生产出来的成品进行质量检查，学校对学生的违纪情况进行处理，期末进行的期末考试，对组织成员进行的年终考核等，都属于事后控制。事后控制是历史最悠久的控制类型，传统的控制方法几乎都属于此类。

2. 目的

事后控制的目的在于避免已发生的不良后果继续发展或防止其再度发生。

3. 优点与缺陷

事后控制的优点在于：类似于丢了一只“羊”之后马上就“补牢”，可以使“羊”不再丢失。即及时发现问题，防止事态继续恶化，实现良性循环，不断提高业绩。

补充说明

采用事后控制必须特别注意：

监督与监督信息的传递必须及时；偏差发生与采取纠正措施之间不能有较长的时间间隔。

事后控制的缺陷则在于："亡羊"之后再来"补牢"，已经丢掉的"羊"再也找不回来了。即对已经发生的偏差及危害无补偿作用。

示例

魏文王问名医扁鹊说："你们家兄弟三人，都精于医术，到底哪一位医术最好呢？"

扁鹊回答说："大哥最好，二哥次之，我最差。"

文王再问："那么为什么你最出名呢？"

扁鹊答说："我大哥治病，是治病于病情发作之前。由于一般人不知道他事先能铲除病因，所以他的名气无法传出去，只有我们家里的人才知道。我二哥治病，是治病于病情刚刚发作之时。一般人以为他只能治轻微的小病，所以他只在我们的村子里才小有名气。而我扁鹊治病，是治病于病情严重之时。一般人看见的都是我在经脉上穿针管来放血、在皮肤上敷药等大手术，所以他们以为我的医术最高明，因此名气响遍全国。"

文王连连点头称道："你说得好极了。"

事后控制不如事中控制，事中控制不如事前控制。对企业高级领导来说，最重要的才能莫过于能在事先做出正确的判断。

需要说明的是，预先控制、现场控制和事后控制对管理者的价值各不相同，管理者可以有选择地采用不同的控制类型或是将三种类型结合使用：做好预先控制，加强过程控制，依靠事后控制，这样，就能提高控制的效果，不良后果发生的可能性也会降低甚至接近于零。

本节导入案例解析

"案例导入"中格力公司"最笨的方法"和"质量监督队"分别属于预先控制和过程控制。

第二节　控制的基本过程和基本要求

案例导入

你知道家里的电热器是怎样工作的吗？

你想把室内温度"控制"在25℃，于是，你把温度指示表的指针设定在25℃，并打开开关。

接下来的工作是由电热器来为你完成的。一开始，室内温度低于25℃，电热器马上进入工作状态，不断对室内加热。电热器内部具有室温感应器，电热器把感应器获得的温度信息与事先设定的标准进行比较。

当感应到室温已被加热到一定温度，即超过25℃，比如26℃时，电热器就会自动停止加热——"跳闸"；当温度感应器"观察"到室温又下降到一定温度，即低于25℃，比如24℃时，电热器又会自动重新"开闸"加热。电热器通过"跳闸"或"开闸"来"纠正偏差"。

正是通过如此反复的控制过程，电热器才使得室温控制在25℃左右。

这是一个什么样的过程呢？

一、控制的基本过程

不管是什么类型的控制，一般都包括确定控制标准、对照标准衡量工作成效、纠正偏差三个步骤。

（一）确定控制标准

要控制，就要有标准，标准是衡量实际工作或预期工作成果的尺度，因此，控制工作的第一个步骤就是确定控制标准。计划和目标是控制的总的标准，为了对各项业务活动实施控制，还必须以计划和目标为依据设置更加具体的标准作为控制的直接依据，这样就更有利于控制工作的进行。

1. 常用的控制标准

常用的控制标准可分为定量标准和定性标准两类。

（1）定量标准。指能够以一定形式的计量单位直接计算的标准，也就是将设定的标准数值化。在一定程度上，量化的标准便于进行度量和比较，所以，在可能的情况下，应当尽可能使用定量标准即数值化的标准。例如，工程进度、费用开支、产量、销售量、销售利润、收益状况、质量等都可以数值化。

（2）定性标准。指难以用计量单位、用数值直接计算和衡量而采用实物或定性描述的标准。例如，一些物品比如服装、酒类、大米等的外观质量，难以用数值表示，所以多采用实物标准，评定时采用样品比较和实物观察；再如有关服务质量，组织形象，组织成员的工作表现（如士气、人际关系）等，也难以用数值化的指标来衡量。这时，通常由有经验的人来通过观察、凭感觉来做出判断。

示例

许多产品的生产与检测都会执行一定的质量标准。在我国，许多标准都有一些约定俗成的表示符号，如国际标准（ISO）、国家标准（GB）、行业标准（HB）、企业标准（QB）等。

葡萄酒 GB/T15037—1994 表示 1994 年国家颁布的标准号为 15037 的推荐标准（意即企业生产检测葡萄酒可以执行这一标准，也可以不执行）；2008 年 1 月 1 日起 GB15037—2006 代替了 GB/T15037—1994，葡萄酒生产检测标准由推荐标准变成了强制标准（只要是该种产品就必须执行这一标准）。

2. 确定控制标准应注意的主要问题

确定控制标准是件严肃的事情，需要注意以下几个问题。

（1）标准的制订要依据总的计划和目标，不能“另起炉灶”，与总计划和目标相违背。

（2）标准要事先公布于众，而且要让相关人员清楚地知道标准的具体内涵，做到公开、明确，以避免将来出现“不知道、不清楚、不执行”的事情发生。

补充说明

制订标准的要求：尽可能数值化、明确化、公开化，尽量减少“酌情”、“领导说了算”等情绪化的办法。

（3）标准要合理而且是能达到的，如果标准太高或太低，就起不到激励作用。

（二）对照标准衡量工作成效

对照标准衡量工作成效是指控制过程中将实际工作情况与预先确定的控制标准进行比较，找出实际业绩与控制标准之间的差异，以便于找出组织目标和计划在实施过程中的问题，对实际工作做出正确的评估。

1. 衡量工作成效的目的

通过衡量工作成效，应达到以下几方面的目的。

（1）比较全面地了解实际工作进展情况，掌握计划的执行进度以及相关信息。

（2）找出实际工作成效与控制标准之间的差异，以便于找出组织目标和计划在实施过程中的问题，为纠正偏差和改进工作提供依据。

（3）为管理者评价和奖励下属提供依据。

2. 衡量工作成效应注意的一些问题

衡量工作成效，应注意以下几个问题。

（1）严格按照制订好的标准来衡量工作成效。在衡量过程中，要做到一视同仁，尽量减少因人、因时、因地而变化的情况。

（2）确定可接受的偏差范围。在一些情况下，实际工作与标准出现些偏差是正常的，所以，在衡量过程中，要确定可接受的偏差范围（大小和方向），如果偏差超过这个范围，就应该引起管理者的注意。例如，前面所讲的电热器对温度的调整总是在室温超过标准温度的允许上限或下限（25℃ ± 1℃）才开始自动调整，而不是一偏离 25℃就立即调整，如图 11.2 所示。

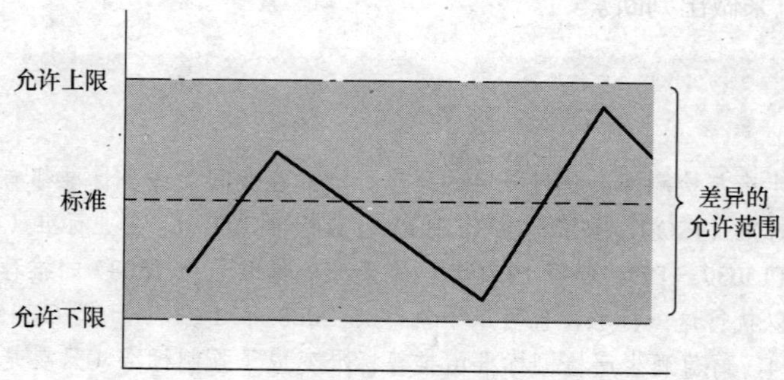

图 11.2　定义可接受的偏差范围

（三）纠正偏差

控制的最后一个步骤就是纠正偏差，也就是当发现实施过程中出现偏离标准的现象时，及时分析问题（偏差）产生的原因，采取管理行为解决问题。

1. 对偏差及其原因进行分析

偏差指实际情况与计划或标准之间的差距。当发现执行计划的实际情况与计划或标准不一致时，就产生了偏差。

分析偏差、找出原因。首先判断偏差的严重程度，判断其是否会对组织活动的效率和效果产生影响；其次要探讨导致偏差产生的主次原因。

偏差产生的原因主要有两类：一是计划执行过程中的工作失误（人为因素，可以控制）；二是原有计划不周（非人为因素，不可控制）。比如原先的计划或标准制订得不切合实际或是由于客观环境发生了预料不到的变化，原来被认为是正确的计划或标准不再适应新形势的需要。

管理者必须对这两类不同性质的偏差做出准确的判断，以便在查明原因的基础上采取纠偏措施，使组织的活动回到预定的轨道上来。

2. 有针对性地采取纠偏措施

在深入分析差异产生的原因的基础上，管理者要根据不同的原因采取不同的措施。

（1）对于因工作失误造成的问题，控制的办法主要是“纠偏”，即通过加强管理和监督，如改进工作方法、改进组织和领导工作、改进人事工作等，确保工作与目标的接近或吻合。

（2）若目标不切合实际或是组织运行环境出现了重大变化，致使目标失去客观的依据，控制的办法主要是“调适”，即按照实际情况修改标准或重新制订新标准。

偏差较大，有可能是原有计划安排不当（如制订的标准太高或太低）导致的；也可能是内外部环境变化导致的。当其他措施都被证明无效的时候，可以考虑对原有的计划加以修订（调整或修改）。调整计划不是任意地变动计划，这种调整不能偏离组织总的发展目标，调整计划归根结底还是为了实现组织目标。

3. 纠正偏差过程中应注意的一些问题

纠正偏差过程中应注意以下几个问题。

（1）不要轻易地更改计划尤其是降低标准。现实生活中，不论是普通员工还是管理人员，当他们没有达到目标时，大部分人首先想到的是责备标准而不是反省自己的工作。比如，学生常常认为扣分太严是他们分数低的原因，因此他们不愿意承认是自己不努力而争辩说是打分标准太严；与此相似，销售人员将没有完成销售目标归咎于不现实的定额标准。

补充说明

如果你认为标准是现实的，就应该坚持标准，向别人解释你的观点，找出真正的原因并提出改进措施，使期望变为现实。

也许确实是因为定额太高才导致了工作中的显著偏差，并促使员工反对这个标准，但是在修改标准的问题上还是应该慎之又慎，除非原有计划和控制标准的制订是草率的或是导致偏差的原因是无法控制的，除了修改标准之外别无他法，否则就不要轻易修改标准。

（2）对事不对人。纠正偏差的目的在于找出原因，采取措施来保证组织的各项活动朝着组织目标努力，因此，如果有人出了差错，千万不要抱怨这个人有问题，而应该是找出问题、解决问题。

（3）要有针对性。一定要在确定偏差产生的真正原因之后再针对原因采取纠偏措施，做到有的放矢。

确定控制标准、对照标准衡量工作成效、纠正偏差三个基本步骤紧密联系，缺一不可，共同构成了一个完整的控制过程，三个步骤共同完成了一个控制周期。没有第一步确定控制标准，就不会有衡量实际工作成效的依据；没有第二步对照标准衡量工作成效，就无法获得所需要的控制信息，就不知道是否存在偏差以及是否需要采取纠正措施；没有第三步纠正偏差措施的制订和落实，控制过程就会成为毫无意义的活动。通过每一次循环，使偏差不断缩小，保证组织目标最有效地实现。图 11.3 总结了控制的基本过程。

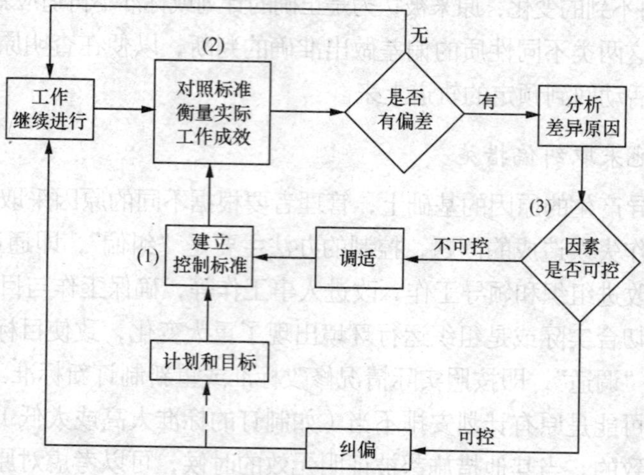

图 11.3 控制的基本过程

综上所述，控制的基本过程可以描述为：在总的计划和目标的指导下确定控制标准，然后对照标准衡量实际工作成效，如果实际工作与标准之间没有偏差，那工作就继续进行下去；如果发现有偏差，那就先分析偏差产生的原因。如果偏差是由于工作失误造成的，那就通过加强管理和监督来纠正偏差，使得工作按照计划和目标的要求继续进行下去；如果偏差是由于原有计划或标准设计不当而导致的或是由于内外部环境的变化而产生的，并且其他措施都被证明无效，则考虑对原有的计划或标准加以调整或修改，并按照新的计划或标准开始新一轮的控制。通过每一次循环，使偏差不断缩小，以确保组织目标的实现。

二、控制的基本要求

1. 控制要有重点

控制要有重点，就是指在控制过程中要抓住重点环节进行控制，而不是“眉毛胡子一把抓”。

事实证明，要想完全控制工作或活动的全过程几乎是不可能的，因此应抓住过程中的关键和重点进行局部和重点的控制。

补充说明

什么是ABC分类法

ABC 分类法即 activity based classification，是由意大利经济学家巴雷托（Pareto）首先提出的，故又称巴雷托分析法。1879 年，巴雷托在研究个人收入的分布状况时，发现少数人的收入占全部人收入的大部分，而多数人的收入却只占一小部分。后来巴雷托法被不断应用于管理的各个方面。1951 年，管理学家 H · F · 戴克（H. F. Dickie）将其应用于库存管理，命名为 ABC 法。1951—1956 年，约瑟夫 · M · 朱兰（Joseph M. Juran）将 ABC 法引入质量管理，用于质量问题的分析，被称为排列图。1963 年，彼得 · 德鲁克将这一方法推广到全部社会现象，使 ABC 分类法成为企业提高效益的普遍应用的管理方法。

该分析方法的核心思想是在决定一个事物的众多因素中分清主次，识别出少数的但对事物起决定作用的关键因素和多数的但对事物影响较少的次要因素，从而有区别地确定管理方式的一种分析方法。由于它把被分析的对象分成A、B、C三类，所以称为ABC分析法。

ABC分类法在库存管理中的应用要点是：把企业的物资按其金额大小划分为A、B、C三类，然后根据重要性分别对待。A类物资是指品种少、实物量少而价值高的物资，其成本金额约占70%，而实物量不超过10%；C类物资是指品种多、实物量多而价值低的物资，其成本金额约占10%，而实物量不低于70%；B类物资介于A类、C类物资之间，其成本金额约占20%，而实物量不超过20%。通常情况下仅对A类物资进行最优批量控制或重点控制。

ABC分类法在企业营销管理中的应用要点是：企业在对某一产品的顾客进行分析和管理时，可以根据用户的购买数量将用户分成A、B、C三类用户。由于A类用户数量较少，购买量却占公司产品销售量的80%，企业一般会为A类用户建立专门的档案，指派专门的销售人员负责对A类用户的销售业务，提供销售折扣，定期派人走访用户，采用直接销售的渠道方式，而对数量众多，但购买量很小，分布分散的C类用户则可以采取利用中间商进行间接销售的渠道方式。

ABC分类法的另一种表述方式就是“80∶20原则”，即“企业80%的利润来自于20%的顾客”。

2. 控制要及时、准确

控制要及时、准确，就是指在控制过程中要迅速、及时地发现问题并及时采取纠正措施准确地（有针对性地）解决问题。它体现为两方面的要求：一方面要求及时、准确地提供所需要的信息和措施，避免时过境迁，使控制失去应有的效果；另一方面要估计可能发生的变化，使采取的措施与已变化了的情况相适应，即纠正措施的安排应有一定的预见性，使得采取的措施能在较长的时期内保持有效，不能今天采取的措施明天就失效了。

> **示例**
>
> 当第一只羊被狼叼走之后，如果不能及时知道这一情况或是不能及时将牢补好，那么，就会有第二只、第三只乃至更多的羊丢失。

3. 控制要有灵活性

控制要有灵活性，就是指在控制过程中要尽可能制订多种应付变化的方案和留有一定的后备力量，并采用多种控制手段来达到控制的目的，以便于灵活地适应各种变化。

4. 控制要经济可行

控制要经济可行，就是指在进行控制时必须做到经济上合理，技术上可行，不能想当然。

5. 控制要反映计划的要求

控制的目的是为了实现计划，计划是控制所采用的衡量标准的原始依据，计划是控制的前提，没有计划，就无所谓控制；计划是控制的总标准；计划具有多样性，控制标准和手段也应该多样化。

第三节 控制的重点对象和方法

案例导入

1977年，技术专家史狄夫·渥兹尼克和销售天才史狄夫·雅可布创立了苹果计算机公司，很快公司就取得了非凡的成功。但是，成功没能持续很久，部分原因是IBM个人计算机的问世。在20世纪80年代早期，一些观察家们认为，苹果计算机公司需要更加严格的控制和更为专业化的管理方法。百事可乐公司的约翰·斯科利被请到苹果公司来做指导。为控制公司，斯科利采用了降低成本的方法来改善赢利状况，并与此同时增加了研究和开发费用以便使公司能保持技术上的领先地位。可后来，斯科利却受到指责，说他研究和开发费用投入不够，广告费用投入过多。

为减少重复环节，降低损益平衡点以及部门间的摩擦，苹果公司重组了公司。为提高效益和效率，苹果公司引入了新的汇报程序。此外，在控制库存方面也做了大量的工作，而库存问题又往往是个人计算机公司面对的主要问题。这些措施，连同苹果公司将Macintosh引入IBM占主导的商务公司这样一个成功的战略以及桌面印刷的普及，使苹果公司1986年财政年度的收入增加了150%之多。

请问：从控制工作的角度来看，苹果公司都用了哪些控制方法扭转了公司的局面？本节的任务就是提供有关答案。

一、控制的重点对象

统计表明，人员、财务、产品/服务质量、安全、信息和组织绩效常常是各个组织控制的重点，管理者应该从不同的方面对这些内容进行重点控制。

示例

海尔的九个控制要素5W3H1S

5W：Why——目的；What——标准；Where——地点；Who——责任人；When——进度。

3H：How——方法；How much——数量；How much cost——成本。

1S：Safety——安全。

（资料来源：海尔企业文化中心，《海尔的九个控制要素 5W3H1S》，载《海尔企业文化手册》，2004。）

1. 人员

管理者总是要通过他人的工作来实现其目标，为了实现组织的目标，管理者需要而且也必须依靠下属员工。因此，管理者使下属按照所期望的方式去工作是非常重要的，为了做到这一点，管理者就必须对下属员工进行控制，提高员工的工作质量。最简明的方法就是直接巡视和评估员工的表现。

在对人员的控制中，要重点加强对监控人员的监控。监控人员的工作在于根据目标和计划要求，去督促、检查、纠正实际操作过程中的偏差，保证工作的效率和效益。相对于一般的工作人员而言，监控人员更倾向于隐瞒工作的偏差和失误。如果监控人员失察，操作中存在的问题就会不断扩大；如果监控人员的态度不积极，则操作中的偏差会因得不到及时纠正而逐渐恶化。

对监控人员实施监控的方法有健全组织监控体系、运用外部力量于监督过程、发动群众、岗位调动、对监控人员的违纪与违规进行严惩等。

示例

2004年上半年发生在某地的“宝马彩票”案警示着人们——谁来对公证员的工作进行公证？这给我们的控制工作一个启示，那就是要重点加强对监控人员的监控，这也是许多组织经常忽视的环节。

质量检验员、内审员、职能科室职员、中基层管理人员等，这些人都具有监控他人的职责，加强对他们的工作的控制，既有利于他们自身的工作，还有利于被他们所监督的工作。

2. 财务

每个企业的首要目标都是获取一定的利润，在追求这个目标时，管理者必须借助于财务控制。比如，管理者通过仔细查阅每季度的收支报告，就能够发现多余的支出；还可以通过预算，来保证有足够的资金支付各种费用或是控制开支。

财务控制并不只限于营利性组织，对于非营利性组织的管理者来说，提高效率也是其主要目标之一。财务控制，如预算控制、成本控制等为管理者提供了一个明确的控制标准，更加有利于控制工作的开展，是一种重要控制手段，广泛地应用于企业、医院、学校和政府部门。

3. 产品/服务质量

质量是一个组织工作水平的综合反映，是组织的生命线，只有提供高质量的产品或服务，组织才能得到消费者的认可，才能生存。

影响质量的因素很多，因此，质量控制要有全面的观点，实行全面质量管理，进行全员、全过程控制和管理。

全面质量管理就是指企业内部的全体员工都参与到企业产品质量和工作质量的工作过程中，把企业的经营管理理念、专业操作和开发技术、各种统计与会计手段方法等结合起来，在企业中普遍建立从研究开发、新产品设计、外购原材料、生产加工，到产品销售、售后服务等环节的贯穿企业生产经营活动全过程的质量管理体系。

补充说明

产品质量是指物质产品或服务产品在使用时满足社会需要所具有的特性总和，包括产品性能、寿命、可靠性、安全性、经济性等指标。工作质量是指为保证和提高产品质量和工序质量所做的工作的质量，就是组织的管理、技术、生产等各方面的工作水平。

工作质量是产品质量的保证和基础。从一定的意义上讲，提高工作质量也就是在提高产品质量，而且只有提高了工作质量才能提高产品质量。在现代质量管理中，工作质量控制已占据重要地位，企业越来越将质量控制的重心放在工作过程中。

所谓全员参与，指的是从上到下每个部门、每个环节的工作人员都应围绕质量中心去完成质量目标所赋予的职能和任务，对自己的工作质量负责；全过程质量管理指的是从访问用户、市场调研、产品设计方案论证开始，到产品设计、试制、生产、销售、售后的全过程，都要严格地实施质量管理，保证达到原定的质量标准。

补充说明

PDCA循环

PDCA 循环是美国质量管理专家戴明提出的全面质量管理的计划（plan）、实施（do）、检查（check）、处理（action）四个阶段的简称，又称“戴明环”。其中，计划阶段相当于控制的第一步（计划并制订控制标准），实施和检查阶段相当于控制的第二步（按照计划和标准的要求去做并对实际工作成效进行检查），处理阶段相当于控制的第三步（巩固成效或是找出偏差的原因并纠正偏差，为下一个控制过程的开始提供依据）。通过这四个阶段的反复循环，产品质量和工作质量就不断地得到提高。

这个循环大到可以管理国家大事，小到管理家庭主妇日常生活。比如，一个家庭主妇，她每天要买菜、烧饭。早上起来她的第一件事就是想着今天给家人吃什么（计划），接着去超市买菜（实施），为了把菜烧得好吃一些，她在烹调时，要尝尝味道（检查），吃饭时，她征求家人的意见，哪几样菜好吃，哪几样菜不好吃，并找出原因：是咸？是淡？还是菜不新鲜，等等，第二天她将注意这个问题（改善）。

4. 安全

安全控制是指对组织活动过程中的人身和财产保障的控制，包括人身安全控制、财产安全控制、资料安全控制、生产安全控制等内容。安全控制尤其是生产安全控制是这几年通过深刻的教训之后才引起各级组织重视的，通过加强安全控制有利于组织成员人心的稳定，有利于组织活动的正常开展。

补充说明

目前在我国，职业健康安全管理体系、质量管理体系和环境管理体系并称为三大管理体系，它们都是为了加强企业的相应管理工作，提高企业现代化管理水平而采取的较为有效的标准化技术手段。

ISO 9000 是指由国际标准化组织（ISO）所属的质量管理和质量保证技术委员会 TC176 制定并颁布的关于质量管理与质量保证系列标准。

ISO 14000 是国际标准化组织（ISO）所属的环境管理标准化技术委员会 TC207 制定的环境管理系列标准。

随着社会各界对职业健康、安全问题的日益关注以及 ISO 9000 和 ISO 14000 两个标准在世界各国得到广泛认可和成功地实施，考虑到质量管理、环境管理和职业安全、健康管理的相关性，国际上有关权威机构又制定了评价职业安全卫生体系的 OHSAS18001 标准并向国际标准化组织提出将 OHSAS 纳入 ISO 的发展标准中（建议编号为 ISO18000，但未获同意）。推行它的目的是：使在企业内活动的成员的职业健康安全风险降到最小限度；使企业经营者的灾害风险降到最小限度；强化企业的风险管理，避免可能发生的职业健康、安全风险。

5. 信息

管理者需要信息来完成工作，不精确的、不完整的、过多的或延迟的信息将会严重阻碍他们的行动。信息控制全过程应该包括信息的收集（输入）、整理、分析（处理）和利用（输出）。

应用计算机技术开发出来的管理信息系统为信息控制开启了方便之门，它能在正确的时间，以正确的数量，为正确的人提供正确的数据。实际工作中，管理者只要根据自己的需要去购买或聘请专家设计适合本组织的管理信息系统。

6. 组织绩效

提高组织的绩效一直是管理者的追求，所以，要维持或改进一个组织的绩效，管理者应该关心绩效控制。

常用的组织绩效控制标准有生产率、产量、销售额、利润、员工士气和出勤率等。

必须注意的是：在实际工作中，不能单独用某一个指标来衡量组织整体绩效，因为任何一个指标都不能等同于组织的整体绩效。例如，销售额要和利润最大化、生产率、员工士气相结合，如果较高的销售额背后是成本剧增、生产率下降、员工士气低下，那这样的组织会迅速走向衰败。

本节导入案例解析

苹果公司采用成本控制、报告分析控制及人员行为控制等方法扭转了公司的局面。

二、常见的控制技术与方法

如同其他的管理职能一样，控制工作的开展也需要一定的技术与方法。了解控制方法与理解管理控制职能是相辅相成的。本节我们简单介绍几种常见的控制方法。

（一）预算控制

预算是指以数字形式表示的计划，多数预算是指财务预算，即用财务数字表明的组织未来经济活动的成本费用和总收入、净收益等。它预估了组织在未来时期的经营收入和现金流量，同时也为部门或各项活动规定了在资金、劳动、材料、能源等方面的支出额度。

1. 预算的类型

依据不同的分类标准，预算可以区分为不同的类型，主要有以下几种。

（1）刚性预算与弹性预算。刚性预算指的是在执行过程中没有变动余地或者变动余地很小的预算。弹性预算指的是留有一定的调整余地，有关的当事人可以在一定的范围内灵活地执行各项指标的预算。

（2）零基预算与滚动预算。零基预算指的是在每个预算年度开始时，把所有还在继续开展的活动都视为从零开始，重新编制预算。滚动预算是指根据前期预算的执行结果，结合各种新的变化信息，不断调整或修订并始终保持一定期限的预算。

补充说明

零基预算的基本特征是不受以往预算安排和预算执行情况的影响，每次都从零开始。

滚动预算则是结合前期预算结果对后面的预算进行调整。例如，预算执行过 1 个月后，即根据前 1 个月的经营成果，结合执行中发生的变化等信息，对剩余的 11 个月加以修订，并自动后续 1 个月，重新编制一年的预算。

（3）收入预算和支出预算。收入预算指的是对组织活动未来的货币收入进行的预算。支出预算指的是对组织活动未来的货币支出进行的预算。

（4）总预算和部门预算。总预算指的是以组织整体为范围，涉及组织收入或者支出项目总额的预算。部门预算指的是各部门在保证总预算的前提下，根据本部门的实际情况安排的预算。

2. 预算的特点

一般而言，预算有以下几个特点。

（1）计划性。预算本身就是一种计划方法或者说是一种计划形式，是一种特殊的计划，规定了一定时期内组织的总目标以及各部门的具体目标。

（2）可比性。数字化标准，可对组织不同部门以及同一部门不同时期的绩效进行比较。

（3）可控性。预算是未来需要达到的工作指标数值，也是组织中涉及收入支出活动的一种数量化标准，易于衡量和找到偏差。因此，制订预算构成控制的第一步，即制订控制标准。

3. 预算控制的概念与程序

预算控制是根据预算规定的收入和支出标准来检查和监督各种活动或各个部门的活动，以保证各种活动或各个部门在完成既定目标、实现利润的过程中对资源的合理利用，从而使费用支出受到严格的、有效的约束。

基于预算的特点，预算控制的优点在于便于考核、控制和比较；其局限性则在于对不能用货币计量的业务活动难以进行预算控制，容易出现虚报预算的现象，过于具体的预算可能会束缚决策者的行动。

补充说明

编制预算要经历一个由上而下，再由下而上的基本步骤。

由组织的高层管理者向主管预算编制的部门提出组织在一定时期内的发展计划与目标。

主管部门根据组织的发展计划与目标，向各部门提出有关编制预算的建议和要求，并提供必要的资料。

各部门依据组织的计划与目标要求，结合本部门的实际情况，编制本部门的预算，并上报主管部门。

主管部门将各部门上报的预算进行汇总、协调整理，编制出组织的各类预算和总预算，最后上报组织的高层管理者审核批准。

（二）审计控制

审计是对反映企业资金运动过程及其结果的会计记录及财务报表进行审核和鉴定，以判断其真实性和可靠性，从而为控制和决策提供依据。包括内部审计和外部审计。所谓内部审计和外部审计，是按审计主体的不同对审计进行的分类。

1. 外部审计

外部审计是由外部机构（如国家审计机关、会计师事务所）选派的审计人员对企业财务报表及其反映的财务状况进行独立的评估。外部审计包括国家审计和社会审计。国家审计是指由国家审计机关对被审计单位的财务财政活动、执行财经法纪情况以及经济效益性进行审计监督。其主体是审计署以及各省、市、自治区、县设立的审计机关；社会审计是指由经政府有关部门审核批准的社会中介机构进行的审计，其主体是注册会计师。

外部审计的优点是审计人员与管理当局不存在行政上的依附关系，不需要看企业经理的眼色行事，只需对国家、社会和法律负责，因而可以保证审计的独立性和公正性，结果相对真实和准确。

2. 内部审计

内部审计是指由部门、单位内部的审计机构或财务部门的专职审计人员对本单位及所属单位财政收支、财务收支、经济活动的真实性、合法性和效益性的独立监督和评价行为，目的是促进经济管理和经济目标的实现。内部审计的主体是单位设立的内部审计机构或专职审计人员。

虽然内部审计为经营控制提供了大量的有用信息，但在使用中也存在不少局限性，主要表现在：内部审计可能需要很多的费用，特别是如果进行深入、详细的审计，内部审计不仅要搜集事实，而且需要解释事实，并指出事实与计划的偏差所在，即使审计人员具有必要的技能，仍然会有许多员工认为审计是一种“密探”或“查证性”工作，从而在心理上产生抵触情绪。因此，内部审计在企业应保持相对独立性，应独立于其他经营管理部门，最好受董事会或下属的审计委员会领导。

（三）成本控制

成本是指生产和销售一定数量的产品（或提供一定的服务）所支出的各种耗费之和。成本控制就是指以成本（各种生产或服务的成本开支）作为控制的手段，通过成本预测、成本计划、成本核算、成本分析来降低成本并达到对经济活动实施有效控制的目的的一系列管理活动与过程。

成本控制的基本程序如下：①制订控制标准，确定目标成本；②根据企业的各种数据记录、统计资料进行成本核算；③进行成本差异分析；④及时采取措施，降低成本。

（四）亲自观察控制

亲自观察控制的方法也许算得上是一种最古老、最直接的控制方法，它的基本作用就在于获得第一手的信息。

基层管理人员通过视察，可以判断出产量、质量的完成情况、设备运转情况和劳动纪律的执行情况等；职能部门的主管人员通过视察，可以了解到工艺文件是否得到了认真地贯彻，生产计划是否按预定进度执行，劳动保护等规章制度是否被严格遵守，以及生产过程中存在哪些偏差和隐患等；而上层主管人员通过视察，可以了解到组织的方针、目标和政策是否深入人心，可以发现职能部门报告的情况是否属实以及员工的合理化建议是否得到认真对待，还可以从与员工的交谈中了解他们的情绪和士气等。所有这些，都是主管人员最需要了解的，但却是正式报告中见不到的第一手信息。

亲自观察的优点不仅仅在于能够掌握第一手信息，它还能够使得组织的管理者保持和不断更新自己对组织的感觉，使他们感觉到事情是否进展顺利以及组织这个系统是否运转正常。亲自观察还能够使得上层主管人员发现被埋没的人才，并从下属的建议中获得不少启发和灵感。此外，亲自观察本身就有一种激励下属的作用，它使得下属感到上级在关心着他们。所以，坚持经常亲临现场视察，有利于创造一种良好的组织气氛。

当然，主管人员也必须注意亲自观察可能引起的消极作用。例如，也存在着这样的可能，即下属可能误解上司的视察，将其看成是对他们工作的一种干涉和不信任，或者是看成不能充分授权的一种表现。这是需要引起注意的。尽管如此，亲自观察的显著好处仍使得一些优秀的管理者始终坚持这种做法。

（五）报告分析控制

报告分析控制方法是利用第二手资料对活动结果进行分析，衡量实际工作成效并采取相应的纠偏措施的控制方法。

报告是用来向负责实施计划的主管人员全面、系统地阐述计划的进展情况、存在的问题及原因、已经采取了哪些措施、收到了什么效果、预计可能出现的问题等情况的一种重要方式。控制报告的主要目的是提供一种如有必要，即可用作纠正措施依据的信息。

对控制报告的基本要求是必须做到适时，突出重点，指出例外情况，尽量简明扼要。通常，运用报告进行控制的效果取决于主管人员对报告的要求。管理实践表明，大多数主管人员对下属应当向他报告什么缺乏明确的要求。随着组织规模及其经营活动规模的日益扩大，管理也日益复杂，而主管人员的精力和时间是有限的，因而定期的情况报告也就越显得重要。

（六）人员行为控制

人员行为控制并不是限制人员的行为，而是希望员工能按照组织所期望的方式去工作。

（1）配备合适的人员。管理者要善于在工作开始之前为目标和计划的实施配备那些价值观、态度和个性、能力符合组织要求和岗位需求的人。

（2）设定明确、具体的目标。当员工接受了具体的目标之后，这些目标在一定程度上就会指导和规定着他们的行为朝着目标所指的方向前进。

（3）直接监督。监督人员亲临现场可以约束员工的行为，迅速发现偏离标准的行为。

（4）培训。通过培训，可以帮助员工提高技能、改进态度，从而减少偏差发生的可能性。

（5）标准化。建立标准化的规则、政策、岗位职责、操作说明以及其他的规章制度，可以让员工明白组织需要的行为和禁止的行为分别是什么，从而自觉规范自己的行为。

（6）绩效评估。通过绩效评估，员工会按照使各项评价指标都合格的方式去行事。建立一个完善的评估考核制度用于对员工的评估是一种正规的做法，这样，每一位员工的表现都可以根据考核制度得到鉴定。

（7）合理的报酬。人们总是按照能得到报酬或奖励的方式去行事的，所以，合理的报酬可以强化和鼓励管理者所期望的行为不断出现，同时还能消除不期望的行为。

（8）建设组织文化。通过组织文化，可以传递组织需要什么样的人、什么样的行为等信息，在无形之中规范、约束着组织成员的行为。

名家观点

如果计划从不需要修改，而且是在一个全能的领导人的指导之下，由一个完全均衡的组织完美无缺地来执行的，那就没有控制的必要了。

——亨利·西斯克

有效的管理者应该始终督促他人，以保证应该采取的行动事实上已经在进行，保证他人应该达到的目标事实上已经达到。

——史蒂芬·P·罗宾斯

本章小结

1. 控制就是按照计划和目标的要求来监控、衡量各项工作，纠正各种偏差，以确保计划和目标实现的过程。

2. 控制的重要性就在于它是组织顺利开展工作、实现目标和计划的基本保证。而且，通过控制可以减轻环境不确定性对组织活动的影响，可以使复杂的组织活动能够协调一致地运作，还可以避免和减少管理失误造成的损失。

3. 控制有三种基本类型：预先控制是在某项工作开始之前进行的控制，目的在于将可能的事故消除于产生之前；现场控制是在某项活动或工作过程中进行的控制，目的在于及时发现并纠正工作中出现的偏差；事后控制是在工作结束或行为发生之后进行的控制，目的在于避免已发生的不良后果继续发展或防止其再度发生。

4. 一个成功的控制过程总是能做到重点突出、及时准确、灵活而且经济可行。

5. 在控制过程中，管理者通常都是根据组织的目标和计划制订出合理的、具体的、尽量量化的控制标准，然后用这个标准衡量实际工作成效，如果实际工作与标准之间有偏差产生，管理者就找出偏差产生的原因，并根据原因有针对性地选择改进工作方法、改进组织和领导工作、改进人事工作、修订标准或计划等纠正偏差的措施，最终保证计划和目标的实现。

6. 控制工作常常集中在下列的一个或几个方面：人员、财务、产品/服务质量、安全、信息和组织绩效。

本章练习题

一、单选题

1. 控制的前提和依据是（　　）。

A. 组织　　B. 领导　　C. 计划　　D. 协调

2. 下列有关控制工作的描述，不正确的是（　　）。

A. 不是任何组织、任何活动都需要进行控制

B. 控制工作可以减少甚至避免管理失误造成的损失

C. 控制工作与其他管理职能紧密结合在一起，使管理过程形成一个相对封闭的系统

D. 控制工作有可能导致确立新的目标，提出新的计划

3. 前馈控制又称（　　）。

A. 同步控制　　B. 预先控制　　C. 反馈控制　　D. 实时控制

4. 现场控制是指在某项活动（　　）。

A. 开始前实施的控制　　B. 进行中实施的控制

C. 发生变化后实施的控制　　D. 出现结果后实施的控制

5. 反馈控制指的是（　　）。

A. 事先控制　　B. 前馈控制　　C. 事中控制　　D. 事后控制

6. 为保证新生能适应新的环境，学校对新生进行入学教育。这种控制类型属于（　　）。

A. 事先控制　　B. 事中控制　　C. 事后控制　　D. 综合控制

7. 为保证教学秩序，教师在课堂上的点名属于（　　）。

A. 事先控制　　B. 过程控制　　C. 事后控制　　D. 反馈控制

8. 原材料的入库检验和成品的入库检验（　　）。

A. 前者属于事先控制，后者属于事后控制　　B. 前者属于事后控制，后者属于事先控制

C. 都属于事先控制　　D. 都属于事后控制

9. “治病不如防病，防病不如讲卫生”，这一说法体现了（　　）方式最重要。

A. 事前控制　　B. 过程控制　　C. 事后控制　　D. 反馈控制

10. 种庄稼需要水，但这一地区近年老不下雨，怎么办？一种办法是灌溉，以补充水分。另一种办法是改种耐旱作物，使所种作物与环境相适应。这两种措施分别是（　　）。

A. 纠偏和调适　　B. 调适和纠偏

C. 反馈控制和事前控制　　D. 事前控制和反馈控制

11. 关于全面质量管理，以下描述错误的是（　　）。

A. 全面质量管理强调了动态的控制过程　　B. 全面质量管理要求全体员工参与质量控制

C. 全面质量管理要求全员、全过程的质量监控　　D. 全面质量管理重视最终的检验过程

12. 财政收支预算在执行过程中几乎没有变动余地，这种预算属于（　　）。

A. 弹性预算　　B. 刚性预算　　C. 收入预算　　D. 支出预算

13. 在每个预算年度开始时，把所有还在继续开展的活动都视为从零开始，重新编制预算，这种预算方法被称为（　　）。

A. 传统预算　　B. 过程预算　　C. 零基预算　　D. 年度预算

14. 质量处李处长在生产现场中发现一个工人没有按照作业规范操作，他立即上前去制止。这种控制方式属于（　　）。

A. 现场控制　　B. 成果控制　　C. 预先控制　　D. 间接控制

二、多选题

1. 控制的基本类型有（　　）。

A. 事先控制　　B. 事中控制　　C. 事后控制　　D. 综合控制

2. 控制工作要满足（　　）的要求。

A. 要有重点　　B. 要有灵活性

C. 要及时、准确　　D. 要经济可行

3. 控制的基本步骤包括（　　）。

A. 制订计划　　B. 确定控制标准

C. 对照标准衡量工作成效　　D. 纠正偏差

4. 以下措施有助于对人员行为进行控制的是（　　）。

A. 教育和培训　　B. 绩效评价　　C. 建设组织文化　　D. 现场监督

5. 以下属于外部审计主体的有（　　）。

A. 国家审计署　　B. 会计师事务所

C. 企业审计委员会　　D. 企业财务部审计员

6. 以下属于预算控制的优点的有（　　）。

A. 便于考核　　B. 便于控制　　C. 便于比较　　D. 比较灵活

7. 现场观察控制方法具有（　　）等优点。

A. 有利于掌握第一手资料　　B. 有利于发现人才

C. 有利于形成良好的上下级关系　　D. 有利于监控员工

三、问答题

1. 什么是控制？简述控制的基本过程。
2. 简述控制和其他管理职能之间的关系。
3. 一个成功的控制过程有哪些基本要求？在实施控制的过程中如何实现这些要求？
4. 简述 ABC 分类法的核心思想。
5. 简述 PDCA 循环。

四、综合论述题

请按照“是什么（定义）、如何做（工作程序）”的思路，分别谈谈你对四大管理职能的认识。

课外思考实践题

1. 利用节假日，调查一家企业或单位，了解其控制的重点主要集中在哪些方面，并说明各方面分别是如何进行控制的。

2. 请找一个成功控制的实例，描述控制的基本过程，并总结其经验。

第十二章

管理伦理与社会责任

学习目标

学习本章，你应该能够清楚地知道：

- 管理伦理的概念。
- 企业伦理管理的内涵。
- 企业的社会责任的表现形式。

Management

第一节　管理与伦理

案例导入

××克中国行贿事件

综合媒体报道，2013年7月11日，公安部的一则通报成为国内外医药界的一枚重磅炸弹：因涉嫌严重商业贿赂等经济犯罪，××克（中国）投资有限公司（下称××克中国）部分高管被依法立案侦查。

公安部称，××克中国为达到打开药品销售渠道、提高药品售价等目的，利用旅行社等渠道，向政府部门官员、医药行业协会和基金会、医院、医生等行贿。涉案的××克中国高管涉嫌职务侵占、非国家工作人员受贿等经济犯罪。

2013年7月15日，××克中国发布致歉声明称，“公司支持中国政府根除腐败的决心和医疗改革。上述调查中所发现的问题令人羞愧，我们对所发生的事情深表歉意”。××克中国还表示，某些员工及第三方机构因欺诈和不道德行为严重违背了××克全球的规章制度、管理流程、价值观和标准。××克对此类行为绝不姑息和容忍。

2013年7月22日，××克在伦敦发表声明，承认中国分公司一些高管卷入贿赂案件。声明称，一些熟悉公司运作体系的高管可能通过逃避公司流程和监管进行了不当操作，触犯了中国法律。××克表示，对此类行为零容忍。××克还表示，他们将全力支持中国政府根除腐败的决心和行动，全力支持中国政府的医疗改革，并已准备好与中国政府合作。声明称，××克正在积极研究在中国的运营模式，计划通过调整运营模式，降低药品价格中的运营成本，从而让更多中国患者能获得买得起的药品。

××克公布的2013年三季报显示，公司当期营收同比增长1%，净利润同比下降12%。其中，以主营的处方药和疫苗两部分核心业务销售来看，××克中国区则暴跌61%。

××克中国行贿事件引发了各种关于企业伦理道德的讨论，类似事件时时刻刻在提醒着人们，企业的经营活动和人的活动一样，必须接受伦理道德的约束，必须承担相应的社会责任。究竟什么是管理伦理，企业如何进行伦理管理呢？

一、伦理与企业伦理

伦理是指依靠人们内心信念、传统习惯和社会舆论维系的，以善恶进行评价的，调整人们关系的行为规范的总和，也就是人与人相处的各种道德准则。伦理作为一种社会意识是人类社会所特有的，但不同时代、不同社会因经济、政治和文化背景不同，伦理观念和伦理规范也不尽相同。

一个组织并不是孤立存在的，总是以各种方式同组织内外的个人和其他组织发生联系，从而其行为不可避免地牵涉到伦理问题。在当今世界，一个组织要想维持足够持久的生命力，不仅需要遵守法律，还需要遵守伦理规范或讲究伦理。这就要求管理者在管理活动中要正视由组织的行为引起的企业伦理问题。

企业伦理是处理企业内部员工之间，企业与社会、企业与顾客之间等各种关系的道德准则。

补充说明

四种不同的伦理标准

1. 功利标准

功利标准主张以行为所产生的预期结果来评判个人或组织的行为是否正确、可取，认为任何人、任何组织都能预期其行为的结果，只要该结果能为绝大多数人提供最大的利益，该项行为就是合乎伦理道德的。

例如，按照功利标准，企业解雇20%的员工是正当的，这将增加企业的利润，提高留下的员工的工作保障，并使股东获得最大的收益。

2. 权利标准

权利标准主张所有人都享有基本权利，诸如个人隐私权、言论自由权及法律规定的其他各项基本权利，认为侵犯他人基本权利的行为是不道德的。

例如，针对雇员告发雇主违法的行为，持权利标准的人认为应当保护雇员的言论自由，因而，对告发雇主的雇员进行谴责的行为是不道德的。权利伦理标准重视维护每个人的基本权利，把它作为评判伦理道德的标准，符合伦理的原意。

3. 公正标准

公正标准主张管理者应当公正地贯彻规则，公平地对待每个人，不偏不倚才符合伦理原则。执行这种标准能有效地保护利益被忽视或无权的员工，对待追求个人特权的管理者是一种道德威慑和制约。当然，在客观上它也会支持甚至助长不求有功、但求无过的平庸者规避风险，影响创新与变革，影响生产效率的提高。

4. 综合社会契约标准

综合社会契约标准主张把实证（是什么）和规范（应该是什么）两种方法并入商业伦理道德中，即要求决策人在决策时综合考虑实证和规范两方面的因素。这种伦理标准综合了两种契约：一种是经济参与人之间的一般社会契约，这种契约规定了做生意的程序；另一种是一个社区中特定数量的人当中的较特定的契约，这种契约规定了哪些行为方式是可以接受的。这种伦理标准与以上三种伦理标准的区别在于它要求管理者考察各行业和各企业现有的伦理准则，以决定什么是对的，什么是错的。

二、管理与伦理的关系

著名的管理学家孔茨指出，管理的本质是协调。企业是由很多个人组成的系统，管理的目的是使个人的努力与集体的目标协调一致。管理的过程是对企业内外部各利益相关者之间的关系进行协调的过程。伦理是以善恶判断调节人们相互关系的一种社会意识，它调整的范围包括整个社会的范畴，很显然，它与作为一种综合性社会活动的管理之间有着很强的内在联系和相关性。

（一）管理活动蕴含着各种伦理关系

管理活动是人类社会活动的一种形式，本身包括着伦理性质，当然也就离不开伦理的规范作用，管理活动的关键在一定意义上就是协调各种伦理关系。

1. 管理活动中如何对待人的问题，本质上就是一个伦理问题

组织犹如一台机器，其内部有着特殊的运行机制，依靠一定的组织制度和规范来进行，

各个“零部件”只有按照一定的规范和准则去行动，才能保证整个组织系统稳定、有效地运转。但是，组织的各种制度和规范不应该仅仅是技术性的，同时也应当是人文性、伦理性的。也就是说，管理活动所体现的一系列人与人的关系问题就是如何对待人的问题，而如何对待人本质上的问题就是一个伦理问题。

示例

管理必须对劳动时间、岗位、劳动定额指标等有具体的规定，必要时还要实施岗位责任制度和经济奖惩、行政制裁，这些技术性的管理非常必要，它经常能改变组织成员的操作行为，在一定的范围内提高工效和激发组织成员内在的物质冲动，但是这些却很难端正他们的工作态度，发挥他们的主动性和积极性，也不可能保证他们勤奋工作的持久性，更谈不上激发他们的创造性和指挥潜力。正是在这种意义上，现代管理理论认识到，组织活动要想取得最佳成效，就应该实施符合人性的、能发展人个性的、激发员工工作热情的管理模式，尽可能地满足组织成员对尊重、友谊、信任、理解、支持、感情等精神上的需要，正确处理组织成员之间、管理者与被管理者之间、组织与成员之间的关系问题。

2. 管理作为对社会资源的有效的配置方式，有着明显的伦理性质

管理作为一种对社会资源（包括人力资源、物质资源、财力资源、精神资源和信息资源等）的有效配置方式，表面上看来是一种纯粹经济性质的活动，其实有着明显的伦理性质。

一方面，组织是独立自主的经济实体或利益主体，有着正当、合法的权利和利益追求，但它所追求的目标还必须满足人类社会全面进步和人类自身全面发展的要求，否则就失去了自身应该具有的社会价值，失去了存在的理由和意义。

另一方面，组织自身的生存和发展离不开社会，必须依赖于国家和社会所提供的条件，如物质资源、人力资源、文化资源以及良好的社会环境、自然环境、投资环境等。一个公正的、法制的、稳定的社会是组织生存和发展的必要条件。任何一个组织在追求自身利益的同时，必须重视社会利益，对社会负责。

此外，一个生产组织能否有效地防止环境污染和合理地使用资源，能否遵纪守法、照章纳税，在同其他组织的竞争中能否相互协作、文明竞争，所有这些，都体现着丰富的伦理内容。

名家观点

美国管理学家弗里德里克说：“如果管理者能更多地注意他们的价值观、社会准则和伦理规范，并把它们运用于决策，就能够改善决策。如果决策时能考虑到社会伦理的分析和选择，那对管理者、企业和社会都是有益的。”

（二）伦理中体现着对各种关系的管理

管理活动蕴含着伦理关系，反过来，伦理则体现着对人的思想和行为、人与人之间的关系、人与社会之间关系的调节和管理作用。

人们每做一件事，都会自觉或不自觉地考虑是否符合伦理道德标准。同时，人们还会运用伦理道德规范对周围发生的事件加以评判，对符合伦理规范的予以肯定和认可，对不符合伦理规范的予以各种形式的批评和反对。伦理既作为一种众人认同的规范，起着维护社会公共秩序和约束人们社会行为的作用，又内化为人们的内在操守和准则，促进人的全面完善和发展，具有调节人们社会行为、管理社会的职能。

实际上，伦理道德既是管理的工具，又是管理的目标。以人为本要求管理者把人由“工具”提升为“目的”，满足人的需要，促进人的发展，使人们在服务他人、奉献社会的过程中体现人生的真正价值。这是管理目标在伦理道德上的体现，否定这一要求，管理就无法上升到更高的水平。

三、管理伦理及其产生与发展

1. 管理伦理的内涵

所谓管理伦理，是关于管理行为的准确或错误的价值体系或信仰体系，是指导管理行为的准则或惯例。管理伦理的内涵包括两个层次。

（1）管理者个人的职业道德，所关注的是管理者个人利益与企业利益之间的关系。如管理者是否利用自己在企业中的地位为自己谋利，从而导致企业相关利益者的权利遭到破坏；管理者通过什么手段与竞争对手竞争；获取资源的方式如何等。

（2）管理者的组织身份要求的管理伦理，所关注的是企业利益与社会利益之间的关系。在这方面，管理伦理随着社会责任内涵的变化相应地发生变化。如一个生产性企业组织是否遵纪守法、照章纳税，是否防止环境污染、合理使用资源，是否向社会提供真实的信息等。

2. 管理伦理的产生与发展

由于管理与伦理具有天生结合的基础，管理伦理思想从人类的管理活动产生之日起就萌芽了，但真正使全社会关注管理与伦理之间的联系，并将管理道德问题放在“管理伦理”的名称下加以专门研究，则主要是最近二三十年的事。

西方世界在发展市场经济的过程中付出了许多沉痛代价之后开始反思，并得出结论：发展市场经济也必须重视和加强伦理的作用。单纯追求企业或个人利益最大化会给整个社会带来很多危害。于是管理伦理开始受到越来越多的重视。

名家观点

回顾过去 30 年来人们对企业伦理的兴趣，可以得出两个结论：一是对企业伦理的兴趣不断加深；二是对企业伦理的兴趣看来是由重大丑闻曝光引发的。

——阿基 · B · 卡罗

随着研究和实践的进一步深入，管理伦理由最初关注的“利润先于伦理”还是“伦理先于利润”、企业是否具有道德地位等发展到关注企业经营活动的方方面面，如企业的社会责任、企业与企业或其他组织交往中的行为准则、企业应该如何对待员工等。

今天，管理伦理已经成为许多企业的一项重要的管理工具。

四、企业伦理管理的内涵

企业伦理管理就是要求企业管理者在经营全过程中，应主动考虑社会公认的伦理道德规范，使其经营理念、管理制度、发展战略、职能权限设置等符合伦理道德的要求，处理好企业与员工、股东、顾客、厂商、竞争者、政府、社会等利益相关者的关系，建立并维系合理、和谐的市场经济秩序。

企业对伦理管理的认识过程，按时间发展顺序可将其分为三个阶段，如表 12.1 所示。

表 12.1　企业伦理管理的三个阶段

阶段 区别	第一阶段：企业伦理管理萌芽阶段	第二阶段：企业伦理管理演进阶段	第三阶段：企业全面伦理管理阶段
出现时间	1960 年左右	1990 年左右	2003 年左右
主要标志	被迫服从政府和民众的监督，处理环境污染、不合理使用工具等问题	制订企业伦理准则	符合伦理管理认证标准（如 SA8000）
外部要求	相对不高	有一定要求	要求比较全面且严格
企业自身觉悟程度	被动、不自觉地	具有一定的自觉性	高度自觉
管理内容	内部无明确条文要求	内部有明确制度（伦理准则）要求，但不全面	包含广泛内容，要求全面（全过程、全员）的伦理准则，与其他专项管理（如质量管理、财务管理）较好地融合，并通过伦理管理认证
方法	简单，增加环保投资或人道地对待员工等	方法开始增多，以定性为主	复杂多样，定量和定性方法很好地结合

其中，全面伦理管理阶段是建立在企业全面管理理论的基础上，即企业在处理与相关利益方（如员工、供应商、顾客、政府、社区等）关系时全方位地体现企业伦理的要求。

伦理管理是企业管理水平成熟度的标志之一，而企业全面伦理管理阶段则是企业伦理管理的高级阶段。

补充说明

企业全面管理包括企业财务管理、营销管理、人力资源管理、生产管理、风险管理、伦理管理等诸多方面，是一个全面的企业管理系统。

补充说明

世界各国企业伦理管理的发展具有不均衡性，目前美国上市企业伦理管理已进入企业伦理管理的演进阶段。特别是在 2002 年 7 月发布《Sarbanes-Oxley 法案》后，美国企业伦理管理日益受到重视，一些企业已进入全面企业伦理管理阶段。而我国大多数企业伦理管理尚处于第一阶段。

美国安然公司倒闭后引起美国股市剧烈动荡，投资人纷纷抽逃资金，为防止和保证上市公司财务丑闻不再发生，保护股东以及普通民众利益免于受到企业统计错误和欺骗行为的损害，由美国参议员萨班斯和美国众议员奥克斯联合提出了一项法案，该法案以他们的名字命名，即《萨班斯·奥克斯法案》。

五、实施伦理管理的意义

各种数据显示，伦理管理已经越来越多地被世界各国的企业认可和使用。

当前，我国已经形成了中国特色的社会主义市场经济体制，我们也必须重视管理伦理的作用。

名家观点

21 世纪是信誉的世纪，哪个国家的伦理程度最高，哪个国家就会赢得更广阔的市场。

——美国学者弗兰西斯·福山

1. 伦理管理有助于增强组织的竞争力

古人云，“衣食足，礼仪兴”。在基本的物质生活有保障后，人们更乐于接受具有社会责任感、重视消费者权益的企业的产品，也就是说，人们对高质量生活环境的追求强烈要求组织切实履行起社会责任。

而且，现代组织对社会的影响力日益增大，享受了许多权利，社会有理由要求组织承担起与其享受权利相称的责任和义务。如此，管理才能体现其基本的公平理念。

与此同时，现代社会信息传播媒介的迅速发展，使社会舆论的监督力量大为增强，组织行为的一举一动都被置于公众的眼光之中。当人们知道某家企业的不道德行为之后，一方面，可能因对该企业产品质量及各项承诺产生疑问而拒绝购买；另一方面，还可能因自我道德要求而不愿购买该企业的产品以免成为不道德行为的帮凶。组织的行为还将遭受人们的道德制裁，甚至法律制裁，最终得不偿失。

因此，为了在激烈的市场竞争中取得胜利，除了提高产品质量和服务质量外，管理者还必须进行伦理管理，树立良好的企业伦理形象，以满足人们的愿望。

名家观点

如果管理者能更多地意识到他们的价值观、社会准则和伦理规范……能考虑到社会分析和伦理选择，那么对管理者本身、企业和社会都是有益的；各种伦理分析工具能帮助管理者做出更好的决策，更清晰地向利益相关者解释其行为的理由。

——弗里德里克·B·伯德，杰弗里·甘兹

2. 伦理管理有助于提高组织的凝聚力和战斗力

现代社会越来越重视人的价值，强调“以人为本”，重视人的需要和利益，尊重人、关心人，创造人与人和谐相处的氛围。这些都与伦理息息相关。正是这些因素使得伦理在管理中的地位越来越重要，使伦理成了管理追求的应有境界。

实际上，企业对伦理规范的重视和是否按伦理规范行事对员工会产生很大的影响。根据心理契约理论，员工在与企业确定正式的劳动合同之外，还会形成自己的心理契约。除了正式合同中的条款外，企业的各种行为都是影响员工心理契约的重要因素。如果员工感觉到企业讲究社会公德，公平地对待员工，尊重员工的人格和权利，对员工负责，员工就容易形成关系型的心理契约。员工对企业的信任感、归属感和忠诚感将大大增强。员工会感觉“有责任”回报企业，自发地努力工作。在关系型心理契约下，员工将更重视与企业的长期合作关系，更愿意与企业长期共同发展，不过分看重短期物质利益。

3. 伦理管理能够为企业的发展营造良好的人文环境

任何企业都是在一定环境中从事活动的，环境包括自然环境和人文环境。伦理管理对企业营造良好的人文环境具有重要意义。在正确的企业伦理观的指导下，能够建立一个竞争有度、互助合作、积极进取的工作环境，使个人的生活、工作、事业、理想等和整个组织的发展目标统一起来。

任何企业都是社会的组成部分，为了使企业的发展和社会的发展相一致，管理者往往要使企业内部的伦理和社会的伦理相适应，使企业内部和外部建立一致的伦理关系而保持与社会的协调，这样，既有利于社会的全面发展，也有利于企业塑造自己良好的社会形象。

示例

当与社会伦理所认同和倡导的“善”的行为相一致的企业伦理的“善”的行为越来越多的时候，企业对社会的感召力就会越来越大，美好的形象就会在人们的心目中树立起来，这将大大有利于企业的兴盛发展。

4. 伦理管理可帮助组织降低成本，提高运作效率

企业在经营管理中既要充分利用经济利益调动人们的积极性，又要采取很多措施来防止个人利益与企业整体利益不相符可能引发的各种问题。

根据委托—代理理论，企业可看成是由一系列的委托代理关系构成的组织。所有者是委托人，经营者是代理人，同时上级领导是委托人，下级员工是代理人。由于委托人与代理人之间利益不一致、信息不对称、契约不完备，委托代理关系会产生代理问题并引起由此而增加的代理成本。代理成本就是委托人采取很多管理措施来监控和限制代理人的活动而产生的管理成本。企业通过加强伦理管理，建立共同的价值观，提高道德修养水平，增强相互信任，可大大降低成本，提高企业的运作效率。

示例

企业中各种繁琐的报告制度、审批程序既增加了管理成本，又占用了各级管理人员的大量时间，还降低了企业的响应速度。通过加强伦理管理，可以有效地精简管理环节，提高企业经营活动的效率和效果。

5. 伦理管理是企业依法经营的守护神

任何企业和个人都必须在法律许可的范围内行动。如果违反法律的规定，将受到法律的制裁。法律是人类社会中强制性的行为规范，实际上是社会可接受的行为规范的最低标准。管理伦理强调的也是一种行为规范，却要比法律规范的要求高。因此，遵守法律是伦理规范的最低要求。

一般来说，违反法律的行为一定违反了伦理道德原则，而违反伦理道德原则的行为却不一定违法。企业重视伦理管理，加强培训，一方面，可使员工理解和遵守正确的价值观和行为准则，提高员工的伦理和法律意识，促使员工在工作中自觉地遵守法律和伦

补充说明

一句话：当前实施企业伦理管理，一方面是企业保证自身竞争优势的必要措施，另一方面是社会发展的内在要求。

理规范，大大降低经营活动中出现违法活动的可能性；另一方面，可促使员工在工作中及时发现可能存在的违反法律或伦理问题的行为，并通过向企业内外的专家咨询来确保所有的行为符合法律的要求。

第二节　企业社会责任概述①

案例导入

据《中国青年报》2004年4月30日报道（记者 闵捷）2004年2月到3月，川化集团违规技改并试生产，将氨氮含量超标数十倍的废水直接排入沱江，导致沱江流域严重污染。内江、资阳等沿江城市近百万群众饮水中断达26天，直接经济损失约3亿元。沱江生态环境遭受严重破坏，需5年时间才能恢复事故前水平。事后，四川省委、省政府对本事故责任人做出处理：川化集团总裁引咎辞职，5名企业负责人及环保部门干部被移交司法机关处理。另外，川化集团被四川省政府罚款1 100万元，用于渔业损失赔偿。

近年，重污企业与环保部门的猫鼠游戏不绝于耳，川化沱江污染案让我们看到了问题的严重性。我们不禁要发问，企业污染的最终受害者是谁？以 1 100 万元的罚款来补偿 3 亿元事件损失的做法，能杜绝问题的再次发生吗？在利润面前企业的社会责任在哪里？

一、企业社会责任的内涵

“社会是企业的依托，企业是社会的细胞”。企业只有在发展的同时，推出有利于社会进步与发展的实际举措，被社会承认和接纳，才能有足够的发展空间。在新的历史时期，企业的社会责任成为调剂经济发展与社会进步的重要因素，同时也成为衡量企业持续发展的重要指标。

企业的责任包括企业的法律责任、经济责任和社会责任。企业的法律责任是指企业应当遵守所在国家和地区的法律、法规，遵守本国参加并认可的国际公约。企业的经济责任是指企业应当为投资者实现资产保值、增值。企业的社会责任是指企业在承担法律责任和经济责任之外，还应当承担保护和增进社会公共利益与长期利益的义务。

尽管企业社会责任并没有一个单一的定义，但目前国际上普遍认同的企业社会责任（corporate social responsibility，CSR）理念是：企业在创造利润、对股东利益负责的同时，还要承担对员工、对社会、对环境的社会责任，包括遵守商业道德、生产安全、职业健康、保护劳动者的合法权益、节约资源等。因此，企业的社会责任要求企业必须超越把利润作为唯一目标的传统理念，强调要在生产过程中对人的价值的关注，强调对消费者、对环境、对社会的贡献。

---

① 企业社会责任是当前的一个热点，教材在此只是抛砖引玉，有兴趣的读者可关注“企业社会责任中国网（http://www.csr-china.net/）”。

示例

“企业社会责任”的概念从产生之初就处于不断演进的过程中，其发展经历了从学者的独立性研究，到社会的广泛关注，再发展到国际组织进行国际标准定义的过程。

进入21世纪，随着经济全球化趋势的不断深入，履行社会责任日益成为全球企业的共同义务、挑战和追求，一些国际组织以全球化视野从不同角度对企业社会责任进行了如下定义。

世界银行认为，企业社会责任是企业与关键利益相关方的关系、价值观、遵纪守法以及尊重人、社会和环境有关的政策和实践的集合，是企业为改善利益相关方的生活质量而贡献于可持续发展的一种承诺。

世界可持续发展工商理事会在2000年提出，企业社会责任是企业采取合乎道德的行为，在推进经济发展的同时，提高员工及家属、所在社区以及广义社会的生活质量。

国际标准化组织正在积极推进社会责任标准（ISO26000）的制订工作，其对企业社会责任的最新定义是：企业对运营的社会和环境影响采取负责任的行为，即行为要符合社会利益和可持续发展的要求；以道德行为为基础；遵守法律及与政府间契约，并全面融入企业的各项活动。

二、“企业社会责任”观的发展历程

人们对企业社会责任的认识，不是一步到位的，而是经历了一个艰难的历程。

（一）20世纪50—70年代——赢利至上

这一阶段有两种观点：一是纯经济观；二是社会经济观。

1. 纯经济观（或古典观）

社会责任概念的最早含义是最大利润，即一个企业的社会责任在于通过有效生产，制造消费者需要的产品并以适宜的价格出售产品从而合理地利用它的财力和设备。社会责任的内涵和最大利润这个经济目标相重合，企业实现了它的经济目标就被认为满足了社会的需要，一般很少有人支持企业参与社会问题。

早期这种观点的代表者首推亚当·斯密，近期则是美国芝加哥大学经济学家、诺贝尔奖获得者密尔顿·弗里德曼。

名家观点

1970年9月13日，诺贝尔奖获得者、经济学家密尔顿·弗里德曼在《纽约时报》刊登题为《商业的社会责任是增加利润》的文章，指出公司主管人员的责任就是为股东尽量赚钱，“企业的一项也是唯一的社会责任是在比赛规则范围内增加利润”。

弗里德曼认为，当今企业大多数管理者是职业管理者，他们并不拥有所经营的企业，职业经理追求利润以外的其他社会目标，是在扮演社会公共管理者的角色，而这个职责应由公民选举的行政官员来承担。如果管理者以企业资源用于社会目的，结果将削弱市场机制的作用，必然有人要为此付出代价。

具体地讲，如果企业行使社会责任使利润和股利下降，它损害了股东的利益；如果履行社会责任使工资和福利下降，则损害了员工的利益；如果客户不愿支付或支付不起高的价格，使销售额下降，企业就很难维持生存。这时企业的所有利益相关者都会遭到或多或少的损失。

2. 社会经济观

持社会经济观点的人开始对企业的单一经济目标提出异议。他们认为，“利润最大化是企业的第二目标，企业的第一目标是保证自己的生存。”为了实现这一点，它们必须承担社会义务以及由此产生的社会成本。它们必须以不污染、不歧视、不从事欺骗性的广告宣传等方式来保护社会福利，它们必须融入自己所在的社区及资助慈善组织，从而在改善社会中扮演积极的角色。

（二）20 世纪 80—90 年代——关注环境

20 世纪 80 年代，企业社会责任运动开始在欧美发达国家逐渐兴起，它包括环保、劳工和人权等方面的内容，由此导致消费者的关注点由只关心产品质量，转向关心产品质量、环境、职业健康和劳动保障等多个方面。

一些涉及绿色、和平、环保、社会责任和人权等非政府组织以及舆论也不断呼吁，要求社会责任与贸易挂钩。迫于日益增大的压力和自身的发展需要，很多欧美跨国公司纷纷制订对社会做出必要承诺的责任守则（包括社会责任），或通过环境、职业健康、社会责任认证来应对不同利益团体的需要。

示例

1976 年经济合作与发展组织（OECD）制订了《跨国公司行为准则》，这是迄今为止唯一由政府签署并承诺执行的多边、综合性跨国公司行为准则。这些准则虽然对任何国家或公司没有约束力，但要求更加保护利益相关人士和股东的权利，提高透明度，并加强问责制。2000 年该准则重新修订，更加强调了签署国政府在促进和执行此准则方面的责任。

（三）20 世纪 90 年代至今——社会责任运动兴起

20 世纪 90 年代初期，美国劳工及人权组织针对成衣业和制鞋业发动“反血汗工厂运动”（Anti-sweatshop Campaign）。因利用“血汗工厂”制度生产产品的美国服装制造商 Levi-Strauss 被新闻媒体曝光后，为挽救其公众形象，制订了第一份公司生产守则。

在劳工和人权组织等非政府组织和消费者的压力下，许多知名品牌公司也都相继建立了自己的生产守则，后演变为“企业生产守则运动”，又称“企业行动规范运动”或“工厂守则运动”。企业生产守则运动的直接目的是促使企业履行自己的社会责任。

但这种跨国公司自己制订的生产守则有着明显的商业目的，而且其实施状况也无法得到社会的监督。在劳工组织、人权组织等非政府组织的推动下，生产守则运动由跨国公司“自我约束”的“内部生产守则”逐步转变为“社会约束”的“外部生产守则”。

2000 年 7 月《全球契约》（《Global Compact》）论坛第一次高级别会议召开，参加会议的 50 多家著名跨国公司的代表承诺，在建立全球化市场的同时，要以《全球契约》为框架，改善工人的工作环境、提高环保水平。《全球契约》行动计划已经有包括中国在内的 30 多个国家的代表、200 多家著名大公司参与。

2001 年 2 月，全球工人社会联盟公布了一份长达 106 页的由耐克公司资助完成的报告。报告的内容是关于印度尼西亚 9 家耐克合约工厂的劳工调查。这份报告的新意在于它是由耐克出资完成并公布的，而耐克又不能拒绝公布。耐克对这些问题的反应将会为服装公司设立新的基准。

2002 年 2 月，在纽约召开的世界经济峰会上，36 位首席执行官呼吁公司履行其社会责任，其理论根据是，公司社会责任“并非多此一举”，而是核心业务运作至关重要的一部分。

2002 年，联合国正式推出《联合国全球协约》(UN Global Compact)。协约共有十条原则，联合国恳请企业对待其员工和供货商时都要尊重其规定的十条原则。

补充说明

《全球协约》十大原则

人权：①企业应在其所能影响的范围内支持并尊重对国际社会做出的维护人权的宣言；②不袒护侵犯人权的行为。

劳动：③有效保证组建工会的自由与团体交涉的权利；④消除任何形式的强制劳动；⑤切实有效地废除童工；⑥杜绝在用工与职业方面的差别歧视。

环保：⑦企业应对环保问题未雨绸缪；⑧主动承担环境保护责任；⑨推进环保技术的开发与普及。

反腐败：⑩积极采取措施反对强取和贿赂等任何形式的腐败行为。

三、企业社会责任的标准与表现形式

（一）SA8000 企业社会责任九项标准

补充说明

SA8000（Social Account-ability 8000）是 1997 年美国经济优先权委员会[现改名为社会责任国际（SAI）]制定的社会责任认证标准。作为全球首个企业社会责任认证体系，其宗旨是确保供应商所提供的产品符合社会责任的要求。现行标准涉及童工使用、强迫性劳动、健康与安全的工作和生活环境、工作时间、工资报酬、管理体系等九个方面的内容。自 2004 年 5 月 1 日起，该认证在欧美一些国家强制推行。

对于企业的社会责任，SA8000 企业社会责任标准从九个主要的标准来界定。

1. 童工使用

公司不应使用或者支持使用童工，应与其他人员或利益团体采取必要的措施确保儿童和应受当地义务教育的青少年的教育，不得将其置于不安全或不健康的工作环境或条件下。

2. 强迫性劳动

公司不得使用或支持使用强迫性劳动（任何人在任何受惩罚威胁下被榨取的非志愿性工作或服务或作为偿债方法的工作或服务），也不得要求员工在受雇之时交纳“押金”或寄存身份证件。

3. 健康与安全

公司应了解行业危险和工作危险，为员工提供健康、安全的工作环境，采取适当的措施，最大限度地降低工作在可能条件下、环境中的危害隐患，尽量防止意外或伤害的发生；为所有员工提供安全卫生的生活环境，包括干净的浴室、厕所、可饮用的水、洁净安全的宿舍、卫生的食品存储设备等。

4. 结社自由和集体谈判权

公司应尊重所有员工自由组建和参加工会以及集体谈判的权利。

5. 歧视

在涉及聘用、报酬、培训机会、升迁、解职或退休等事项上，公司不得从事或支持基于种族、社会等级、国籍、宗教、身体残疾、性别、性取向、工会会员、政治归属或年龄之上的歧视；公司不能干涉员工行使遵奉信仰和风俗的权利和满足涉及种族、社会阶层、国籍、宗教、残疾、性别、性取向、工会会员和政治从属需要的权利；公司不能允许强迫性、虐待性或剥削性的性侵扰行为，包括姿势、语言和身体的接触。

6. 惩戒性措施

公司不得从事或支持体罚、精神或肉体胁迫以及言语侮辱。

7. 工作时间

公司应该遵守适用法律及行业标准有关工作时间的规定：员工一个星期的工作时间不得经常超过 48 小时；同时，员工每 7 天至少有一天休息时间，所有加班工作应支付额外报酬，任何情况下每名员工每周加班时间不得超过 12 小时，除非另有协议，所有加班必须是自愿的。

8. 工资报酬

公司支付给员工的工资不应低于法律或行业规定的最低标准，并且必须满足员工的基本需求以及提供一些可随意支配的收入；对工资的扣除不能是惩罚性的，并应保证定期向员工清楚、详细地列明工资、待遇构成；应保证不采取纯劳务性质的合约安排或虚假的学徒工制度（见习期）以规避有关法律所规定的对员工应尽的义务。

9. 管理体系

高层管理阶层应根据本标准制订公开透明、各个层面都能了解并实施的符合社会责任与劳工条件的公司政策，要对此进行定期审核；委派专职的资深管理代表具体负责，同时让非管理阶层选出自己的代表与其沟通；建立并维持适当的程序，证明所选择的供货商与分包商符合本标准的规定。

（二）企业社会责任的表现形式

1. 企业对环境的责任

环境是企业和社会生存与发展不可缺少的共同空间。环境污染不仅增加了企业的生产成本，更主要是降低了人们的生活质量，破坏了生态平衡，影响社会可持续发展。企业对环境的责任表现在以下几个方面。

（1）防止环境污染。企业生产经营需要耗费大量的物资和能源，产生的废水、废气、废料极易污染环境。为此企业有责任在项目筹划和决策时，同步考虑防污治污问题，避免先污染后治理。做好“三废”处理工作，确保“三废”排放达到国家规定的标准，把污染降到最低限度，同时积极运用生态环保技术，开发绿色产品。

（2）治理受污染的环境。对环境造成污染的企业有责任采取切实有效的措施治理被污染的环境。根据“谁污染谁治理”原则，承担治污费用，不能推诿。企业污染环境给他人造成损失的，应负责足额赔偿。

（3）提高环境保护的系统性。由于环境保护是一项社会系统工程，所以企业应当对承担环境保护的责任做系统安排，即要把环境保护的要求贯穿到企业的输入、生产、输出、产品的使用与回收等全过程。一些企业虽然已使生产过程中“三废”的排放达到国家环保要求的标准，但放任其产品使用中和使用后环境污染，这也是不负责的表现。

补充说明

为了提高环境保护的系统性，从企业经营管理角度看，企业应在业务计划中尽可能削减对环境不安全的业务，开发并扩大环境清洁业务；使每一新产品在环境性能上优于上一产品；要选择有卓越环境绩效的供应商；在废弃物的处理上，不与无信用的公司打交道；鼓励采用绿色工艺和降低污染的技术；加强环保宣传教育；使用全部成本会计核算系统和聘请外部中介机构对企业进行环保审计等。

2. 企业对员工的责任

企业对员工的责任主要有以下几方面。

（1）尊重每一位员工的人格，认真听取员工的建议。在与员工交流中应诚实、共享信息。产生矛盾时应诚恳协商，避免在性别、年龄、宗教等方面的歧视行为，保证员工拥有平等的待遇和机会。

（2）关心每个员工的身体健康和劳动安全，保护员工，避免他们在工作中受伤和生病。特别要做好从事特殊工种易受到伤害的员工的保护工作。

（3）为员工提供合适的工作岗位和相对公平的报酬。重视员工的利益，按时足额支付工资，按当地政府规定为员工缴纳失业、养老和医疗保险，努力改善员工的工作条件和物质待遇。

（4）鼓励并帮助员工掌握相关技术和知识，对工作表现出色的员工予以奖励。

（5）发生处罚和解雇行为，应当严格按法律、法规、企业章程和劳动合同办理。

3. 企业对顾客的责任

企业对顾客的责任体现在以下几方面。

（1）尊重顾客。企业应尊重所有顾客，无论他们是否购买企业的产品和服务。尊重顾客包括尊重顾客的人格，虚心听取顾客的意见，尊重顾客的文化和民族风俗习惯，禁止用任何方式对顾客进行侮辱、诽谤和歧视。在交易中应尊重顾客的选择权，不能强买、强卖和硬性搭售。

（2）对顾客的安全负责。企业应当对顾客使用产品或接受服务的安全性负责。安全权是顾客的一项基本权利。企业为顾客提供产品和服务，必须保证顾客的安全。顾客因使用产品或接受服务在人身或财产方面受到伤害的，企业应负责足额赔偿。对有安全隐患的产品，企业有责任及时召回，否则就是不负责的表现。

（3）提供正确的产品信息。企业应当为顾客提供正确的产品信息，尊重顾客知悉有关产品和服务真实情况的权利，不弄虚作假欺骗顾客和误导顾客。

（4）提供必要的指导。企业不仅要有责任说明产品本身，而且有责任指导顾客正确使用其产品，为顾客着想，降低产品使用成本，提高使用效果。

（5）确保产品和服务的质量和数量。顾客的利益主要体现在所购买产品和服务的质量和数量上。企业有责任向顾客提供质量合格、计量正确的产品和服务。如果以次充好，缺斤短两，就等于违反公平交易原则，侵犯顾客应有的权利。

（6）提供良好的售后服务。企业销售产品包括其售后服务。企业有责任设立专门的售后服务点，听取顾客的意见，及时解决顾客在使用产品时遇到的问题和困难，负责退回、调换和修理工作。

4. 企业对合作者的责任

与合作者平等相待，互助互利，恪守信用。

企业之间通过市场不断扩大分工协作关系，是现代社会化生产发展的要求。忠实履行合作者的责任是实现企业优势互补、取得双赢的必要条件。为此，企业必须与合作方平等相处，恪守商业信用，互相支持，互相帮助；禁止以强凌弱、欺诈、胁迫等不道德行为。

5. 企业对竞争者的责任

与竞争者公平竞争，反对垄断和不正当竞争。

市场经济既是竞争经济，也是法制经济。如果企业竞争中不遵守竞争法规和公认的商业道德，竞争的结果必将是假冒伪劣得逞，先进企业和名牌产品受损，破坏生产力发展和社会精神文明建设。因此，企业在竞争中必须做到：不谋求垄断和限制竞争，不仿冒产品及品牌，不侵犯他人商业秘密，不诋毁竞争对手，不搞商业贿赂，不低价倾销，不串通投标，不做虚假宣传和误导，抵制和揭发不正当竞争，维护健康、有序的市场秩序。

6. 企业对投资者的责任

在投资者单一或数量较少的情况下，企业管理者对投资者的责任是企业的经济责任而非社会责任。但随着生产的社会化，投资主体的社会化程度也在不断提高，包括政府的投资和广大股民的投资。因此，现代企业管理者对投资者的责任也成了企业社会责任的一部分。

投资者是企业最终财产的终极所有者，企业管理者受聘经营企业就必须对投资者负责，施以专业、勤勉的管理，保证向投资者提供公正而又有竞争性的投资回报，保护投资者的财产并使其增值。那种只想从投资者手中获取资金，却不愿或无力给投资者以合理回报的企业管理者，是对投资者不负责任的表现。这种企业管理者注定要被投资者抛弃或解聘。

7. 企业对所在社区的责任

企业应密切与所在社区的关系：一方面，为所在社区的居民提供劳动就业机会，增加地方财政资源；另一方面，应关心社区发展，积极参与社区公益活动，尊重社区文化，帮助维护社区公共秩序，在力所能及的条件下支持社区公共设施建设，为增进社区公共福利做贡献。

示例

2003 年，全球 CEO 聚首的世界经济论坛认为，企业公民包括四个方面：一是良好的公司治理和道德价值，主要包括遵守法律、现存规则以及国际标准，防范腐败贿赂，包括道德行为准则问题以及商业原则问题；二是对人的责任，主要包括员工安全计划、就业机会均等、反对歧视、薪酬公平等；三是对环境的责任，主要包括维护环境质量，使用清洁能源，共同应对气候变化和保护生物多样性等；四是对社会和经济福利的贡献，例如，传播国际标准、参与社会公益事业、向贫困社区提供产品和服务。这些贡献在某些行业可能成为企业的核心战略的一部分，成为企业社会投资、慈善或者社区服务行动的一部分。

“企业公民”概念属于社会文化范畴，是指一个公司将社会基本价值与日常经营实践、动作和策略相整合的行为方式。企业是社会的细胞，社会是企业利益的源泉。企业在享受社会赋予的条件和机遇时，也应该以符合伦理、道德的行为回报社会、奉献社会。“企业公民”这一概念蕴含着社会对企业提出的要求，意味着企业是社会的公民，应承担起对社会各方的责任和义务。“企业公民”不仅仅是为了行善，而是首先要把本职工作做好，确保企业遵纪守法，不骗人，不做假账，不搞伪劣产品等。实际上，能否做一个合格的企业公民体现了一个企业的价值取向和长远追求。

（三）企业如何承担社会责任

关于企业如何承担社会责任？人民网专门开设论坛，刊登了国内有关学者的观点，对企业如何承担社会责任或应承担哪些社会责任进行了广泛讨论。其中，赵书虹等人提出，我国企业必须承担四项社会责任。

1. 企业应承担并履行好经济责任

企业承担并履行好经济责任，是为极大地丰富人民的物质生活，为国民经济的快速、稳定发展发挥自己应有的作用。最直接地说就是赢利，尽可能扩大销售，降低成本，正确决策，保证利益相关者的合法权益。

2. 企业应在遵纪守法方面做出表率

企业应遵守所有的法律、法规，包括环境保护法、消费者权益法和劳动保护法；完成所有的合同义务，带头诚信经营，合法经营，承兑保修允诺；带动企业的雇员、企业所在的社区等共同遵纪守法，共建法制社会。

3. 企业应为环境保护和社会安定尽职尽责

伦理责任是社会对企业的期望，企业应努力使社会不遭受自己的运营活动、产品及服务的消极影响。加速产业技术升级和产业结构的优化，大力发展绿色企业，增大企业吸纳就业的能力，为环境保护和社会安定尽职尽责。

4. 企业应承担慈善责任

现阶段构建和谐社会的一个重要任务是要大力发展社会事业，教育、医疗卫生、社会保障等事业的发展直接关系人民的最直接利益，也直接决定着社会安定与否、和谐与否。很多地方在发展社会事业上投资不足或无力投资，这就需要调动一切可以调动的资本。企业应充分发挥资本优势，为发展社会事业，为成为一个好的“企业公民”而对外捐助，支援社区教育、支持健康、人文关怀、文化与艺术、城市建设等项目的发展，帮助社区改善公共环境，自愿为社区工作。

四、企业经营业绩与社会责任的联系

找到企业经营业绩与社会责任的联系，是以务实的态度审视各种关于社会责任的观点、做出最终选择所必须的工作。尽管在社会责任和经营业绩的范围及其度量方面存在一些困难（如效益方面有经济效益、社会效益和生态效益之争，经济效益又有短期效益和长期效益之争），但是大多数研究及实证表明，在组织的社会参与和经营业绩之间有正的相关关系。没有确凿的证据可以表明，公司的社会责任行为会明确损害其长期经营业绩。

担心企业承担社会责任而损失其经营业绩，表面看来有一定的道理。其实，企业在力所能及的范围内参与一些社会活动，承担必要的社会责任，既有利于社会，又有利于企业自身。因为企业由此改善了在公众心目中的形象，得到了广大消费者的认可和赞同，吸引了大量人才。这些得益足以补偿企业参与社会活动所支付的成本，而且会带来更多的利润。

名家观点

效率实际上有两个基础：一个是物质技术基础；一个是道德基础。只具备效率的物质基础，只能生产常规效率。有了效率的道德基础，就能产生超常规效率。

道德是调节经济运行的第三种方式。

——厉以宁

当然也有人提出，企业有了利润，才使得企业能够广泛参与社会活动，而不是相反。实践中不能否认有这种情况。但是，企业参与社会活动毕竟反过来又会推动企业取得更好的经济效益，由此形成良性循环，这是企业和社会的共同期望。社会责任与经营业绩的正相关性，说明两者并非对立，在多数情况下它们是相互促进的。

示例

1982 年因有人做手脚，导致芝加哥 7 人服用泰诺死亡——政府要求收回该地区的药。泰诺公司则收回全国各地货架 3 100 万瓶该种药品；把药囊被污染事件告知全国 50 多万名医生；危机第一周开通顾客免费热线电话；免费调换药剂；与公众开诚布公，及时发布准确信息；董事长出现在媒体回答提问，其他官员接受采访。此次事件导致泰诺公司损失了 5 000 万美元，但公众感受到了强烈的社会责任感反而对公司越发信赖，一年内销量回升。

当然，企业参与社会活动的动机不一。有些企业真正从道德角度办事，也有些企业在利润动机驱动下开展社会活动，把社会责任作为营销诱饵。这里涉及企业经营管理究竟应当对谁负责的问题。如果只是对股东负责，提高股东的利益，那么或反对社会责任，或把参与社会活动看成是实现利润最大化的工具，就不是真正履行社会道德责任。只有当企业管理者认识到，企业不仅要对股东负责，而且要对所有利益相关者负责时，它们才会真正在严格意义上履行社会责任，促进社会公正，保护环境，增进社会福利。即使这种活动对利润产生一定的影响，它们的态度仍然很坚决，因为它们判断是非标准的出发点已扩大到全社会。

示例

据有关方面报道，占据全球药品事物链顶端的美国默克医药公司，一直在竭力使消费者从自身产生关于道德的联想。早在近一个世纪前，公司创始人乔治·默克就明确指出：默克的第一目的是用医学上的创新造福人类，赚取丰厚的利润只是圆满完成使命的附带结果。“链霉素”的故事就是实践这一理论的佐证。日本在第二次世界大战后曾经遭受肺结核的侵袭，当时日本没有药物能够有效对抗这种疾病，肺结核几乎成了死亡的代名词。默克把“链霉素”引进日本，并主动放弃了该药的专利权。虽然未赚到一分钱，但得到的回报远远超过经济上的报酬。数年后当默克公司总裁魏吉罗第一次到日本，日本人仍清晰地记得默克在第二次世界大战后把“链霉素”带到日本，消灭了可怕的肺结核。现在默克公司已经成为在日本的最大的美国制药公司。此外，在非洲、拉丁美洲、亚洲的部分地区流行一种通过黑蝇传播的疾病“河盲症”，数百万人染上这种病，但无钱购买药品。默克公司最先倡导“美迪善”计划，免费赠送药品，使亚洲几百万人受益，默克公司也因此成为业内最受尊重的公司。2002 年《财富》杂志评出的 500 家美国最大的企业中，默克公司以 447 亿美元的销售收入名列第 24 位，而其利润排名第 15 位，比销售收入排名高出许多。

乔治·默克二世是这样解释公司经营业绩与社会责任的联系：“本公司同仁所必须遵守的原则，简要地说就是我们要牢记药品旨在治病救人，不在求利，但利润会随之而来。如果我们记住这点，就绝对不会没有利润，我们记得越清楚，利润就越大。”

本章小结

1. 所谓管理伦理，是伦理与管理的结合，是关于管理行为的准确或错误的价值体系或信仰体系，是指导管理行为的准则或惯例。管理伦理包括两个层次：一是管理者个人的职业道德，所关注的是管理者个人利益与企业利益之间的关系；二是管理者的组织身份要求的管理伦理，所关注的是企业利益与社会利益之间的关系。

2. 企业伦理管理就是要求企业管理者在经营全过程中，应主动考虑社会公认的伦理道德规范，使其经营理念、管理制度、发展战略、职能权限设置等符合伦理道德的要求，处理好企业与员工、股东、顾客、厂商、竞争者、政府、社会等利益相关者的关系，建立并维系合理、和谐的市场经济秩序。企业实施伦理管理，一方面是企业保证自身竞争优势的必要措施，另一方面是社会发展的内在要求。

3. 目前国际上普遍认同的企业社会责任理念是：企业在创造利润、对股东利益负责的同时，还要承担对员工、对社会、对环境的社会责任，包括遵守商业道德、生产安全、职业健康、保护劳动者的合法权益、节约资源等。

4. 企业社会责任主要表现在对环境的责任、对员工的责任、对顾客的责任、对合作者的责任、对竞争者的责任、对投资者的责任和对所在社区的责任 7 个方面。

本章练习题

一、单选题

1. 当企业在经营不佳时，一些管理者会解雇一些员工，以便降低成本和支出，确保股东和多数人的利益。这些管理者所持的伦理标准可能是（　　）。

A. 权利标准　　B. 功利标准　　C. 公正标准　　D. 综合社会契约标准

2. 主张管理者应当公正地贯彻规则，公平地对待每个人，不偏不倚才符合伦理原则，这种伦理标准是（　　）。

A. 权利标准　　B. 功利标准　　C. 公正标准　　D. 综合社会契约标准

3. 认为“应当保护雇员的言论自由，不能谴责告发雇主的雇员”这种伦理标准是（　　）。

A. 权利标准　　B. 功利标准　　C. 公正标准　　D. 综合社会契约标准

4. “企业的社会责任是增加利润。”这句话反映的是（　　）。

A. 纯经济观　　B. 社会经济观　　C. 环境保护观　　D. 社会责任观

5. 认为“利润最大化是企业的第二目标，企业的第一目标是保证自己的生存。为此，企业必须在改善社会中扮演积极的角色。”这反映的是（　　）。

A. 纯经济观　　B. 社会经济观　　C. 环境保护观　　D. 社会责任观

二、多选题

1. 关于伦理与管理的关系，下列说法正确的有（　　）。

A. 管理活动蕴含着各种伦理关系　　B. 管理就是对伦理的管理

C. 伦理中体现着对各种关系的管理　　D. 伦理就是对管理的约束

2. 以下对企业伦理管理的认识，正确的有（　　）。

A. 企业伦理管理就是对企业内部各种伦理关系的关系

B. 如果不是社会环境所迫，企业可以不进行伦理管理

C. 企业加强伦理管理是建立在牺牲经济利益的基础上的

D. 企业加强伦理管理是保证自身竞争优势的必要措施

3. 企业的责任一般包括（　　）。

A. 法律责任　　B. 经济责任　　C. 社会责任　　D. 政治责任

4. 以下属于企业必须承担的社会责任的有（　　）。

A. 防止环境污染并治理受污染的环境

B. 认真听取员工建议，并向员工提供真实的企业信息

C. 尊重顾客并向顾客提供正确的产品信息

D. 与合作者平等相待，互助互利，恪守信用

5. 关于企业经营业绩与社会责任的关系，下列说法正确的有（　　）。

A. 两者没有直接的关系

B. 两者之间有正相关关系

C. 两者之间有负相关关系

D. 公司的社会责任行为不会损害其长期经营业绩

三、问答题

1. 管理和伦理有何关系？

2. 什么是管理伦理？

3. 什么是企业伦理管理？

4. 企业社会责任的内涵和七大表现形式分别是什么？

5. 我国的企业如何进行伦理管理？如何承担社会责任？

主要参考文献

[1] Michael Hammer, James Champy. 1993. Reengineering the Corporation-A Manifesto for Business Revolution[M]. New York: Harper Collins. Publishers, Inc.

[2] 彼得·德鲁克. 2008. 管理：任务、责任和实践（第 3 部）[M]. 北京：华夏出版社.

[3] 彼得·德鲁克. 2009. 卓有成效的管理者[M]. 北京：机械工业出版社.

[4] 彼得·圣吉. 2009. 第五项修炼——学习型组织的艺术与实践[M]. 北京：中信出版社.

[5] 陈传明，周小虎. 2012. 管理学原理[M]. 2 版 北京：机械工业出版社.

[6] 陈宇. 2004. “A 胶囊”商业计划书（纲要）[J]. 中国商人，2.

[7] 戴木才. 2002. 论管理与伦理结合的内在基础[J]. 北京：中国社会科学，3.

[8] 丹尼尔·A·雷恩. 2002. 管理思想的演变[M]. 北京：中国社会科学出版社.

[9] 董碧娟. 2013-1-24. 阿里巴巴蒙牛组织结构变革 创新莫停歇[N]. 经济日报.

[10] 方龙胜. 2005. 某民营企业变革精彩营销案例[EB/OL]. http://www.4oa.com/office/753/968/200512/95757.html[2009-12-1].

[11] 弗朗西斯·福山. 1998. 信任：社会道德与繁荣的创造[M]. 呼和浩特：远方出版社.

[12] 甘华鸣，贾萌. 2004. 人力资源管理操作规范[M]. 北京：企业管理出版社.

[13] 海因茨·韦里克，马克·V·坎尼斯，哈罗德·孔茨. 管理学:全球化与创业视角[M]. 13 版. 北京：经济科学出版社.

[14] 华金秋，华金科. 2007. 论强化企业伦理管理的途径[J]. 商业时代，13.

[15] 黄雁芳，宋克勤. 2001. 管理学教程案例集[M]. 上海：上海财经大学出版社.

[16] 蒋董雷，杜钧. 2004. 管理之美——人力资源管理哲理与方略[M]. 2001. 北京：中国纺织出版社.

[17] 李海峰，张莹. 2009. 简明管理学教程[M]. 2 版. 北京：科学出版社.

[18] 李海峰. 2004. 团队精神来自奖励团队合作[J]. 中外管理，6：71.

[19] 李海峰. 2007. 如何管理你的上司[J]. 经营与管理，6：4-49.

[20] 李海峰. 2009. 如何进行激励——从驴拉磨想到的[J]. 商场现代化，3：301-302.

[21] 李海峰. 2011. 批评下属：方式比内容更重要[J]. 领导科学，18：25.

[22] 李海峰. 2011. 领导方式要因人因事制宜[J]. 刊授党校，12：44.

[23] 李海峰. 2012. 领导的“途径-目标”意识和“天平”意识[J]. 领导科学，31：26.

[24] 李海峰等. 2003. 为什么激励会失效[J]. 企业活力，5：7.

[25] 李海峰等. 2005. 激励的误区与对策[J]. 通信企业管理，6：65～66.

[26] 李瀛寰，陶喜年. 2011-2-24. 阿里巴巴欺诈门 马云一石三鸟[N]. 时代周报.

[27] 刘刚. 2013-07-15. 葛兰素史克“贿赂门”20 余人被抓 四大高管被警方控制[N]. 新京报.

[28] 路宏达. 2008. 管理学基础[M]. 2 版. 北京：高等教育出版社.

[29] 米切尔·拉伯夫. 1989. 世界上最伟大的管理原则[M]. 北京：科学技术文献出版社.

[30] 闵捷. 2004-4-30. 四川 11 天内第三次执行问责制 川化集团总裁引咎辞职[N]. 中国青年报报道.

[31] 乔忠. 2012. 管理学[M]. 3 版. 北京：机械工业出版社.
[32] 单凤儒. 2012. 管理学基础[M]. 4 版. 北京：高等教育出版社.
[33] 邵冲. 2007. 管理学案例[M]. 北京：清华大学出版社.
[34] 申俊喜. 2001. 管理与伦理结合：现代企业管理的新趋势[J]. 科学管理研究，8.
[35] 石滋宜. 2005. 变革[M]. 北京：北京大学出版社.
[36] 斯蒂芬·P·罗宾斯. 2012. 管理学[M]. 11 版. 北京：中国人民大学出版社.
[37] 斯蒂芬·P·罗宾斯. 2012. 组织行为学[M]. 14 版. 北京：中国人民大学出版社.
[38] 宋韵芸. 2011-05-16. 阿里巴巴欺诈“门中门”[N]. 理财周报.
[39] 孙非. 2003. 组织行为学[M]. 大连：东北财经大学出版社.
[40] 托马斯·S·贝特曼. 2010. 管理学——全球竞争中的领导与合作[M]. 9 版.北京：清华大学出版社.
[41] 王亚宏.2013.葛兰素史克承认在华贿赂[EB/OL]. http://news.xinhuanet.com/world/2013-07/22/c_116642822.htm[2013-10-30].
[42] 王蔚佳.2013-10-25. 葛兰素史克主营业务在华暴跌六成 医生根本不敢开药[N]. 第一财经日报.
[43] 魏然. 2004 中国十大企业社会责任案例[EB/OL]. http://www.mie168.com/meeting/2004-11/71995.htm[2009-8-6].
[44] 吴照云. 2003. 管理学原理[M]. 北京：经济管理出版社.
[45] 香港管理专业发展中心. 2001. 管理学原理[M]. 北京：中国纺织出版社.
[46] 徐盛华，林业霖. 2011.现代企业管理学[M]. 2 版. 北京：清华大学出版社.
[47] 杨宝宏，杜红平. 2006. 管理学原理[M]. 北京：科学出版社.
[48] 杨柏国. 2011-4-25. 电子商务欺诈：分清责任重于诚信批判[N]. 第一财经日报.
[49] 杨善林. 2009. 企业管理学[M]. 北京：高等教育出版社.
[50] 余世维. 2006. 企业变革与文化[M]. 北京：北京大学出版社.
[51] 张德. 2002. 组织行为学[M]. 北京：高等教育出版社.
[52] 张贯一，任慧军. 2007. 组织行为学[M]. 北京：科学出版社.
[53] 张莹，李海峰. 2009. 浅议领导激励“五要”[J]. 中国经贸导刊，18：35.
[54] 张莹，李海峰. 2011. 领导工作“六要六不要”[J]. 人民论坛，8：236-237.
[55] 赵书虹，唐更华. 2005-6-30 企业如何承担社会责任？[N]. 羊城晚报.
[56] 赵有生. 2005. 管理学基础[M]. 北京：中国财政经济出版社.
[57] 中华人民共和国公安部. 2013-因涉嫌严重经济犯罪 葛兰素史克（中国）投资有限公司部分高管被公安机关立案侦查[EB/OL]. http://www.mps.gov.cn/n16/n1237/n1342/n803715/3841211.html[2013-10-30].
[58] 众行管理资讯研发中心. 2003. 管理培训游戏全案[M]. 广州：广东经济出版社.
[59] 周三多，陈传明，鲁明泓. 2011. 管理学—原理与方法[M]. 5 版. 上海：复旦大学出版社.
[60] 邹进文. 2000. 公司理论变迁研究[M]. 长沙：湖南人民出版社.

配套资料索取说明

购买本书的读者可在 www.ptpedu.com.cn 注册后下载配套学习资料。

采用本书授课的教师，可发邮件至 13051901888@163.com 或 education_book@163.com 索取配套教学资料。

姓　　名：________ 性　　别：______ 职　　称：________ 职　　务：________

办公电话：________ 手　　机：______________ 电子邮箱：________________

学　　校：________________________________ 院　　系：________________

通信地址：________________________________ 邮　　编：________________

本课程开设于_____学年_____学期，原采用________出版社出版__________主编的《________》为本课程教材，________专业______个班共________人使用该教材。

证 明 人：________ 办公电话：________ 手机：____________ 电子邮箱：________

21 世纪高等院校经济管理类规划教材

已出版教材

书　名	主　编	书　号	编 辑 推 荐
管理学——原理与实务（第 2 版）	李海峰	978-7-115-35395-5	2013 年陕西普通高校优秀教材二等奖；提供课件、教案、实训说明、教学体会、案例分析集、习题集及参考答案、补充阅读，作者开通有教学博客
企业战略管理	舒　辉	978-7-115-24542-7	江西省第五届全省普通高等学校优秀教材二等奖；理论、案例和实践相结合，实用性强；提供课件、教案、习题库及答案、案例库及案例分析
人力资源管理	乔　瑞	978-7-115-23955-6	注重案例分析，强调实训与实践对读者能力的培养；提供课件、教案、实训资料、习题答案、案例分析
政治经济学原理	张　莹 李海峰	978-7-115-24306-5	形式活泼、简明扼要，题型丰富题量充足；提供课件、教学大纲、习题集及参考答案
西方经济学	陈喜强	978-7-115-23789-7	形式活泼、简明易懂，案例丰富；提供课件、教案、习题答案
微观经济学	胡金荣	978-7-115-23443-8	简明易懂，关注热点问题，吸收前沿理论；提供课件、教案、习题答案、案例分析
劳动经济学	杨爱元	978-7-115-33309-4	80%以上案例取自中国 2010 年至 2013 年社会现实事件；提供教案、课件、参考答案、补充教学素材、模拟试卷
会计学	胡华夏	978-7-115-28927-8	从培养会计信息使用者的角度出发，不追求会计核算方法和技术细节介绍；提供课件、教案、习题答案和模拟试卷
财务管理	王积田	978-7-115-28482-2	吸收相关学科的最新成果，与企业财务管理实践接轨；提供课件、习题答案、试卷
中级财务会计（第 2 版）	吴学斌	978-7-115-33887-7	涉及营改增等最新知识点；章后设置大量习题并提供电子版习题集；提供课件、教案、案例库、试卷等资料
财务会计实训教程（上、下册）	裴永浩	978-7-115-32580-8	上册包括实训常用知识和实训要求，下册提供实训用账簿、凭证、报表等；提供答案、部分电子稿、课件、教案

续表

书　名	主　编	书　号	编 辑 推 荐
审计理论与实务	崔　飚	978-7-115-31064-4	紧扣资格考试大纲，注重案例解读；提供课件、教学大纲、习题集及参考答案、模拟试卷
应用统计学	潘　鸿	978-7-115-24982-1	精品课程配套教材，突出统计方法和技术的应用；有教学支持网站，提供课件、实训资料、上机操作用数据、习题答案、电子教案、常用数表、补充阅读资料
国际贸易理论与实务	朱金生	978-7-115-25875-5	包括蓝色贸易壁垒、《2010 通则》等新内容；提供课件、教案、实训资料、习题答案、试卷、案例分析、视频资料
报关实务	朱占峰	978-7-115-28352-8	提供上百个课件用视频和课件、教案、习题答案、模拟试卷等资料；内容紧跟《报关员资格考试大纲》，侧重实务
电子商务概论（第 2 版）	白东蕊	978-7-115-32117-6	2013 年度山西省省级资源共享课程配套教材；强调实践与实训；提供课件、教案、实训资料、习题库及答案、案例集及案例分析
商品学	陈文汉	978-7-115-35374-0	将服务商品纳入研究范围；大量采用 2013 年的现实案例；提供电子课件、教学大纲、习题答案、模拟试卷
金融法	李良雄 王琳雯	978-7-115-30980-8	吸收截至 2012 年 12 月的最新法律法规，高度融合职业资格考试要求，提供课件、教案、习题答案、补充练习题
保险学	刘永刚	978-7-115-31048-4	以大量案例解读相关内容，提供课件、教案、习题答案、教学补充案例和模拟试卷
证券投资学（第 2 版）	杨兆廷 刘　颖	978-7-115-34302-4	河北省省级精品课程配套教材；根据 2013 年证券业变化调整相应内容，集合证券业从业资格考试重点，提供多媒体课件、电子教案、习题答案等资料。
证券投资学	陈文汉	978-7-115-28271-2	针对非金融类读者，内容紧跟时代；提供课件、教案、案例分析、习题答案、模拟试卷
外汇交易原理与实务	刘金波	978-7-115-26077-2	新颖实用，实践内容丰富；提供课件、教案、答案、试卷、习题册、实训指导
国际金融理论与实务（第 2 版）	孟　昊	978-7-115-34697-1	新增国际资本流动管理等内容；素材根据 2014 年 2 月前信息全面更新；提供课件、大纲、教案、习题库、试卷库、案例库
投资银行学	郭　红	978-7-115-26112-0	知识与技能并重，注重能力培养；提供课件、习题库及答案、试卷、案例库及案例分析
财政学	谭建立	978-7-115-23630-2	山西省省级精品课程配套教材；提供课件、教案、习题答案、案例分析
财政学	唐祥来	978-7-115-31521-2	以丰富的案例提升学习兴趣，提供课件、教案、习题答案、补充教学案例和模拟试卷
现代社交礼仪	闫秀荣	978-7-115-23572-5	图文并茂；提供课件、小短片影视资料、教案（包括实训资料）、习题集（包括案例分析）、试卷及参考答案
商务沟通与谈判	张守刚	978-7-115-23786-6	能实现学生课堂教学与课外学习的统一，提供配套教学网站、教案、课件
组织行为学	丁　敏	978-7-115-27265-2	精品课程配套教材，注重实用性；提供课件、教案、模拟试卷
生产运作管理	程国平	978-7-115-28840-0	内容全面、注重实务、案例丰富；提供课件、教案、习题答案、模拟试卷和教学案例集